谨以此书献给我的父亲母亲！

首席经济学家丛书第一辑

感知蝴蝶的翅膀

从金融海啸到新冠肺炎疫情冲击

孙明春　著

中国金融出版社

责任编辑：曹亚豪
责任校对：刘　明
责任印制：丁淮宾

图书在版编目（CIP）数据

感知蝴蝶的翅膀：从金融海啸到新冠肺炎疫情冲击／孙明春著 . —北京：
中国金融出版社，2020.12
（首席经济学家丛书）
ISBN 978 - 7 - 5220 - 0883 - 7

首席经济学家丛书
Ⅰ.①感… Ⅱ.①孙… Ⅲ.①金融危机—研究—世界 Ⅳ.①F831.59

中国版本图书馆 CIP 数据核字（2020）第 218205 号

感知蝴蝶的翅膀：从金融海啸到新冠肺炎疫情冲击
GANZHI HUDIE DE CHIBANG：CONG JINRONG HAIXIAO DAO XINGUAN FEIYAN
YIQING CHONGJI

出版
发行　中国金融出版社

社址　北京市丰台区益泽路 2 号
市场开发部　（010）66024766，63805472，63439533（传真）
网 上 书 店　http：//www.chinafph.com
　　　　　　（010）66024766，63372837（传真）
读者服务部　（010）66070833，62568380
邮编　100071
经销　新华书店
印刷　保利达印务有限公司
尺寸　169 毫米 ×239 毫米
印张　26
字数　406 千
版次　2020 年 12 月第 1 版
印次　2020 年 12 月第 1 次印刷
定价　68.00 元
ISBN 978 - 7 - 5220 - 0883 - 7
如出现印装错误本社负责调换　联系电话(010)63263947

自 序

　　2020 年初，一场新冠肺炎疫情把人类社会推入了一系列危机之中。与过往几十年我们所经历或目睹的所有危机都不同，这是一场立体的、多维的危机，它源自公共卫生危机，但已迅速演变成全球性的经济危机与金融危机，在个别国家和地区甚至出现了人道主义危机与社会危机。至今，危机尚在演变之中，也许至暗时刻尚未到来。在某些国家，已出现了政治危机乃至国际关系危机的苗头。

　　这场危机涉及多层面、多维度，更像一个生态系统，其中一个子系统的微小变异或故障就有可能导致整个人类社会生态系统的坍塌。在这种复杂系统（complex system）中，对危机未来演变路径的预测变得极其困难，因为系统中往往存在诸多局部均衡，来自任何一个维度的冲击都有可能把我们从一个均衡推向另一个均衡。而我们暂时或最终驻足于哪个均衡点则很难预测，它取决于冲击来自哪一个维度、力度多大以及周边的均衡点是"稳定均衡"还是"非稳定均衡"。还需提醒的是，从一个均衡过渡到另一个均衡的过程往往不是平滑的，而是剧烈的"跃迁"或"突变"，用公众易懂的词语来解释，就是"危机"与"灾难"。而这是最令我担忧的地方。

　　本书并非一本研究危机的学术专著。事实上，早在几十年前就有多个学科和跨学科的专家对上述"突变理论"或"灾难理论"（catastrophe theory）做了大量深入、系统的学术研究。但在针对现实问题的应用上，这些复杂高深的数学模型仍显得简单，因为无论多么复杂的模拟模型（simulation model）都不可能穷尽现实中的所有维度。在我看来，这些理论与模型教给我们的不只是方法和技术，更是思维方式与理念。大多数没有高等数学功底的读者虽然不可能学习这些理论与模型，却可以通过回顾历史、总结经验教训来理解危机演变的规律，达到殊途同归的效果。这也是我出版此书的目的。

本书收集了我自 2007 年以来发表的有关中国与全球经济的风险分析、危机预警、政策应对及投资策略的文章、讲话、采访等。从 2007 年美国次贷危机开始至今，我们历经 2008—2009 年的全球金融海啸、2010—2011 年的欧洲主权债务危机、2015—2016 年的中国股灾、熔断、全球商品及新兴市场危机，直至当前我们正在经历因新冠肺炎疫情引发的全球危机。文章按时间顺序编排，看似一部编年史，目的是给读者一个设身处地、置身当年的阅读体验。正如今天我们面对新冠肺炎疫情引发的危机所陷入的迷惘与不安，读者在阅读此书时，可以重温当年我们面对一个又一个危机时的困惑与忧虑，体验当年各种风险和不确定性的演化历程。相信这样的阅读体验有益于读者理解危机发生与演变的复杂性、随机性和突变性。

毋庸讳言，读者会在此书中看到我过去 14 年所做预测、预警的偏差和谬误，对此我毫不掩饰。我倒是觉得，对读者而言，在阅读当年研究分析的思辨逻辑和结论之后，再通过与之后事实的演变做对照，发现预测中的偏差和谬误，也许是本书最有价值的地方。一方面，读者可以更真切地体会到，所有对危机的预警都是概率上的判断，大概率的事件并不是必然发生，小概率事件也不是不可能发生，因此预测与预警不可能总是正确；另一方面，通过审视当年研究与思辨的局限与不足、验证当年分析预测的是非对错，来"觉知"今天我们认知能力的不足与认知角度的局限，也许更有益于读者理解宏观预测的边界和功能。

危机预警者面临的一个尴尬的现象是，由于预警的目的是希望大家提前行动来防范危机、避免危机，因此，一个正确的预警往往有可能因为被听取或采纳而"防患于未然"，导致预警被证伪。同时，也许正是因为这个原因，西方一些"聪明"的政治家往往会对此类预警置若罔闻，因为"防患"的行为都有成本，甚至会带来公众的反感或反对；如果危机或灾难被"防患于未然"，导致预警的结果并未出现，很少有选民会将其归功于政府所采取的"防患"措施。相反，对危机苗头或预警视若无睹，但在危机到来时不计成本地慷慨救助，虽然浪费了巨大的公共资源，却很容易获得公众赞赏，甚至成为公众心目中的"英雄"。正因为如此，一些原本可以以较小成本就避免的危机却如约而至，带来巨大的经济、社会与人道主义灾难。这在当前这场全球危机中表现得淋漓尽致。

因此，在做宏观预测时，有必要把政治家以及各类主体（企业、家庭、金融机构、监管部门、中央银行、金融市场参与者等）的各种可能的应对行为（reaction function）考虑进来。这些行为之间往往存在着强烈的影响与反馈，并且循环往复，不断加强或削弱。这就令预测变得更难，因为任何一类主体都有可能由于各种原因作出非理性或非最优的抉择，这些抉择又会影响其他主体的后续反应与抉择，最终导致相关预测"失之毫厘，差之千里"。

此书最后一部分收录了我自2020年初以来撰写的关于新冠肺炎疫情的多篇文章，其中有些预测与预警已被证实或证伪，还有更多的将在今后数月甚至数年内被验证，其中不乏一些悲观预测。坦诚地说，我非常希望我所做的悲观预测都被证伪，甘愿用我的尴尬换来大家的幸福。

目　录

附录

2007 年

慎言中美 "脱钩"①

次贷危机的出现无疑会影响美国及全球经济的增长速度，许多机构及经济学家都已下调了对 2008 年美国及欧洲等经济体的经济增长预测。有观点认为，由于中国经济近年来已日渐与美国经济 "脱钩"，中国经济所受到的影响应该微乎其微。更乐观的人甚至认为，中国能够成为全球经济的中流砥柱，尤其是成为亚洲经济的 "减震器"。

有两个原因使我对此类观点持谨慎态度：国内的产能过剩和对外开放的日益加深，这两者使得中国经济对外部冲击变得更加敏感和脆弱。如果全球经济增长显著放缓，中国也不可能独善其身。

产能过剩越发严重

近年来，中国经济增长速度一直在两位数以上，因此时不时地会出现关于经济是 "过热" 还是 "偏快" 的争论。否认经济过热的人主要是基于经济中是否已出现供给瓶颈的现象作出判断，也就是说，只要总供给大于总需求，就不能认为经济已经过热。目前的情况即是如此。我自己也认同这一看法。

从表面上看，这是一个可喜的现象——上半年经济增长率达到 11.5%，却仍然未出现供给瓶颈，这说明中国经济的潜在增长率很高。但这也是一个令人担忧的现象——如果经济增长率在 11.5% 的高水平上还存在供大于求的现象，那么一旦经济增长放缓到 7% ~ 8% 的速度，产能过剩现象将会何其明显！尤其令人担忧的是，目前的高增长在很大程度上来源于投资的高增长，这意味着新的产能还在快速地生成，产能过剩的问题正变得越来越严重！

---

① 本文 2007 年 9 月 27 日发表于财经网。

事实上，即便在经济增长率高达 11.9% 的今年第二季度，中国经济中的产能过剩也已相当严重。根据国家发展改革委的统计，目前 70% 以上的工业品和 80% 以上的消费品在国内市场存在供大于求的现象。正是因为产能过剩，才使得非食品类的零售物价指数多年来一直维持在很低的水平，因为厂商的激烈竞争限制了它们通过提价来转嫁生产成本上涨的能力。也正由于这一原因，我认为当前由食品价格上涨所引发的通货膨胀，在存在严重产能过剩的情况下很难全面扩散。

外需导火索

产能过剩问题近来没有引起人们太多的关注，在一定程度上是因为强劲的外需吸收了中国巨大的产能。比如说，中国的钢铁行业在经历了多年的高投资后，产能已大大增加。

从数据上看，1999 年时，中国的钢铁企业有约 1000 家，而到 2005 年底，这一数字已上升到 6000 多家，6 年内增加了 5 倍；2005 年以前，中国一直是钢铁净进口国，到 2006 年却一跃成为钢铁净出口大国，钢铁贸易顺差达到 110 亿美元。这一方面得益于钢铁出口的快速增长（2006 年出口增长率达到 70%），另一方面则源于大量的进口替代（2006 年钢铁进口下降了近 20%）。即便如此，许多钢铁产品的国内价格还是低于国际价格。很难想象，如果没有来自国外的需求，中国的钢铁产能将如何被消化吸收。

产能过剩和对外需的严重依赖，使得中国经济越来越容易受到外部的冲击，因此，中国经济受美国次贷危机及全球经济放缓的影响可能比很多人想象的要大得多。自从中国在 2001 年加入世界贸易组织（WTO）以后，中国对外开放的程度已显著提高。与亚洲金融危机时相比，中国的出口占 GDP 的比重已经从 2000 年的 23% 上升到 2006 年的 40%，而净出口占 GDP 的比重也从 2000 年的 2.4% 上升到 2006 年的 7.3%。

中国的贸易顺差在 2005 年增长 218% 的基础上，2006 年又增长了 74%，今年上半年还在以同比 85% 的速度增长。简单计算，上半年贸易顺差对名义 GDP 增长的贡献约为 6 个百分点。如果由于外需减弱导致贸易顺差的增长率降至 45% 的话（45% 显然也是相当高的增长率了），仅此一项即会从名义 GDP 增长率中减去 3 个百分点。事实上，今年 8 月，贸易顺差的同比增长率已回落至 30% 的水平。如果这一回落不是暂时现象，那么今年第四季度的实际 GDP 增长率就有可能降至 10% 以下。

如果明年全球经济增长显著放慢或出现衰退，中国出口商的外部需求将会明显减弱。届时它们将面临三个选择：降价、削减产量或转向国内市场。由于国内已存在严重的产能过剩，第三个选择（转向国内市场）其实最终会变为前两个选择。而不管是降价还是削减产量，都意味着企业盈利的下降或失业的增加。

换句话说，如果美国及全球经济在明年第一季度出现急剧下滑，那么中国经济的实际增长率在明年下半年有可能降至 9% 以下。虽然 8% 以上的实际 GDP 增长率与世界其他国家相比仍然是很高的速度，但鉴于中国经济中的产能严重过剩，很难讲在 8% 的实际 GDP 增长率下，中国的企业盈利和失业水平会达到何种状态。

即使全球经济没有显著放缓，中国出口商也已开始感受到货币升值、出口退税下调、出口税增加、加工贸易政策的变化，土地、劳动力和自然资源价格的上调，以及对环境保护和产品质量等的要求更加严格所带来的生产成本的上涨。因此，外部需求的骤然减弱也许只是引发国内经济增长疲软的一个导火索。这一导火索不但会引起出口减速和企业盈利的下滑，还有可能引发资产市场（如股票市场和房地产市场）的重新定价。

财政政策空间尚存

当然，如果国内消费能够显著增加，也可以抵消外部需求减弱对中国经济的冲击。但问题是，至少从目前来看，消费的增长速度还是慢于投资的增长速度，这意味着产能过剩问题还在加剧，而不是在缓解。务实地讲，消费增长不是一蹴而就的，而需假以时日。因此，纯粹依赖国内消费来抵御外部冲击是不现实的。

不过，中国政府可以采取更为积极的财政政策来缓解国外需求的减弱。事实上，这正是中国政府在亚洲金融危机后所采取的办法，应该说成效是明显的。由于近年国内经济增长强劲，企业盈利良好，财政收入增长很快，财政赤字占 GDP 的比重已从 2000 年的 2.5% 降到 2006 年的 0.7%，这为中国政府采用积极的财政政策抵御外部冲击提供了良好的财力基础。同时，与国际情况相比，中国的国债占 GDP 的比重仅为 20% 左右，远低于 OECD 国家近 80% 的水平，可见财政政策还有相当大的空间来应对可能出现的经济疲软。

2008 年

央行对冲中国经济下行风险五策略①

中国经济在经历了连续 5 年 10% 以上的高速增长以后，能否在 2008 年续写辉煌，是很多人都关心的问题。虽然我们估计实际 GDP 增长率应该只是略低于 10%，但中国经济主体在 2008 年可能会遇到多重挑战。如果处理不当，这些挑战有可能会对企业盈利、银行坏账、就业以及资产市场产生影响，并反过来拖累实体经济进入一个更深的下降轨道，因此有必要正视以下风险。

产能过剩隐忧

中国经济近年来的快速增长，在很大程度上得益于外贸出口的高增长。自 2003 年以来，我国的出口增长率基本保持在 30% 左右，而贸易顺差的增长在 2005 年则达到 218%，2006 年又增长 74%。2007 年以来，虽然贸易顺差大幅度增加，但增长率却逐季大幅回落：第一季度同比增长 99%，第二季度同比增长 75%，第三季度同比增长 50%，而 10～11 月的同比增长率则降到了 15% 以下。

贸易顺差增长率迅速下滑不是一个偶然现象，而是汇率升值、企业生产成本上涨以及相关贸易及税收政策（如下调出口退税率及调整加工贸易政策等）逐步累积的结果。虽然这些措施到目前为止尚未达到减少总体贸易顺差的效力，却已削弱了出口商的获利能力。随着党的十七大精神的贯彻实施，估计在 2008 年政府会加大上述政策执行的力度，包括加快汇率升值的步伐，推进能源及资源价格改革，在环境保护、生产安全、社会保障及知识产权保护等方面推出"组合拳"。届时出口企业的生产成本无疑会进一步上升，而企业出口的积极性则会进一步下降。

---

① 本文 2008 年 1 月 14 日发表于《21 世纪经济报道》。

　　在国内政策面肯定会不利于出口的同时，如果全球经济增长在 2008 年显著放慢或出现衰退，中国出口商的外部需求将会明显减弱。我认为，在美国经济增长明显放缓的情况下，中国及亚洲经济不可能与美国"脱钩"。事实上，美国市场对中国经济的影响在过去 10 年里有了大幅度上升，尤其是在绝对量上。比如说，中国对美国出口占中国出口总额的比例已从 1997年的 18% 上升到目前的 21%，而中国出口的绝对金额在过去 10 年里却上涨了 4.3 倍，导致出口总额占 GDP 的比重从 1997 年的 19% 上升到 2006 年的 35%，其结果是，中国对美国出口总额占中国 GDP 的比重也从 10 年前的 3.3% 上升到目前的 7.4%。从这个角度来看，美国经济对中国经济的影响不但没有下降，反而有了明显上升。

　　除了对中国出口的直接影响之外，美国经济放缓还会通过第二轮甚至第三轮的效应来影响中国经济。从全球来看，美国目前依然是世界经济的重要支柱，尤其是美国的消费者，可以说目前仍是全球难得的消费引擎。近年来，欧洲经济增长强劲，主要得益于出口和投资，而消费增长则明显不足。同时，日本经济近年来徘徊于通货紧缩的边缘，其微弱增长也主要依靠出口和投资，却难以传递到消费。亚洲其他国家近年来的经济增长，大多数也是出口导向型，国内的投资很多也是以外需为目标，国内消费并不是经济增长的主要引擎。在中国，尽管我们的消费增长率相当高（10%以上），但相对于增速更高的投资来说，过剩的产能还是在一天天地增加，而这些产能则日益依赖国外需求来消化吸收。因此从全球来看，除了美国外，世界主要经济体的投资相对于消费而言都增长偏快，因此美国的消费增长实际上在很大程度上帮助欧洲、日本、亚洲其他国家及中国吸收了潜在的产能过剩问题。一旦美国的消费明显弱下来，很难说欧洲、日本及亚洲其他国家的经济会安然无恙。如果这些国家的经济也因此出现不同程度的放缓，中国的出口商难免会经历第二轮或第三轮的冲击。

进入盈利"沼泽"的中国企业？

　　外需的减弱和出口成本的上升不但会影响出口企业的盈利，也会通过相关的供应链影响到上游的企业。据我们估计，目前中国工业产值中约有1/4 是用于出口。从这个意义上讲，出口增长的下降所影响到的将不仅是最终出口的企业，而且还包括所有的上游企业。与此同时，如果出口前景变得暗淡，许多着眼于出口的投资项目也许不再具有吸引力，这会影响到固定资产投资，进而影响到许多生产原材料及资本设备的企业。虽然这些企业所受的冲击要弱于出口企业，但其盈利增长的能力也会被削弱。

除了外需减弱所导致的盈利放缓外，国际市场原材料价格的急剧上涨以及落实科学发展观的政策措施（包括新修正的《劳动合同法》的实施）都会导致企业生产成本的上涨。与此同时，由于产能过剩的存在，企业将成本上涨转嫁给最终消费者的能力相当有限，其结果是产成品的价格上涨跟不上原材料和劳动力成本的上涨，随之而来的必然是企业利润率的下降。

产能过剩的问题其实已存在多年。由于多年的过度投资，中国在制造业方面所形成的产能已远远超过了国内需求。但由于连续 5 年的高经济增长，尤其是出口的快速增长，中国所存在的过剩产能被强劲的外需所吸收，因此并未引起人们的关注。如果外需明显减弱，中国制造业所隐藏的产能过剩问题可能会被明显暴露。事实上，即便在经济增长率高达 11.5% 的 2007 年上半年，中国经济中的产能过剩也已相当严重。根据国家发展改革委的统计，2007 年初国内市场 70% 以上的工业品和 80% 以上的消费品存在供大于求的现象。正是因为产能过剩，才使得非食品类的零售物价指数多年来一直维持在很低的水平（许多制造业产品的价格在过去 7～10 年里其实一直是在下跌的），因为厂商们的激烈竞争削弱了它们通过提价来转嫁生产成本上涨的能力。

在产能过剩的情况下，外需的明显减弱可能并非如一些人所轻描淡写的那样正好帮助中国从经济过热的风险中走出。由于中国的很多出口企业的利润率在货币升值、政策变化及成本上升的组合影响下已经有了明显下降，外需的明显减弱对许多企业而言可能成为"压垮骆驼的最后一根稻草"，甚至有可能导致企业盈利的消失，引发相当规模的破产及关闭风潮。尤其是对于劳动密集型的出口行业来说，如果其受到严重打击，则会形成明显的就业压力，进而对企业和消费者的信心及社会稳定产生不利的影响。

金融：价格负反馈下跌之险

中国的金融部门在过去的 5 年里经历了一个巨大的转变。银行业在经过注资、重组及上市以后，在公司治理、风险控制、资产质量及经营模式等多方面都取得了明显的转变，坏账率也出现了难得的逐年回落的态势。证券业在经历了多年熊市以后，在 2005 年下半年开始迎来了一个"百年不遇"的大牛市，许多证券公司多年累积的问题（如亏损、欠债等）得以迎刃而解。基金业在牛市面前当然也是一帆风顺。而保险业经过多年的探索和积累，近年也开始在中国展翅起飞。

毋庸置疑，中国金融业的繁荣得益于近年来金融体制改革的深化。银行业在经历了注资重组的洗礼之后，甩掉了沉重的历史包袱，并注入了新鲜的管理理念和技术，经营范围和盈利源泉也得以拓宽，因此银行业的利润出现了爆发式的增长。证券市场在股权分置改革完成之后，也如摘掉了悬在股民头顶上的一把利剑，给投资者除去了后顾之忧，这成为 2005 年牛市到来的一个导火索。证券市场的繁荣自然给证券业及基金业带来了盈利的良机。

股市的繁荣与金融业的繁荣还形成了一个良性循环。证券业的繁荣增强了股市的融资能力，给企业投资提供了更大的资金支持，从而促进了实体经济的繁荣。而实体经济的繁荣无疑给银行业的健康发展提供了一个良好的环境，因为其不但创造了更多的贷款需求，也降低了银行的坏账率。同时，证券公司盈利的改善也增强了其偿还银行贷款的能力（一些经营困难的证券公司曾在长年的熊市中欠下了银行的巨额债务而无力偿还），这反过来也改善了银行业的盈利。后者进一步增强了银行贷款的动机和能力，给企业提供了更多资金，增强了企业的利润增长能力。而银行和企业盈利的改善同时又为证券市场注入了更多的"买点"。

这一切似乎是一个美好的可以无限延续的循环。但我们应该清醒地看到，这一切都发生在中国经济长达 6 年的上升期。自银行改革和股权改革以来，我们还没有经历一个完整的经济周期，因此很难断定金融业目前所经历的繁荣是完全来自改革的成果，还是部分得益于经济周期的上升阶段。因此，我们必须清醒地估测，在经济下行期到来的时候，中国的银行业是否还能保证当前的坏账率不上升太高太快，证券公司是否能够避免上个熊市中所经历的长期困境，而基金公司能否避免大规模的赎回危机。也许一切都会安然无恙，证明中国的金融业在改革之后确实发生了质的转变。但就目前而言，我们尚不能过于乐观。

而 2008 年恰恰可能是经济下行周期的开始。如前所述，如果企业盈利增长出现下滑，那么银行盈利也会受到影响，而且银行的坏账率有可能上升。在目前中国上市公司市盈率极高的情况下，上市公司盈利增长的下滑可能会带来股票价格的重估。如果如很多人的猜测，一些上市公司的盈利中的确有相当一部分来自股市投资盈利的话，那么股价的重估还会带来上述公司盈利的进一步下滑，并对其股价产生进一步的压力。同时，股价的重估对基金公司业绩的负面影响是显而易见的。如果基金业绩下滑，投资者赎回的风险就会加大，而赎回行为无疑会增大市场上的卖压，从而形成一个恶性循环。到那时候，中国的金融市场和金融业都会面临极大的压力。鉴于中国股市的市值已超过 GDP 的 120% 以及居民金融资产的 18% 已配置在股票及基金上，股票市场的剧烈波动对经济和社会稳定的影响已不可忽视。

银行业所面临的另一个风险是住房抵押贷款的坏账问题。2007 年，央行 6 次加息，大大增加了借款者的还贷成本。但由于住房抵押贷款的利率调整大都是一年一次，其效果应该直到今年年初才得以体现。如同美国房地产危机一样，房贷利率的提高也可能导致银行坏账的上升。鉴于目前房地产抵押贷款已占到金融机构贷款总额的 10%，此类贷款的坏账风险对银行业来说也到了不可忽视的地步。

对冲五策

为防范上述风险，缓解国内经济主体在风险发生时受到的冲击，中国政府、企业、银行及投资者都应该清醒地认识到经济下行风险的存在，并做好相应的准备。

第一，货币政策的制定应更加谨慎，更具前瞻性。事实上，在最近一次的加息中，我们已经隐约看到央行对未来 1~2 年中国经济所面临的下行风险的警觉。在 12 月的利率上调中，长期利率提升幅度比短期利率小，这表明央行认为通货膨胀主要是短期内的问题，而中长期内由于产能过剩的存在，价格上涨的压力并非那么严重；而贷款利率提升幅度比存款利率小，则反映了央行对中国经济前景持谨慎态度，因为贷款利率的小幅加息能避免企业在可能会出现的经济放缓中受到双重打击。这种具有前瞻性的谨慎的货币政策对于防范经济下行的风险至关重要。

第二，一旦出现明显的外需减弱，财政政策可以更加积极。事实上，这正是中国政府在亚洲金融危机后所采取的办法，应该说成效是明显的。由于近年国内经济增长强劲，企业盈利良好，财政收入增长很快，财政赤字占GDP的比重已从2000年的2.5%降到2006年的0.7%，这为中国政府采用积极的财政政策抵御外部冲击提供了良好的财力基础。同时，与国际情况相比，中国的国债占GDP的比重仅为20%左右，远低于OECD国家近80%的水平，可见财政政策还有相当大的空间来应对可能出现的经济疲软。

第三，国内企业（无论出口与否）应该密切关注市场需求状况，这不但包括企业自身所在的市场，还包括监测整个供应链最终端的需求变化。只有在生产和投资的决策中保持前瞻性，企业才能避免因突如其来的需求减弱所导致的存货猛增，或发现新投资的项目不再具有足够的市场需求。

第四，银行、证券公司及基金公司也应该清醒地认识到经济周期的波动对自身业绩的影响，提早准备，调整好自身的贷款、投资、业务拓展及雇用等各方面的业务安排。决不可为过去几年的成绩沾沾自喜，或掩耳盗铃。

第五，个人投资者也应该调整对自身投资收益的预期，拓宽投资的视野，包括股票、基金、存款、不动产、艺术品及黄金等其他形式的投资。事实上，在央行连续加息之后，3年以上的存款利率相对于中长期的通货膨胀预期而言，其实已相当具有吸引力（这也正是央行不愿意把长期利率提高太多的主要原因）。

别忘了产能过剩[①]

去年 8 月，当美国次贷危机正式拉开帷幕后，我们立即敲响警钟，提醒投资者关注中国经济下行的风险以及由此暴露的产能过剩问题（其中包括我去年 9 月 27 日在财经网发表的文章《慎言中美"脱钩"》）。

坦率地讲，在当时的情况下，几乎所有人都在担心中国经济会出现过热，因此我们的警示并未得到很多人的重视。到了 10 月，我们在获得了更多的数据支持后，又在一系列报告中明确指出，中国经济增长在第三季度略微放缓，已成为中国经济进入一个中期的下行轨道的拐点，并再次提醒投资者重视中国经济中潜在的产能过剩问题，以及由此所引发的企业利润增长前景变淡、失业增加、通货紧缩、商业银行资产质量恶化及相连带的对股票市场的压力。

如今，我们所提醒的诸多风险中，有些已成为现实，越来越多的人开始认同我们的观点。不过，鉴于现在企业及居民都存在一定的通货膨胀预期，可能引起了一定程度上的抢购和囤积，再加上年初罕见的雪灾导致了许多商品的暂时性短缺，从表面上看，许多行业的产能利用率仍处于相当高的水平，市场供需状况似乎也不那么宽松，因此仍有很多人不同意我们的观点。

我们认为，企业产能利用率的变化取决于市场需求的变化，其波动幅度常常会超出人们的预料。随着美国经济衰退对全球以及中国经济的影响逐步显现，许多行业的产能过剩问题最迟应在今年年底就会变得相当明显。企业、银行及投资者都应提高警惕，认真应对。

产能过剩的形成，源自过去多年来的投资高增长。由于中国多年受短缺经济困扰，提高投资率一直是用来缓解供给短缺的主要方法。在过去 30 年里，中国的投资增长率有 24 年超过 10%，逐步使经济从短缺中解放出

---

① 本文 2008 年 3 月 11 日发表于财经网。

来。但问题是，由于投资增长长期超过消费增长，尤其是过去8年里连续如此，从而积累了大量产能，远非当前的国内需求所能消化。举例来讲，自1997年到2006年的十年间，中国的水泥、发电和彩电的产能都翻了一番还多，煤炭产能增加了两倍多，粗钢和汽车产能增加了三倍多，炼铁产能增加了近六倍，而手机的产能则增加了168倍。

其实，早在2006年3月，国家发展改革委就列出了产能过剩的十大行业，包括钢铁、水泥、煤炭、电力、纺织、汽车等。有意思的是，如果看一看这些行业2006年的产能利用率，我们会发现，其中很多行业的产能过剩似乎并不严重。比如说，水泥的产能利用率在2006年达到76%，钢铁达到85%，煤炭则达到105%。

为什么会出现这种"名实不副"的情况呢？这里有几个原因。其中一个是国家发展改革委自2005年以来就采取措施削减过剩产能，主要是压缩规模较小、效率较低和污染较高的生产设施。比如说，2005年下半年到2007年上半年期间，大约有8000家小煤矿被强制关闭，这在一定程度上解释了煤炭产能利用率在2006年达到105%的现象。到2007年底前，政府已关掉了大约8.5%的炼铁产能、6.6%的炼钢产能、4.6%的水泥产能，以及3%的发电产能。这些措施无疑减轻了这些行业的产能过剩问题。

还有一些更主要的原因。中国经济增长刚刚经历了一个长达8年的上升周期，尤其在过去五年里，更是连年超过其潜在增长率。总需求的强劲增长，无疑降低了产能过剩的严重性。但值得警惕的是，总需求增长中，相当大一部分是投资的贡献。虽然投资需求的增加在短期内延缓了产能过剩的暴露，但随着投资项目的建成投产，更多的产能将会出现，而这显然会加剧今后的产能过剩问题。

另外，外需的强劲增长大大吸收了中国的过剩产能。中国货物出口占GDP的比重已从2000年的21%上升到目前的36%。许多产品的出口都呈现指数型增长。比如说，钢铁出口额从2003年的不足50亿美元上升到2007年的超过500亿美元，五年内增长了10倍；手机的出口量则在过去六年里增长了10倍。我们粗略估计，中国制造业产出的四分之一是用于出口，而在很多行业中，出口比例远远大于这一数字。例如，中国生产的彩电有57%用于出口，缝纫机产量的87%用于出口，手机的出口比例达到88%，而自行车生产的出口比例则达到90%。

　　由于产出增长过多依赖出口和投资，一旦全球经济出现明显放缓，外需减弱，不但出口行业的产能过剩会明显暴露，而且与出口相关的投资也会冷却。这会通过第二轮的投资减速来进一步暴露产能过剩的严重性。其实，即便没有国外需求的影响，许多国内因素已经对企业的盈利产生了负面影响（如人民币升值、劳动力成本提高、出口退税下调或取消、原材料价格提高、环保成本上升等）。实际上，在美国经济出现明显放缓的2007年第四季度之前，中国的出口增速即已放缓，而外需的大幅度减弱无疑会雪上加霜。

　　我们预期，美国经济将在今年上半年陷入衰退。受其影响，欧洲、日本及亚洲的经济增长今年都会明显放缓，而中国经济也不可能独善其身。我们预期中国的经济增长率在2008年将会下降至9.5%，低于其潜在增长率。而这仅仅是中国经济进入下行轨道的第一年，2009年的GDP增长率将会进一步下滑至9%以下。因此，产能过剩的暴露将只不过是时间问题。

美国经济至少还有 1~2 年的下行空间^①

2007 年 12 月初，雷曼兄弟在对 2008 年的全球经济形势进行展望时，用了"黑云压城"四个字来形容世界经济所面临的严峻形势。当时很多人都怀疑我们是不是太悲观了。但国际金融市场在随后的 3~4 个月内经历了有目共睹的巨大波动，投资者对美国及世界经济形势的信心曾一度变得比我们还要悲观。在美联储为了维持金融体系的稳定而采取了一系列非常规的拯救措施之后，市场的信心得到了稳定和提升。

有意思的是，在最近几周内，投资者对美国及世界经济的信心似乎又突然好了起来，尤其表现在对美联储减息的预期和金融市场的反弹上。现在市场上对美国减息的预期是到 1.75% 就会结束，明年第一季度就会开始加息。还有人认为，美联储今年第四季度就会开始加息。我们认为这些判断过于乐观。

从多个角度看，美国及世界经济步入下行轨道才刚刚开始，至少还有 1~2 年的下行空间。

症结还会暴露

很多人评论说，"次贷危机"的最坏日子已经过去。纯粹就"次贷危机"而言，也许这一判断是正确的。但这并不意味着美国金融体系中的问题都已暴露，金融资产价格的调整已经结束，以及经济增长下滑会停止。在我看来，"次贷危机"仅仅是一个导火索，金融体系中的很多其他问题还会逐步暴露。

首先，次级贷款（sub‐prime loan）的高违约率会逐步扩散到优质贷款（prime loan）中。在美国，次级贷款与优质贷款的区别在于贷款发放时

---

① 本文 2008 年 5 月 12 日发表于《21 世纪经济报道》。

借款人的信用评级。而借款人的信用评级是每月变化的。如果容易获取信用，人们的还款记录往往也会比较好（通过借新还旧），所以其信用评分会逐步提高。2003 年以后，由于美国利率偏低，金融机构业务扩张迅速，许多机构采用房地产再融资（re – finance）或账户转移（balance transfer）等形式吸引借款人，以扩大业务，这在客观上给借款人提供了更多的信用额度，使很多人可以在那段时间里利用新增的贷款额度偿还从其他机构所借的贷款。其结果是，许多本来可能处于或接近还款困难期的借款人因此得到了喘息的机会，使其信用记录得到了维持或改善。换句话说，很多本应落入次级客户的借款人因此变成了优质客户。这意味着很多当时被归类为优质类的贷款，现在随着经济的恶化和信贷的紧缩，可能会暴露其本来的"次级"面目。但由于贷款的分类是按照贷款发放时的信用评分，而不是贷款人现在的信用评分，所以这些贷款目前仍归类为优质贷款。但是，这意味着我们很快也会看到优质贷款的坏账率上升，以及与此相关的金融衍生产品的价格调整。

其次，目前所出现的"次贷危机"主要表现为与次贷有关的金融衍生品（如房贷抵押债券、CDO 等）的大幅度贬值导致其持有者（即金融机构）出现大幅度亏损。这些衍生产品往往都采用市价评估（mark-to-market）的方法，因此其价格受市场预期的影响很大。许多衍生产品的价格在与其相连的住房贷款的违约率上升之前就已经因为预期的恶化而出现了大幅度的下调。从一定程度上讲，这些产品的价格下降甚至有可能出现了"超调"。同时，这也表明，目前出现的次贷危机还主要表现在衍生品市场上，很多金融机构（尤其是商业银行）的那些没有证券化的贷款（包括房地产贷款、工商贷款和消费者贷款），随着经济的恶化将来也存在着坏账率大幅度上升的可能，只不过是因为这些贷款不必采用市价评估（mark-to-market）的方法，其坏账问题目前尚没有完全暴露。待其暴露之时，我们也许会看到新一轮的商业银行的坏账危机（过去几个月的危机尚主要集中在投资银行、风险套利基金等投资者中）。

最后，随着经济增长的放缓和信用的紧缩，企业投资和居民消费都会明显疲弱，因此企业的盈利增长无疑会受到影响。如果股票市场对美国经济增长的前景过于乐观的话，其隐含的对企业盈利的预期也会过高。因此，随着美国企业和消费者逐步降低投资和消费，股票分析师们估计还会不断下调其对上市公司盈利的预期，与之相伴随的无疑将是股票价格的进一步回落。而这通过股市的财富效应和融资效应还会反过来进一步影响经济的成长。

美国在衰退边缘挣扎

美国经济仍将在衰退边缘挣扎一段时间，而不可能迅速出现强劲的复苏。原因有两点：一是美国房地产市场的萧条到目前为止仅走了一半，至少要到 2009 年底才能好起来；二是信贷紧缩对于美国经济的影响，可能会高于人们的预期。

为什么说美国房地产市场还要继续往下走？从统计数据来看，按照目前的速度，美国现存的新房和二手房的存货（即在市场上拿出来卖的房屋）估计需要 9 ~ 10 个月才能卖掉。同时，今年和明年将迎来一个房屋拍卖高峰，即大批还不起按揭贷款的借款人的房子要被银行强行收回来，在市场上拍卖。这个拍卖量估计今年会达到 100 万套以上，明年则达到 120 万套以上。这意味着，在不再新建任何房子的情况下，光把现有的房屋存货和银行强行收回的房子卖掉，就需要大概一年半的时间。那么，美国的房地产投资至少到明年上半年可能还是维持负增长。同时，美国房地产价格现在已从顶点跌了 15%，但随着银行大规模拍卖房子的开始，可能会使价格下降得更多，估计至少还会再跌 10%。房地产价格进一步下跌，对于居民财富效应及消费等方面都将产生负面影响。我们估计，美国的房地产市场在 2009 年底以前都会保持低迷的状态。作为投资领域中的重要一环，房地产市场好不起来的话，美国经济短时间内也很难复苏。

至于信贷紧缩，从次贷危机发生到现在，已经大体经历过三轮。第一轮信贷紧缩发生在去年 8 月次贷危机爆发后，很多银行、金融机构遭受信贷损失之后，开始加强信贷风险管理，提高信贷的审查标准，把一些风险较高的信贷申请拒之门外。这使得一些以前本应该能借到贷款的企业和个人借不到贷款。第二轮贷款紧缩发生在很多金融机构尤其是商业银行资本金损失之后，按照银行业监管的国际协议（《巴塞尔协议》）关于资本充足率的规定，金融机构的资本金损失后，若达不到资本充足率，就必须相应地回收资产。形象地讲，如果资本损失 8 块钱，银行就需要收回 100 块钱的资产。这对于资本损失过高的银行来说压力非常大，如果不能及时注资，就要进一步收回资产（包括贷款）。第三轮信贷紧缩出现在最近一段时间，很多金融机构，包括投资银行、商业银行和很多企业，都在资金链上出现了紧张。在这种情况下，许多金融机构都开始担心自己的资金链条会发生断裂，因此倾向于保留现金，减少放贷，这使得它们把一些本来信用标准很好的高质量贷款也拒之门外（因为要把钱留给自己以防万一）。

信贷紧缩对经济的负面影响非常大。我们常形象地比喻说，金融系统是经济的血脉，是给经济系统输血的。而 2008 年美国经济所面临的情况是，金融系统可能没办法给经济系统输血太多，甚至有可能从经济系统中抽血。众所周知，企业没有贷款只靠自有资金，是不可能快速成长的。而美国的消费者也相当依赖借贷来维持消费。因此，如果信贷紧缩持续存在，美国经济增长的前景显然不会乐观。

我们认为，美国经济增长率会从 2007 年的 2.2% 降至 2008 年的 1.6%，2009 年可能会降到更低的 0.6%。鉴于暗淡的增长前景，我们预期美联储会继续大幅度减息，联邦基金利率会从 2007 年末的 4.25% 降至 2009 年末的 1.00%，而不是像市场所预期的降至 1.75% 就会停止。

欧洲经济增长将放缓

很多对全球经济前景保持乐观的人都有一个重要的论据，即全球经济已经同美国脱钩，尤其是欧洲经济增长在过去几年里表现强劲。即便在美国次贷危机发生后，欧元区经济似乎也未受到太大的冲击，欧洲中央银行则继续保持其强硬的反通胀姿态，在美联储数次大幅度减息后，仍然维持利率不变。因此很多人寄希望于欧元区，希望其可以在美国经济出现下滑或衰退时支撑起全球经济。尤其是亚洲经济体（包括中国），很多都依赖于对欧元区出口的强劲增长，因此，如果欧元区经济增长能继续保持强劲的话，亚洲经济体的增长前景也不会太差。

但我们认为，欧元区的经济增长也会出现明显放缓，从 2007 年的 2.6% 降到 2008 年的 1.4%。这有两方面的原因。一是因为欧元的强劲升值将不断削弱欧元区企业的竞争力，在经历一定的时滞后必然会影响到欧元区的出口。二是因为欧元区经济在过去数年里的增长主要来自出口和投资的增长，而消费增长则相对偏弱。如果内部消费不足，那么一旦外需减弱的话，不但出口会受影响，投资增长也会放缓，因为很多企业会发现其投资已形成了单靠国内消费所不能吸收的过剩产能，因此在做进一步投资时会相当谨慎。

另外，欧洲许多国家的房地产市场也开始出现了明显的下滑迹象。英国的房地产市场在经历近几年的繁荣之后，近来已出现房价下滑。冰岛和法国的房价也进入了负增长区域。西班牙的房地产市场也开始降温。如果这些国家的房地产市场也出现问题的话，势必会对其金融体系的稳定和经济增长产生巨大的负面影响。

鉴于欧元区经济所面临的增长放缓前景，我们估计欧洲中央银行将在2008年第三季度放弃其"鹰派"的货币利率政策，开始降息。估计2008年欧洲中央银行将减息50个基点，使其政策利率由2007年底的4.00%下调至2008年底的3.50%。而处于欧元区之外的英国，其中央银行今年以来已经减息50个基点，反映了其对增长下滑的担忧。

日本经济将继续疲软

日本经济在1990年泡沫崩溃之后，已连续十多年处于通货紧缩的状态。自2005年以来，日本经济有所起色，似乎有走出通货紧缩的迹象，日本中央银行也因此在2007年加息，结束了多年零利率的状况。但是，美国次贷危机的发生及随之而来的美欧经济的疲软，无疑对日本经济的复苏来说是一个很坏的消息，其走出通货紧缩的日程表也将相应推迟。

与欧元区相似，日本经济近两年来的复苏也是得益于出口和投资的增长，消费增长的不足也是一直困扰日本经济的难题。而消费的疲软主要是因为收入增长的乏力，企业员工的薪水增长相对于公司利润的增长一直落后较多。而这正是投资增速超过消费增速的一个主要原因。由于国内消费不足，一旦外需减弱，日本的国内投资也会受到影响，以避免产能过剩的积累。

另外，对于日本来说，美联储的减息并不完全是好消息。减息所引发的美元相对于日元的贬值会削弱日本企业的竞争力，导致出口下降，进而影响经济增长。由于世界上大多数货币都或多或少地盯住美元，日元相对于美元的升值不但会削弱日本相对于美国的出口竞争力，也会削弱其对世界其他许多经济体的竞争力，从而导致其外需减弱。这对于近年来一直处于衰退边沿的日本经济来说，显然极为不利。如果美国经济增长在 2008 年出现明显下滑，日元的升值甚至有可能将日本经济再次拖入衰退之中。

鉴于以上原因，我们预期日本经济增长率会从 2007 年的 2.1% 下降至 2008 年的 1.5%，而日本中央银行也会暂停其加息的策略，在 2008 年将政策利率维持在 0.5% 不变。

中国难以独善其身

虽然次贷危机对中国金融机构的影响并不很大，但如果次贷危机对全球经济（尤其是美国经济）的影响比人们预想的要大的话，其对中国经济的影响可能也比大家想的大。事实上，即便没有次贷危机，中国经济也已进入一个中期的下降轨道，而全球经济的减弱只不过加剧了中国经济的下滑。对此笔者已多有论述，在此不再重复（请参阅笔者发表于 2008 年 1 月 14 日《21 世纪经济报道》的文章《央行对冲中国经济下行风险五策略》）。总之，无论是政府、企业还是个人，都应做好充足的准备，以应对可能发生的更大的下行风险。

水落石出的中国房市①

关于"房市拐点"的争论已有数月的时间。虽然有越来越多的人认同拐点的形成，但从官方及行业公布的一些数据来看，至少在全国范围内，拐点似乎并不明确。

笔者认为，从宏观经济层面看，经济增长的放缓和宏观调控政策的延续，都为房地产市场的调整埋下了伏笔。只要紧缩的政策再持续数月，国内房价的调整也许不可避免。但房地产市场出现全面崩溃（大范围大幅度的房价下调）的概率相当有限。中国房地产市场也许会经历一次两年左右的"浅调"（全国平均价格下调20%左右），但不会出现类似于日本或我国香港房地产市场在20世纪90年代发生的深度调整（50%以上的价格回落）。同时，房市调整对银行系统的影响也会集中于开发商贷款，而不会出现美国"次贷危机"式的按揭贷款危机。

寻找"拐点"

对房市拐点存在争议的一个主要原因在于，中国的房地产价格缺乏可信的数据。由于种种原因，目前官方公布的房价指数不能准确反映房地产市场的真实热度。因此，在很多情况下，人们必须依据一些行业数据、媒体报道及局部调查来做分析。显然，这些方法存在着明显的缺陷，尤其是在样本选择上有可能以偏概全。正是由于这种原因，我们对中国房地产市场的把握似乎总有些"瞎子摸象"的感觉，所以人们的观点在形势非常明朗之前，往往很难统一。

在目前这种情况下，房价数据也许不是寻找房市拐点的最佳证据。但对宏观经济政策和开发商商业策略的一些简单分析表明，房市拐点肯定是

---

① 本文2008年6月26日发表于财经网。

在形成之中。应该说，两项宏观经济政策对房地产开发商的行为产生了明显的影响。

一是今年年初政府规定，开发商购买土地后，如两年内仍未开发建设，政府有权无偿收回土地；二是自去年年底以来的信贷紧缩政策大大收紧了开发商的资金链，降低了购房者利用银行按揭贷款买房的能力。前一项政策强行增大了开发商的资金需求，后一项政策则收紧了开发商的资金供应。前后夹击，导致很多开发商面临资金压力。而股票市场的疲软也切断了一些开发商通过新股发行或股票增发来融资的渠道。

在存在资金压力的情况下，开发商拥有两个选择。一是（减价）卖地，二是（减价）卖房。理性的开发商们都会选择前者。因为如果把现房卖掉，回笼的资金还要立即投入土地的开发，其资金紧张的状况并不见得能得到明显的改善。如果卖掉土地，所获资金不必立即投资到其他项目，因此可帮助开发商度过更长时间的信贷紧缩期，而不必被迫减价出售回报率更高的现房。这似乎正是目前许多开发商所采取的策略，从最近一段时间土地转让价格的下跌以及一些地方土地市场"流拍"的现象中可见一斑。另外，一些开发商急于转让手上的在建项目，也许是出于同样的原因。

如果上述分析正确，那么只要紧缩的货币政策持续更长的时间，越来越多的开发商将面临卖地或卖房的选择。一些开发商可能将被迫降价卖房，来缓解资金上的燃眉之急。事实上，根据一些媒体的报道，一些开发商已经在通过赠送面积、电器、家具甚至汽车等形式，变相地减价。不过对于资金面也不宽松的购房者来说，没有什么比直接降低房价更能增强其购买力的了。

因此，如果紧缩的宏观调控措施再持续数月，房市拐点也许就没有争议了。这也许将成为另一个"地价引领房价"的例证。

调整深度

虽然房市调整可能在所难免，但调整深度应该不会太大，尤其不可能出现日本或我国香港那样在房地产市场泡沫崩溃后房价出现暴跌的现象（日本的商用地产价格在1990—2005年间跌掉了80%，而我国香港的住宅价格指数在1998—2003年间则下跌了近70%）。这主要有以下几方面原因：

一是房地产行业内部可以通过行业整合，消化掉一部分多余的供给。一些资金相对雄厚的开发商可以利用此机会廉价收购一些土地或项目，或兼并一些资金链紧张的中小开发商。这在一定程度上可以减轻一些卖压。

二是居民收入的快速增长可以迅速提高对住房的购买力。目前，中国房地产市场的泡沫主要体现在房价上涨过快，超出了绝大多数居民的购买能力。如果房价能下调 20% 左右，而居民名义收入又以每年 15% ~20% 的速度增长，那么不出 3 年时间，许多居民就可以买得起房了。鉴于中国存在巨大的潜在住房需求（比如每年大约有 1000 万农村人口转移到城镇），一旦房价回落到居民可承受的水平，其购买量会大幅度上升。因此，房价大幅度下跌的空间并不大。

三是中国的二手房市场也不会出现香港的恐慌式抛售。虽然存在很多投机性或投资性的购买，但国内大多数二手房房主当年都是用现金买房的，只有少部分是依靠银行贷款。因此，即便房价下跌，现有房屋的持有者也不必急于减价卖房。这与香港房地产市场的商业模式很不一样。由于香港的暂住人口很多，许多当地居民通过借银行按揭贷款来购买多处房屋，通过租赁给暂住人口来偿还房贷。在这种商业模式下，一旦由于经济增长放缓、失业增加或出现流行病（如 2003 年的 SARS），导致许多暂住人口离开香港，香港房东的租赁收入就失去了保障。这样，房东就必须赶紧将房子卖掉，否则单靠其工薪收入很难维持多套房屋按揭贷款的月供。此时，大家往往争先恐后地卖房，结果必然是房价的暴跌。而中国的二手房房东们大多不存在类似的压力。

四是随着中国经济增长在下半年明显放缓，紧缩的宏观调控政策最迟会在今年年底得到逐步放松。届时，房地产开发商的资金紧张问题也会得到部分缓解。换句话说，政府的宏观调控政策最终是要达到使开发商降价的目的，而不是要置开发商于死地。毕竟，房地产行业目前仍是中国经济增长的龙头行业，它不但可以带动其他领域的投资和消费，而且肩负着提高人们居住环境和改善民生的重任。

需要指出的是，房地产市场向来都是区域性的。也就是说，在全国平均房价回落的过程中，在某些曾存在明显泡沫的地区，房价可能会率先暴跌。但在另一些涨幅较小的地区，房价则可能只是逐步微降，而个别供需紧张地区的房价甚至仍有可能继续小幅上涨。因此，中国房市的回调应该是一个逐步蔓延而又参差不齐的"浅调"过程。

中国的"次贷危机"?

有人担心，一旦中国的房市出现调整，可能引发银行体系的大面积坏账。尤其是按揭贷款坏账率的上升，可能引发类似美国的"次贷危机"。但笔者认为，房价回落对银行按揭贷款坏账率的影响相当有限，中国不会出现美国式的"次贷危机"。

美国次贷危机的形成，根源于过去数年美国房地产按揭市场的特殊商业模式。自 2002 年以来，随着美联储大幅度降息，美国商业贷款机构的融资成本大幅度降低，因此相互之间展开了激烈的价格竞争，并很快导致了优质贷款市场（prime loan market）的饱和。为拓展业务，很多房贷机构就将触角延伸到信用记录和还债能力较差的次级市场（sub - prime market）。实际上，很多次级贷款人由于收入较低且不稳定，并不具备买房的条件，更无能力偿还按正常利率设定的按揭贷款的月供。但是，房贷机构却为了拓展业务，为次级借款人做了所谓的"特殊安排"或"金融创新"。由于在 2002 年前后美国房地产市场一直呈现上升趋势，两年内房价往往会升值很多。因此，如借款人届时无力偿还按正常利率计算的月供，他们可以将房屋卖掉，还清全部房贷，并从中赚取房屋升值的好处。但是，这一商业模式的问题在于，如果两年后的房价不高于当初买房时的价格，借款人就会面临负资产的问题，并出现偿债困难。这就是为什么次贷危机是由美国的二手房价格回落所引发的，而非经济衰退、失业率上升（事实上，是次贷危机引发了经济下滑，而非经济下滑引发了次贷危机）。

从以上对美国按揭贷款商业模式的分析中可以看出，即便中国的二手房价格出现了回落，也不会出现类似的"次贷危机"。这是因为，中国的大多数二手房房主都是用现金购房的。即便是那些使用了按揭贷款的，往往也都是量力而为，而不是寄希望于房价上涨来摆脱还贷的压力。尤其我国商业银行所要求的高额首付（30% ~40%），更是将类似风险大大降低。所以，房价下跌应该不会对商业银行的按揭贷款质量产生太大的影响。

不过，如果出现大范围的房地产开发商破产倒闭，商业银行的资产质量势必会受到负面影响。许多开发商由于在过去几年里扩张过快，负债率很高。如果出现资金链断裂，势必导致银行房地产开发贷款的坏账上升，这的确值得关注。不过，这一问题的严重性可能会因为行业整合的发生而有所降低，并随宏观调控政策的逐步放松而得到缓解。

总之，中国的房地产市场正面临一个两年左右的下调过程，但调整的幅度不会很深，更不会出现崩溃，也不会引发美国式的"次贷危机"。由于开发商的资金紧张是引发房市调整的主要原因，因此房价回落应该主要体现在新房的价格上；二手房价格虽然也会受到牵连，但下调幅度应该有限。从中长期看，中国居民的潜在住房需求还相当庞大，房地产市场应该还有数十年的稳步上升行情。

宏观风险依然高企①

去年9月，我在《财经》网络版的专栏文章中曾预测，如果美国及全球经济在2008年第一季度出现急剧下滑，那么，中国经济的实际增长率在今年下半年有可能降至9%以下。届时，出口减速、企业盈利下滑、产能过剩暴露、失业增加以及资产市场（如股票市场和房地产市场）的重新定价等风险都有可能逐一暴露（参见2007年9月27日《财经》网络版的专栏文章《慎言中美"脱钩"》）。

十个月后的今天，上述预测中的大多数风险都已变成现实，而且似乎在相互加强，形成一个恶性循环。此外，一系列意想不到的严重自然灾害更是雪上加霜，使得今年的通货膨胀有望创下12年新高。

所有这些，使得政策制定者们正面临十年来最艰难的一年。通胀和增长之间的微妙权衡，要求政策制定极其谨慎，这增大了政策失误的风险，有可能加剧已经暴露的宏观风险。

增长下滑的风险

尽管四川发生了汶川大地震，而且南方遭遇了严重的洪涝灾害，中国第二季度的实际GDP仍然增长了10.1%。虽然这一增速仍属强劲，但却是连续第四个季度下滑，与去年第二季度12.6%的增长率相比，已明显回落。近期的月度经济数据表明，虽然名义经济增长率仍然强劲，但实际增长率远非如此。例如，名义固定资产投资增长率在6月年同比反弹到29%，但实际增长率却接近5年来的最低（15%）；6月出口金额年同比增长了17%，但出口数量的增长却仅有6%。

从企业层面来看，经济增长的放缓已经影响了企业盈利和企业家信

---

① 本文2008年8月6日发表于财经网。

心。比如说，工业企业的利润增长率已从去年5月的42%降到今年5月的21%，工业企业的利润率（如利润与成本的比率、利润与销售额的比率等）也明显下滑。今年第二季度，企业家信心指数已降到2006年第三季度以来的最低。尤其在房地产行业，企业家信心已降到9年来的最低。上周公布的7月采购经理人指数也首次降至50以下，表明制造业在最近的月度里已开始出现环比收缩，而不是增长。这和我们通过媒体与其他各种渠道所听到的大量中小企业停产或关闭的信息是相吻合的。

从目前看来，出口和投资增长的放缓，主要还是国内政策（如取消对出口商的优惠政策、新修订的《劳动法》的实施、信贷紧缩、人民币升值等）引致的；而全球经济减速对中国的影响才刚刚开始显现。我们相信，后者的影响将会越来越大。

虽然目前消费增长依然强劲（无论是名义增长率还是实际增长率），但企业盈利的下滑和经营的停顿势必会影响职工的收入增长，进而影响消费。实际上，今年上半年，我国城镇职工平均名义工资同比增长了18%，低于上年同期的18.5%。考虑到今年上半年的消费物价指数同比上涨了7.9%，远高于上年同期的3.2%，这意味着职工的实际收入增长比上年同期有明显回落，无疑会侵蚀居民的实际购买力。再加上股价下跌导致的负财富效应，估计未来几个季度里，消费增长也会减弱。届时，中国经济增长的"三驾马车"都会放缓，仅靠政府支出的增加也许难以阻止经济增长的下滑。从这个意义上讲，增长下滑的风险（尤其是加速下滑的风险）依然高企。

通胀反弹的风险

在通胀方面，中国在2006年底开始步入通胀上升周期，引发了一系列紧缩政策（包括存款准备金率和利率的连续上调，以及银行贷款额度的重新启用等）。尽管采取了这些措施，一场50年一遇的特大雪灾在年初席卷了大半个中国，导致2月的CPI上扬至11年来新高（年同比增速为8.7%），而这几乎完全是食品价格猛涨所导致的。

雪灾之后，食品价格开始逐步回落，并带动CPI逐步回落。6月的CPI同比增长率回落至7.1%，估计7月会降至7%以下。由于存在高基数效应，如不出现大的自然灾害，8 月通胀甚至可能降至 6% 以下。顺利的话，年底之前，CPI 有可能回落到 5% 以下。从这个意义上讲，目前的通胀风险已比年初时大大降低。

不过，通货膨胀依然存在反弹的风险。尽管近几个月食品价格回落，但最新数据显示，受南方严重洪水的影响，食品价格自 6 月中旬以来出现了反弹。由于七八月往往是主要江河流域汛情最大的时期，我曾担心 7 月会出现大的汛情，导致食品价格持续大幅上涨，幸好这一情况没有发生。8 月仍是汛情风险较大的时期，仍不能排除出现恶劣天气或自然灾害的可能。因此，食品价格能否企稳还需观察。

由于尚有一些商品的价格被管制，政府有可能在接下来的数月里逐步放开价格管制，从而导致新一轮的物价上涨，因此，人们的通胀预期仍然很高。如果食品价格因自然灾害而大幅上涨的话，有可能会给高通胀预期火上浇油，从而引发囤积、抢购或跟风涨价等现象，这会使政府控制通胀的任务变得更加艰巨。因此，对通胀反弹的风险仍不可掉以轻心。

金融及资产市场的风险

随着全球需求显著削弱，中国制造业的产能过剩已开始逐步显现，主要表现为库存上升、产能利用率下降（如停产、半停产现象）、降价促销以及企业关闭或破产等。同时，企业的生产成本却大幅度上升，新修订的《劳动法》的施行以及原材料价格的猛涨，都在削弱企业的盈利能力。

企业盈利增长前景的恶化已经打击了投资者对股市的信心。自 2007 年 10 月以来，国内股指下降了 60%，使得市盈率由 10 个月前的 60～70 降至目前的 20～30。尽管这一市盈率似乎表明股价已相当便宜，但由于企业盈利增长前景暗淡，投资者却并不急于入场"捡便宜货"。因为如果盈利增长继续恶化，即使股价不上涨，市盈率也可能会反弹。那时，人们会发现原来股价并不便宜。投资者这种犹豫不决的入场行为，很可能会拖延熊市的长度。鉴于国内的部分上市公司也投资股市，长期的熊市会进一步降低这些上市公司的盈利，形成一个恶性循环；同时，在熊市环境下，企业通过资本市场来融资的难度会大大增加，这会减少其资金来源，最终影响到企业的投资，从而在股票市场和经济增长之间形成另一个恶性循环。

由于消费者、投资者和企业家信心的下降，信贷紧缩以及抵押贷款利率的上调，房地产市场也开始出现冷却的迹象。2007年，很多大城市的房价都曾一路飙升。尽管全国房价年同比仍然上涨（第二季度年同比上升9.2%），但近几个月，部分城市的房价已经显著下跌。根据国家发展改革委发布的数据，36个大中城市的平均房价5月同比上涨14.8%，但其中21个城市的房价已从近期的峰值回落。比如，5月广州的房价与峰值相比，跌幅高达18.0%，北京跌幅达到9.5%，深圳跌幅为9.4%。如果这些城市的房价继续下降并蔓延至其他地区，就有可能引发与美国类似的问题（如建筑活动减少以及负财富效应对消费的影响），虽然程度可能会略轻。

房地产市场出现重大调整，也可能影响中国银行业的资产质量。房地产相关的贷款（包括对房地产开发商的贷款和住房抵押贷款）现已占中国银行业贷款总额的18%。目前，很多开发商的流动资金都非常紧张，一旦现金头寸枯竭，可能无法偿还贷款。另外，根据媒体报道，由于房价下跌导致房屋净资产为负，深圳已出现个别房贷借款人停供的现象。如果这些现象扩散开来，很可能导致银行不良贷款上升。

除房价下跌的威胁外，企业盈利的下滑也会降低企业偿还银行贷款的能力。中国银行业的不良贷款额在过去三年中一路下降，这不仅因为经过注资、重组和上市后，银行的公司治理和风险管理能力得到了提高，也因为1999年以来连续8年的经济上升周期使企业的盈利和还款能力有所提高。而一旦经济增长下滑且房地产市场出现较大的回调，很难说银行的不良贷款会上升至多高的水平。

政策风险

通胀高企和增长放缓，使政策制定者身陷两难。如果过早放松货币紧缩，一旦物价因任何原因出现反弹，都有可能助长高通胀预期，使通胀更加难控；但如果紧缩过度或放松太晚，也有可能过度压抑经济中一些有活力的主体，加大将来经济复苏的难度。

对股票市场而言，在目前的市场环境下，政策干预会加大道德风险，而放任自流则有可能会加速投资者信心的丧失，甚至有可能影响社会稳定。至于房地产市场，打压过度有可能会引发整个行业的崩溃，并影响上下游行业的需求及地方政府的财政收入，极大地打击经济增长；但过早放松则会导致房价再次反弹，使得挤压房价泡沫的措施功亏一篑，引发更多的社会不满情绪。

总之，当前形势相当微妙，决策时需要仔细权衡，因此，准确地把握政策的松紧力度和放松的时点及节奏相当困难。换句话说，政策失误的风险很高。我们认为增长加速下滑的可能性很大，我们曾更担心过度紧缩的政策风险。但7月25日中央政治局会议的决定（将政策目标从"双防"转变为确保经济稳定较快增长和控制通货膨胀）在一定程度上降低了这一政策风险。不过，我们认为这一政策上的微妙转变很难逆转中国经济的下滑趋势，只不过是降低了"硬着陆"的风险而已。

2009 年

中国经济和股市第二季度复苏①

伴随着全球金融海啸的发生，中国经济也在最近数月里急转直下，很多人担忧中国经济2009年"保七"都有风险，甚至将2009年经济增长的预测下调至5%~6%。虽然中国经济不可能避免此次金融海啸的冲击，但相对于世界其他经济体而言，中国经济是最有能力抵御这次金融海啸的。具体而言，中国在以下几个方面都有得天独厚的优势。

第一，高额的储蓄率和低负债率为刺激内需提供了坚实的基础。中国的家庭储蓄率目前高达33%，为世界最高的国家之一。居民储蓄存款目前已达到21万亿元人民币，约占GDP的70%。同时，由于多年的宏观调控和谨慎的监管政策，中国的企业、银行和政府的杠杆率或负债率都相对较低，它们通过贷款或举债来增加开支或投资的余地都还很大。

第二，收入水平的快速提高为内需的增长创造了条件。中国人均GDP目前尚只有2500美元，远低于许多发达国家3万~4万美元的水平，在刺激内需方面还有广泛的领域和空间，而不像日本等一些发达国家那样很难找到新的增长引擎。更重要的是，中国的人均收入增长很快，迅速地提高了居民的购买力，为消费的增加和升级创造了条件。

第三，高顺差和高外汇储备降低了发生汇率危机的风险。由于中国的出口中有一半是加工贸易，出口减少会带来相应的进口下降，因此，外需下降对中国经济的冲击并非像出口下降所显示的那样大，出现贸易逆差的可能性也微乎其微；即便出现，还有2万亿美元的高额外汇储备做后盾，这对吸引外商直接投资及防止大规模的资本外逃都具有至关重要的作用。

同时，中国在国内生产方面的瓶颈也已相当有限，国内生产和消费完全可以自成一体。中国经济已经完成了经济起飞的初级阶段，达到了巡航状态，内需市场的开拓与发展本身会为中国经济的快速增长提供相当长时

---

① 本文2009年1月6日发表于《新财富》。

间的支持。因此，我们不必因金融海啸而影响对中国经济中长期前景的判断。

存货调整和刺激政策的效果会逐渐显现

虽然近几个月的工业生产数据非常差，而且在接下来的几个月里还会更坏，但我们认为经济的下滑应该在 2009 年第二季度企稳并反弹。主要原因有两点：一是当前经济与工业生产增长率的急剧下滑虽然是由国内外最终需求下降所驱使，但在很大程度上却被企业的存货调整所夸大。随着存货调整的结束，经济增长的急剧下滑应该在 2009 年第二季度停止。二是中国政府所提出的大规模的经济刺激计划，其效果应该在 2009 年第二季度明显显现。届时，中国经济增长应该会重新步入上升轨道。

我们研究发现，自 2007 年开始，中国经济就在经历一场大规模的存货积累过程。由于当时国内外总需求旺盛，而且各种偶然因素促成了通货膨胀攀升与原材料短缺，使得很多企业进行了大量的存货积累，尤其是原材料存货。2008 年第三季度以来经济形势逆转，最终需求减弱，企业通过减产来应对订单下降，但由于之前已积累了大量存货，企业减产的幅度远远超出了最终需求减弱的程度，从而夸大了生产增长的下滑。我们估计，最迟到 2009 年 5 月，存货调整就会结束，企业会恢复正常的原材料采购，届时上游企业的生产会恢复到正常状态，经济与生产增长的大幅度下滑应该可以止步。

面对经济增长的急剧下滑，中国政府宣布了高达 4 万亿元的经济刺激计划，各地政府也积极响应，提出的经济刺激方案加总达到 18 万亿元之多。虽然并非这 18 万亿元都能得到实施，但实际开支应该会远大于 4 万亿元。不过，其效果可能需要等到 2009 年第二季度时才能明显显现。这主要是因为季节性的原因。由于目前是冬天，又临近春节，北方的大部分投资和基建项目都已经停工或接近停工，估计真正的投资热潮要到春节后，尤其是 3 月以后，而要看到明显的效果可能得等到四五月。

因此，在 2009 年第二季度之前，中国经济可能还会进一步趋冷，实际 GDP 增长率很有可能会下降到 6% 左右。但这可能是黎明前最黑暗的时刻。到第二季度，中国经济可能会走出下行轨道，出现明显反弹。这意味着中

国有可能成为全世界最早复苏的经济体。到了 2009 年第四季度和 2010 年第一季度，由于上一年的基期经济过度疲弱，经济增长可能会出现强劲反弹，估计有可能达到 9%～10%。

如果中国经济增长会在 2009 年第二季度重新步入上升轨道，那么股市有可能会提前作出反应。由于经济数据在 2009 年 4 月以前有可能会变得更坏，很多投资者在不了解存货调整和刺激政策滞后性的情况下，有可能会被很差的经济数据所吓倒，选择离开市场。这意味着，在出现明确的数据支持之前，股市在 2009 年第二季度很有可能会出现反复，而这可能是熊市完成筑底的最后一个阶段。到第二季度时，中国股市有可能在全球股市中最早走出熊市，不过这应该只是一个慢牛市，在 2010 年底之前都不太可能再现 2007 年的大牛市行情。

根本性区别①

全球经济恶化，而且对金融市场将经历又一轮打击的担忧日益加剧。很多人担心，由于金融危机的蔓延或对中国出口的需求大幅萎缩，中国的经济增长将被进一步拉低。虽然看到了这些威胁，但我们相信，鉴于中国的金融机构、家庭、公共部门和对外部门的经济基本面较为稳固（和多数其他主要经济体不同），中国应该有能力调动国内资源并缓解外部冲击的负面影响。因此，我们仍然坚信中国将在 2009 年实现 8.0% 的增长率。

银行：扩大杠杆

中国和世界其他地区的一个根本性区别是：虽然其他各国的银行正被迫去杠杆化，但中国的银行实际上正在扩张并向经济注入流动性。自中国人民银行于 2008 年 11 月取消贷款额度以来，银行贷款增长在短短几个月里突飞猛进（1 月年同比增长了 21.3%，见图 1）。这一根本性区别表明：和其他经济体不同，中国经济不会受到去杠杆化的影响或遭遇信贷紧缩。

从多个角度来看，中国银行业的状况都不错，能够抵御全球金融风暴和经济下滑。首先，由于严格的外汇控制以及对金融创新的严厉监管，银行对全球金融市场的敞口不大，因此在金融危机爆发时蒙受的损失有限。其次，多数中国的银行多年来一直通过资本结构调整和重组的方式在清理资产负债状况，因此当经济陷入低迷时有更强的能力接受并应付不良贷款有可能的增长（截至 2008 年 12 月，中国商业银行的平均不良贷款率仅为 2.5%）。最后，从未来潜在经济活动的角度来看或许也是最重要的一个事实是，在多年的货币紧缩以及/或者严格的贷款控制（如去年 11 月才取消的贷款额度）后，目前杠杆率非常低。2008 年中国银行业的贷存比仅为

---

① 本文 2009 年 3 月 6 日发表于野村证券《全球经济监测周报》。

66%，而美国的这个比例接近100%（见图2）。

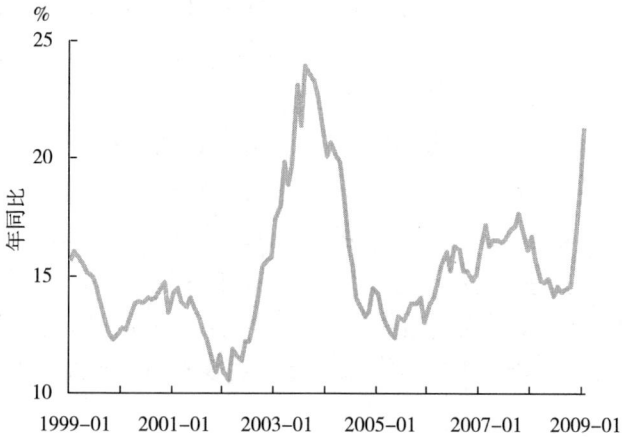

图1　中国的银行贷款增长

（资料来源：CEIC 和野村全球经济）

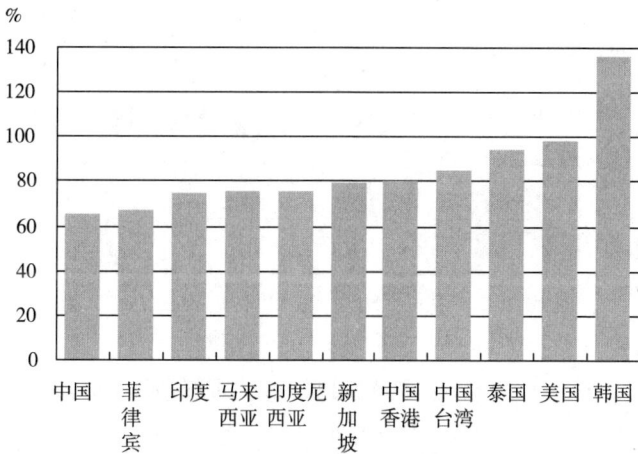

图2　2008 年各国和地区的银行贷存比

（资料来源：CEIC 和野村全球经济）

家庭：高储蓄带来的缓冲

　　鉴于失业率上扬、储蓄率很低而且信贷渠道突然收窄，美国和很多其他经济体的家庭现在几无选择，只得削减支出。相反，中国的家庭仍有很强的支出能力，而且正在大幅增长：1 月名义零售年同比增长了 18%。理由很简单，高储蓄给了中国人缓冲空间。2007 年中国家庭的储蓄占到总收入的1/3（美国家庭的储蓄率仅有微不足道的 0.5%），从而推动2008年家庭的银行存款占 GDP 的比例超过了 70%。

同时，2007 年中国的家庭债务占可支配收入的比例不到 30%，与之相对照的是日本超过了 120%，而其他一些发达国家甚至更高（见图 3）。对于多数中国家庭而言，银行贷款仍是一种全新的、几乎陌生的创新（在1997 年之前，家庭债务几乎为零），他们还不适应这种方式。在通缩环境下，中国家庭的实际购买力事实上得到了提高，而其他国家的高负债家庭的偿债负担却在加重。我们预期 2009 年中国家庭的消费将继续增长，尽管增速会低于前几年的两位数。

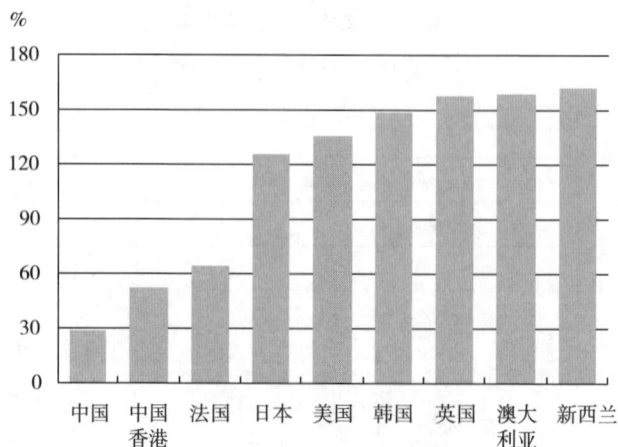

图 3　2007 年各国和地区家庭债务占可支配收入的比例

（资料来源：CEIC 和野村全球经济）

政府：做好支出的准备

由于私人消费和投资减弱，世界各地的政府都承诺要采取大规模的财政刺激。在这些国家中，我们相信财政状况健康的中国政府很可能最有能力大幅增加支出。2008 年中国的财政赤字占 GDP 的比例仅为 0.4%，而其未偿还债务占 GDP 的比例不到 20%，远低于经合组织 80% 的平均水平

（见图4）。为了实现未来两年4万亿元经济刺激措施的承诺，政府计划2009年财政赤字占GDP的比例达到3%。在我们看来，如果目前的一揽子计划的作用不够大，政府很可能会增加刺激计划的规模（如增加到7万亿～8万亿元），并且/或者承诺在2010年以后作出更多努力。

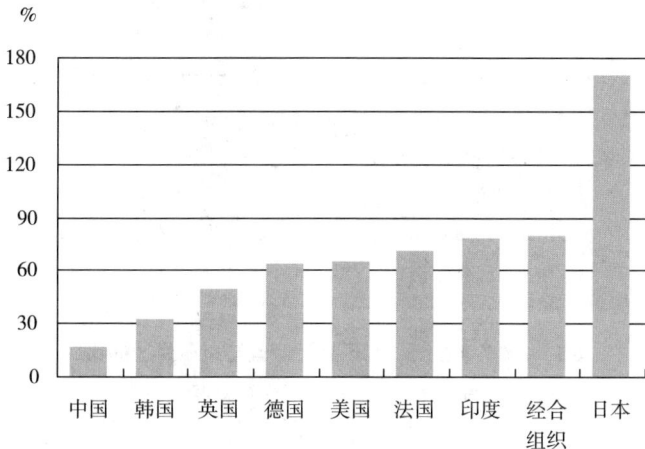

图4　2008年各国的公共债务/GDP

（资料来源：CEIC和野村全球经济）

有个合情合理的问题，即中国的财政刺激措施可以持续多久。即使我们假设今年财政赤字增加到GDP的5%，在公共债务占GDP的比例达到经合组织80%的平均水平之前，政府有足够的能力将这样的政策至少维持十年。到那时，全球经济衰退应该已经结束，或者至少私人消费应该已在中国的经济增长中成为更重要的驱动因素。虽然这样的基础计算看似简单，但反映出中国政府在必要情况下有充裕的空间来增加财政支出。

货币：基本上不会出现危机

自次贷危机爆发以来，出于对金融危机将蔓延影响到新兴市场经济体的担忧或者因为流动性需求紧迫的关系，全球投资者都在将资金撤出新兴市场，很多新兴市场的货币因此而大幅贬值。然而，中国的对外状况稳固：有4400亿美元的庞大经常项目盈余（我们估计占2008年GDP的9.7%），而且外汇储备高达2万亿美元，是短期外债的7倍以上（见图5）。因此人民币一直保持坚挺，自2008年初以来相对美元升值了6.4%（见图6）。

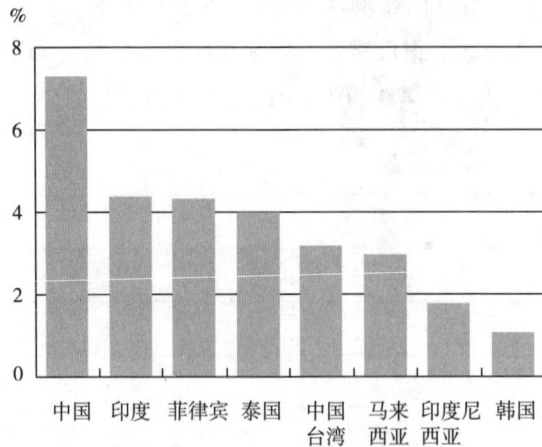

图5 2008年各国和地区外汇储备与短期外债的比率

（资料来源：CEIC和野村全球经济）

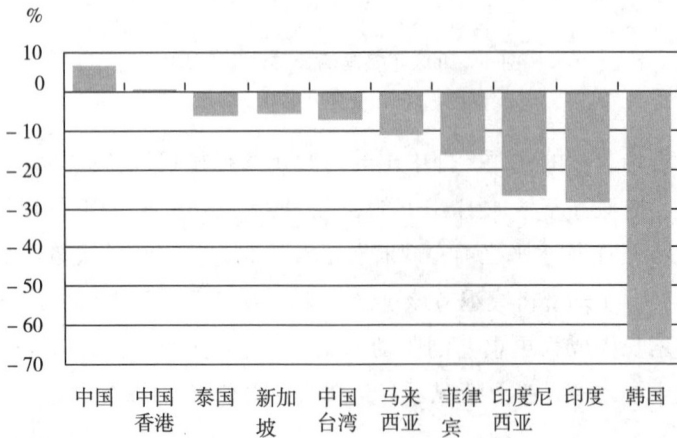

注：相应数据自2008年1月1日到2009年2月28日。

图6 即期汇率（相比美元）

（资料来源：CEIC和野村全球经济）

　　虽然货币贬值可能有助于提高出口竞争力，但大幅贬值将带来很多不良影响，如动摇企业和消费者的信心、侵蚀国内实体的购买力、鼓励资本外逃、引发保护主义浪潮并减少外商直接投资的流入。这或许也会加重借入外债的债务人的偿债负担，从而导致部分债务人被迫破产并因此提高了银行业的风险。这些成本可能会远远超过货币贬值带来的好处，并导致经济更难复苏。我们相信中国的相关决策者也认同这一点，因此人民币大幅贬值（以及上述种种负面影响的出现）的可能性不大。

出口商：扔出烫手山芋

尽管经济基本面如此强劲，但仍有人担心对中国出口的全球需求持续萎缩可能会让 2009 年经济增长低于 8%，因为 2008 年出口占中国 GDP 的比例高达 33%。我们看到了这一压力，但相信出口占 GDP 的比例夸大了出口对中国 GDP 增长的实际影响。

与亚洲邻国相比，中国在地区供应链中更多起到的是装配中心而不是元件供应商的角色。中国出口的构成就反映了这一点，出口中有 45% 属于加工装配贸易（在出口最终产品到世界各地之前，需要进口原材料和元件进行加工装配）。当最终需求迅速降低时，出口商对于这类出口的反应就是减少原材料和元件的进口——这实际上是将（至少一部分的）烫手山芋扔给其他的亚洲邻国。这意味着中国的 GDP 增长因此受到的负面净影响要远远小于那些位于供应链更低端的出口国家（其出口中的进口成分更少）。

因此，虽然预期 2009 年中国出口将下滑 10%，但我们相信进口也会减少 2.2%（预期进口跌幅更小是因为随着经济刺激一揽子计划发挥作用，中国或许会在 2009 年下半年增加对原材料和机械设备的进口）。总体来看，我们预期净出口将下降约 40%，根据我们的估计，这将导致 2009 年实际 GDP 增长仅减少约 3 个百分点（因为 2008 年净出口只占中国 GDP 的 7%）。我们预期：净出口导致的 GDP 增长损失大部分都会被大规模的财政刺激措施抵消。

结论：虽然中国无法逃脱全球经济陷入多年下滑的影响（实际上，中国实际 GDP 增长率从 2007 年第二季度的年同比 13.8% 降至 2008 年第四季度的 6.8% 这一点就说明中国已经受到了严重打击），但我们相信稳固的经济基本面应该会使其避免硬着陆。只要政府能够及时、有力地实施大规模的经济刺激一揽子计划（我们相信它会这么做），就有能力抵消外部冲击的大部分负面影响并在今年实现 8% 的增长率。

两次危机之比较[①]

自 2009 年 2 月中旬以来，有越来越多的迹象表明中国经济出现了复苏，并且更多的客户正开始认真对待我们长期坚持的今年将现 V 形复苏的预期。然而，依然存在以下担忧：随着政府的一揽子经济刺激措施的影响的消退，今年晚些时候或者明年初期经济增长可能会失去动力，从而导致 W 形走势。为了支持这一看法，有人指出了亚洲金融危机之后中国曾经经历过的"三次下跌"以及经济到 2001 年第四季度才触底的事实（见图1）。鉴于本轮国际金融危机更加严重并且如今中国经济更加开放，许多人提出当前中国经济的下滑也应该会更加严重并且持续时间更长。尽管我们认同中国如今所处的外部环境更具挑战性，但我们想要提醒读者国内经济基本面已经得到显著改善，这应该会有助于避免长时间的增长放缓。在我们看来，中国在亚洲金融危机后的经济表现可能对于评估中国的经济前景并无指导意义。

出口部门：面临几十年来最严峻的挑战

中国的出口商如今正面临着比亚洲金融危机之后更加严峻的挑战，这是由于两个主要原因。第一，本轮金融危机更加严重，并且是真正的全球性的危机，从而导致最终需求下降得更加急剧。相反，1997—1998 年的亚洲金融危机主要局限于亚洲经济体（尽管也影响到了诸如巴西和俄罗斯等新兴经济体）；这些经济体都是中国的竞争对手而不是其出口的购买国。第二，就实际有效汇率（REER）而言，这次中国的货币升值幅度更大，从而使得中国出口商的竞争力更弱。在亚洲金融危机时期，人民币的实际有效汇率仅升值了 14.5%（见图 2），但自 2007 年 8 月开始人民币已

---

① 本文 2009 年 4 月 17 日发表于野村证券《全球经济监测周报》。

经升值了 25.1% 。由于出口商受到需求下降以及竞争力恶化的双重打击，我们预期今年中国的出口将会萎缩 15% ，为自 1962 年以来的最大跌幅。

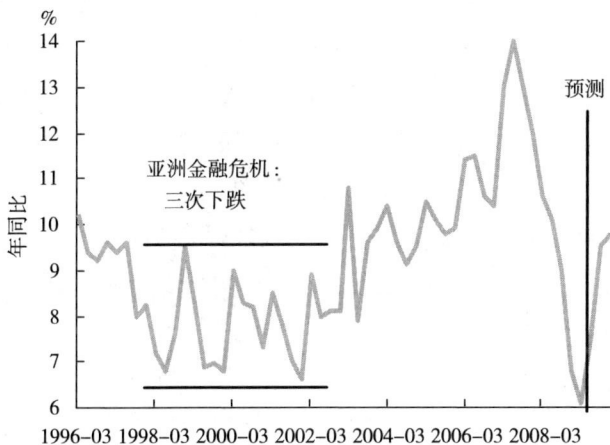

图 1 实际 GDP 增长率

（资料来源：CEIC 和野村全球经济）

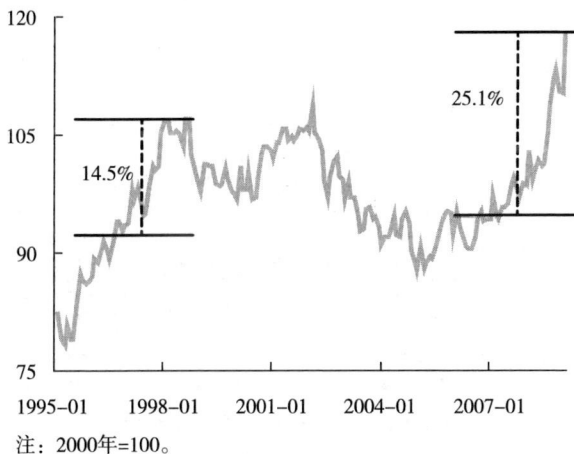

注：2000年=100。

图 2 人民币实际有效汇率

（资料来源：国际清算银行，CEIC 和野村全球经济）

国内部门：如今状况更佳

尽管出口正在苦苦挣扎，但中国的国内部门，包括银行、企业、家庭和政府，如今比十年前更强并且对危机的承受能力更大。这对经济安然渡过自 20 世纪 30 年代以来最为严重的全球经济下滑起到了缓冲作用。

银行： 自亚洲金融危机以来，中资银行的资产质量、盈利能力以及资本充足率都已显著提高。通过资本重组和结构重组（从 1998 年银行业改革开始，到 2001 年中国加入世界贸易组织以及 2003 年成立中国银行业监督管理委员会之后加快步伐），银行的资产负债表已经得到清理。中资银行的不良贷款（NPL）率已经从 20 世纪 90 年代末的 20% 以上大幅下降至如今的 2.0%。另外，现在银行的杠杆率更低，所有大中型商业银行都达到或超过了 8% 的资本充足率。显然，必要时银行体系拥有更大的缓冲区来应对不良贷款率的上升。另外，其贷存比已经从 1998 年的 90% 下降至 2008 年的 66%，这表明它们拥有更大的空间来增加贷款（见图 3）。

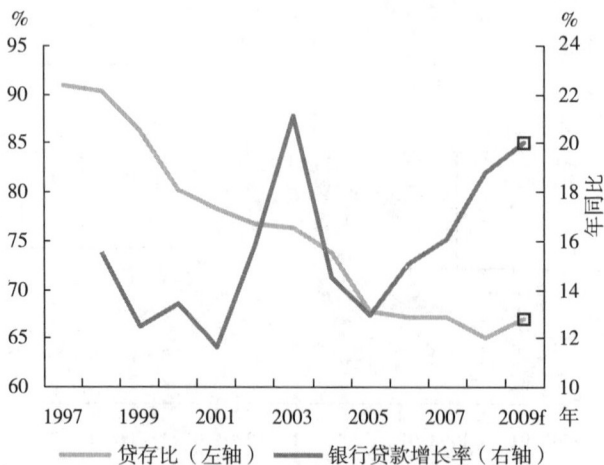

图 3　贷存比和银行贷款增长率

（资料来源：CEIC 和野村全球经济）

鉴于资产负债表更加强劲并且杠杆率更低，中国的银行无须通过缩减贷款对危机作出反应——事实上，它们的做法恰恰相反，正在提高杠杆率并向经济注入急需的流动性。2009 年 3 月贷款增长率从 2008 年 8 月的

14.3% 翻倍至年同比 29.8%，为经济提供了宝贵的救生索。这与十年前中资银行由于不良贷款率高企而几乎瘫痪以及银行信贷人员出于对监管更加严格的顾虑（例如，1998 年前后信贷人员被要求对其所批准的信贷承担终身责任）而无意放贷的状况形成了鲜明对比。1998 年 4 月至 2002 年 12 月，银行贷款增长率从未超过年同比 17.1%；而如今增长率正接近当时的两倍。

企业：在经过加强国有企业公司治理以及鼓励私人部门在经济中发挥更大作用的改革之后，中国的企业，特别是国有企业（SOE）如今更加强大。十年前，绝大多数国有企业几乎都没有盈利，或者为了幸存下来而苦苦挣扎。1998 年前后成千上万的国有企业倒闭关门，这正好与亚洲金融危机发生的时间重合。相反，如今企业具有更佳的盈利、更加健康的资产负债表以及更低的传动比率（正如更高的利润率以及更低的负债/资产比所示）（见图 4）。尽管我们预期情况将会恶化，但中国的企业将能更好地经受住增长放缓的考验，因为它们如今的起始状况更加强劲。

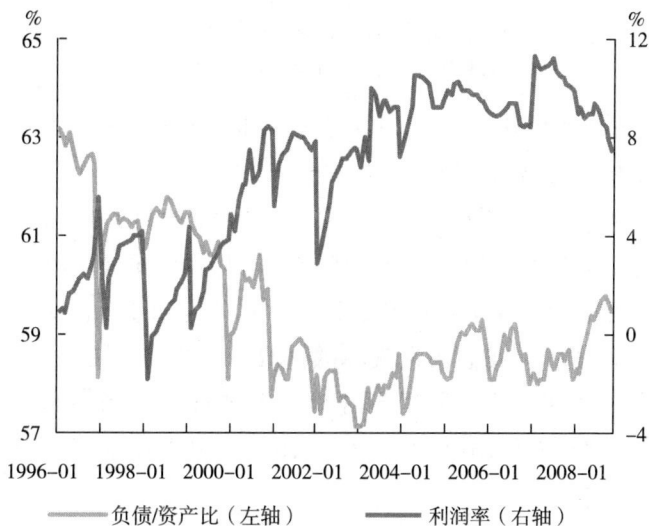

图 4   中国人民银行对 5000 家工业企业的调查报告

（资料来源：CEIC 和野村全球经济）

家庭：中国的家庭部门如今的状况更佳。面对不断上升的失业率以及不断下降的收入增长，如今家庭更加富裕，并且拥有更多的储蓄可以提取。自亚洲金融危机以来，人均 GDP 已经从 1997 年的 6420 元增长了两倍多，增加至 2008 年的 22000 元，同时中国家庭的银行存款从 1997 年的相当于 GDP 的 59% 提高至 2008 年的 73%（见图 5）。

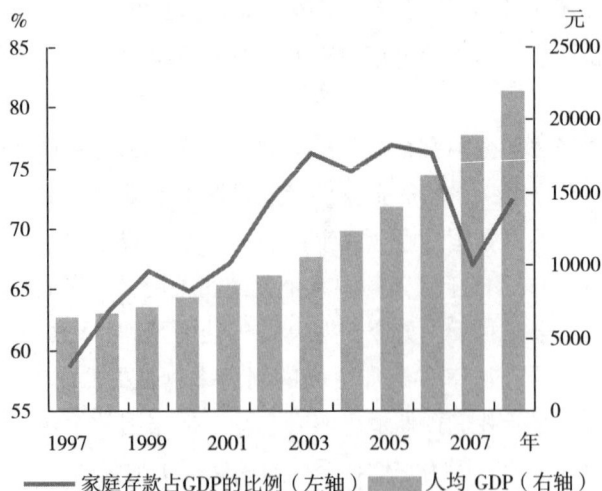

图 5　人均 GDP 和家庭的银行存款

（资料来源：CEIC 和野村全球经济估计）

政府：此次危机开始之时，政府的财政状况更加健康：2007 年实现了相当于 GDP 0.3% 的财政盈余（1997 年的财政赤字相当于 GDP 的 0.7%），2008 年的财政赤字相当于 GDP 的 0.4%（1998 年为 1.1%）（见图 6）。因此，对此次危机的政策反应比十年前更加有力和积极。政府在去年 11 月宣布了 4 万亿元一揽子经济刺激计划，并且计划今年的财政赤字相当于 GDP 的 3%（尽管我们预期实际的财政赤字相当于 GDP 的 4%）。相反，亚洲金融危机之后，尽管当时政府也推行了扩张性财政政策，但 2000 年财政赤字仅为 GDP 的 2.5%，并且在那次经济周期中从未超过 2.7%（2002 年）。

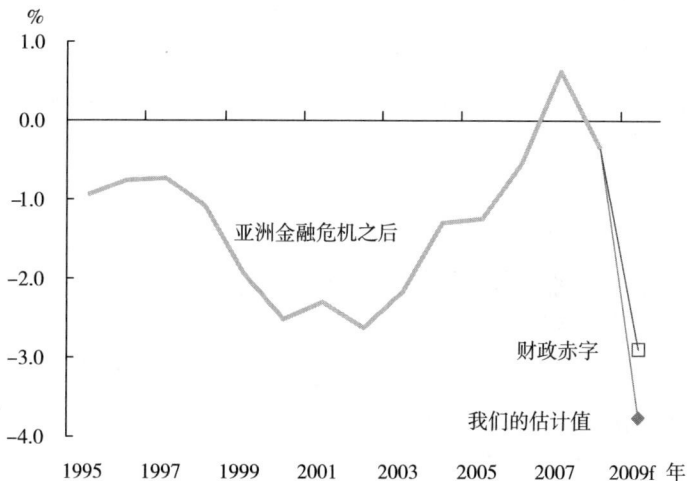

图6　财政收支相当于 GDP 的百分比

（资料来源：CEIC 和野村全球经济）

　　不仅如今的财政支出更加激进，而且用途设计更加仔细以降低预防性储蓄并鼓励居民进行消费。除了对基础设施项目的大量支出来创造就业岗位外，政府还从今年的一揽子经济刺激措施和非投资财政支出中拨出大量资金用于社会福利支出（医疗、廉租房、教育、养老金以及社会保障）。这些措施应该会有助于支持消费并重新平衡经济增长。相反，亚洲金融危机之后的财政支出专注于基础设施投资，而经济改革的方向却截然相反。20 世纪 90 年代的国有企业结构重组减轻了国有企业为其员工所提供的医疗、教育和住房方面的包袱，同时将许多成本转移给家庭自身。因此，家庭不得不增加预防性储蓄来应对住房和医疗支出的增加，正如 1999 年至2003 年家庭储蓄率显著上升所示。

货币政策更加激进

　　2008 年 11 月中国人民银行从"紧缩"姿态转向"适度宽松"。这比亚洲金融危机时期的政策转变更加激进，1998 年（直至 2004 年）中国人民银行将自 1993 年以来的"适度紧缩"转向"稳健"的政策姿态。更为重要的是，1997 年之后扩大信贷的能力受制于脆弱的银行部门（背负着较高的不良贷款包袱）和国有企业（已经负债累累）。相反，如今不仅银行和企业更加健康，而且经过多年的货币和金融体制改革，如今货币政策的传导机制更加有效。利率已经更多地以市场为基础，银行在调整其贷款利率方面拥有更多的自主权，并且如今企业拥有比十年前更多的融资工具和渠道。

预期将会呈现 V 形而不是 W 形增长走势

我们相信如今国内的强劲态势应该会超过更加严峻的外部环境，并帮助经济避免出现像亚洲金融危机之后所经历的长期的增长放缓。我们并不相信 1997—2001 年增长率的"三次下跌"是很好的基准，并且我们预期这种情况不会重演。相反，我们预期中国的经济复苏将会呈现 V 形而不是 W 形的走势，这有两个主要理由。

第一，一揽子经济刺激措施的性质（与许多大规模的长期基础设施项目相一致）决定了刺激措施的影响应该会随着时间的推移而增加，直至 2009 年第四季度甚至是 2010 年第一季度。鉴于刺激措施公布于去年 11 月，因此至 2009 年第一季度末，4 万亿元经济刺激计划中仅 10% 得到落实。许多更大的项目要到第三季度或第四季度才能准备就绪（例如，连接香港、澳门和珠海的港珠澳大桥将于今年 11 月才会开工）。正如我们所认为的那样，经济增长不太可能在今年晚些时候（届时大多数投资项目将刚刚开工运作）出现再次下跌。

第二，2008 年第三季度与 2009 年第一季度之间的大规模的去库存化过程迫使企业削减生产并降低产能利用率，这已经导致 2009 年第三季度至 2010 年第一季度的年同比 GDP 增长率的基数非常低。即使今年晚些时候生产活动没有出现强劲好转，产能利用率的适度提高（如从 50% 提高至 60%）也将导致产出增长率出现大幅上升（约 20%）。鉴于中国的 GDP 是利用生产法进行衡量的，产出增长的这一上升可能会在 2009 年第四季度和 2010 年第一季度拉动实际 GDP 增长率提高至年同比 10% 左右。因此，我们预期 V 形复苏将会持续至 2010 年第一季度。尽管如此，鉴于 V 形复苏无法一直持续，我们的确预期 2010 年第二季度的实际 GDP 增长率将会再次开始趋缓，2010 年第四季度可能会放缓至年同比 8% 左右。总体而言，我们预期 2010 年的实际 GDP 增长率将从 2009 年的 8.0% 提高至 8.5%。

警惕：超级资产价格泡沫正在形成①

在经历了过去几个季度的大幅度调整之后，中国经济已明显企稳。我们预计明年的 GDP 增长率会在 10% 以上。在经济反转已成定局的形势下，政府应该密切关注正在滋生的资产价格泡沫问题。

为了应对危机影响，中国政府推出了大规模的经济刺激政策。虽然我们非常支持政府的大规模刺激政策，但目前看来，这一政策的规模可能已经远远超出了原来的计划，而且似乎还在继续增加。

我们认为，在短时间内投资和贷款增速过快，会带来严重的流动性过剩，催生资产价格泡沫。如果投资项目在年内继续大幅度增加，有可能会倒逼货币政策在明后两年继续采取宽松的政策，从而为一个超级资产价格泡沫的滋生和膨胀提供温床。

而一旦泡沫破裂，势必会对企业、银行、家庭和政府部门的资产负债表造成损害，并对实体经济造成难以估量的负面影响。因此，必须尽早采取宏观政策的微调，刹住投资项目的审批车闸，严格控制信贷进一步增长。

从经济指标来看，2009 年投资、新开工项目投资、银行信贷、货币供应量 M_2、股票市场和房地产市场等关键指标已经达到十多年来最强的，甚至堪比 1992—1994 年 "超级经济过热" 时期。这预示着中国经济可能很快会步入偏热和过热的区域，因此不得不引起我们的关注。

这些指标表明，当前的投资和货币增速都已经达到十多年来罕见的水平，而资产价格的上升速度和幅度也相当惊人。从上述指标判断，再加上我们对存货调整已经结束的分析，中国经济在接下来的 1~2 年里所担心的根本不是过冷的问题，而是偏热或过热的问题。

在 1992—1994 年的那一轮经济过热中，由于当时中国尚处于短缺经济状态，高投资和高信贷带来的是高通胀（1994 年的消费物价上涨了

---

① 本文 2009 年 7 月 13 日发表于《第一财经日报》。

22%）。而如今，我国经济中的产能过剩问题已相当严重，这意味着，只要不出现特大自然灾害或畜禽疫病，食品价格不出现大幅度上涨，就不会重现2007—2008年那样的高CPI上涨。

在这一轮即将来临的经济过热过程中，虽然我们并不担心CPI上涨，但货币信贷增速的过快增长所带来的流动性过剩，却有可能带来资产价格上涨的问题。

有人认为，只要目前的货币信贷是注入实体经济，比如固定资产投资或生产项目，而不是直接流到股市和房地产市场，就不必太担心资产价格泡沫问题。我们不同意这一观点。实际上，只要货币信贷总量宽松，即便信贷主要是发放给投资或生产项目的，也会通过多种渠道（如工资、利润、分红等）最终渗透到经济的各个领域，包括股市和房地产市场。

我们担心的是，今年大量开工的大型固定资产投资项目，在明后两年将面临进一步融资的问题。如果得不到第二期、第三期的融资，很多项目就会被拖延甚至成为烂尾项目，这不但违背我们进行此类投资的初衷，而且会对银行的资产质量产生巨大压力。这意味着，中央银行可能会被迫在2010—2011年继续执行宽松的货币政策，以避免大量烂尾工程和银行坏账的出现。

换句话说，如果我们不及时控制新项目的审批和开工以及银行贷款的规模和增速，这些新开工项目和新增贷款在明后两年会倒逼央行继续采取宽松的货币政策。

坦率地讲，即便我们现在就立即采取货币紧缩的措施，严格控制新增贷款和新开工项目，估计今明两年的货币供应量增长也很难低于20%。如果不及时控制，货币供应量增长甚至会更高或历时更长。在如此长时间的高度宽松的流动性环境下，资产价格膨胀的预期将很难控制，而资产价格泡沫的产生几乎不可避免，而且从泡沫持续的时间和规模来讲都很可能超过2007年。

虽然资产价格的温和上升对于实体经济的成长和消费者/投资者信心是有益的，但是，如果资产价格上升过快、延续时间过长，资产价格泡沫破裂后对经济金融体系的损坏就越大。

政府应该果断采取措施，调整宏观经济政策，以防止资产价格泡沫的过度膨胀。具体来讲，我们认为可以采取以下措施：

第一，尽可能压缩新开工项目的审批，严格控制下半年新开工项目的数目和金额。

第二，对于已批准但尚未开工的项目，尽可能地推迟项目的开工期，引导固定资产投资项目有序开工。

第三，严格控制新增贷款总规模，必要时可重新启动贷款额度管理，尽可能地将全年新增贷款控制在 8 万亿元以内（同比增长 26%），最多 9 万亿元（同比增长 30%）。

第四，在当前资产价格刚刚出现泡沫苗头的初期，及时地向市场释放一些政策调控的信号，比如向银行进行窗口指导、要求各地方政府适度控制投资规模和节奏、明确宏观经济政策从宽松转向中性、提醒投资者关注资产价格泡沫所带来的风险、在条件成熟时及早加息、对房地产价格的快速上涨表示关注等。这些信号应该可以延缓资产价格泡沫的膨胀，尽管它们不可能阻止泡沫的进一步扩大。

第五，应积极扩大国内资本市场的广度和深度，疏导过剩流动性从单一的股票和房地产等资产类方向，回流到有真正融资需求的实体经济之中。这包括加快 IPO 的步伐、抓紧推出中小板市场、加大企业债券市场的发行力度、开发为中小企业融资的债券品种或其他可能的金融产品、开发并推出有关房地产投资信托基金（REITs）或其他产品等。

第六，通过推动经济和金融体制改革，加快金融市场开放，通过多种渠道将国内的过剩流动性输出，缓解国内资产价格膨胀的压力。这包括加快人民币国际化的进程、允许更多的国外机构在国内发股发债、放松国内机构和个人对外金融投资的管制等。

2010 年

中国的隐性财政负担①

2008 年后期推出的 4 万亿元经济刺激措施成功地帮助中国政府在 2009 年实现了 8.7% 的实际 GDP 增长。我们在一年前就指出：(1) 4 万亿元并非都来自财政刺激资金，大部分是通过银行贷款来融资；(2) 地方政府实际上的刺激项目规模将远远超过 4 万亿元的总额，可能会达到 7 万亿 ~ 8 万亿元 (见《中国的刺激政策：令人费解的一揽子计划》，2009 年 3 月 20 日)。那时市场还不认同这一观点，但现在有些评论者开始担心这些刺激项目可能会给地方政府带来巨额的隐性债务②。他们担心这些债务或许会在未来引发银行危机，有可能使中央政府不得不出手援助问题银行。

在我们看来，这些银行贷款应被视为地方政府的隐含债务，却不一定会引发银行危机。中国政府 (不管是中央政府还是地方政府) 应该有财政能力可以在未来几年有序地解决这一问题。

地方政府的隐性债务

自 1994 年中国税制改革以来，中央政府获得的税收收入比例一直都超过地方政府。中央政府随后再将资金重新分配给地方政府，只留一小部分用于自身的开支。根据现行制度，地方政府不得从银行贷款或者发行债券 (尽管 2009 年中央政府的确以地方政府的名义发行了 2000 亿元债券指定用于经济刺激项目)。这些制约因素迫使地方政府寻找其他方法来为不可避免的财政赤字融资，其中一个方法是建立地方政府投资公司 (LGIC)。

地方政府投资公司是地方政府所有的公司，专门建设地方基础设施或社会福利项目。作为商业实体，这些公司可以直接从银行贷款。根据中国

① 本文 2010 年 3 月 19 日发表于野村证券《全球经济监测周报》。
② Shih. 中国地方政府债务：猜测游戏 [J]. 经济学人，2010 (3).

银监会的数据，截至 2009 年 6 月①共有 8221 家地方政府投资公司，其中县级或县级以下政府占到 60%。但关于这些地方政府投资公司的贷款金额（或债务）并没有官方数据。根据央行的非官方数据，2009 年②的贷款金额达到 5 万亿元人民币。但 Shih 估计这类贷款达到 11.4 万亿元，到 2011 年底再增加 12.7 万亿元（去年开工的很多项目需要后续融资），分别占 2009 年 GDP 的 34% 和 38%（Shih，2010）。其他机构的估计值在这两个数字之间。

问题的严重性

鉴于数据不足，我们自己也无法得出令人信服的估计值。保守起见，我们用 Shih 的估计作为"最糟糕的情景"来评估问题的严重性。根据 Shih 的估计，这些债务到 2011 年底将占中国商业银行贷款总余额的 39%（根据我们认为 2010—2011 年期间贷款增加 20 万亿元的预期）。如果到 2011 年所有这些贷款都变为坏账，那么中国银行业的不良贷款率将从 2009 年的 1.6% 上升至 2011 年的 40% 以上，这真是耸人听闻。但真会这样吗？

以 2009 年开工的 2.1 万亿元经济刺激项目为样本，结果表明这些项目大部分是不一定会赔钱的铁路、公路、电厂和其他基建项目；而且即使是基于小的项目样本，通过在高速增长和发展的经济中发挥乘数效应，这些项目可能会为政府带来可观的税收收入（见表 1）。实际上，有些垄断性项目可能会有很好的盈利。这些项目很轻松就能偿还债务，不可能成为不良资产。保守起见，我们假设这些债务中有 50%（相当于 12.1 万亿元）变成坏账（我们认为可能性极低）。根据我们对 2011 年银行贷款余额的估计，这将导致银行的不良贷款率上升至 20% 左右，彻底耗尽中国银行业的资本总额并导致银行危机。

---

① 地方政府负债或超 8 万亿［EB/OL］.［2010 – 03 – 03］. 21 世纪经济报道.
② 地方政府负债达 7.2 万亿元［N］. 中国证券报，2010 – 03 – 17.

表 1　经济刺激项目样本的投资领域

项目类型	项目数量（个）	总金额（十亿元）	占比（%）
铁路	64	893.5	42.8
公路	173	636.6	30.5
核电站	4	137.0	6.6
电网	7	136.6	6.5
桥梁	10	121.4	5.8
港口	6	40.3	1.9
机场	18	37.7	1.8
地铁	3	32.3	1.5
其他	18	52.4	2.5
总计	309	2087.6	100.0

注：根据公开宣布在 2008 年 12 月到 2009 年 10 月期间开工的 309 个项目整理。

资料来源：CEIC 和野村全球经济。

可能的解决方案

　　然而，我们认为政府不会允许危机发生。因为这些地方政府投资公司的贷款属于地方政府的隐含贷款，可能的解决方案是地方政府通过"债券换贷款"项目将这些贷款转为明确的政府债务，即发行地方政府债券专门用于偿还地方政府投资公司的贷款。根据以上"最糟糕的情景"的估计，需要发行 12.1 万亿元的地方政府债券。

　　如果启动这类"债券换贷款"项目，债券的主要购买者实际上可能就是银行自己。然而，这些债券的偿还之后将取决于中央政府和地方政府的税收而不是单个项目的现金流。因此，12.1 万亿元是否会成为问题取决于中央政府和地方政府的总体财政状况。由于 12.1 万亿元约占 2009 年 GDP 的 37%，"债券换贷款"项目将导致中国的公共债务占 GDP 的比例从约 20% 上升至 57%，仍远低于经合组织 80% 的平均水平（见图 1）。另外，考虑到财政收入的快速增长（过去十年的年增长率为 19.7%），我们认为这样的公共债务/GDP 比率应该不会对中国的财政可持续性带来真正的担忧。

　　我们要提醒读者的是，这些估计都是基于最糟糕的预测情景和过分保守的假设（如50%的贷款坏账率）。最有可能的是，问题远远没有我们以上假设的那样严重。尽管如此，中央政府已经采取了行动（包括调查地方政府投资公司的债务，取消地方政府对这些公司贷款的担保，并要求更严格控制地方政府新项目的上马），以避免地方政府投资公司的贷款失控。如果得到有效实施，我们相信地方政府投资公司带来的隐性财政负担应该不会影响中国政府的财政可持续性。

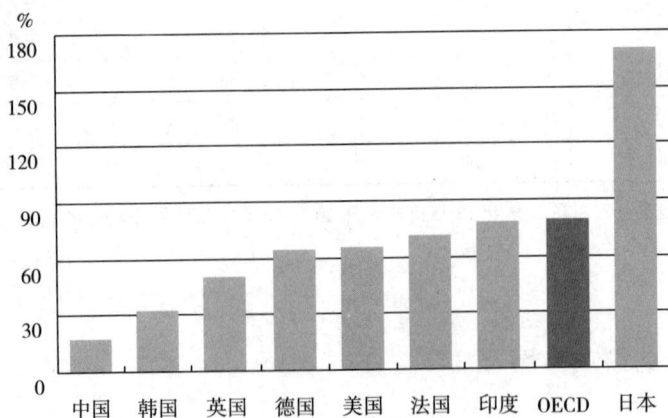

注：OECD 代表经合组织。

图1　公共债务/GDP 的比率（2008 年）：中国相比其他

（资料来源：CEIC 和野村全球经济）

中国：2008 年不会重演①

受房地产市场调控政策以及担心欧洲财政危机蔓延等因素的影响，近期有人担心中国经济会像 2008 年那样急剧放缓。我们相信这种担心毫无必要，并重申 2010 年实际 GDP 增长 10.5%、2011 年增长 9.8% 的预期。原因就是不管表面看来有多相似，但现在的经济状况和 2008 年时相比有显著差别。

库存的夸大作用要更小

正如我们在 2009 年初写到的，大规模的去库存化行为夸大了 2008 年和 2009 年中国实际 GDP 增速的急剧放缓（详见《中国经济：2009 年 V 形复苏》，《2009 年策略前景》，2009 年 1 月 8 日）。GDP 增速（按照支出法计算的总需求）和最终需求之间的巨大负缺口证实了这一点（见图 1），反映了中间产品需求（即库存）的变化。由于最终需求仍保持较为稳定、稳固的增长，2007—2009 年 GDP 增速的巨大波动显然是被库存变化所夸大了。

2008 年第三季度至 2010 年第一季度的大规模去库存化是 2006 年第二季度到 2008 年第二季度期间大量囤积库存（由于最终需求的强劲增长以及通胀预期的飞涨）的自然结果（见图 1）。如果没有囤积这么多的库存，2008—2009 年的去库存化不可能有这么大的规模，也不可能持续这么长时间。

在连续 7 个季度的去库存化后，现在的库存水平低了很多，没有什么去库存化的空间来扩大实际 GDP 增长的波动。只要最终需求增长仍然强劲，我们认为实际 GDP 增速再次跌至年同比 6.1%（像 2009 年第一季度时那样）的可能性很小。虽然我们的确预期未来几个季度最终需求年同比增速将出现回落，但这主要是因为基数效应所致。我们预期经济增长率将

① 本文 2010 年 5 月 28 日发表于野村证券《全球经济监测周报》。

稳定在9%~10%之间，而且在 2011 年底之前再次跌破 8% 的可能性很小。

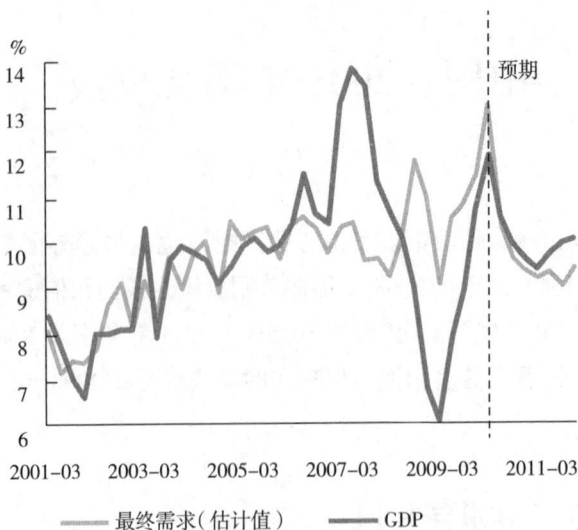

图1　实际 GDP 和最终需求

（资料来源：野村全球经济）

欧盟危机：没有全球衰退的冲击大

2008 年国际金融危机导致全球经济在 2009 年陷入衰退。全球实际 GDP 下滑了 0.9%，中国的出口因此减少了 16%。因此提出的一个问题是：部分欧盟国家目前的财政危机是否会再次通过出口萎缩来拖累中国的最终需求增长？我们认为不会。我们的欧洲经济团队预期欧元区 2010 年和 2011 年的实际 GDP 增速分别为 1.1% 和 1.7%，远好于 2009 年欧元区 -4.0% 的增长率。如果这些预期正确的话，中国今明两年的出口前景应该不会像 2009 年那样糟糕。

即使欧元区出现 2009 年那样的经济衰退，中国的出口也不会再现去年的跌幅。虽然中国对欧盟的出口占比高达 20%（见图 2），但与 2009 年全球衰退时相比，我们相信这次的影响要小得多。2009 年美国、日本和多数发达经济体都遭遇了困境，中国出口市场中 50% 以上都陷入了衰退。除非相信欧元区目前的危机会再度引发"全球性"经济衰退，否则我们认为这次来自欧洲的冲击要远小于 2009 年的那次。

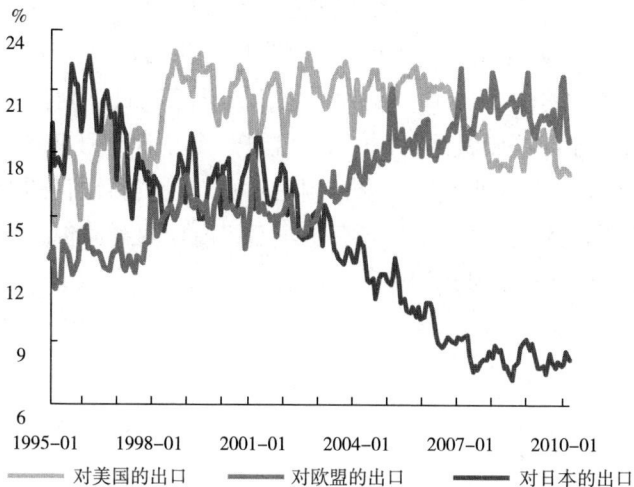

图 2   中国对 G3 国的出口占比

（资料来源：CEIC 和野村全球经济）

目前的后续投资额更大

投资者也担心近期的房地产调控措施可能会导致房地产投资急剧放缓。我们认为这种可能性不大，原因有两个。

第一，政府已意识到近期的房地产价格泡沫不仅是房屋抵押贷款放开的结果，在一定程度上也是供给不足造成的。因此，政府大力促进保障性住房的建设以增加低端住房的供应，承诺 2010 年建设 300 万套保障性住房（2009 年是 200 万套），并且保障房用地供应增长了一倍以上。我们估计这些措施应该会抵消私营部门房地产投资 10% 的降幅。

第二，为了尽快增加房地产供给，地方政府通过设定房地产开发和完工期限或者回收闲置土地的做法，一直在敦促（有些甚至是迫使）开发商加快建设。这类"紧缩"措施应该会有助于加快或增加房地产投资。

如果房地产投资真的放缓了，实际上这或许有助于降低今年投资过热的风险，因为固定资产后续投资额非常庞大。2008 年后期宣布的大规模经济刺激计划导致固定资产投资新开工项目大量上马，其中很多是需要建设多年的大型基建项目（见图 3）。因此，在建项目规模急剧增长。截至 4

月，城镇固定资产投资未完成项目的规模达到27万亿元人民币，年同比增长了28%，较2008年增长了69%（见图4）。换句话说，这相当于2009年GDP的80%以上。令人瞠目结舌的是，新开工项目计划投资额在去年增长91%（由于经济刺激计划）的基础上于今年前四个月又年同比增长了31%。这表明：尽管中央政府要求控制固定资产投资新项目的上马，但经济仍处于投资刺激模式中。由于新开工项目没有明显的降温迹象，今年后期中国可能会出现投资过热问题。

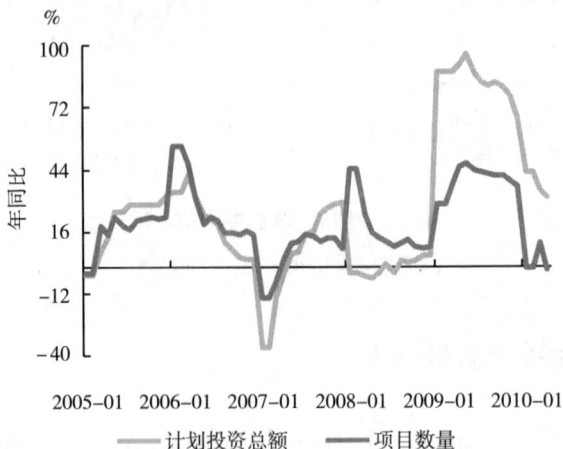

图3　城镇固定资产投资新开工项目
（资料来源：CEIC和野村全球经济）

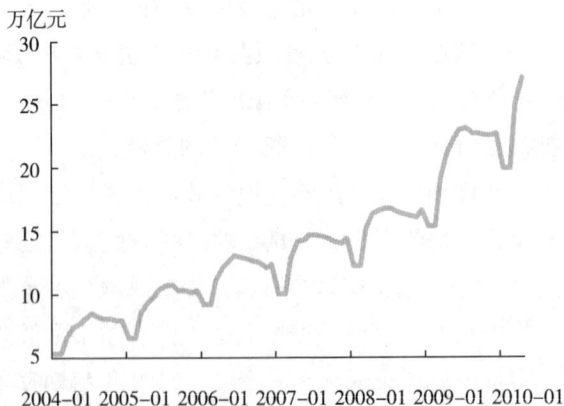

图4　完成城镇固定资产投资在建项目所需的资金
（资料来源：CEIC和野村全球经济）

　　有人担心如果全球经济前景恶化导致企业信心下挫，后续项目投资会被推迟或取消。2008 年，私人投资者（包括制造商和房地产开发商）曾因此削减资本支出。然而，我们相信这种情况不会重演，因为现在后续投资中有很大一部分是公共项目。这些非营利性公共项目通常对经济前景不甚敏感。实际上，一旦经济前景暗淡，这些项目很可能会增加。

　　结束语：我们之前一直强调 2010—2011 年实际 GDP 增长预期面临上行风险。在我们看来，欧洲主权债务危机、国际金融危机以及国内房地产市场的挑战只是降低了上行风险，并没有对我们的基准增长预期造成威胁。

2011 年

大国的挑战：2011—2020 年的中国①

概要

我们预计中国名义国内生产总值（GDP）在 2011—2015 年翻一番，至 2015 年接近高收入国家的水平。然而，随着收入快速上升，中国在低端制造业的竞争力很可能被迅速侵蚀，这将会在 2016—2020 年造成严重的就业问题。如果未能处理好这个问题，"中国危机"可能会在 2020 年之前被引爆。

大国的挑战

在过去 30 年中，中国实现了令人瞩目的经济增长和社会稳定。然而，对于中国经济前景的长期预期，乐观派和悲观派两大阵营向来是各执一词，水火不容。乐观派认为中国正在崛起成为一个超级经济大国，而悲观派则认为，中国的发展模式是不可持续的，其经济发展的奇迹最终会幻化为泡沫。

虽然这两个阵营都提出过有力的论证，但是中国过去 30 年的骄人成绩应该说是对乐观派预期的有力支持。但历史未必会重演。近来，特别是中国在 2010 年超过日本成为世界第二大经济体之后，关于中国经济将向何处去的辩论日益升温。

我们认为，奇迹的诞生抑或泡沫的破裂在很大程度上取决于中国决策者如何在未来的十年（2011—2020 年）引导经济和社会发展。中国决策者已经在第十二个五年规划（2011—2015 年）中明确，当务之急是推行经济

---

① 本文 2011 年 5 月 2 日发表，收录于《美债与欧债：拖累全球经济的孪生兄弟》，陈元、谢平、钱颖一主编，中国经济出版社，2011 年 9 月出版。

模式转型。若成功推行，中国可能在 2020 年成为一个超级经济大国。对乐观派来说，这是个值得庆幸的开局。

不过，我们认为中国在未来十年将面临更多的挑战，悲观派在 2016—2020 年赢得辩论的机会似乎更高。如果这种情况发生，那么超过 30 年的中国奇迹可能最终在 2016—2020 年演变成一个"中国危机"。

表 1　中国在世界的排名

指标	2010 年的排名	2020 年的排名
外汇储备	1	1
出口	1	1
国际收支经常项目顺差	1	—
煤炭消费	1	1
二氧化碳排放量	1	1
汽车销量	1	1
GDP	2	1
石油消费	2	1
电力消费	2	1
初级能源消费	2	1
进口	2	1
人均 GDP	100	~50

资料来源：CEIC，美国中央情报局。

第一部分　一个新兴的超级大国

在本部分中，我们描绘了一个乐观的前景：到 2020 年中国成为世界上最大的经济体。这种乐观的看法建立在一个关键性的假设之上：中国在未来十年发展顺利。这一假设能否成立，取决于中国的决策者能否成功处理好前进道路上的挑战，我们将在第二部分讨论这些挑战。

GDP：位列世界首位

如果中国在未来十年进展顺利，到 2020 年中国将超越美国成为世界上最大的经济体。

这似乎是一个大胆的预测，但我们的预测其实使用了相当保守的假设：

- 实际 GDP 增长：2011—2015 年每年增长 8%，2016—2020 年每年增长 6%（相比 1981—2010 年同比增长 10.1%）；
- GDP 平减指数：2011—2015 年每年增长 3%，2016—2020 年每年增长 4%（相比 1981—2010 年同比增长 6.2%）；
- 人民币对美元汇率：2011—2015 年每年升值 4%，2016—2020 年每年升值 3%。

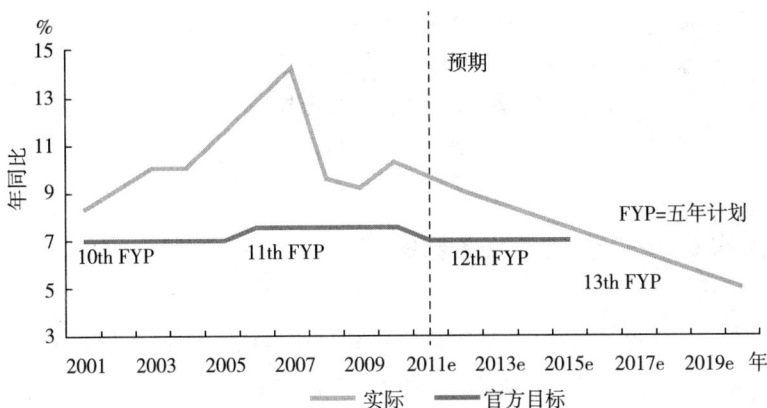

图 1　中国 GDP 增长：实际和官方目标

（资料来源：CEIC，各个五年规划纲要）

基于这些假设，中国的名义 GDP（美元计价）应该在 2011—2015 年每年增长 15%，在 2016—2020 年每年增长 13%。以这样的增长速度，中国的名义 GDP（美元计价）将在五年内增加一倍，十年内增加两倍。假设美国经济在未来十年以过去的平均速度增长，中国应该在 2020 年超过美国，成为世界上最大的经济体。

十亿美元

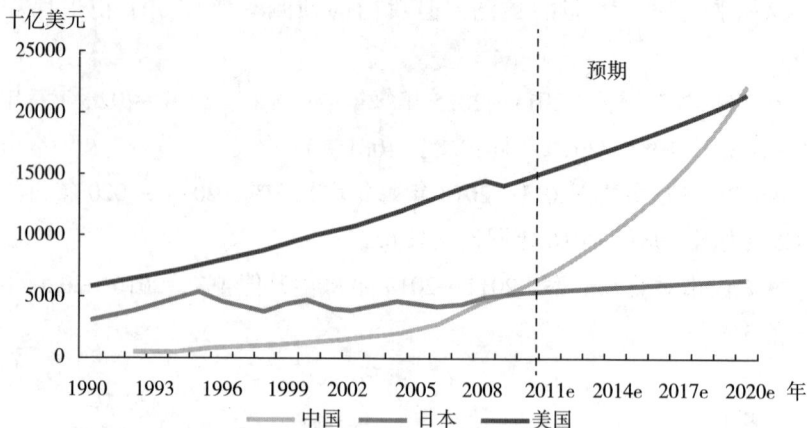

图 2　美国、中国、日本的名义 GDP

（资料来源：CEIC）

人均 GDP：步入高收入国家

如果一切顺利的话，中国应该成功越过中等收入陷阱，并且在 2020 年成为高收入国家。那时，中国的人均 GDP 应该超过了今天的沙特阿拉伯。

假设中国的人口 2015 年与 2010 年相比增长 3%，2020 年与 2010 年相比增长 5%，并使用前文中关于 GDP 增长的假设，中国的人均 GDP 应该在 2015 年达到 8600 美元，在 2020 年达到 15500 美元。

如果所有的省份/城市都以同样的速度增长，根据我们的估计，中国最富裕的城市上海的人均 GDP 将在 2020 年超过 45700 美元，非常接近美国 2009 年的水平。

表 2　中国区域性人均 GDP：2010 年和 2020 年估计

地区	2010 年人均 GDP（美元）	2009 年拥有类似人均 GDP 的国家	2020 年人均 GDP 估计（美元）	2009 年拥有类似人均 GDP 的国家
中国	4405	秘鲁	15545	沙特阿拉伯
上海	12975	匈牙利	45792	美国
北京	11597	拉脱维亚	40930	法国
天津	10956	立陶宛	38667	新加坡

续表

地区	2010 年人均 GDP（美元）	2009 年拥有类似人均 GDP 的国家	2020 年人均 GDP 估计（美元）	2009 年拥有类似人均 GDP 的国家
江苏	7822	阿根廷	27606	新西兰
浙江	7764	阿根廷	27403	新西兰
内蒙古	7108	马来西亚	25088	以色列
广东	6970	马来西亚	24598	以色列
辽宁	6252	保加利亚	22064	葡萄牙
山东	6148	博茨瓦纳	21699	葡萄牙
福建	5847	南非	20637	葡萄牙
吉林	4625	多米尼加共和国	16323	韩国
河北	4241	秘鲁	14969	沙特阿拉伯
湖北	4082	阿尔及利亚	14407	沙特阿拉伯
重庆	4079	阿尔及利亚	14396	沙特阿拉伯
黑龙江	3952	泰国	13947	沙特阿拉伯
陕西	3925	泰国	13852	沙特阿拉伯
山西	3917	泰国	13824	沙特阿拉伯
宁夏	3883	泰国	13704	沙特阿拉伯
新疆	3708	突尼斯	13088	匈牙利
湖南	3667	突尼斯	12942	匈牙利
青海	3580	突尼斯	12633	匈牙利
河南	3572	突尼斯	12608	匈牙利
海南	3508	突尼斯	12382	匈牙利
江西	3145	摩洛哥	11098	波兰
四川	3050	摩洛哥	10764	波兰
安徽	2955	摩洛哥	10428	智利
广西	2891	摩洛哥	10202	智利
西藏	2585	乌克兰	9122	乌拉圭
云南	2333	印度尼西亚	8235	土耳其
甘肃	2309	印度尼西亚	8149	墨西哥
贵州	1787	菲律宾	6306	保加利亚

资料来源：CEIC，世界银行。

世界第二大消费国

如果一切顺利的话，到2020年中国应该成为世界第二大消费国。

事实上，中国已经是世界上最大的消费国之一。尽管中国的消费占GDP的份额较低（约35%），但中国私人消费总额在2009年已达到1.8万亿美元，排名世界第四。

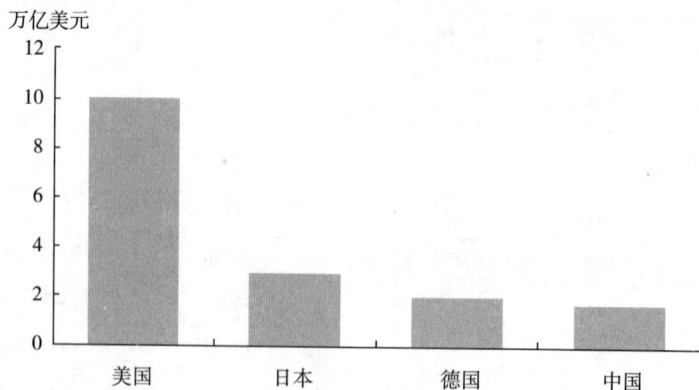

图3　私人消费（2009年）
（资料来源：CEIC）

对于许多消费品和服务，中国已经是世界上最大的市场。例如，中国是世界上最大的汽车购买国；中国出境旅游的居民人数在2002年和2007年分别超过日本和美国。

由于人口众多（截至2010年底已13亿人），收入增长迅速，以及仍有许多消费品和服务的普及率较低，中国的消费量将在未来十年以指数速率增加。

美元

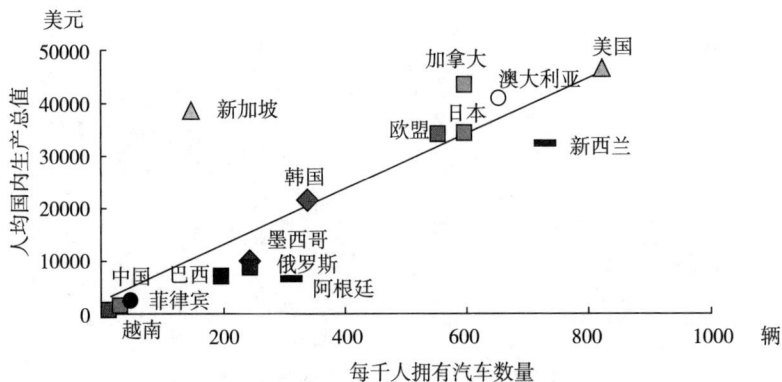

图 4　汽车保有量与人均 GDP（2007 年）

（资料来源：世界银行）

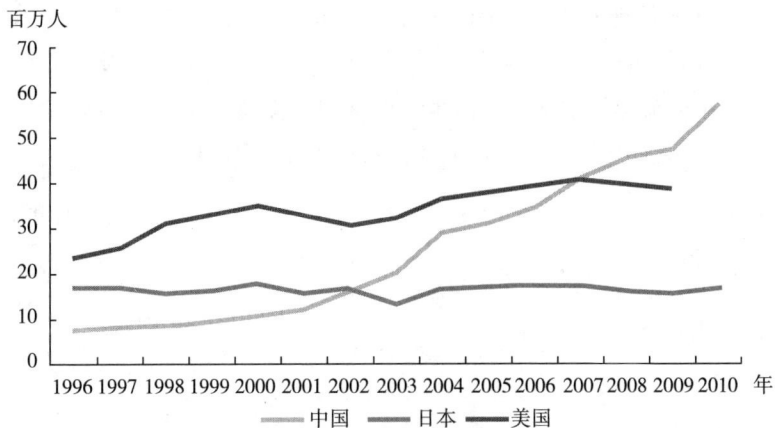

图 5　出境旅游人数

（资料来源：CEIC）

国际贸易：世界首位

如果一切顺利的话，到 2020 年中国应该成为世界最大的出口国和进口国。然而，中国的经常项目盈余届时很可能已不再是世界第一了。

目前中国已经是世界最大的商品出口国和第二大进口国，约占全球贸易的 10%。中国拥有世界上最大的贸易和经常项目盈余。

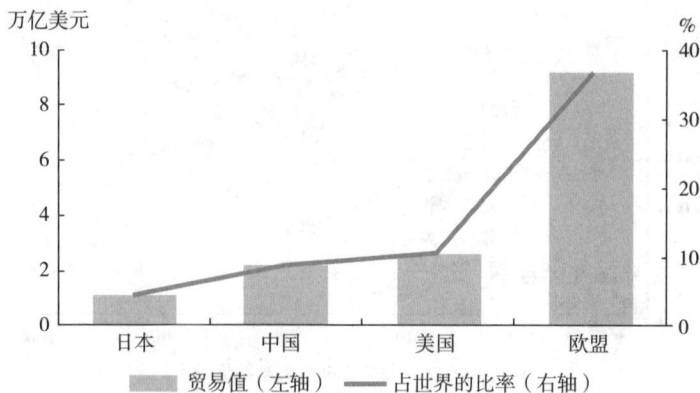

图6 贸易总额（出口和进口，2009年）

（资料来源：世界贸易组织）

尽管中国可能很难长期维持高速的出口增长（过去十年每年增长21%），但由于生产力的持续改善，附加价值不断提高，以及人民币的逐步升值，在未来十年中国的出口很可能会以比全球贸易增长更快的速度扩张。因此，到2020年中国应该能够保持最大出口国的地位。

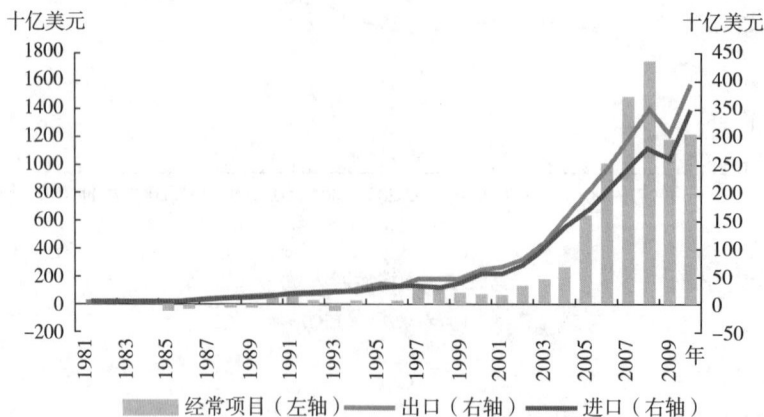

图7 中国外贸及经常项目顺差

（资料来源：CEIC）

同时，中国的进口在未来十年将会保持较高的增速，主要得益于迅速增长的收入和蓬勃发展的国内消费。除了硬商品（如能源和原材料）和高端制造产品（如汽车和汽车底盘、奢侈品、电子商品）的进口将快速增长，中国对农产品（如大豆、食用油和棉花）的进口也会飞速增长，主要是因为持续的城市化逐渐压缩了中国的耕地面积。因此，到 2020 年中国很可能超过美国成为世界上最大的进口国。

鉴于进口的增速高于出口，在未来几年中国的贸易和经常项目盈余将逐渐缩小，到 2020 年甚至可能转成赤字。那时，中国可能已经失去了经常账户顺差第一的头衔。

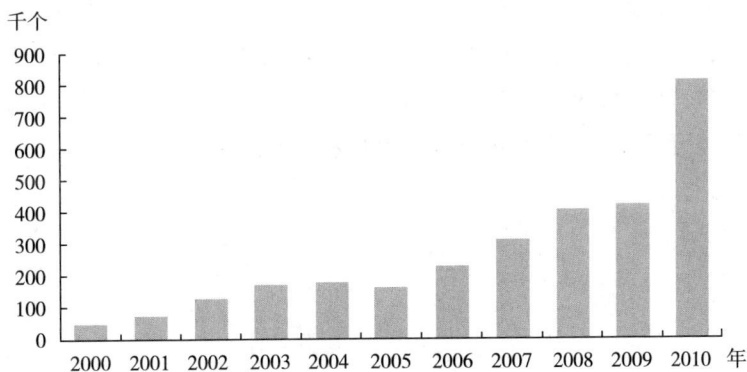

千个

图 8　中国汽车及底盘进口

（资料来源：CEIC）

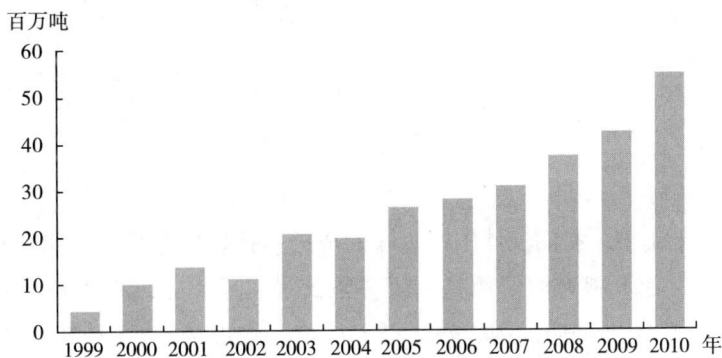

百万吨

图 9　中国大豆进口

（资料来源：CEIC）

对外直投：重量级国际投资者

如果一切顺利的话，到 2020 年中国应该成为全球数一数二的对外直接投资的来源地及目的地。

由于中国更富吸引力的投资环境、相对廉价的劳动力以及迅速扩张的国内市场，2009 年中国已经是全球第二大对外直接投资的目的地。中国对外直接投资（流出）也在过去数年加速增长，2009 年中国已是全球第五大对外直接投资的来源国。尤其是非金融对外直接投资（流出）从 2002 年的 27 亿美元上升到了 2010 年的 500 亿美元，在短短八年内增加超过 17 倍。

十亿美元

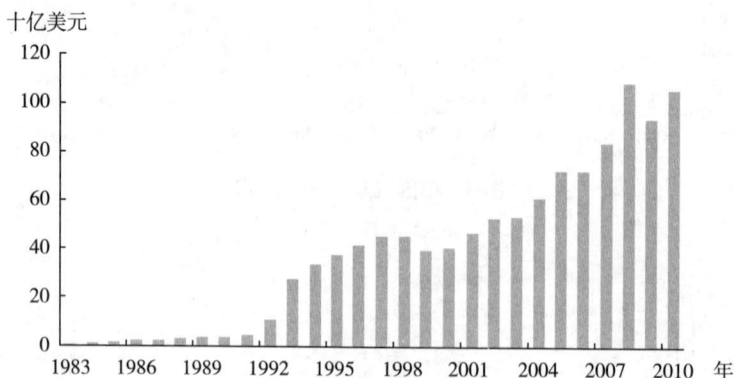

图 10　中国对外直接投资流入

（资料来源：CEIC）

在未来十年，我们预计中国吸收的境外直接投资量将进一步增加，但资金流入中越来越大的份额将用于并购交易，而不是绿地投资（创建投资）。由于中国逐渐向外国投资者开放国内金融市场，金融部门很可能会吸引更多的境外直接投资流入。与此同时，制造业将继续吸收外资，因为高端技术和资本密集型行业的资金流入应该大于劳动力密集型行业的资金流出。

十亿美元

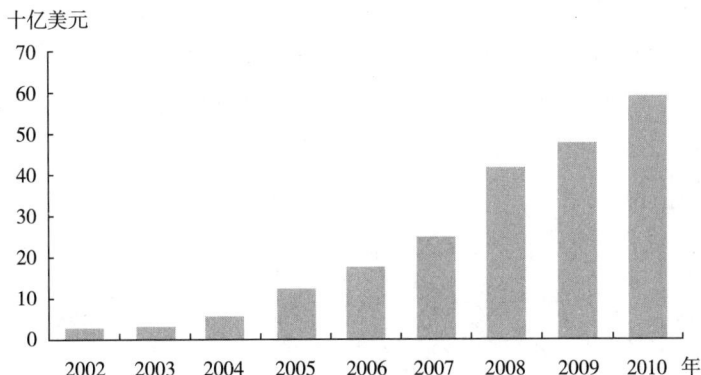

图 11　中国非金融对外直接投资

（资料来源：CEIC）

由于中国致力于使其庞大的外汇储备多样化并且在海外锁定战略资产，在未来十年中国的对外直接投资（流出）将会继续以指数速率增长。能源、自然资源、金融、高科技产业很可能是中国向外直接投资的主要领域。由于收入水平迅速上升，中国制造业转移到劳动力便宜的欠发达经济体的速度会加快，在未来十年低端劳动密集型制造业也应该是中国对外直接投资的主要领域。

人民币：国际支柱货币

如果一切顺利的话，到 2020 年人民币应该成为世界三大支柱货币之一（另外两个为美元和欧元）。

我们认为，到 2020 年，如果中国成为世界上最大的经济体、最大的出口商和进口商、最大的对外直接投资的来源地和目的地之一、最大的外汇储备持有者之一，人民币将无法避免地成为国际货币。

届时，越来越多的中国贸易伙伴更愿意使用人民币而非第三国货币进行贸易结算，更多的对外直接投资也将使用人民币，第三国货币将最终被人民币取代，因此人民币的国际化很可能是一个自然的过程。

事实上，人民币国际化进程已经加速。在过去的两年中，香港已经做好充分准备成为人民币离岸中心。自 2010 年 6 月开始，香港的人民币业务突飞猛进，在短短八个月内，人民币存款增长了 3 倍，人民币贸易结算额

激增 77 倍。此外，以人民币计价的债券发行也在香港逐渐活跃，而第一个
以人民币计价的首次公开招股也于 2011 年 4 月在香港上市。在第十二个五
年规划中，中国政府正式提出支持香港成为人民币离岸中心。

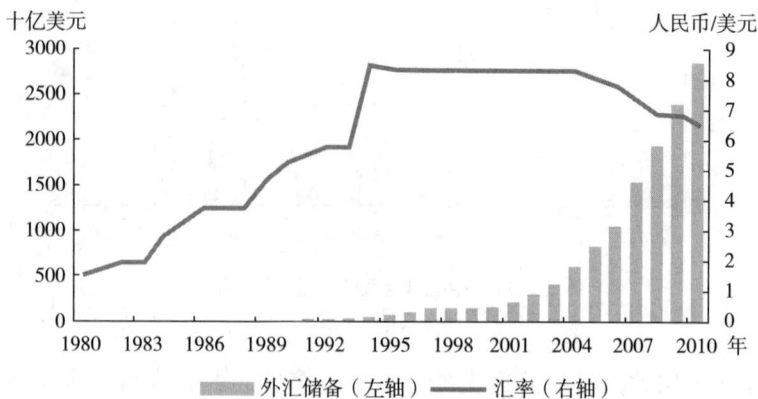

图 12 人民币汇率和中国外汇储备

（资料来源：CEIC）

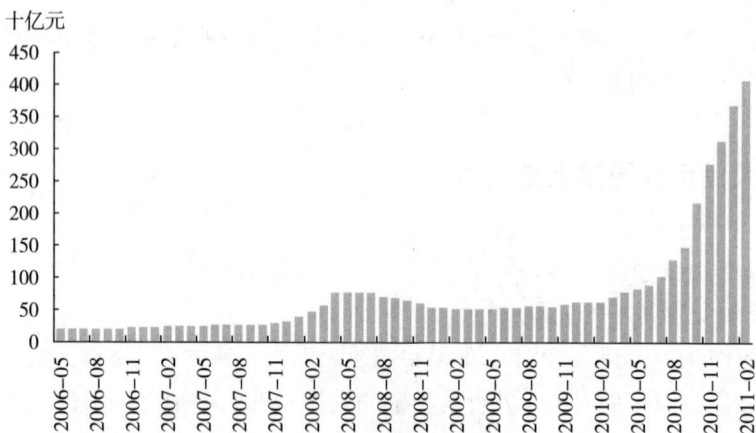

图 13 香港人民币存款

（资料来源：CEIC）

除了我国香港，其他国家也认可了人民币的国际化。例如，新加坡已
表达了希望成为类似我国香港的人民币离岸中心的强烈兴趣。马来西亚的
中央银行已经把人民币列入了本国的外汇储备。在蒙古国，60% 在当地流
通的货币是人民币。在韩国，许多商店和餐馆接受人民币。在越南，人民

币可以通过非官方渠道兑换，越南政府最近也宣布其为合法。在 2010 年 12 月，俄罗斯正式开始在莫斯科银行间外汇交易市场启动人民币与卢布之间的直接交易，这是人民币首次在中国内地和香港以外的地区进行官方交易。我们认为，这种趋势在未来十年将很快变成主流。

中国企业：世界巨头

如果一切顺利的话，到 2020 年列入全球财富 500 强的中国企业数量应该排在世界第二位。

过去几十年经济的显著增长和国内市场的快速扩张，为中国企业的发展提供了巨大的机遇。在全球财富 500 强营业额的公司名单中，中国企业的数量已从 2005 年的 14 家上升到 2010 年的 46 家。在这些公司中，有 5 家排名前 100 位（而 2005 年只有 3 家）。

如果中国在 2020 年成为世界上最大的经济体，中国企业将乘着经济扩张的浪潮变得更加强大，而政府减少产能过剩和巩固国内市场的努力也将使强者更强。同时，依靠大量的外汇储备以及政府对对外直接投资流出的推动，中国企业可能更多地通过并购在中国和海外扩张。人民币的国际化也将会助中国企业全球扩张一臂之力。总言之，2011—2020 年将会是中国企业走向世界的黄金十年。

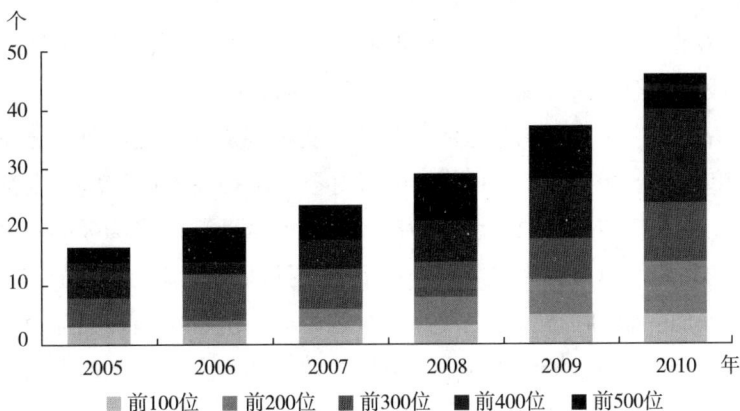

图 14　列入全球财富 500 强的中国企业

（资料来源：财富）

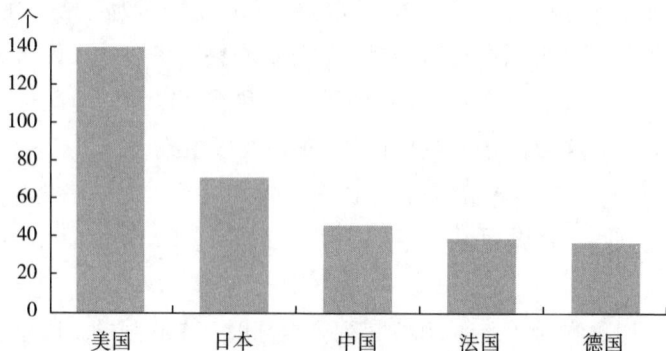

图15　列入全球财富500强的企业（2010年）

（资料来源：财富）

金融市场：世界的中心

如果一切顺利的话，到2020年中国将会成为全球金融活动和交易的核心市场，届时上海将会成为主要的国际金融中心之一。

中国的股票市场已跻身为世界上最大的市场之一。2009年上海证券交易所和深圳证券交易所的市值分别排名世界第6位和第16位。在市场成交金额方面，这两个交易所在2009年分别排名世界第3位和第6位。而这两个交易所通过首次公开招股和股份发行筹集的新资本额分别排名世界第8位和第10位。2010年上半年，深圳证券交易所和上海证券交易所在首次公开招股的金额方面分别名列世界第1位和第2位。

随着中国进一步深化金融体制改革（实现利率自由化并且充分发展债券市场和衍生产品市场），未来十年国内金融市场在深度和广度上都将显著增长。一个日新月异的经济体和蓬勃发展的企业部门将会吸引更多国际投资者的兴趣。而人民币成为国际货币也会推动中国建设一个全球性的以人民币计价的固定收益和外汇产品的金融中心。随着中国对国际投资者进一步开放国内金融市场，国内金融市场的效率和容量也将迅速提高并显著改善。

鉴于以上原因，我们预期中国的金融市场在未来十年迅速扩张，不仅成为中国企业而且也是外国企业的融资中心（如通过熊猫债券的发行，以及中国国际板的上市）。而上海将乘着这个大浪潮，成为世界主要的金融中心之一。

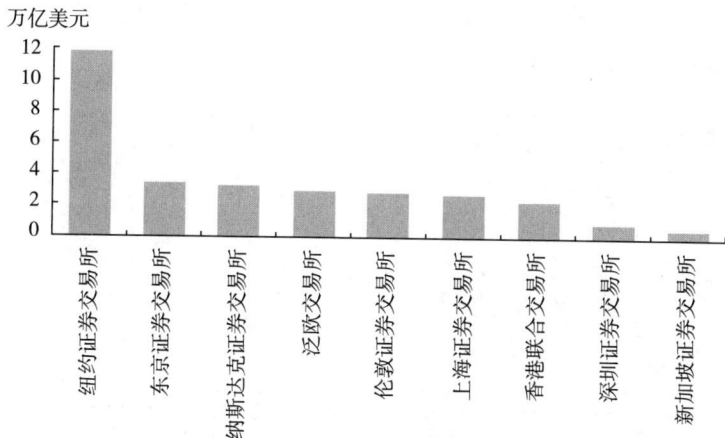

图 16　股票市场资本总值（2009 年）

（资料来源：世界交易所联盟）

第二部分　未来的挑战

在第一部分中，我们描绘了 2011—2020 年中国经济的乐观前景，其中包含一个关键的假设：如果一切发展顺利。这是一个非常重要的条件。在本部分中，我们将探讨有可能否定这个假设的一系列挑战。

中等收入陷阱：即将来临

根据世界银行的定义，中等收入陷阱是指这样一种现象，即鲜有中等收入的经济体成功跻身为高收入国家，这些国家往往陷入了经济增长的停滞期，既无法在工资方面与低收入国家竞争，又无法在尖端技术研制方面与富裕国家竞争①。

中国的人均 GDP 在 2010 年达到 4400 美元，已经是一个中等收入的经济体，尽管仍处于中等收入的低端。目前，在全球供应链中，中国作为一

---

① World Bank. *East Asia and Pacific Update*：10 *years after the financial crisis*［R］. April 2007.

个终端组装中心，不仅拥有相对廉价的劳动力，而且还有相对有效的基础设施和完备的国内供应链。即使中国的劳动力成本已经高于亚洲的邻国，如印度尼西亚、菲律宾、印度和越南，但中国在基础设施和供应链方面的竞争优势，足以抵消劳动成本的劣势。

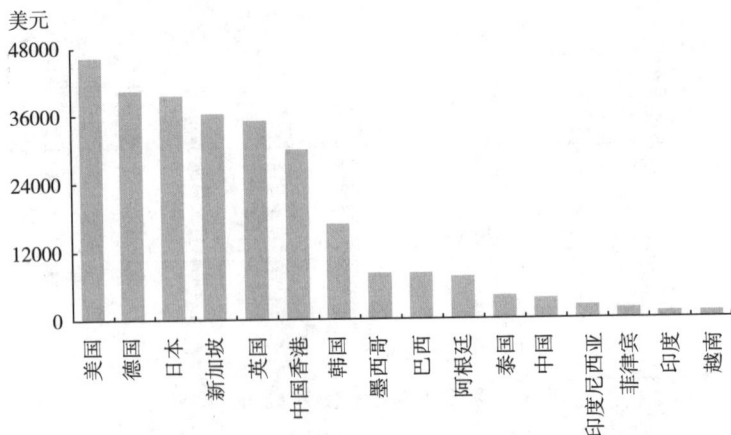

图 17　人均 GDP（2009 年）

(资料来源：世界银行)

如果一切进展顺利的话，根据第一部分描述的情景，中国的人均名义GDP 将在 2015 年和 2020 年分别达到 8600 美元和 15500 美元。我们认为，对中国来说，把人均 GDP 从 2010 年的 4400 美元提高到 2015 年的 8600 美元应该是相对容易的，因为中国可以把低端制造业从东部转移到中部和西部，继续享有廉价的劳动力，保持低端劳动密集型制造业的竞争力。事实上，这一产业转移已经在过去几年发生了，并且将在未来数年继续进行。

然而，随着收入的迅速增加，政府试图缩小各地区间的收入差距，中西部劳动力成本的优势可能很快被侵蚀。即使在中国最贫困的省份贵州，人均 GDP 在 2010 年已达到 1787 美元（相当于菲律宾），到 2020 年也将达到 6300 美元，接近 2009 年的保加利亚。届时，在中国经营低端劳动密集型企业的制造商可能难以抵御来自世界上其他低收入国家的竞争，因为基础设施和供应链的优势可能已不足以抵消劳动力成本的上升。

因此，2016—2020 年对于中国摆脱中等收入陷阱将是至关重要的五年。在此期间，中国需要尽快发展高端制造业。值得庆幸的是，中国政府已在第十二个五年规划中，决定了优先发展战略性新兴产业。然而，由于中国过去几十年在这一领域相对薄弱的基础和较少的科研投入，未来的挑战将是，中国的高端制造业是否能迅速扩张来弥补低端制造业的萎缩。

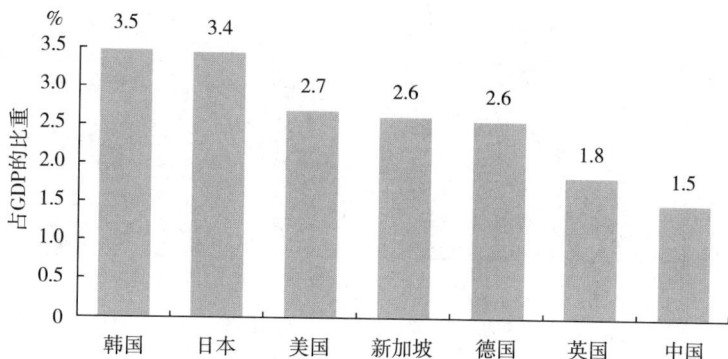

图 18　科研经费占 GDP 的比重（2007 年）

（资料来源：世界银行）

就业问题：最大的挑战

即使高端制造业能够非常迅速地扩张来维持中国制造业的整体竞争力，但制造业的结构转变仍然会带来一个令中国决策者头疼的问题——创造就业机会，尤其是在 2016—2020 年期间。如何解决这个问题将会是影响中国经济增长及社会稳定的重要因素。

在过去三十年中，为快速增加的城市劳动力创造足够的就业机会一直是中国决策者最大的挑战。中国的城市化率从 1981 年的 20.2% 上升到 2010 年的 47.5%，其中城市人口增加 4.45 亿人，城镇就业人口增加 2.15 亿人。即便如此，中国现在的就业结构仍然极不平衡。截至 2009 年底，第一产业（农业）就业人口占全部就业人口的 38%，但是只创造了 10% 的 GDP。在这些农业就业人口中（总共约 3 亿人），我们判断接近 1 亿的人口在未来十年将需要寻找非农就业机会。

如果中国的劳动密集型制造业失去了竞争力，这些行业将不再能够吸收新的城市化人口，更有甚者，部分已经在这些行业就业的工人可能会被解雇，需要在高端制造业或服务行业寻找工作。但是，在我们看来，在这两个行业寻找工作并不容易。

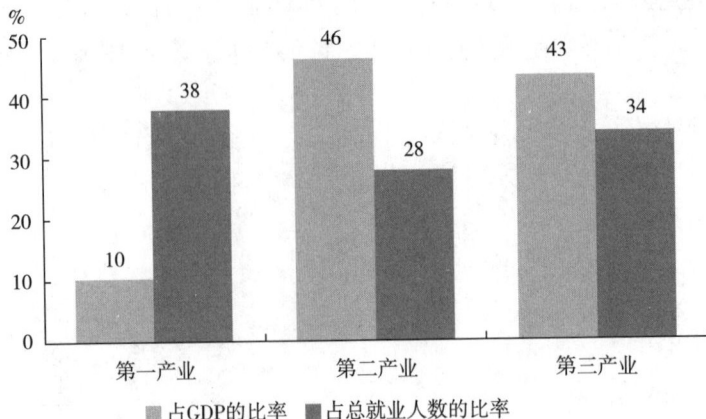

图19 GDP 及就业结构（2009 年）

（资料来源：CEIC）

高端制造业创造就业的能力是有限的，因为这些行业是资本或技术密集型而不是劳动密集型。事实上，即使我们作出最乐观的假设，即中国在未来十年能够成功发展高端制造业，抢占日本、德国、美国、韩国和英国所有的市场份额，所能够创造的就业总数也仅为 3800 万人。对中国来说，这些就业机会不足以吸收任何新的移民工人和那些从劳动密集型产业被解雇的工人。

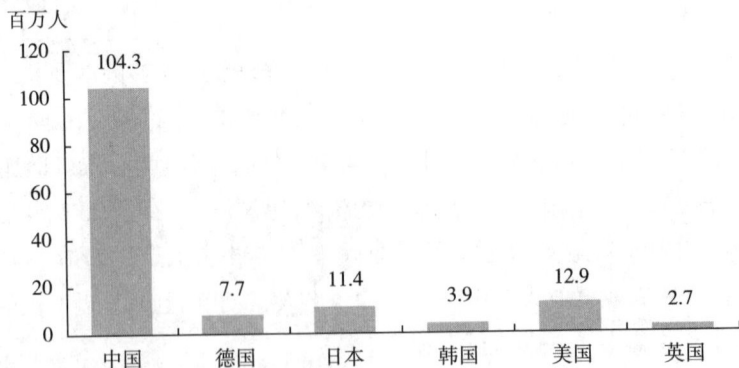

图20 制造业就业人数（2008 年）

（资料来源：CEIC）

服务行业的确有很大的潜力来创造就业机会。截至 2009 年底，服务行业就业人口占中国就业总人数的比例只有 34%，远低于发达经济体 70% ~

80% 的水平。

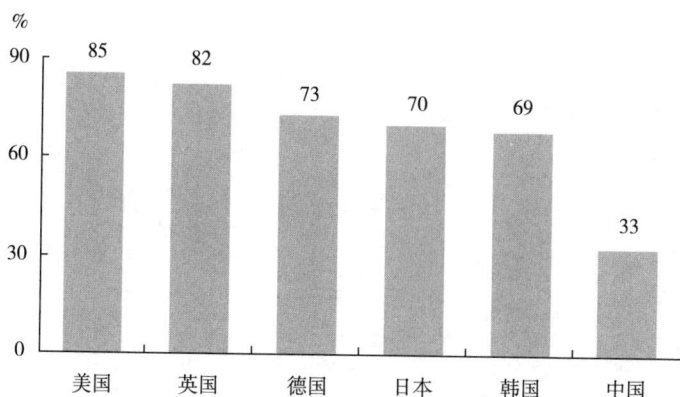

图21 服务业就业占总就业的比重（2008 年）

（资料来源：CEIC）

然而，真正的挑战是，中国的服务业是否可以发展得足够快，为新的移民工人和从劳动密集型产业解雇的工人创造足够的就业机会。在第十二个五年规划中，政府致力于把服务业占 GDP 的比重从 2010 年的 43% 提高至 2015 年的 47%。采用线性推断可知，到 2020 年，服务行业占 GDP 的比重可能达 51%。同时，我们假设第一产业占 GDP 的比重在 2015 年和 2020 年将分别降至 7.5% 和 5%，而第二产业将分别降至 45.5% 和 44%。同时，我们保守地假设第一产业（农业）和第三产业（服务）的劳动生产率增速放缓，以此创造更多的就业机会；但由于制造业从劳动密集型转向高端技术型，第二产业（采矿业、建筑业和制造业）的劳动生产率增速在未来十年将会加快。

基于这些目标和假设，我们估计：第二产业将在 2011—2015 年创造 110 万个就业机会，但在 2011—2020 年将减少 1570 万个就业机会，而第一产业在 2011—2015 年将转移出 3630 万个农民工，在 2011—2020 年将转移出 1.06 亿个农民工。与此同时，根据我们的估计，服务业在 2011—2015 年和 2011—2020 年将分别创造 4470 万个和 7140 万个就业机会。

总体而言，我们估计就业总人数在五年内将增加约 950 万人，但在十年内将减少约 5040 万人。换言之，就业在 2011—2015 年不应该是一个严重的问题，但在 2016—2020 年将是一个巨大的挑战。

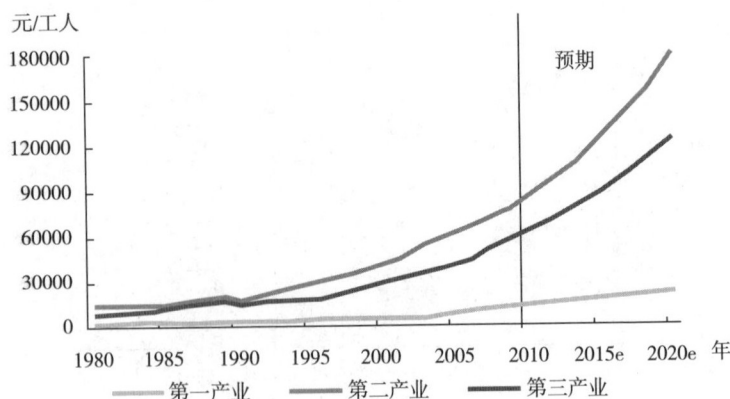

图22　劳动生产力（2010 年固定价格）

（资料来源：CEIC）

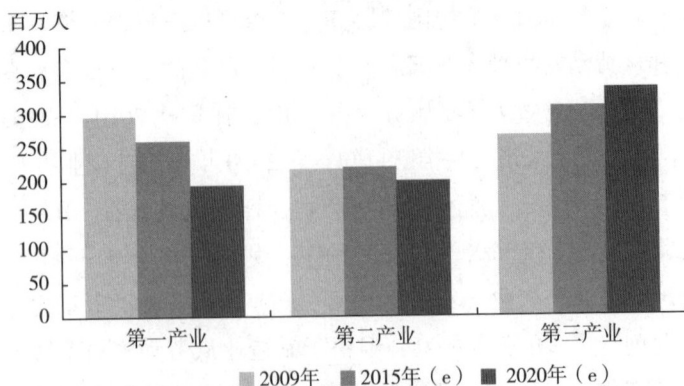

图23　中国就业结构：2009 年、2015 年、2020 年

（资料来源：CEIC）

收入不平衡：进退两难

　　从理论上讲，有一种既能越过中等收入陷阱又不会造成过大就业压力的方法，就是拉大收入差距。中国拥有广阔的地理区域。拉大东部、中部和西部的收入差距可以让中国在享有较高的人均 GDP 的同时，保持中西部的低端劳动密集型制造业的竞争力。

　　然而，这种解决办法不仅不会得到社会的认可，在政治上也是不能接受的。根据美国中央情报局的数据，中国的基尼系数（用于衡量一个国家收入不平等的状况）于 2007 年位列世界第 53 位（总共 136 位），这说明中国的收入不平等情况比世界的中位数更严重。进一步扩大收入差距将与中国政府在过去数年减少收入差距的努力背道而驰。事实上自 2003 年以来中西部的人均 GDP 增长速度比东部更快。因此，拉大收入差距不是一个可行的办法。

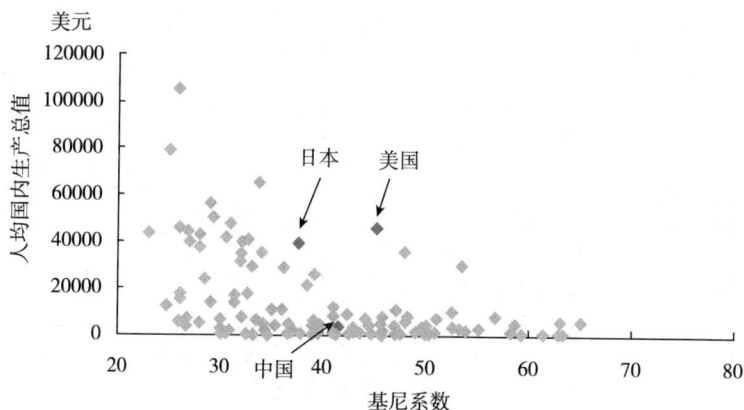

图 24　收入差别：基尼系数（2007 年）

（资料来源：美国中央情报局，世界银行）

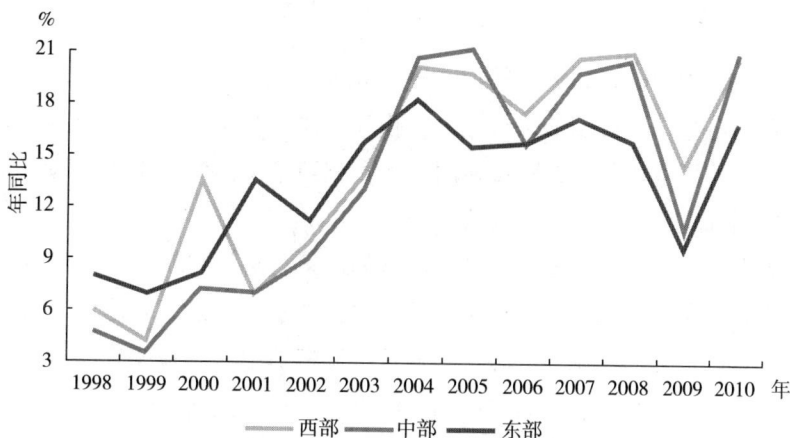

图 25　中国区域人均 GDP 增长

（资料来源：CEIC）

自然资源：越来越紧的约束

如果中国到 2020 年成为世界第一大经济体，届时中国也应该成为能源和自然资源的最大消费国。

中国现在已经是一个自然资源消费大国。例如，2010 年中国占全球铝消费量的 37%，锌消费量的 46%，铜消费量的 38%，尽管中国占全球 GDP 的比重仅为 10%。

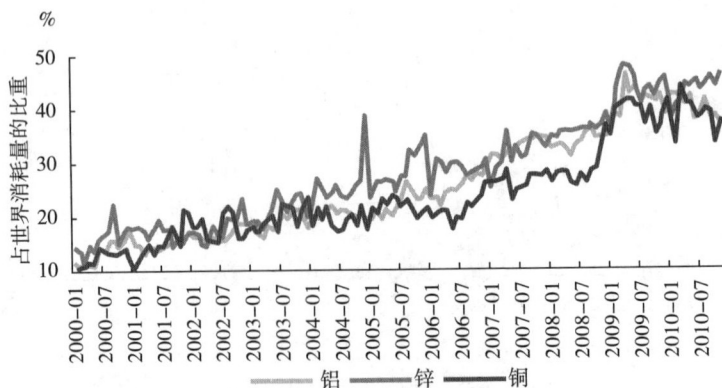

图 26　中国金属消费

(资料来源：彭博)

目前，中国已经是世界第二大电力消费国（仅次于美国），尽管中国的人均用电量仅是美国的六分之一。由于中国人口众多（13 亿人），即使中国的人均用电量仅上升到英国的水平，相当于美国的一半，中国对电力需求的增加也将大于美国现在的用电量。

如果中国对能源和自然资源的需求如此迅速地增加，在未来十年很可能会推动全球商品价格上升至比今天高得多的水平。由于中国的经济增长在很大程度上依靠能源和资源密集的投资和制造业，日益攀升的自然资源价格将会在很大程度上阻碍中国的经济增长。

为了减少对能源的需求同时兼顾经济增长，中国政府已在第十二个五年规划中规定，单位 GDP 能源消耗将在未来五年内累计下降 16%。如果中国能在未来十年内实现这一目标（假设中国的实际 GDP 在 2011—2015

年每年增长 8%，2016—2020 年每年增长 6%），根据我们的估计，到 2015年和 2020 年，中国的能源消费量仍将在 2010 年的基础上分别增加 25%和 40%。

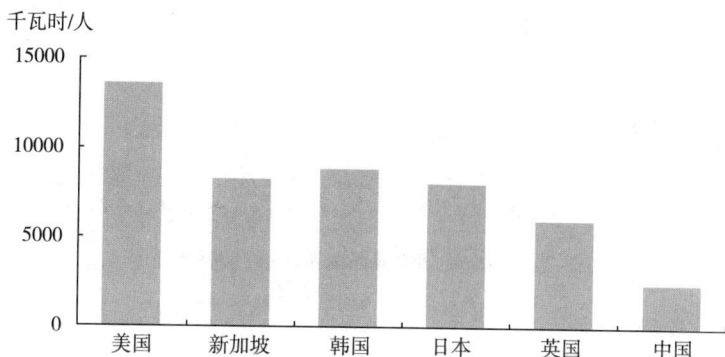

千瓦时/人

图 27　人均电力消费（2008 年）

（资料来源：世界银行）

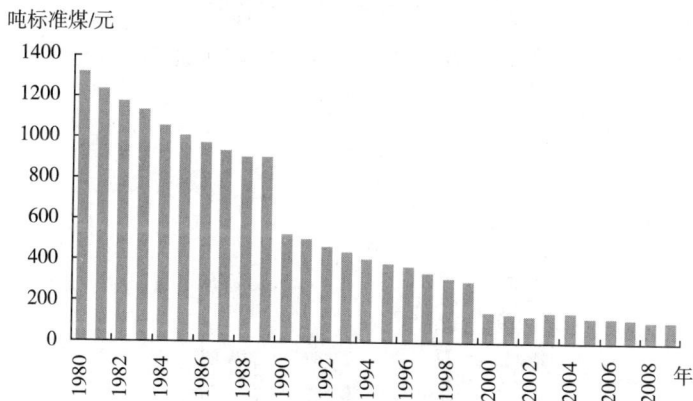

吨标准煤/元

图 28　中国每单位 GDP 能源消费

（资料来源：CEIC）

　　由于中国庞大的能源消耗基数（目前已经是世界第二大能源消费国），即便是这 25%~40% 的能源需求增加，都可能对全球能源价格造成显著的影响。因为，中国 25% 的能源消费增长相当于 2009 年日本的能源总消耗量，而 40% 的增幅相当于 2009 年日本和加拿大的能源消耗总和。基于这些原因，我们相信能源价格和自然资源价格将在未来十年继续上升。

百万吨标准油

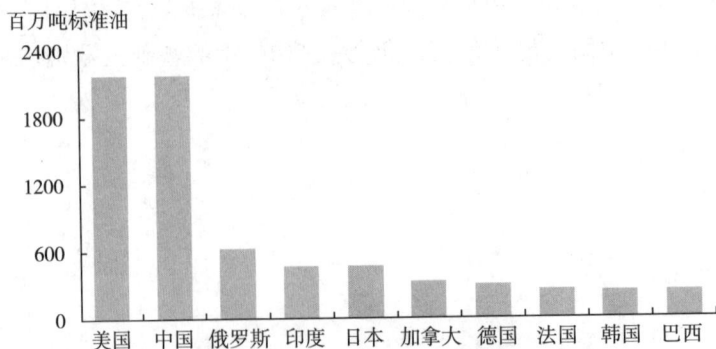

图 29　前十位初级能源消费大国（2009 年）

（资料来源：英国石油公司）

环境成本：越来越重的负担

众所周知，中国过去 30 年快速的经济增长是以环境（包括土地、空气和水）的恶化为代价的。我们认为，环境成本可能会在未来十年或二十年限制中国经济增长。

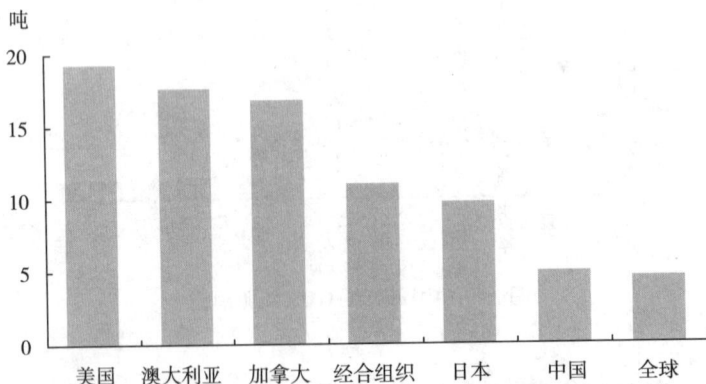

吨

图 30　人均二氧化碳排放量（2007 年）

（资料来源：世界银行）

二氧化碳排放的成本是潜在的环境成本之一。中国的二氧化碳排放量已经是世界最高的，但中国的人均二氧化碳排放量只有美国的四分之一。如果中国的人均二氧化碳排放量在 2011—2020 年增加一倍达到日本的水平，中国二氧化碳排放量的增加将会超过美国目前的水平。

由于中国的经济增长模式是依靠能源和资源密集的投资和制造业，如果在未来十年全球引入二氧化碳排放的收费机制，中国的生产成本将会激增，削弱中国的竞争优势。

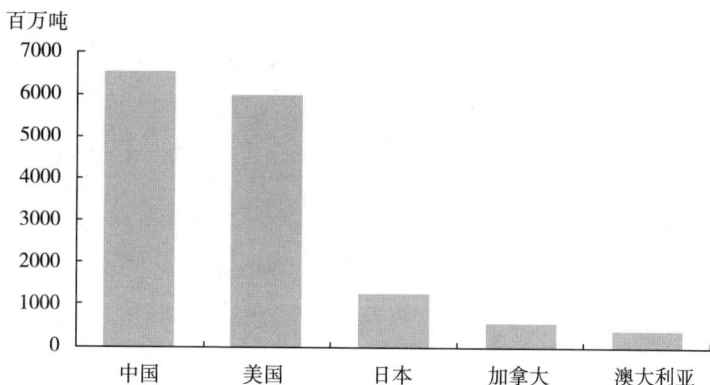

图 31 二氧化碳排放量（2007 年）

（资料来源：世界银行，CEIC）

投资：潜在的危机导火索

中国的投资总额和增速一直维持在很高的水平。这是长期以来中国最受诟病的增长驱动器，也是多数悲观派认为的泡沫源头之一。我们认为，投资会是中国在未来十年最有可能触发危机的导火索之一。

众所周知，中国的经济增长是投资驱动的。从绝对数值上看，中国的投资（以资本形成总额作为衡量）是世界上最高的。资本形成总额在 2009 年达到 2.4 万亿美元，高于美国的 2.0 万亿美元，仅低于整个欧盟 0.5 万亿美元。从其占 GDP 的份额来看，投资占中国 GDP 的 48%，而占日本 GDP 的 20%，占欧盟的 18%，占美国的 14%。在过去的十年中，投资对中国的实际 GDP 增长平均贡献了 5.5 个百分点。

万亿美元

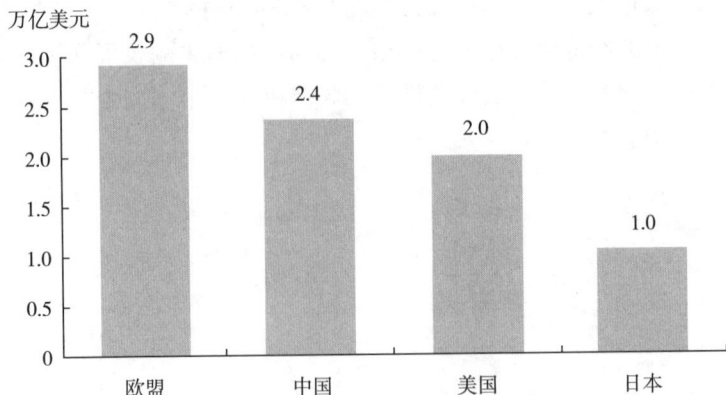

图 32 资本形成总值（2009 年）

（资料来源：世界银行）

高速投资增长在未来十年能否持续？由于大规模的城市化进程，产业从东部转移到中西部，对公共住房和农村灌溉系统的投资将加大，对公共基础设施（尤其是交通）的投资会持续，外国直接投资会持续大量流入，我们预计以上因素将支持投资增长在"十二五"期间保持强劲。

但是，强劲的投资增长在 2016—2020 年将难以维持。一方面，届时中国的投资基数（到 2015 年我们预计投资增长将超过一倍）将变得过大，从而难以实现高速增长。另一方面，随着中国的低端制造业逐渐失去国际竞争力，企业家将不会继续对中国投资，并把工厂迁移出中国。我们认为，这种情况在 2016—2020 年发生的机会远高于在 2011—2015 年。

随着低端制造业开始迁移出中国，对更好的供应链的需求，也就是基础设施投资，也将随之下降。因此，制造业和基础设施投资（2010 年占中国近 60% 的固定资产投资）的增速，将同时开始放缓，甚至可能变为负数。

由于投资占近一半的 GDP，到 2016—2020 年如果实际投资的增速由目前的约 10% 放缓至零，中国的实际 GDP 增长将会失去相当重要的 5 个百分点，从目前的近 10% 下降到不足 5%。

如果发生了这种情况，由于低端劳动密集型制造业失去竞争力而造成的严重的就业问题就会雪上加霜。失业率上升将对消费产生负面影响，这将会使 GDP 增长放缓得更快。"多米诺骨牌效应"可能会发生，从而影响资产价格、银行体系、人民币汇率，甚至社会的稳定。

资产价格：泡沫似乎不可避免

在许多人看来，中国的资产价格已经有泡沫了，特别是房地产市场。我们认为，泡沫目前仍然很小。然而，它很可能在 2011—2015 年膨胀，增加它在 2016—2020 年破裂的风险。

过去两年房地产价格急剧上升，尤其是在诸如北京和上海等大城市。居民住房支付能力因此被大大削弱。例如，全国平均房价收入比在 2009 年达到 8.1 倍，远高于发达国家的水平（3~5 倍）。在北京，平均房价收入比已经超过 13 倍，而上海超过 14 倍。

虽然这些比率已被作为中国房地产市场的泡沫迹象而引用，但我们并不担心。我们认为，如果从一个动态的角度来看，中国的收入增长（名义收入每年以两位数上升），比发达经济体快得多（多数以较低个位数增长），而快速增长的收入在一定程度上解释了中国的高房价。

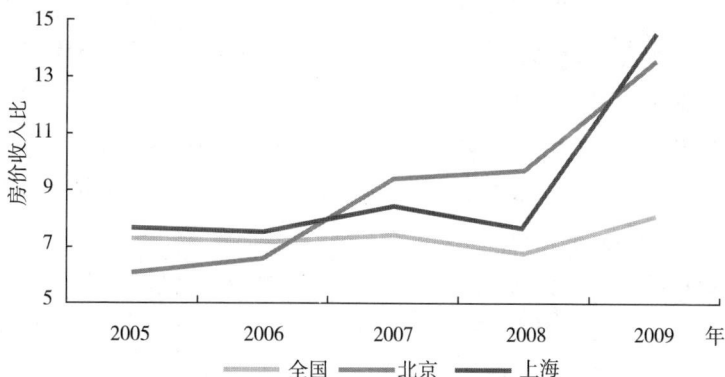

注：平均房价与家庭可支配收入比 =（每平方米平均住宅价格×人均居住面积）/人均可支配年收入。

图 33　平均房价与家庭可支配收入比

（资料来源：CEIC）

事实上，在北京和上海的房屋价格，仍远低于亚洲其他大城市。如果在未来五年北京和上海的家庭收入增加一倍，在十年内增加两倍甚至三倍，这两个城市的房价将进一步上升。

美元/平方米

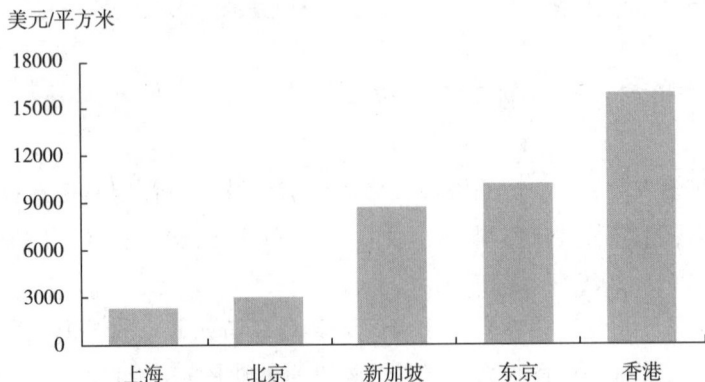

注：北京、上海为 2011 年 2 月平均住宅价格；新加坡为 2010 年 12 月私人公寓中位价格；东京为 2010 年 12 月新建公寓平均价格；香港为 2011 年 1 月位于香港岛实用面积在 70~99.6 平方米的私人住宅平均价格。

图 34　住宅房屋价格

（资料来源：CEIC）

我们认为，在未来十年五大因素将可能驱动资产价格高企，尽管我们预期楼价由于政府紧缩政策将进行短期调整。

●大规模的城市化。我们预计城市人口在未来十年增加约 1.55 亿人，这将为住房带来持续强劲的需求。

●快速的收入增长。从现在起到 2020 年，人均收入可能增加一倍以上，甚至两倍，这将在很大程度上提高家庭购买力，并且为资产配置及多样化创造更多的需求。

●货币状况。中国的 M_2 货币供应量在 2010 年达到 11 万亿美元，超过日本和美国，成为世界上供应量最大的货币。根据目前中立的货币政策，即 M_2 每年增长 15%~16%，中国的 M_2 将在五年内翻一番，十年内翻两番。如果这种情况发生，不仅会创造出更大的资产配置需求及多样化需求，而且还会推动通货膨胀的预期，从而派生出更多的对不动产或金融资产的投资需求。

●资源价格上升。有限的土地供应，以及由于大宗商品价格和劳动成本急升而造成的建筑及生产成本的上升，将为资产价格（尤其是房价）的膨胀提供更多的动力。

• 货币升值。如果人民币对美元每年升值 3%，十年将升值超过 30%（从 6.6 到 4.8）。这种长期升值预期将使人民币资产对国际投资者更具吸引力并且带动全球资本流入中国。

十亿美元

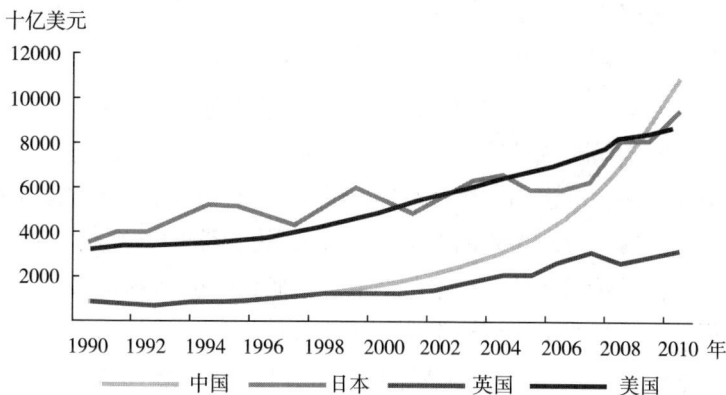

图 35　M₂ 货币供应

（资料来源：CEIC）

由于这些原因，在未来十年中国的资产价格泡沫似乎不可避免，尤其是在 2011—2015 年。在泡沫形成的初期，它很可能通过财富效应和信心的增加为经济增长提供积极的反馈。然而，随着泡沫逐渐变大，一旦破裂，它对实体经济的伤害将会是巨大的，正如过去的我国香港、日本和美国所经历过的那样。

我们认为，泡沫的形成和破灭都可能发生在未来十年。投资的大幅下滑，正如前一部分中所提到的那样，将导致 GDP 增速放缓和失业率高企，这可能会影响投资者的信心，引发中国资产（无论是不动产或金融资产）的抛售。

第三部分　总结

随着第十二个五年规划的启动，我们对中国在 2011—2015 年的经济增长保持乐观态度。至 2015 年，我们预期：

• 名义 GDP（美元计价）将翻一番；

• 人均 GDP 达到 8600 美元，并接近高收入国家的临界线；

• 中国将成为全球第二大消费国；

- 高端制造业和七大新兴产业将具备国际竞争力；
- 出口和进口（美元计价）将翻一番；
- 中国将变成最大的对外直接投资接收国和来源国之一；
- 资产价格将远高于现在的水平。

与我们对 2011—2015 年乐观的看法相反，我们认为中国在 2016—2020 年经济稳定增长的可持续性将面临很大的挑战。主要风险包括：

- 低端劳动密集型制造业可能失去国际竞争力；
- 就业问题可能更加严重，2016—2020 年将失去 5000 万个就业机会；
- 尽管政府努力减少收入差距，但收入不平衡将继续恶化；
- 大宗商品价格和环境成本急剧上升可能会限制经济增长；
- 投资增长急剧下滑可能引发"中国危机"；
- 在 2011—2015 年形成的潜在的资产价格泡沫可能破灭。

如果这些问题没有被处理好，那么今后五年可能继续上演的"中国奇迹"将会在 2016—2020 年期间变成一个完全成熟的"中国危机"。从投资放缓开始，随之而来的资产价格泡沫破灭可能会削弱银行和金融机构的资产质量，并通过财富递减效应损害消费者的信心。它甚至可能导致"资产负债表衰退"，类似于发生在 20 世纪 90 年代的日本和 2008 年的美国的经济衰退。如果这种情况发生了，对人民币的预期将改变，市场的升值预期会立即变成贬值预期，这甚至会扰乱人民币国际化进程，并把中国囚禁在中等收入陷阱中。

由于这些问题涉及长远的视野、动态的和复杂的环境，以及决策者潜在的干预，我们现在无法得出具体结论或对 2016—2020 年作出准确的预测。因此上述情景应该被视为潜在的风险，而不是我们的预测。

警惕全球经济 "二次探底"①

三大国际评级机构之一的标准普尔公司于 2011 年 8 月 5 日下调了美国长期主权债信用评级。这是美国有史以来首次失去 AAA 评级,全球股市应声下跌。虽然我们不担心美国国债的违约风险,但我们认为评级下调和全球股灾预示着全球经济 "二次探底" 的开始。与 "一次探底" 相比,我们估计 "二次探底" 的幅度会相对较浅,但持续低迷的时间可能更长。从深层次来分析,此次美国主权信用评级下调和全球股灾也预示着一个延续了半个多世纪的不可持续的赤字财政模式在全球范围内的终结的开始(虽然这一终结有可能再延续一二十年)。从中国的角度而言,我们要积极应对可能发生的全球经济 "二次探底",但更重要的是,我们要从发达国家目前面临的困境中吸取教训,及早调整我们的宏观财政与投资政策,要量入为出,不可寅吃卯粮,过早地陷入类似的财政困境。

全球经济 "二次探底" 的开始

很多人批评标准普尔公司的评级下调导致了全球股灾,但实际上美国股市在评级下调的前一天(8 月 4 日)就已经发生了大幅度下跌(单日跌幅达到 4% ~ 5%)。在我们看来,具有前瞻性的股票市场的提前下跌实际上反映了投资者对于美国及欧洲经济复苏丧失了信心,而标准普尔公司下调美国信用评级只是对此预期的进一步确认而已。

投资者对于欧美经济复苏的绝望,主要源于发达国家政府在可用来振兴经济的三大政策工具(货币政策、财政政策与汇率政策)方面已经黔驴技穷。

---

① 本文 2011 年 8 月 19 日发表,收录于《美债与欧债:拖累全球经济的孪生兄弟》,陈元、谢平、钱颖一主编,中国经济出版社,2011 年 9 月出版。

就货币政策而言，发达国家的低利率及量化宽松政策在当前家庭、企业和金融部门仍处于"减杠杆"过程的环境下已基本失效，陷入所谓的"流动性陷阱"（即日本这十多年来所遇到的问题）。自2008年全球金融海啸爆发以来，美国、欧洲及其他西方国家都采用了前所未有的低利率及量化宽松的货币政策，其目的就是给疲弱的经济注入大量廉价资金，以刺激起消费、投资及借贷行为（"加杠杆"），把经济拖出泥潭。但是由于本次金融海啸带来的是日本式的"资产负债表衰退"，发达国家的家庭、企业和金融部门仍处于"减杠杆"的资产负债表的修复过程中，因此廉价的资金并不能够刺激起信贷、投资与消费需求。货币政策在应对此类经济衰退及通货紧缩环境时的局限性（比如政策利率的下限为零，不可能更低）也就暴露无遗。因此，两年过去了，欧美等发达国家的经济指标虽然有所起色，但相对于其政策力度及市场预期，实在是乏善可陈。与此同时，发达国家所采用的这种"饮鸩止渴"式的货币政策所带来的外部性和副作用（如全球商品价格通胀、资产价格泡沫、流动性过剩以及潜在的恶性通胀）也日益明显，从而进一步限制了发达国家货币政策的选择和有效性。

就财政政策而言，大规模的财政刺激应该说是帮助全球经济在金融海啸之后迅速走出深度衰退最重要的功臣之一。在货币政策基本无效的情况下，本来投资者仍然寄希望于扩张性的财政政策为经济复苏提供动力，但欧洲出现的主权债务危机和8月2日美国提高国债上限前的艰难谈判让投资者意识到，财政政策在接下来的数年里不但不可能为经济复苏提供进一步的刺激，反而有可能因为各国政府削减财政赤字的努力而成为经济复苏的绊脚石。显然，扩张性的财政政策已不再是发达国家政府今天所能负担的（实际上，是市场已不再允许这些政府继续肆无忌惮地增加其财政赤字了）。

就汇率政策而言，一个经济体可以通过本币贬值来增加本国产品的国际竞争力，进而通过出口的增长带动国内经济的复苏。这正是亚洲经济体最终走出1997年亚洲金融危机的路径。然而，对于美国及大部分欧洲国家而言，使用这一政策的空间很小。由于美元在全球货币体制中的特殊地位，美国政府及美联储对于美元汇率几乎无法控制（其主动权其实掌握在其他国家的中央银行及市场参与者手中），尤其在目前美元利率已接近于零的情况下，其影响力更是有限。而对于大部分欧洲国家而言，由于大家使用共同的货币——欧元，其成员国政府已丧失了对汇率政策的掌控，这正是希腊等欧洲主权债务危机国家今天所面临的困境。

综上所述，欧美等发达国家的政策当局如今已经丧失了进一步刺激经济的工具和能力，因此其经济复苏只能寄希望于本国经济中私营部门的逐步康复或者海外市场（新兴市场经济体）出现新的需求增长点。然而，包括中国在内的新兴市场经济体近年来饱受通货膨胀之苦（这也在一定程度上归功于发达经济体的宽松货币政策），尽管这些经济体的经济增长也在下滑（个别地区在2011年第二季度已出现环比的负增长），但政策当局却很难放松政策、刺激经济。在这种情况下，欧美等发达经济体的经济复苏显然已不可持续。而美国信用评级的下调和股市的暴跌势必会对消费者和投资者的信心造成沉重打击，进一步拉低企业投资和居民消费活动，从而拉开全球经济"二次探底"的序幕。

全球经济"二次探底"的形态

相对于"一次探底"，我们认为"二次探底"的幅度会相对较浅，但持续低迷的时间可能更长。主要原因如下。

首先，在2008年全球金融海啸发生之前，全球经济连续两年（2006—2007年）处于过热状态，企业、家庭及金融部门都大量使用信用"杠杆"，导致经济中的最终需求急剧膨胀。在国际金融危机爆发之后，由于企业、家庭及金融部门都大幅度地"减杠杆"，最终需求出现急剧萎缩，导致深度的经济下滑。相对于2008年，目前全球经济本身就处于微弱复苏的过程中，欧美等发达经济体仍处于"减杠杆"的过程中，没有明显经济过热的迹象，因此即便出现需求下降，其幅度也比较有限。

其次，从2005年下半年开始，全球商品价格开始了长达两年多的大幅度上涨，导致原材料价格出现了全球范围内的大幅度攀升。出于投机或保值的需求，包括中国在内的全球的企业（甚至金融部门）都进行了大规模存货积累，从而增加了经济中的中间需求。因此，当2008年国际金融危机爆发、商品价格暴跌之后，全球发生了共振式的大规模减存货行为，这不但带来了全球生产的停滞，也表现为全球贸易的急剧萎缩（中国的出口在2009年也出现了两位数的下降）。相对于当时，虽然过去这一年全球商品价格也出现了新一轮的大幅度上涨，但相关的存货积累幅度应该远远小于当年。因此，即便出现新一轮的"减存货"过程，其幅度也会远低于"一次探底"的情况。

最后，在2008年金融海啸发生之后，包括中国在内的全球政府及中央银行联合采取大规模的财政与货币刺激政策，这在当时对于稳定信心、创造需求产生了很大的正面作用（一定程度上讲，当时的财政刺激也是加剧目前很多国家财政问题的原因之一），从而促成了一个相对比较强劲的反弹。相比之下，如前文所述，今天各国政府和中央银行在财政与货币政策方面的腾挪空间都已经很小，因此不能指望再次用政策刺激来拯救经济，而只能等待经济的自我修复或者新的需求增长点的出现。从这个意义上讲，此次经济复苏势必更加微弱和漫长，其形态有可能更像日本经济在过去20年的表现。

深层次的探讨：赤字财政政策的不可持续性

冰冻三尺，非一日之寒。从深层次来分析，此次美国主权信用评级下调和全球股灾也预示着一个延续了半个多世纪的不可持续的赤字财政模式在全球范围内的终结的开始（虽然这一终结有可能再延续一二十年）。

在凯恩斯的宏观经济学理论得到广泛认同和采用之前（20世纪50年代），平衡预算一直是各国政府的政策约束，各国政府一般只有在战争或出现重大灾害的情况下才被允许执行赤字财政。虽然凯恩斯的宏观经济学理论给赤字财政提供了理论依据，但他所讲的是政府应该在经济衰退时采用扩张性的财政政策、允许出现"暂时性"的财政赤字，而在经济复苏和繁荣之后政府应及时采取收缩性的财政政策，通过实现财政盈余来弥补经济衰退时的赤字。因此从中长期来看，凯恩斯的理论依然要求实现财政平衡。

然而，在实际执行过程中，由于欧美等国实行所谓的"选民政治"，政客们往往存在行为短期化的倾向。因此，每一任政府在经济下滑时都积极采取扩张性的财政政策，用赤字财政帮助其摆脱经济危机。然而，在经济复苏和繁荣时，这些政客却丝毫不愿减少开支或降低债务，反而为取悦选民而采取了减税或增加开支的政策。其结果是政府公债越积越多，直至今天到了不可持续的状态。

其实，西方国家赤字财政的不可持续性，早在20世纪80年代中期就引起了市场及有关人士的关注（比如关于美国的 "双赤字" 问题）。然而，当时在绝大多数人看来，虽然这一现象不可持续，但问题似乎并不那么急迫，也许还有几十年才出问题。所以在过去这几十年里，虽然这一问题不断地浮出水面，但始终没有引起市场的真正恐慌。

2008年的全球金融海啸之后，各国政府继续沿用赤字财政模式，试图将本国经济拉出泥潭。然而，由于各国原本已经债台高筑，2009年以来的财政刺激政策又带来了更大规模的赤字，使得市场开始担心各国政府的偿债能力，尤其是那些严重缺乏国际竞争力的经济体（简单推算可以看出，除非依赖恶性通货膨胀，否则很多政府即便在运气比较好的情况下可能也得要100~200年的时间才能还清其债务）。从去年开始的欧洲主权债务危机就反映了此类担忧的开始。今年8月2日之前美国国会两党之间关于提高政府债务上限的艰难谈判，实际上给投资者敲响了关于美国国债不可持续的警钟，而标准普尔公司对美国主权债务评级的下调则类似于在市场上吹响了集结号。

虽然我们认为欧美等国采取的赤字财政模式也许还可以再延续数年甚至十数年，但此次美国主权信用评级下调和全球股灾意味着市场对于欧美各国政府肆无忌惮地采取赤字财政的政策已经开始 "用脚投票"，这也许预示着这一延续了半个多世纪的不可持续的政策模式在全球范围内的终结的开始。

中国的对策与启示

由于此次 "二次探底" 会相对较浅，估计它对我国外贸出口的负面影响会相对较弱，应该不会出现2009年出口大幅度下滑的状况。但是，由于此次全球经济下滑的时间可能更长，复苏的动力也可能更弱，这对我国外贸出口可能具有更长期的负面影响。因此我们应该做好打持久战的准备，尤其是应该意识到近年我国收入增长较快，劳动力成本上升迅速，我国的劳动密集型制造业的国际竞争力正在迅速减弱，我们在这些行业的国际市场份额有可能出现快速下滑。如果市场份额的下滑和整个市场规模的下滑

（或停滞）同时发生的话，我们在这些行业的出口企业可能遭受致命的打击，对此有关部门应该及早准备应对预案。

我们要积极应对可能发生的全球经济"二次探底"对我国外贸与经济的影响，但更重要的是，我们要从发达国家目前面临的困境中吸取教训，及早调整我们的宏观财政与投资政策，要量入为出，不可寅吃卯粮，过早地陷入类似的财政困境。虽然我们官方公布的国债占 GDP 的比例较低（17%），但考虑到有很多隐性的公债（如地方政府债务、铁道部债务等），我国政府实际负担的债务已达到 GDP 的 40% ~ 50%。虽然这一水平仍然相当健康，但我们应该意识到，如果延续过去这两三年的大规模投资政策，我们的国债负担估计在 5 ~ 10 年内就会上升到国际警戒线（60% ~ 80%）之上。届时，我们国家就会过早地进入财政高负担的状态，而市场也会对我们"用脚投票"，这显然不利于我国宏观经济在"十二五"时期以及之后的稳健运行。对此我们必须未雨绸缪，而不要被市场逼上绝路。

中国股市背离了经济基本面吗①

中国股市在过去两年的表现令投资者失望。很多人百思不得其解，为什么中国经济每年都能实现 9% ~ 10% 的高增长，而中国股市的表现却不及经济增长接近停滞而且深陷金融及债务危机的欧美等国的股市呢？中国股市与经济出现了严重背离吗？

笔者认为，中国股市的疲弱表现，可能反映了投资者对中国经济在未来数年将不可避免地减速的预期以及由此产生的对企业盈利大幅度下降的担忧。虽然股市调整的幅度可能会受到各种因素的影响而出现超调，但其总体趋势应该说是合理的。

股市的表现

人们常说，"股市是经济的晴雨表"，说明股市可以比较准确甚至领先性地反映经济的表现。事实上，中国股市近年来也一直是中国经济的晴雨表。比如 2007 年 10 月 16 日，上证指数达到 6124 点的历史高位后，开始了长达一年的下跌。而事后证明，中国经济增长正是在 2007 年第三季度掉头向下，开始了长达 7 个季度的下跌。又如，2008 年 10 月 28 日，上证指数在 1664 点止跌回稳，开始了一个长达 11 个月的 V 形反转行情，而中国经济增长率在 2009 年第一季度达到 6.6% 的年同比低点后也出现了一个长达 12 个月的 V 形反转，股市见底领先经济见底约一个季度。坦诚地说，在中国经济的这两个重要拐点发生时，中国股市对经济拐点的准确确认要远远领先于绝大多数经济学家和市场分析人士。

那么，过去两年中国股市与经济发生了背离吗？中国股市自 2009 年 8 月进入下行周期，至今已超过两年时间；而中国经济自 2010 年第一季度见

---

① 本文 2011 年 10 月 5 日发表于香港《信报》。

顶回落（年同比增长率为 11.9%），至今也有 6 个季度（而我们预期 2011 年第四季度还会进一步下行）。由此看来，中国股市再次领先中国经济（领先约半年时间），其走势在过去两年是基本吻合的。

经济的前景

从目前中国股市的走势来看，投资者预期中国经济增长还会进一步下行，而且有可能相当剧烈或相当漫长。这种担忧是不无道理的。除去短期内欧美债务危机、全球经济"二次探底"等不确定性因素给中国经济带来的负面影响以及国内经济自身所存在的"硬着陆"风险之外，从中长期来看，中国经济已经不可避免地进入了一个长达数年的下行周期，这不但是经济发展的必然规律，也将是中国新一代领导人主动调控的结果。

在明年秋季的党的十八大之后，中国政府的新一代领导人将上任。笔者认为，新一代领导人既不应该维持也不可能承受经济的高增长，因为他们将面对与本届领导人迥然不同的环境和挑战。2003 年，当本届领导人上任时，中国的人均 GDP 仅有 1300 美元，中国尚属于低收入国家，因此需要一个高增长的策略来迅速提高人们的收入水平和生活质量。应该说，这一策略的实施是非常成功的。预计到 2012 年年底，当本届政府把接力棒传给新一代领导人时，中国的人均 GDP 应该达到 6000 美元左右，也就是十年翻了两番多。在人均 GDP 从 1300 美元上升到 6000 美元的过程中，虽然中国劳动力成本低的国际竞争优势在逐步削弱，但整体而言中国依旧属于低收入国家，依然能够保持住在劳动密集型制造业的比较优势和"世界加工厂"的地位。

然而，如果在未来的五年里，新一代领导人继续允许中国经济保持过去 10 年的高增长速度（即每五年翻一番），那么不出五年时间，中国的人均 GDP 就会超过 1 万美元。毋庸置疑，届时中国将彻底丧失在劳动密集型制造业的竞争力，这将对中国的就业和社会稳定产生不可估量的冲击。虽然我们相信中国在发展高端制造业和服务业方面有相当大的潜力，但五年毕竟太短了，它们不可能在五年内快速发展到可以弥补低端制造业迅速衰落所导致的就业和产出缺口的地步。因此，新一代领导人必须通过降低经济增长速度来"买时间"，以实现中国经济的平稳转型，避免中国经济在其第二届任期内（2017—2022年）出现重大危机。

根据我们的估算，在2012—2016年的五年中，中国经济的平均实际增长率必须降到7%以下，才有可能在2017—2022年避免出现严重的"中国危机"。如果新一代领导人致力于实现这种低增长的策略，这意味着中国经济的实际增长率在接下来五年中的个别年份将出现6%甚至更低的水平。这可能低于很多人的预期，但这也许正是今天股票市场的担忧，因为经济增长放缓将严重拖累中国企业的盈利能力。

盈利的变化

过去5~10年里，中国企业（无论是国企、民企还是上市公司）普遍实现了盈利的高增长。但高增长的盈利是因为中国企业有好的产品、技术、管理、服务、内控、营销、专利等呢？还是因为经济增长速度高所带来的国内市场需求迅速扩张，以致连那些生产和销售劣质产品甚至有毒食品的企业都可以盈利（甚至在国内外股票市场上市）呢？如果中国经济增长速度在今后数年里放缓至6%~7%，国内市场需求增长相应放慢，还有多少中国企业可以继续保持盈利增长甚至盈利呢？

从这个意义上讲，那些通过外延式、粗放式的发展模式而获得高盈利增长的中国企业，并不见得是真正意义上的"好企业"。它们在过去多年的亮眼的盈利增长历史很可能无法在未来得以复制，因此股票投资者也无法用它们的市盈率水平来判断它们的股价是否便宜。而真正的好企业是那些具有核心竞争力（如产品、技术、创新能力、营销方式和渠道、较高的准入门槛以及严谨而进取的管理层、内控机制和企业文化）的企业。

世界上的好企业有很多。比如说，尽管美国的实际GDP增长率在今年第一季度不足1%、第二季度不足2%，但大量的美国上市公司却依然保持相当不错的盈利增长。这些才是真正意义上的好公司。试想如果中国经济增长速度在今后数年里放缓至6%，还有多少中国企业可以继续盈利呢？在全球经济和金融市场极度动荡的今天，投资者在"追寻质量"（flight to quality），这也许可以从一个方面解释中美股市最近的表现差异。

2013 年

与时间赛跑！中国经济的风险与对策[①]

短期宏观经济形势分析

2013 年上半年，中国宏观经济的表现差强人意。但第三季度经济增长出现了明显反弹，实际 GDP 增长率从第二季度的年同比 7.5% 回升到 7.8%，其他宏观经济数据也明显转强。我们认为，只要宏观经济政策在今后两个季度不出现大幅摇摆，这一轮经济增长的反弹应该可以持续到 2014 年年中。需求回暖和补库存这两大因素估计会把实际 GDP 增长率从今年上半年的 7.6% 拉升到下半年的 7.8%，令全年增长达到 7.7% 左右。而明年上半年的经济增长率则有可能达到 8%，下半年则有所回落，呈现前高后低的态势。2014 年全年可实现 7.8% 左右的经济增长率，比今年略有提升。

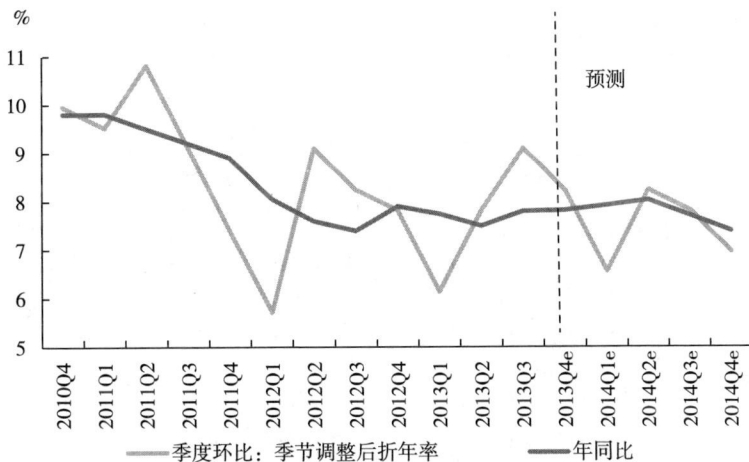

图1 中国的实际 GDP 增长率：年同比与季度环比
（资料来源：国家统计局，博道投资）

[①] 本文 2013 年 10 月发表于中国金融四十人论坛《2013 年第三季度宏观政策报告》。

今年上半年经济增长差于预期可能有两个主要原因。一是新一代领导人上台后，微观经济主体（企业、家庭、金融机构、投资者等）对新一代领导人的宏观经济政策取向缺乏认识，甚至理解混乱，导致信心不足，影响了投资、消费、借贷及存货等决策。尤其是市场有关新一代领导人会主动刺破泡沫之类的分析或传言，使得很多企业家、金融机构和投资者都望而却步，极大地影响了微观经济主体的信心和决策行为。受此影响，2012年第三、第四季度出现的一轮最终需求的反弹（受上一届政府在去年第二季度推出的"小型投资刺激"政策的推动而产生）到今年第一季度便戛然而止，并在第二季度彻底消失。

二是过度的减库存行为。这实际上也是第一个原因的衍生品。尽管去年下半年最终需求出现了明显反弹，但由于企业家对经济前景缺乏信心，生产者纷纷利用这一机会降低库存，而不是增加生产，导致产出的增速（即 GDP 增速）大大落后于最终需求的增速。减库存行为自2012年第二季度就已经开始，至今已进入第6个季度。我们测算，这一轮减库存的总量应该已经超过了上一轮（2011 年第一季度至 2012 年第一季度）加库存的总量，属于过度减库存，这加剧了今年上半年经济增长的下滑。

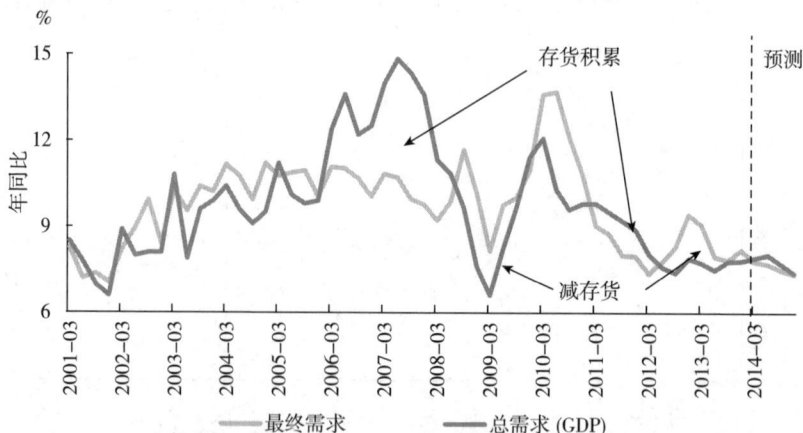

图2　总需求（GDP）与最终需求的增长率
（资料来源：国家统计局，博道投资）

我们认为，第三季度经济增长的反弹既得益于新一代领导人出台的一系列将"稳增长"与"调结构"相结合的政策（如棚户区改造、铁路投融资体制改革、促进船舶业转型升级、加快发展节能环保产业、实施"宽带中国"战略、促进信息消费等），也得益于国务院明确了稳增长的"底线"后出现的市场预期改善和微观经济主体信心的修复。

在6月底"钱荒"发生后，中央政府相继通过出台"稳增长"政策、相关主管部门领导讲话、媒体宣传等渠道极力稳定市场信心，政策导向非常清晰，迅速澄清了宏观政策的立场，扭转和稳定了市场预期。与此同时，大量酝酿已久的结构性改革与放松管制的政策也在接下来的两个月里陆续推出，呈现出改革开放加速的势头。我们认为，这一系列举措大大改善了微观经济主体的信心，是第三季度经济走势突然转强的主要原因。

一些行业数据表明，政策的推出和信心的修复不但改善了最终需求，而且开始改变了企业的存货行为，对产出的增长产生了正向叠加效应。不过，我们估测，今年第四季度，我国经济整体上可能还会处于小幅度减存货的状态，到明年第一季度才会进入加存货的状态。但是，如果宏观经济政策出现大幅度摇摆，微观经济主体的信心再次受到打击，届时存货行为也会迅速转向，导致经济复苏功亏一篑。从这个意义上讲，保持宏观经济政策的稳定，在今后两三个季度里至关重要。

我们判断，国内经济增长与通胀的组合在今后两个季度内应该继续保持在中央政府的"稳增长"区域。同时，从国外经济环境来看，虽然欧美日等主要发达经济体已经出现了比较明显的企稳复苏迹象，但新兴市场经济体受美国量化宽松政策退出的影响，有可能面临较大的资本外流压力，给全球或区域性的经济稳定带来一些意想不到的挑战和变数。这种不确定性也需要中国政府在国内经济政策上留有余地，以备不测。

当然，我们也会指出有可能影响未来宏观经济政策走向的两大风险。

一是通货膨胀。虽然今年第三季度的消费物价指数（CPI）整体保持在年同比3%以下，但第四季度由于基数低和食品价格季节性回升等原因而超过3%应该是大概率事件，到明年年中则有可能超过3.5%，这意味着实际存款利率有可能在短短数月内就由正变负。虽然我们认为CPI通胀在4%以下都不必采取激进的紧缩政策，但这一风险值得关注。

图3　消费物价指数（CPI）与一年期银行存款基准利率

（资料来源：国家统计局，中国人民银行，博道投资）

二是房价加速上升。国内房地产市场 2013 年初以来出现了明显复苏，房价上涨近期有加速的迹象。今年 9 月，中国百城住宅价格指数中环比上升的城市数量已经上升到 79 个城市，房价上涨的势头在全国各地区有明显扩散。如果房价上涨幅度过高、速度过快，政策当局也许有必要采取一些稳定房价预期的调控措施，虽然调控的手段和模式也许与以往有所不同。

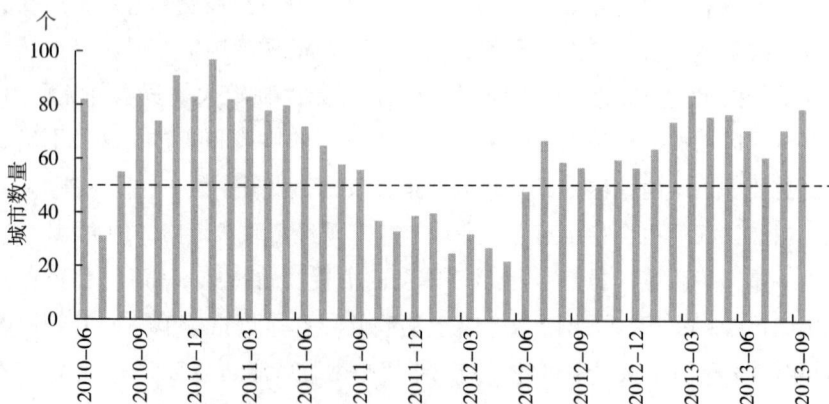

图4　中国百城住宅价格指数中价格环比上升的城市数量

（资料来源：WIND 资讯）

中国经济面临的中长期挑战

虽然我们对短期的经济走势并不担忧，但我们对中长期经济增长的可持续性心存疑虑。具体来讲，以下三方面的挑战可能在今后 3～5 年内对中国经济产生巨大冲击，导致中国经济出现大幅度调整与波动（或者说是危机），对此我们必须及早做好政策准备。

1. 劳动密集型制造业迅速衰落

自 1978 年中国实行改革开放以来，低劳动力成本一直是中国在全球竞争中的主要优势。然而，随着经济的快速增长和收入水平的快速提高，中国在劳动力成本上的优势已经明显缩小，而且正在从优势变为劣势。我们估计，如果中国经济继续保持 7% 以上的实际增长率，我国的劳动密集型制造业将在今后 5 年内急剧衰落。如果我们不能提前准备好应对措施的话，这一衰落将在 2016—2018 年对就业、银行资产质量、金融体系的安全甚至社会稳定造成巨大冲击。

1990 年，中国的名义人均 GDP 仅为 314 美元，远远低于菲律宾、印度尼西亚和泰国等东盟国家。而到 2012 年，中国的人均 GDP 已接近 6100 美元，不但远远超过了印度尼西亚和菲律宾，而且也超过了泰国。这意味着，相对于这些东盟国家而言，中国在 20 年前的劳动力成本优势，已经变为劣势。

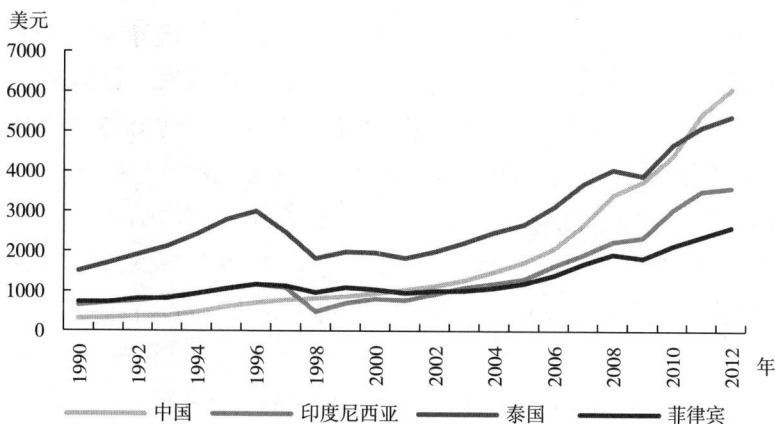

图5　名义人均国内生产总值

（资料来源：世界银行）

目前，中国已步入中等偏高收入国家行列，在全球收入水平的排名相比二十年前大幅提高。1990年，全世界比中国贫穷的经济体只有20个；而到去年，这一数字已经上升到109个。这意味着，如今世界上已有109个经济体比中国更具劳动力成本优势。如果中国经济继续保持7%以上的年均实际增长率，中国的人均GDP估计在3年内就会达到8000美元，5年内则会接近10000美元，届时我们在劳动力成本上的劣势会更加明显。

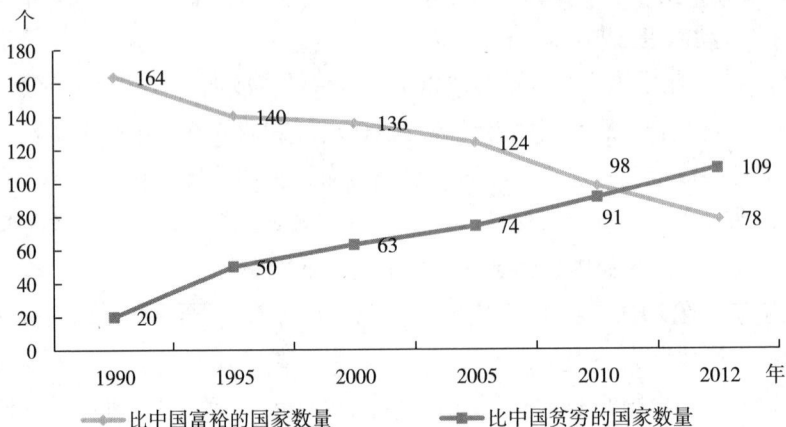

图6　中国名义人均GDP的世界排名

(资料来源：世界银行)

劳动力成本的劣势已经在很大程度上抵消了中国在基础设施、劳动力素质、经济政策与税收优惠、国内市场潜力等方面的优势。在这种情况下，劳动密集型制造业从中国向更低收入的发展中国家（如越南、柬埔寨、菲律宾、印度尼西亚、印度、孟加拉国、斯里兰卡等）转移就变得水到渠成。这从近年来一些跨国公司全球生产基地布局的变化中可窥一斑。

例如，世界知名的运动鞋品牌耐克就已经开始将其全球生产基地的重心从中国逐步转移到更低收入的经济体，尤其是越南。2000年，耐克在全球生产的运动鞋中，有40%产于中国，只有13%产于越南；而到2012年，耐克的全球产量中，中国的比例下降到32%，而越南的比例则上升至41%。这表明，跨国公司出于追求利润最大化的目标，对劳动力成本的敏感性是非常高的。

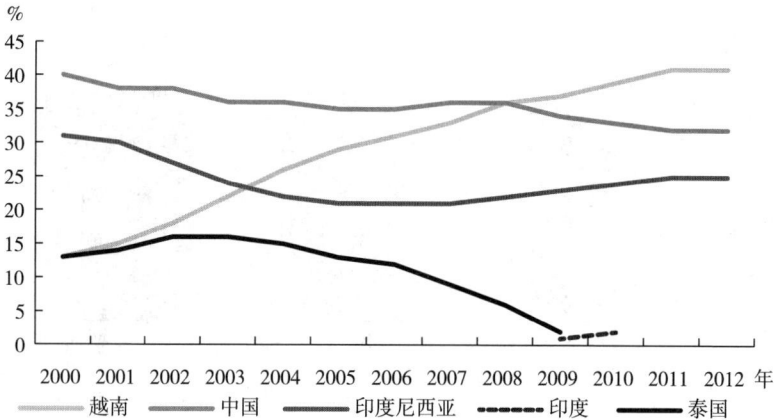

图 7　耐克鞋的全球生产份额

（资料来源：耐克公司历年年报）

　　很多人认为，由于中国沿海与内陆省份之间存在较大的收入差距，劳动密集型制造业企业可以从东部沿海地区向中西部内陆省份转移，而不必迁移到国外，因此中国在劳动密集型制造业所拥有的"世界工厂"地位应该还可以延续很长时间。

　　然而，根据国家统计局公布的《2012 年全国农民工监测调查报告》，2012 年，我国东部地区与西部地区的农民工平均月工资相差仅 2.7%，而各地区农民工平均工资的年增长率都超过了 11%。按照这个数据，一个劳动密集型制造业企业将工厂从东部城市迁移到西部城市所节省的劳动力成本在短短的一年后就会消失殆尽。显然，将工厂内迁并不能解决企业所面临的劳动力成本快速上升的问题。

　　实际上，自 2004 年以来，我国东部地区人均 GDP 的增长率就已经年年落后于中西部地区，而且这一趋势在今后数年内估计还会继续存在。这意味着沿海与内陆地区的收入差距在今后几年还会进一步缩小。

元/月

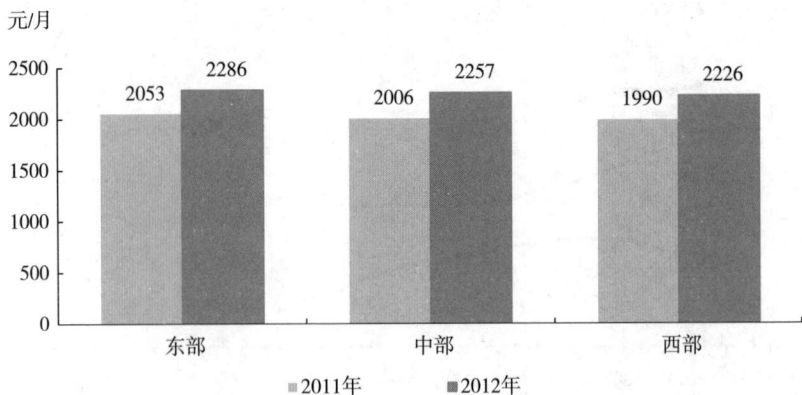

图8　分地区农民工平均月工资

（资料来源：国家统计局《2012年全国农民工监测调查报告》）

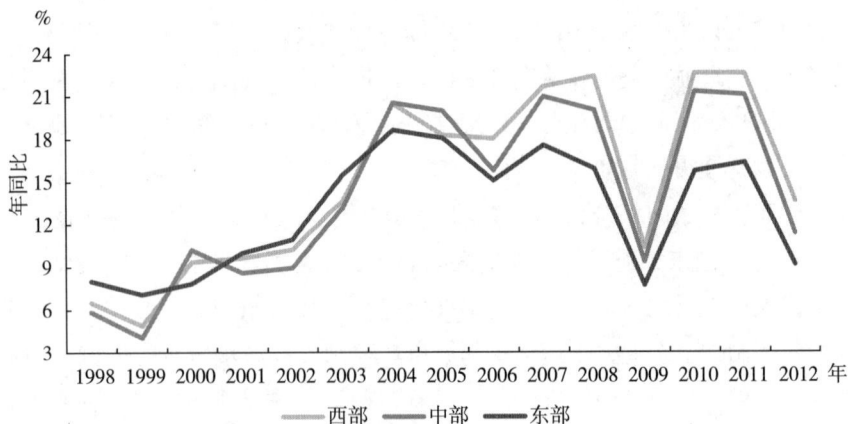

图9　分地区人均GDP增长率

（资料来源：国家统计局）

　　相比之下，中国与一些东盟经济体的劳动力成本差距则远远超过了中国沿海与内陆省份之间的工资差距。例如，2005年，中国与泰国、菲律宾的人均年工资水平基本一致，比印度尼西亚、越南稍高，但差距不超过1000美元。但到2012年，中国的人均年工资已经超过泰国与菲律宾2000美元，超过印度尼西亚和越南3000美元，更是超过柬埔寨5000美元。在巨大的劳动力成本差距下，跨国公司（以及国内企业家）当然会选择把工厂从中国沿海地区迁往这些东盟国家，而不是迁往中国内陆省份。

美元

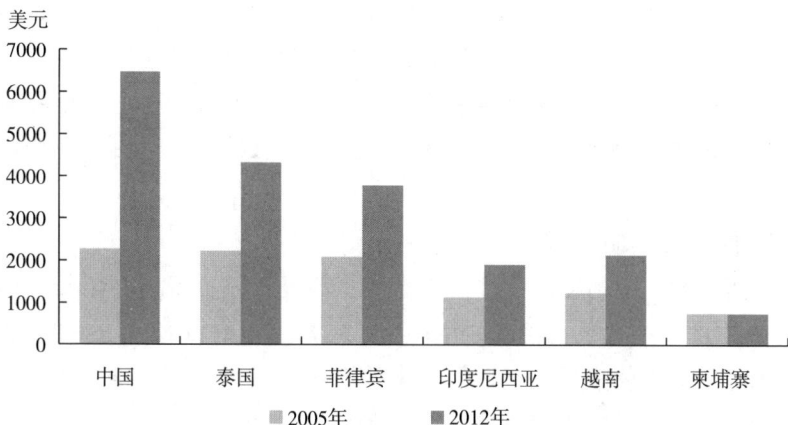

图 10　中国与东盟经济体的人均年工资

(资料来源：CEIC，博道投资)

我们认为，跨国公司和国内企业把生产基地从中国向东盟及其他低收入国家转移的进程才刚刚开始，在未来 3~5 年将进入加速阶段。伴随这一过程，中国在劳动密集型制造业的快速衰落几乎是无法避免的。果真如此，中国经济将面临一系列冲击。

第一，我们担心 3~5 年内会出现大规模的失业问题。我们估算，我国在制造业就业的人数大约为 1.5 亿人，其中在劳动密集型制造业就业的人数估计为 1 亿人。如果这些行业出现急剧衰落，我们估计至少 5000 万个就业机会将在今后 5 年内丧失。对于我们这样一个尚处在城镇化中期、每年有大约 900 万名农村劳动力转移到城市、650 万名大学毕业生的国家来说，这意味着今后 5 年内我们必须在其他行业创造约 1.2 亿个就业机会才能实现充分就业。这显然是难以完成的使命。

第二，如果大批从事劳动密集型制造业的企业陷入亏损甚至破产与倒闭的困境，不但会增加商业银行相关贷款的坏账率，还有可能通过民间债务链或担保链的断裂殃及更多企业。另外，鉴于许多劳动密集型制造业企业都是民营小企业，它们的融资中有很多来自小额贷款公司、租赁公司、担保公司、典当行甚至民间借贷，因此它们的集中倒闭可能也会给影子银行体系带来巨大的冲击，进而影响整个金融体系的稳定。

从一定意义上讲，过去这几年温州（乃至东莞）所面临的经济和金融困境就是上述判断的最好例证。如果温州不能解决产业升级的问题，其所有融资方面的改革与创新可能都是徒劳的。更重要的是，我们担心，温州的困境在今后 5 年内会迅速扩展为江浙闽粤乃至全国的全局性问题。如果我们不能以足够快的速度发展中高端制造业与服务业、尽快培养新的经济增长极和就业机会，中国经济将在 2016—2018 年面临一场严峻的考验。

2. 投资泡沫难以维系

众所周知，中国经济在过去二十年里高度依赖投资的高增长，以致投资在 GDP 中的比例已经从 1990 年的 35% 上升到 2012 年的 48%，使得中国经济越发依赖投资。显然，这种模式是无法长期维持的，这是许多对中国经济增长的长期可持续性心存疑虑的观察家很久以来就非常担心的。

然而，不管这种担心的声音多么强烈、理由多么充分，中国的投资在过去十年依然维持了高增长。这令很多对中国经济增长前景乐观的观察家以为，中国投资的高增长有它的内在逻辑和需要（如城镇化、中西部开发、基础设施建设等），因此投资的相对高增长（虽然比前些年要低）还可以延续多年，进而支持整个经济在今后 10 年（甚至更长时间）维持相对较高的增长。

我们也认为，中国投资的高增长在过去 20 ~ 30 年确实有其特殊的原因和需要，有一定的合理性。但是，过去的成功不能预测未来的成功！我们担心，中国投资的高增长在今后 5 年内就将成为强弩之末，并对中国经济和金融体系带来巨大的冲击。

第一，由于过去多年的大量（过度）投资，中国在大多数传统制造业（如钢铁、水泥、纺织、服装、机械、玻璃等）都已形成了严重的产能过剩，近年来甚至在一些新兴制造业（如光伏多晶硅、风电设备等）也出现了类似问题。虽然有些过剩产能也许会随着国内外需求的复苏和对新市场的开拓而被逐步消化，但肯定有一大批产能会因技术落后、成本过高、污染严重等原因而被淘汰，带来失业增加、银行坏账上升、财政状况恶化等一系列连锁反应。

第二，在产能过剩的背景下，固定资产投资在高基数之上的高增长自然是强弩之末。我们估计，今年全社会固定资产投资的增长率将达到 20%，这虽然远低于过去十年 25% 的年均增长率，但其绝对金额仍将达到

44 万亿元人民币，接近十年前（2003 年，4.6 万亿元）的 10 倍。即便今后三年（2014—2016 年）固定资产投资的年增长率分别降到 18%、16% 和 14%（注：14% 将是十六年来的最低增速），这三年的投资总额也将达到 180 万亿元，超过以往 16 年（1997—2012 年）的总和。

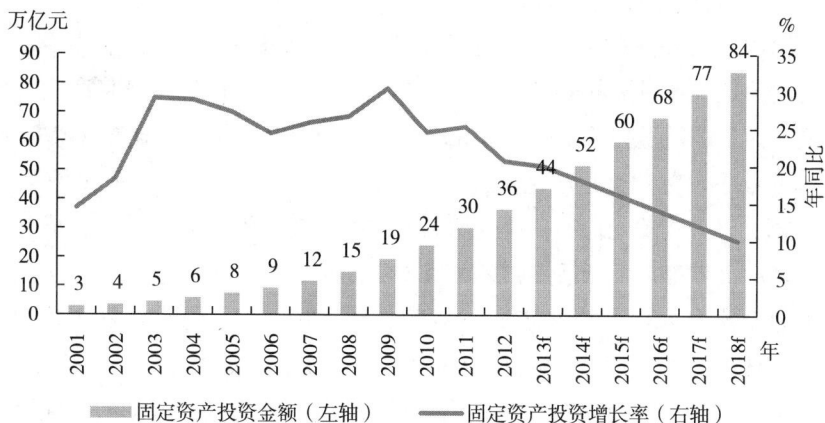

图 11　固定资产投资年度投资金额与增长率

（资料来源：国家统计局，博道投资）

如此庞大的投资规模将对中国金融体系的融资能力产生巨大挑战。鉴于商业银行的新增贷款规模在今后三年估计每年只有 10 万亿元左右，仅仅依靠银行贷款显然无法满足所需的融资。那么剩下的 150 万亿元的融资需求将如何解决呢？如果无法解决，中国的投资和经济增长在今后三年内必将"硬着陆"。

即便我们能够寻找到足够的融资手段满足 3 年 180 万亿元的投资需求，我们还将面临如何为 2017—2018 年融资的问题。即便假定 2017 年和 2018 年的固定资产投资增速分别下降到 12% 和 10%，这两年的投资总规模也将达到 160 万亿元。也就是说，我们的金融体系必须在那两年里再想方设法满足这 160 万亿元的新的融资需求。显然，这种几何式的投资增长是不可能无限延续的。

第三，即便我们可以满足巨额投资的融资需求，我们能否寻找到足够多的高质量的投资项目、获取足够高的投资回报来偿还其所融资金？一方面，今后五年的巨额融资需求必然会抬高融资成本；另一方面，由于投资的边际收益递减，在传统行业已经出现大规模产能过剩的情况下，如果继续在原有领域做如此大规模的投资，其回报率必然会急剧下滑，使得投资项目无法盈利，导致银行坏账的大幅度增加和整个融资体系的瓦解。因此，除非出现新的经济增长点和新的产业投资标的，否则中国投资和经济的可持续增长将是天方夜谭。

第四，如果我们能够成功地实现对今后 3 年 180 万亿元、5 年 340 万亿元的固定资产投资的融资，我们不得不思考这对货币供应量将产生何种影响。为了满足过去 5 年的投资高增长，中国的广义货币供应量（M_2）已经从 2007 年底的 40 万亿元上升到去年年底的 97 万亿元（增长了142.5%）。若按美元计算，中国的 M_2 目前已经达到 16 万亿美元，成为名副其实的世界第一大货币。如果今后 5 年固定资产投资的增长速度达到我们的假设（即 2014—2018 年从 18% 逐渐降至 10%），估计 M_2 的年均增长率不会低于 10%，届时，M_2 的存量会从今年年底的 110 万亿元（估测值）上升到 2018 年底的 200 万亿元左右。果真如此，中国的通货膨胀（尤其是资产价格）将会如何发展是难以想象的，而它们对通胀（与房价）预期、公众情绪和社会稳定所产生的压力是最令我们担忧的。

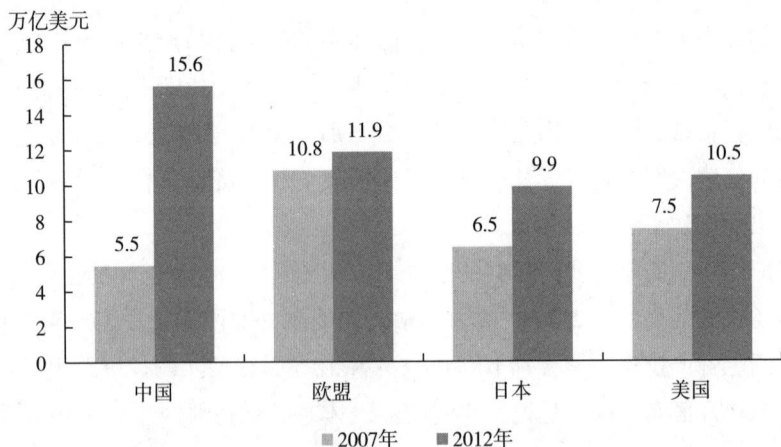

图12　世界主要经济体的广义货币供应量（M_2）

（资料来源：CEIC，博道投资）

3. 工业企业利润前景堪忧

随着劳动密集型制造业的迅速衰落和投资增速的急剧放缓，中国经济的增长率在今后 3～5 年必将出现大幅度下滑（值得提醒的是，即便今后五年我们实现了 340 万亿元的固定资产投资规模，2018 年的固定资产投资的名义增长率也只不过 10%。考虑到目前投资（资本形成）已占到 GDP 的一半，10% 的固定资产投资的名义增长率估计只能支持 5%～6% 的实际 GDP 增长率）。一旦经济增长率下滑到这样一个水平，中国经济中隐藏的各种问题与风险将会暴露无遗。其中最令我们担忧的是企业的盈利能力问题。

众所周知，企业盈利与经济增长率存在正相关关系。经济增长快的时候，企业更容易赚钱；而经济增长慢的时候，企业盈利增长也会比较困难。这是一个全球都存在的现象。然而我们发现，中国的工业企业（尤其是国有企业）的盈利能力对经济增长率过度敏感。根据国家统计局公布的数据，1999—2011 年，中国国有工业企业的成本利润率（总利润/总成本）与 GDP 增速的相关系数高达 89%，而民营企业的相关系数则为 23%。

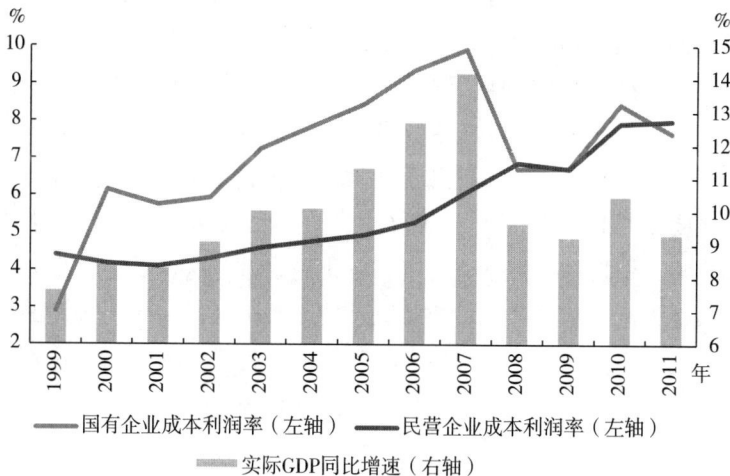

图 13　中国实际 GDP 增长率与工业企业成本利润率

（资料来源：国家统计局，博道投资）

我们认为，这种高度敏感性源于大多数中国工业企业（尤其是国有企业）以不断扩大产能、追求市场份额为目标的"以量取胜"的商业模式。

由于大部分企业集中在传统的中低端行业中，其主营产品同质化，因此只能把竞争集中在价格上，导致毛利润率偏低。在毛利偏低的情况下，为扩大利润，企业就只能通过产能扩张和营销活动来增加产量和销量。而产能扩张导致固定成本增长迅速。当经济高速成长时，企业的销售收入增长很快，足以覆盖其固定成本的快速增加。然而，一旦经济增速放缓，销售收入增速随之降低，但企业固定成本的扩张却无法立即停止，难以完全摊销，这必然对利润率产生压力。与此同时，由于大部分企业缺乏差异性产品和核心技术，在经济增速放缓时，为实现销售总额的成长目标，企业只能通过进一步降价来扩大或维持市场份额，这对于本已经偏低的毛利润率来说无疑是雪上加霜。

企业盈利对经济增长率的高度敏感性是一把"双刃剑"。在经济快速成长期，它可以带来企业利润的高速成长；但是在经济放缓期，企业利润增速（甚至利润绝对额）的下滑也会相当剧烈。在1999—2007年的经济上升期，中国企业已经充分享受了经济快速增长的红利。然而，自2008年开始，中国经济已步入长达十年左右的下行期，预计实际GDP增速将从2012年的7.7%逐步降低至2018年的6%以下。由于国有企业利润率与GDP增速间的高度相关性，这意味着它们在未来几年中的盈利能力将面临巨大考验。一旦GDP增速低于6%，中国企业（尤其是国有企业）过去多年被经济高速增长所掩盖的经营效率低、盈利能力差和缺乏核心竞争力等问题将逐渐浮出水面，相当一批企业（尤其是国有企业）将会出现亏损、破产或倒闭，并对就业、税收、银行资产的质量以及资本市场等多方面产生负面影响，引发一系列连锁反应。在我们看来，这也是为什么新一代领导人依然要强调"稳增长"的重要性、防止系统性风险提前爆发的最主要原因。相比于企业利润，就业是个滞后指标，其滞后期可以长达6~12个月。因此，如果按照就业指标来判断经济增长的底线的话，宏观经济政策必然会反应过慢。

令人欣慰的是，民营企业的成本利润率虽然也与GDP增速正相关，但其相关系数仅为23%。显然，民营企业更加注重盈利，而非单纯地追求市场份额，这使得它们在经济下行时有更大的灵活性和成本优势。国有企业与民营企业在经营与管理效率上的差别，也可从上榜2013年《财富》"全球500强"的中国企业的经营指标上反映出来。中国上榜的71家非金融企业的人均创收（总收入/雇员数）为 28.5 万美元/人，在 38 个上榜经济体中排名第 35 位（即倒数第 4 位）。其中，64 家国有企业的人均创收仅有 27.8 万美元/人，但 7 家民营企业的人均创收却高达 49.2 万美元/人，整整高出 77%，而且高于"全球 500 强"企业的平均值。这说明，如果中国政府及时推动新一轮的国企改革和国有资产管理体制改革或者加速私有化的进程，的确有可能降低未来国有企业破产或亏损的风险。

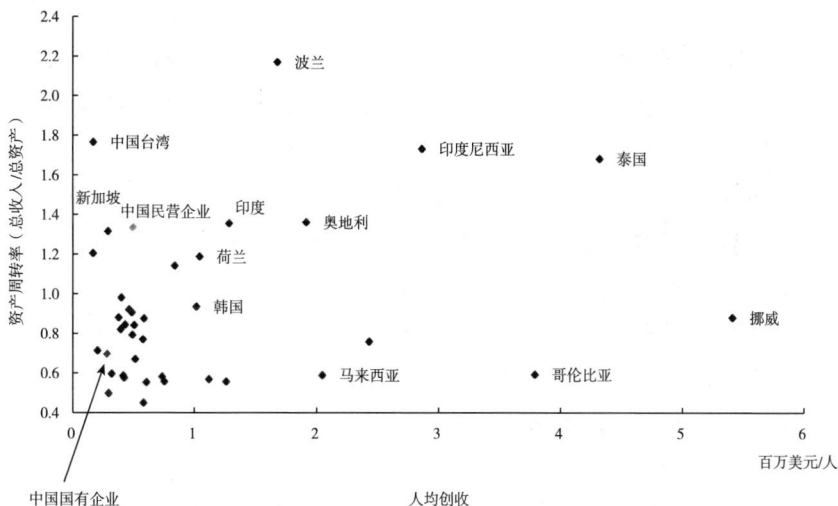

图 14 《财富》"全球 500 强"上榜非金融企业平均
资产周转率与人均创收（2012—2013 财年）

（资料来源：《财富》杂志，CEIC，博道投资）

当然，我们也必须指出，国有企业和民营企业利润率与实际 GDP 增长率的相关性的差别，在一定程度上也可能来源于样本自然选择的偏差。由于亏损的民营企业相对于亏损的国有企业更容易被市场淘汰，民营企业的破产与倒闭使得存留在样本中的民营企业往往是盈利能力相对较强的，因此其利润率与经济增长率的关系相对较低。相比之下，由于体制方面的原因，亏损的国有企业往往不会很快破产或倒闭，因此在经济增长放缓时，有更多的亏损国有企业依然留在国有企业样本中。这种僵化的体制拉低了整个国有企业样本的平均利润率，使得国有企业利润率与实际 GDP 增长率之间呈现出比民营企业更大的相关性。

不过，对于一个经济体而言，能够利用市场机制及时淘汰竞争力较差的企业，将更多的资源分配给更具竞争力的其他企业，是其保持活力和竞争力的重要微观基础。因此，中国工业企业在经济下行时盈利迅速恶化、亏损的国有企业缺乏及时有效的退出机制，恰恰是中国企业和经济制度依旧缺乏弹性和竞争力的表现之一。

应对措施与政策建议

前文我们所探讨的只是中国经济在今后 3~5 年所面临的诸多挑战中的三个主要挑战。我们担心的是，不管采取什么样的措施，中国经济都可能无法避免在 2016—2018 年出现一次大幅度的调整和波动（或者说是经济危机），因为我们已经没有足够的时间和空间来兼顾经济中的多重目标（如投资增长与货币增长、资产价格的平衡；收入增长与劳动力成本及中低端就业的平衡；经济增长与企业利润、就业及金融体系稳定的平衡；等等）。我们所能做的，只能是在这场大波动到来之前，尽快推动一系列"稳增长"与"调结构"相结合的改革与政策组合，以尽可能地减轻它对金融体系乃至社会稳定的冲击。

具体来讲，我们建议采取以下措施：

（1）抓紧实施促进结构调整与转型的改革与开放措施，在经济大波动到来之前尽可能地培育和发展"新经济"部门，以便在传统经济部门不得不调整之时，使"新经济"部门能够对宏观经济的稳定起到更大的承接和维稳作用；

（2）尽可能拖延经济大波动到来的时点，为经济结构调整和"新经济"的发展壮大"买更多时间"；

（3）立即着手研究和建立一系列应对措施与制度建设，以便在经济大波动到来之时降低其对整个金融体系与社会稳定的冲击。

1. 抓紧结构转型，培育新经济增长极

前文的论述表明，劳动密集型制造业的急剧衰落，不仅要求我们尽快通过产业升级来提升中国在中高端制造业的国际竞争力，而且要求我们尽快发展服务业来创造更多的就业机会。与此同时，为了防止投资增长的急剧下滑，我们依然需要维持今后 3 年 180 万亿元、5 年 340 万亿元的固定资产投资需求；为了不让这些投资成为饮鸩止渴的"大白象工程"，我们必须抓紧培育和发展新技术、新产业、新商业模式和新生活方式，为巨额投资寻找新的具有必要回报率的产业投资标的。

关于经济结构转型的必要性、紧迫性以及相关的改革及政策建议，在学术界与政策制定者之间已经形成了很多共识，在此我们不再赘述。我们只想强调，各行各业的政府各级主管部门，必须深切认识到问题的紧迫性，尽快转变政府职能与行政管理体制，抓紧放松存在于各行各业的各类不必要的管制，充分发挥国内金融机构、企业（尤其是民营企业）、个人以及非居民（如外资）的主动性和创造性，为中国新经济部门的发展壮大最大限度地开放空间。时不我待！我们必须抓紧推动这些改革举措，与时间赛跑！

令我们欣慰的是，越来越多的迹象表明，中国经济已经开始了向新经济的转型。一批新技术（如3D打印、纳米材料、云计算、生物芯片、量子通信、大数据、页岩气开发、智能电视、煤制天然气、分布式发电、4G网络、智能电网、直流电技术等）已开始在国内进入产业开发、应用或推广阶段；一批新商业模式（如电子商务、互联网金融、手机银行、零售业的O2O模式等）也在从新兴变为主流；而自驾游、出境游、网络购物、网络订票、手机支付、手机炒股、手机导航、手机视频阅读及通话、微信聊天、微信研讨等新生活方式乃至工作方式也开始成为国人的习惯……

新商业模式与新生活方式的出现催生了新行业（其中很多是传统行业的升级或延伸）。例如，近几年乘用轿车的迅速普及催生了中国的汽车销售与维护行业（即4S店）；轿车的普及和自驾游的兴起，又催生了中国的汽车旅馆及廉价连锁酒店产业；网络购物的兴起带来了物流、快递、仓储及相关设备制造等一系列行业的巨大变化；近年来国产影视剧的热播也带来了投资者对影视制作等传媒娱乐行业的热忱；而前几年备受争议的高铁在中国的迅速开通和普及已大大改变了人们的出行方式（甚至工作和生活方式），并带动了一系列产业链，包括前期的设备制造、工程建设、系统设计，以及后期的系统管理与维护、城市基础设施配套、相关服务产业等。

新技术的成熟、应用和推广也加速了新产业的形成。比如，智能手机技术的成熟和在全球的热销给中国的电子零部件生产商和智能手机生产商带来了巨大机遇；而智能手机在中国的广泛普及则给基于智能手机的软件开发（包括游戏开发）商以无限的商机；前几年我们过度投资的太阳能多晶硅产业虽然出现了严重的产能过剩，但其产品价格的大幅度下跌却使得下游的光伏发电（即光伏电厂）的大规模推广和普及（并盈利）成为可能；举国上下对环保的关注和节能环保技术的完善也使得相关的一些行业（如污水处理、垃圾处理、环保设备制造等）近年来突飞猛进；随着政策的支持、技术的成熟和相关基础设施的完善，新能源汽车也不再只是一个概念，而是得到逐步应用和推广……

当然，这些新经济元素在体量上尚无法与传统部门相提并论，因此在今后几年，我们仍然需要传统行业（如房地产、城市基础设施、铁路、公路、水利、棚户区改造等）保持相对较高的投资增速，防止总投资增长出现急剧下滑。但是，由于这些新经济元素类别多、分布广、市场需求巨大、成长速度惊人，因此它们确实有可能在几年后成为替代传统行业的新的投资标的和经济增长点。如果我们能够把今后 3 年 180 万亿元、5 年 340 万亿元的固定资产投资中的一大部分投入这些行业的话，不但能弥补传统行业投资的边际收益快速下滑，也许还会催生出更多的新兴产业，进一步拉动科学技术与商业模式的创新，进一步改变人们的生活方式，从而形成一个正反馈。

可以想象，只要宏观经济与社会环境稳定、市场准入与竞争机制不被扭曲，这些新经济元素在今后数年有可能加速成长。虽然这些新行业的兴起在短期内尚无法消除传统行业去产能所带来的剧痛，却有可能大大减轻后者给经济与社会带来的冲击。

2. 加快金融业放松管制，为结构转型"买时间"

要拖延经济大波动的到来、为结构转型"买时间"，关键是防止投资增长的急剧下滑。这是因为，投资占中国经济的一半，而且是就业与收入增长的重要源泉，因此也是消费增长的重要驱动力。如果投资增长出现急剧下滑，经济增长必然急剧下滑，并引发企业亏损、银行坏账上升、失业增加等一系列连锁反应，这对于新经济的发展将会非常不利。

为防止投资增长的急剧下滑，就必须保证今后 3 年 180 万亿元、5 年 340 万亿元的巨额固定资产投资的融资需求。从这个意义上讲，通过金融放松管制来拓展融资渠道、为巨额投资筹措足够资金也就成为当前的燃眉之急。

有关金融改革的呼声已经有相当长时间。关于金融改革的经济学原理、理念及逻辑的论述已经相当丰富，我们也非常赞同。关于改革的内容与方向也形成了很多共识，在此我们也不再重复。我们只是从中国经济的现实需求出发，换一个角度来说明为什么金融改革已到了迫在眉睫之时。

令人振奋的是，在新一代领导人上台之后（尤其是 6 月底"钱荒"发生以后），一系列以"放松管制"（deregulation）为核心的经济与金融改革被陆续实施，尤其在金融自由化方面步伐迅速。这些措施将拓宽微观经济主体的融资渠道，缓解今后三年可能发生的融资难题。例如，争议已久、试点多年的银行贷款资产证券化近期终于被国务院首肯，并将发行规模从去年试点的 500 亿元扩大到今年的 3000 亿元。通过资产证券化，商业银行可以把资产负债表上的一些高质量的长期贷款资产（如住房按揭贷款、地方政府融资平台贷款、房地产开发贷款、汽车贷款以及一些中长期的固定资产投资贷款等）转让给保险公司（或养老金），后者亟须此类长期资产来匹配其长期负债（或或有负债）。如果这个工具得以常规化和市场化，未来数年可以被证券化的贷款资产将在 10 万亿元以上。这将给银行释放出大量资产空间来从事收益更高的中小企业流动资金贷款。

除此之外，允许企业和金融机构发行优先股、允许非金融企业开办消费金融公司、放宽资产管理的准入门槛和行业限制、降低民营银行的准入门槛、允许基于互联网的 P2P 贷款、扩大 QFII、RQFII 和 QFLP 的额度、鼓励融资租赁、小额贷款公司和担保公司的成立等，都是开拓新的社会融资渠道的努力。而上海自由贸易区的设立更是高瞻远瞩，通过在自贸区内推动更加激进的金融自由化和对外开放，为将来进一步创新和开拓融资渠道（包括利用国外资金）埋下伏笔。另外，利率市场化的加速、同业可转让定期存单的推出以及国债期货的重启等则标志着国内货币市场和债券市场在广度和深度上的延伸。

随着对地方政府债务状况的审计结束，我们认为，地方政府融资体制改革也可以走上前台。我们应该正视地方政府的长期性融资需求，允许市政债（或地方政府债）常规发行，而不是"掩耳盗铃"，无视地方政府的正当融资需求，逼迫地方政府"走后门""走歪门"。

另外，要抓紧推动新股发行（IPO）制度的改革，推动"新三板"的扩容，建立多层次资本市场，使资本市场为企业融资的功能尽快恢复。

　　最后，放宽民间资本进入基础设施、相关服务业或其他垄断行业（如铁路、机场、电信、油气开采、医疗、教育、军工等）的准入门槛、推动新一轮国有资产、项目或企业的私有化，则是动员高达45万亿元人民币的居民储蓄存款和50万亿元的企业存款的更直接手段。

　　虽然上述的一些改革举措尚在酝酿和准备之中，但如果能够顺利推进的话，我们将看到融资渠道的全方位拓展，这有可能成为中国金融领域的一场"大爆炸"（big bang）式的变革。只要宏观经济保持基本稳定，企业盈利不出现急剧恶化，那么通过融资渠道的拓宽和企业自身的利润留成，在今后3年为180万亿元的投资找到足够的融资也许不是不可能的（虽然我们对今后5年340万亿元的融资仍然缺乏信心）。

表1　已经进行和将要进行的经济与金融改革

股票市场	债券/货币市场	金融机构	更广泛的经济改革
IPO改革	允许更多的地方政府发行债券	银行贷存比上限的调整	服务业放松管制
允许保险公司和养老金更多投资股市	推出高收益债券市场	允许银行、证券公司、保险公司开办资产管理	扩大增值税转型、推广资源税改革
鼓励上市公司派发红利	重新推出国债期货市场	建立存款保险公司	完善社会保障体系
增加QFII、RQFII和QDII的额度	推出利率衍生产品	鼓励证券公司的金融创新	人民币国际化
推出双向的跨境ETF	整合债券市场	清理地方政府融资平台贷款存量	汇率形成机制改革
进一步开放国内证券市场给外资券商	利率进一步市场化	发展影子银行体系，并加强监管	资本账户自由化
新三板扩容、推出国际板	银行贷款资产的证券化	允许个人或民营企业开办私营银行	深化价格改革
允许企业发行优先股	推出同业可转让定期存单	允许企业开办消费金融公司	推动新一轮的私有化改革

　　资料来源：博道投资。

3. 提升对外开放的层次，为结构转型"买时间"

在金融改革为"稳增长"提供必需的融资、防止投资增长急剧下滑的同时，我们还需要为经济中现存的巨大（过剩）产能最大限度地开拓新的市场需求，尽可能地平滑传统产业去产能的过程，减轻这一过程给经济带来的冲击和痛苦。为达到这一目的，我们不但需要在国内寻找新的经济增长极和投资标的来消化吸收这些产能，还需要通过提升对外开放的层次、充分利用我国目前具有的各种有利条件和国际经济出现的新趋势和新机遇，更加积极主动地"走出去"，更加深入和广泛地开拓海外市场，通过输出资本帮助中国输出产能。

对于深化对外开放的策略与方式，也有很多全面详尽的文献论述，在此我们也不重复。我们只就如何把劳动密集型制造业从中国向东盟国家的产业转移这一重大挑战转变成我们的历史机遇提出一些想法。

近年来，东盟经济整体竞争力的改善已经在低端劳动密集型制造业对中国形成了巨大挑战。我们必须意识到，随着中国收入水平的快速上升，劳动力成本的快速上涨是无法避免的。因此，中国在这些产业的衰落是必然的。即便东盟经济体无法从中国承接这些产业，也会有别的经济体（如斯里兰卡、孟加拉国、印度、巴基斯坦等发展中国家）从中国手中将接力棒拿过去。因此，东盟经济体不是从中国"抢走"这些产业，而是从其他经济体手中"抢下"中国不得不放手的这个接力棒。

在这样的背景下，我们必须正视所面临的挑战，不要把东盟国家看成我们的竞争对手，采取保护主义的态度和政策，而是要采取积极合作与参与的态度，充分利用东盟经济的快速发展和起飞给中国带来的难得历史机遇。

具体来讲，有以下四个方面。

第一，积极投入东盟的基础设施建设。由于大部分东盟经济体基础设施欠发达，其投资需求非常大。而中国在基础设施建设方面有大量的经验，而且国内在钢铁、水泥、工程机械、电气设备、铁路机车及设备等领域都存在巨大的产能过剩，亟须开拓海外市场以消化过剩产能。因此，如果中国能够把握东盟国家大力建设基础设施的历史机遇，积极参与这一建设，不但有利于中国消化过剩产能、给中国经济的转型升级"买来"更多的时间，而且会极大地帮助东盟经济体的经济腾飞，是一个"双赢"的策略。应该说，中国政府最近所提出的建立"亚洲基础设施投资银行"正是基于这些考虑。

第二，大力开拓东盟消费市场。随着东盟经济的腾飞和居民收入水平的提高，东盟经济的消费能力会迅速提高，其内部消费市场的增长潜力巨大。中国企业应该抓住这一机遇，积极致力于开拓东盟的消费品市场。虽然东盟国家的劳动密集型消费品会逐渐实现国产化，但对于那些有一定技术含量或资本密集型的消费品（如汽车、冰箱、空调、彩电等），东盟低收入国家估计在相当长的一段时间内还不会有比较强的生产能力，可能还会非常依赖进口。由于中国在这些领域有强大（甚至过剩）的生产能力，我们的产品相对于发达国家的产品具有价廉物美、性价比更高的优势，因此非常有潜力在东盟国家受到欢迎。关键是我们的生产企业能够更早地重视这一地区的市场增长潜力，积极拓展在东盟区域内的营销渠道，提升品牌形象，努力开发更适合这一地区消费者习惯和文化的产品，为这一地区的消费腾飞提前布局。这对于中国在今后 5～10 年内消化国内过剩产能、为国内经济转型升级"买时间"也是非常有帮助的。

第三，中国企业（尤其是劳动密集型制造业企业）应该顺应国际产业转移的潮流，把一些产能从中国转移到东盟低收入国家，以享受这一地区的低劳动力成本和正在释放的人口红利。虽然这对国内的生产和就业在短期内会产生负面影响，但我们的企业家决不应该"掩耳盗铃"，而是应该顺应世界潮流，否则这些机会会被其他国家的企业抢先获得。

第四，扩大海外投资、推动人民币国际化。由于东盟经济的起飞（尤其是在基础设施投资方面）需要大量的资金，而欠发达经济体往往存在储蓄缺口与外汇缺口并存的"两缺口"难题，因此它们的成功将极大地依赖国外长期资金的供应。相比之下，中国外汇储备高达 3.6 万亿美元，完全有能力也有需要向海外输出资本。在这一背景下，东盟对资本的巨额需求也为我们提供了海外投资的标的。尤其是这一地区有大量的能源与矿产资源储备，这恰恰是中国海外投资的战略目标。与此同时，鉴于中国的经济规模和外贸规模已经位居世界前两位，很多东盟国家不但愿意在国际贸易（主要是对华贸易）中使用人民币，而且愿意在投资、信贷等资本项目的活动中接受人民币，这对于人民币在这一地区的国际化而言是一个绝佳的机会。如果中国向东盟国家提供的信贷与投资等都使用人民币的话，不但有助于推动人民币国际化，而且有助于中国与东盟之间贸易与投资的拓展，因为可想而知，东盟经济体最有可能使用这些人民币来购买中国的产品或与中国企业进行交易。

4. 着手危机应对预案

我们担心，即便采取了上述措施，我们也只能拖延经济大波动的到来或减小其规模，而不能完全避免这场波动。在这一判断下，我们认为，有关部门应该立即着手一系列应对措施与制度建设，以降低其对金融体系和社会稳定所产生的冲击。

具体来讲，我们建议在以下几个方面采取行动。

第一，抓紧推动金融业放松管制的改革措施，积极拓展银行贷款之外的融资渠道，以尽快降低经济发展对银行贷款的过度依赖，将银行体系所承担的过多风险分散到各种其他类别的更适合承担更大风险的融资模式中去（如风险投资、私募股权投资、股票、债券、融资租赁、小额贷款公司、典当行等）。形象地讲，这相当于把一个大炸弹（银行体系）尽早地拆解为多个小炸弹，并且采取措施争取使这些小炸弹不同时爆炸或者爆炸时不产生大规模的连锁反应。

第二，抓紧清除经济与金融体系中的高风险因素，或将高风险因素通过制度安排分散在更久远的未来，避免各种危机因素集中在今后 3～5 年爆发。例如，高达 10 万亿元人民币的地方政府融资平台贷款一直被各界视为中国金融体系中的一颗"定时炸弹"，很有可能在今后 3～5 年内引爆，这也是当前影响银行股股价和整体股票市场表现的一个重要不利因素。我们认为，对于集中在银行资产负债表上的地方政府融资平台贷款，应该考虑将其中用于纯公益项目（主要是那些无现金流或现金流覆盖率严重不足的项目）的平台贷款国债化，由中央政府或地方政府发行同等规模的中长期（10～20 年期）国债或市政债券来置换这些银行贷款。这背后的逻辑很简单：这些项目在最初就不应该通过银行贷款来融资，而是应该由财政资金或发行市政债融资来支持，因此将其国债化只不过是纠正以前的错误，将其还原到它们本来应该依赖的融资渠道。采取地方融资平台贷款国债化的措施，可以通过债务期限的延长和举债主体的改变从而必将大大降低商业银行的坏账风险，不但会解除这一"定时炸弹"在今后 3～5 年内引爆的风险，还会增强商业银行进一步放贷的能力。坏账风险的下降也会大大降低资本市场对银行股的忧虑，改变目前银行股估值过低的现状。鉴于银行股在中国股票市场市值中所占的举足轻重的地位，银行股股价的回升对于提振整个股票市场人气、尽快恢复股票市场的融资功能肯定意义非凡。

第三，抓紧建立危机缓冲或止损机制，以尽可能降低经济大波动的杀伤力。例如，我们要抓紧建立存款保险公司。这样做的好处在于，一旦出现银行破产倒闭的情况，存款保险公司的存在一方面应该有助于防止出现大规模的银行挤兑行为，另一方面也会给政府的救助成本封顶（因为在中国的现实情况下，没有存款保险公司意味着政府对银行所有的存款提供隐性担保）。

第四，抓紧推动国有资本的运营和私有化。建议国有资产管理当局尽快将国有企业的股权通过有关渠道（比如通过全国社保基金）出售和转让，以便在上述国有企业尚存在较高市场价值时变现。股权转让的收入可以用来弥补财政赤字或充实社保基金账户。如果行动迟缓，一旦经济增速出现持续大幅度下滑，不但这些国有企业的市场价值会出现大幅度下降，而且很多国有企业很有可能从政府的"资产"变成"负债"。实际上，过去五年来，随着经济增长率的急剧下滑，大部分国有企业的盈利增长都出现了明显下降，其股票市值也出现了大幅度缩水。假如五年前转让股权，政府可以获得的转让收入会比今天丰厚许多。另外，由于民营企业在经营效率上有可能好于国有企业，将这些企业私有化也有助于改善其盈利能力，增强这些企业抵御经济下行的能力。

第五，抓紧建立涵盖所有类别就业人口的失业救济金制度（及其他覆盖全民的社会保障体制），以便在出现大规模失业之时，失去工作的劳动力有稳定的收入预期和维持基本生活水平的能力。这样的话，一场经济波动就有可能仅仅停留在经济层面，而不一定向社会与政治层面蔓延。

第六，应该在舆论层面上调整决策者、学术研究人员及公众对改革的预期，防止将来危机爆发时公众把新一轮改革作为经济大波动的"替罪羊"。我们要强调，改革不能避免这场经济大波动，而只是有可能推迟或者减轻它对金融体系和社会的冲击。毋庸置疑，改革是有风险的，尤其是放松管制、金融自由化和加大对外开放肯定会增大经济发展的波动性和不确定性。但是我们应该扪心自问，如果不改革，我们的经济和金融风险是否就可控了？如果不改革，中国经济是否就能平稳增长了？如果不放松管制，金融机构和地方政府债务所隐藏的风险是否就不会暴露了？我们还要问，是一个微观经济主体受到大量管制、经济结构极度不平衡的经济体更有能力承受经济危机的冲击，还是一个微观经济主体具有更大自由度和弹性、经济结构相对比较平衡的经济体更能经受危机的考验呢？我们认为，对这些问题的回答是显而易见的。我们将要面临的这场经济大波动是过去多年周期性经济不平衡的过度累积造成的，而不是新一轮经济与金融改革的产物。因此，我们将来千万不能把改革当作"替罪羊"。我们之所以强调这个问题，主要是因为我们担心，如果大家届时视改革为"替罪羊"的话，那么我们这么多年来所做的各项改革就非常有可能被全盘否定，进而出现体制倒退的现象。果真如此，这对中国经济的中长期发展和中华民族的伟大复兴来讲都可能是难以估量的损失。

2014 年

中国股市还在等什么①

也许是因为"稳增长"措施初见成效，2014年5月的宏观数据显示出经济企稳的迹象。而汇丰PMI的6月初值甚至出现了强劲反弹，似乎表明经济增长已开始回升。但是，鉴于汇丰PMI初值往往不够稳定，我们还需要观察更多的数据来确认经济回暖的趋势。从过去几年的经验看，"稳增长"措施从推出到见效往往需要3～6个月的时间。鉴于本轮"稳增长"措施始于"两会"之后的3月中下旬，不出意外的话，经济增长在今后两三个月里企稳回升应该可以期待。

如果说"股票市场是宏观经济的晴雨表"的话，中国股市应该对近期宏观经济数据的些微改善作出正面反应。但事实并非如此，上证指数依然徘徊在距离2000点不远的位置，基本上处于多年来的底部区域。难道中国股市不是宏观经济的晴雨表吗？如果是的话，股票市场还在等什么呢？

在我看来，就短期而言，股票投资者还在等待更多宏观经济数据的改善，经济增长是否真正企稳回升还需要更强有力的数据确认。但是，中国股市也是宏观经济晴雨表的事实却是不容否认的。因此，如果我们对第三季度经济增长企稳回升的判断是正确的话，那么股票市场的正面反应的确应该为期不远了。

然而，就中长期而言，中国股市若要在一个经济增速逐年放缓的宏观环境里走出一个可以持续的牛市，则需等待绝大部分上市公司在商业模式和盈利能力上的成功转型。具体而言，它们需要改变"以量取胜"的商业模式，降低企业盈利对经济增速的敏感性，使自身能够在经济增速放缓时依然保持盈利增速的稳定甚至提升。如果中国的上市公司能够做到这一点，那么，哪怕GDP增长率降到5%以下，中国股市也依然可以走出可持

---

① 本文2014年7月8日发表，收录于胡舒立主编的《新常态改变中国：首席经济学家谈大趋势》，民主与建设出版社，2014年12月出版。

续的牛市来。不过，这个转型实属不易，不可能一蹴而就。

短期：等待宏观数据的进一步改善

人们常说，"股市是经济的晴雨表"，说明股市可以比较准确地甚至领先性地反映经济的表现。但中国股市自 2009 年以来的表现令投资者失望。虽然中国经济每年都能实现 7 ~ 10% 的高增长，但中国股市的表现却远远不及经济增长接近停滞而且曾经深陷金融及债务危机的欧美等国的股市。中国股市与经济出现了严重背离吗？

其实不然。中国股市近年来也一直是中国经济的晴雨表。比如，2007 年 10 月 16 日，上证指数达到 6124 点的历史高位后，开始了长达一年的下跌。而事后证明，中国经济增长正是在 2007 年第三季度掉头向下，开始了长达 7 个季度的下跌。又如，2008 年 10 月 28 日，上证指数在 1664 点止跌回稳，开始了长达 11 个月的 V 形反转行情，而中国经济增长率在 2009 年第一季度达到 6.6% 的年同比低点后也出现了长达 12 个月的 V 形反转，股市见底领先经济见底 1 ~ 2 个季度。坦诚地说，在中国经济出现这两个重要拐点时，中国股市对经济拐点的准确"预测"或"确认"要远远领先于绝大多数经济学家和市场分析人士。

2009 年 8 月以后，上证指数再次进入下行周期，至今已近五年时间；而中国经济自 2010 年第一季度见顶后（年同比增长率为 12.1%），基本上是一路下跌，至今已有 16 个季度。由此看来，中国股市再次领先中国经济（领先约半年时间），二者的大趋势在过去 4 ~ 5 年是基本吻合的。更有意思的是，即便在这一整体下跌的趋势中，哪怕 GDP 增长率仅有 1 ~ 2 个季度的短暂反弹，股票市场也会提前或同步作出相应的短暂反应。

以上数据表明，上证指数的涨跌与 GDP 增长率的高低或绝对水平无关，而是与 GDP 增长率的方向或趋势相关联。这主要是因为，股票市场的投资者真正关注的是上市公司的盈利前景，股价反映的是投资者对上市公司未来盈利折现值的预期。由于宏观经济的走势是影响上市公司整体盈利变化最重要的因素之一（虽然对个股而言不见得是决定性影响），GDP 增长率上升一般会改善企业盈利及投资者预期，反之则相反。因此，经济走势的变化会直接影响股价的整体表现。

根据这一逻辑和过去几年的经验，我们判断，只要宏观经济数据的改善得到更多的确认，不出意外的话，中国股市应该可以在近期走出一波相应的反弹行情。

中期：等待上市公司商业模式的转型

然而，根据同样的逻辑和过去几年的经验，如果中国经济增速在今后2~3个季度的企稳回升只是一个多年下行周期中的短暂回暖，那么中国股市的反弹也不会太持久。这是很多投资者不愿意相信也难以理解的。毕竟中国经济还有7%左右的增速，比起欧美国家0~3%的增速来说，依然是超高速的增长。既然这些国家的股市可以创出历史新高来，为什么中国股市不能在一个虽然减速但依然高达6%~8%的经济增长环境中走出一个可持续的牛市来呢？

在我看来，中国股市与欧美股市的这一差异，主要来自上市公司商业模式和盈利能力的差异。概括而言，由于商业模式的差异，欧美国家的很多上市公司可以在GDP只有1%~2%的增长（甚至零增长）时维持企业盈利的稳定或增长，而绝大部分中国上市公司的盈利在GDP增长率低于5%（或更高）时可能就已经负增长甚至亏损了。这使得中国股市在相当长一段时期里难以适应宏观经济从10%以上的高速增长下调到6%~8%的中速增长。

具体来讲，由于大部分中国上市公司（尤其是工业企业）都缺乏核心竞争力和差异性产品，它们在产品同质竞争的情况下只能打价格战，导致毛利率较低。在低毛利率的情况下，提升企业盈利的最主要办法，就是扩大销售，"以量取胜"。这迫使企业进行大规模的投资来扩大产能，导致其固定成本（尤其是折旧和利息等财务成本）增长迅速，反过来又要靠销售的高增长来摊销。这种"以量取胜"的商业模式导致企业净利润对销售额的变化高度敏感，需要相对较高的销售增速来维持盈亏平衡。从宏观上讲，这反映为企业盈利对GDP增长率的变化高度敏感，企业需要一个较高的GDP增长底线来保证盈利、避免亏损。这从很多经济数据中都可以清楚地看出。

企业盈利对GDP增速的敏感性是一把"双刃剑"：当中国经济增长率

加速时（如2001—2008年），企业盈利增长会明显提高；但经济增长率下滑时，企业盈利的恶化也是剧烈的（如过去几年）。这一敏感性在中国股市与宏观经济的关系中已经表现得淋漓尽致。

相比之下，欧美等国上市公司的商业模式则更多是"以质取胜"。由于产品差异化，尤其是有知识产权的保护，企业的毛利率相对较高，产能投资比较谨慎，企业相对比较轻资产，使得固定成本摊销负担较轻，因此企业盈利对销售增长（或 GDP 增长）的依赖性相对较低。在这种商业模式下，即便 GDP 增速仅有 1%～2%，很多上市公司依然可以保持盈利的增长。

对很多欧美的上市公司而言，可以保证盈亏平衡的 GDP 增长率的底线也许是零甚至是 -1% 或 -2%；但对大多数中国的上市公司而言，这一底线也许是 5% 或 6%（甚至更高）。当然，由于缺乏历史数据（中国经济在过去 20 年里从未出现过 GDP 增长率连续 2 个季度低于 7% 的情况），我们无法确定当 GDP 增长率降到何种程度时中国企业的平均净利润率会降到零。由于投资者对于保证中国企业"盈亏平衡点"的最低经济增速缺乏信心和共识，但对中国经济增速在中期的进一步回落却确信无疑，因此，股票投资者如履薄冰，而谨慎的投资者自然会"用脚投票"。

自上而下看中国股市的前景

以上分析表明，中国股市过去数年的疲弱表现，应该是反映了投资者对中国经济减速的预期以及由此产生的对企业盈利大幅度下降的担忧。虽然股市调整的幅度可能受到各种因素的影响而出现超调，但总体趋势还是合情合理的。

从目前中国股市的走势来看，投资者仍然担忧中国经济增长还会进一步下滑，而且有可能相当剧烈或漫长。这种担忧是不无道理的。众所周知，中国经济已经进入了一个长达数年的下行周期。

党的十八大之后，中国政府的新一代领导人上任了，他们面临与上届领导人迥然不同的政策目标和竞争压力。2003 年，当上届领导人上任时，中国的人均 GDP 仅有 1300 美元，中国尚属于低收入国家，因此需要一个高增长的策略来迅速提高人们的收入水平和生活质量。应该讲，这一策略的实施是非常成功的。而到 2012 年底，当接力棒传给新一代领导人时，中国的人均 GDP 已经达到 6100 美元。在人均 GDP 从 1300 美元上升到 6100 美元的过程中，虽然中国劳动力成本低的国际竞争优势在逐步削弱，但整体而言，中国依旧属于中低收入国家，依然能够保持住在劳动密集型制造业的比较优势和"世界工厂"地位。

然而，如果在未来的五年里，中国经济继续保持过去 10 年的高增长（即每五年翻一番），那么五年后，中国的人均 GDP 就会超过 1 万美元，届时中国将彻底丧失在劳动密集型制造业的竞争力，这将对中国的就业和社会稳定产生不可估量的冲击。虽然我们相信中国在发展中高端制造业和服务业方面有相当大的潜力，但五年时间毕竟太短了，它们不可能在五年内快速发展到足以弥补低端制造业迅速衰落所导致的就业和产出缺口。因此，必须通过降低经济增速来"买时间"，以实现中国经济的平稳转型。

经济增长在今后五年势必会进一步回落。这也是股票市场的担忧，因为即便短期内经济增速企稳回升，企业盈利得到短暂修复，但如果经济增长在中期内还会进一步放缓，上市公司的盈利也会进一步恶化，许多企业（也许是大部分企业）还会重陷亏损之中。届时，中国的银行业和金融体系也会受到冲击。倘若如此，中国股市走出牛市的道路依然漫长。

因此，如果我们期待中国股市在今后几年出现一个可以持续的牛市的话，则需要等待中国绝大部分上市公司成功实现上述商业模式的转型。应该说，这一转型早已开始，近几年也在加速。更重要的是，去年秋季召开的党的十八届三中全会所提出的全面放松管制、简政放权、发展混合所有制等一系列改革举措为加速企业商业模式的转型提供了更加有利的宏观与制度环境。因此，随着转型的深化和制度红利的释放，我们可以期待，中国上市公司的盈利能力会进一步改善，企业盈利对经济增速的敏感性会进一步下降。

当然，企业转型的速度和经济增速下滑的速度孰快孰慢尚不得而知。上市公司必须与时间赛跑，加快商业模式的转型，才能躲开亏损的陷阱。今后几年，如果越来越多的企业能够成功转型的话，那么中国股市的可持续上涨也是可以期待的。

自下而上的个股和行业机会

即便中国的上市公司作为一个整体无法胜出这场比赛，中国股市中依然存在着巨大的个股与行业投资机会。

虽然宏观经济整体增速下滑难以避免，但许多新兴行业的发展前景广阔，市场占有率或渗透率还很低，这些行业的销售金额还在高速成长。因此，即便这些行业中的许多上市公司也采用"以量取胜"的商业模式，它们依然可以在这些高速成长的市场里实现盈利的高增长，而不一定受到宏观经济整体减速的明显影响。虽然这些通过外延式、粗放式的发展模式而获得高盈利增长的企业并不见得是真正意义上的"好企业"，但它们在行业的快速上升周期中依然可以为股票投资者提供丰厚的回报。

即便在市场已经饱和或存在过度竞争的传统行业中，也不是没有投资机会。可以肯定的是，由于不同企业的经营模式不同、企业的产品质量和经营效率存在差异，企业盈利能力对 GDP 增长率的敏感性也不尽相同。因此，随着 GDP 增速的不断下滑，素质最差的企业（表现为毛利率低、重资产、固定资产折旧和固定成本摊销大、债务负担重等）将首当其冲地落入亏损区域内，而素质最好的企业则有可能在 GDP 增长率降到零甚至负增长时依然保持盈利甚至保持盈利增长。这些具有核心竞争力（如产品、技术、创新能力、营销方式和渠道、较高的准入门槛以及严谨而进取的管理层、内控机制和企业文化）的"好企业"反而有可能穿越周期、借助市场的整合而做大做强。耐心的投资者如果买入并长期持有这些公司的股票，将来也会获得丰厚的回报。

迈向 "新常态" 的路径与挑战①

2007 年以来，中国经济增长已进入中长期下行通道。虽然对于经济增速的进一步下滑已形成共识，但对于下滑的幅度和长度，大家却观点不一。有学者认为，我们目前所经历的增速放缓是中国经济的 "新常态"；但也有学者认为，我们正处于经济增速换挡期、结构调整阵痛期、前期刺激政策消化期的 "三期叠加" 时期，是从 "旧常态" 到 "新常态" 的过渡期，经济增速的放缓还未见底（易纲，2014；林毅夫，2014；黄益平等，2014）。

我们认为，2014 年可能只是中国经济自 2008 年开始的长达 10 年之久（甚至更长）的经济下行周期中的第 7 年。虽然 5% ~ 8% 的中速增长有可能成为中国经济的 "新常态"，但从当前状态迈向这一 "新常态" 的路径很可能并不平坦。这主要是因为固定资产投资在巨额基数之上的两位数增长几乎到了无以为继的地步，它不但将很快超出现有金融体系的融资能力，而且也很难寻找到足够数量的、具有较好盈利能力的投资标的，导致投资增长在今后 3 年急剧下滑，引发大面积的企业亏损与破产，并对就业、税收、银行资产质量、国际收支、人民币汇率、资产价格以及整个金融体系的稳定等产生影响。

在本文中，我们试图模拟中国经济迈向 "新常态" 的一些可能路径，着重分析这些路径对中国经济各个层面可能产生的影响，并提出相关的政策建议。

"新常态" 的含义

对于中国经济的 "新常态"，学界已有很多讨论。但对于 "新常态" 的具体含义，目前还没有一个共识。我们不但有必要对 "新常态" 的内涵

---

① 本文 2014 年 12 月发表于《新金融评论 2014 年第 6 期总第 14 期》。

有一个大致的判断，还有必要对从当前状态走向"新常态"的路径和可能存在的风险有一个清醒的认识。

顾名思义，"常态"应该指通常存在的状态、一个相对比较稳定的状态，也可以说是均衡状态。如果形态不稳定、尚在快速变化的话，就不应该称作"常态"。虽然"新常态"所对应的英文名词是"new normal"，但这并不是一个严格定义的学术术语。用"增长经济学"（growth economics）的词汇，"常态"所对应的英文应该是 steady state，因此也可以称为"稳态"。因此，中国经济的"新常态"应该是指新的相对稳定的状态，其内涵包括经济体制、经济结构和经济增速。

从经济体制来看，即便经历了三十多年的改革开放，中国当前的经济体制与我们想要达到的市场化、法制化、自由化和开放度的目标还相去甚远。很多改革还处于试点阶段，尚未推广，很多制度也呈现出"四不像"的特征，一些重要的制度变迁虽然呼之欲出却"犹抱琵琶半遮面"。所以目前的经济体制应该不是"新常态"，而只是向其过渡的中间状态。如果我们能够切实贯彻落实党的十八届三中全会推出的改革措施，"新常态"下的中国经济体制会与今天很不一样，其最大的区别应该是市场在资源配置中将起到决定性作用。

从经济结构来看，中国经济在投资与消费的比率、服务业占经济的比重、城镇化水平、区域发展的平衡、金融体系结构、资本市场的层次与深度等很多领域都与发达经济体甚至很多发展中经济体相去甚远，需要改进的地方还很多。相信在今后几年时间里，这些领域的变化还会非常大。另外，由于我们在很多传统行业存在严重的产能过剩，劳动密集型制造业也处于快速衰落的过程中，而新兴技术和新兴产业则异军突起、方兴未艾，"新经济"的崛起与"旧经济"的衰落对比明显。所以，我们目前的经济结构应该也未达到"新常态"。

从经济增速来看，虽然经历了三轮大起大落，但过去 10 年、20 年乃至 30 年，中国都实现了年均 10% 左右的实际 GDP 增长率（见图 1），因此可以说"旧常态"下的经济增速（或曰潜在增长率）在 10% 左右。然而，对于"新常态"下的经济增速（潜在增长率）到底有多高，经济学界有很多争论，其范围从 5% 到 8%，很难形成共识。这主要是因为大家对于潜在增长率的测算有不同的方法、模型或假设。

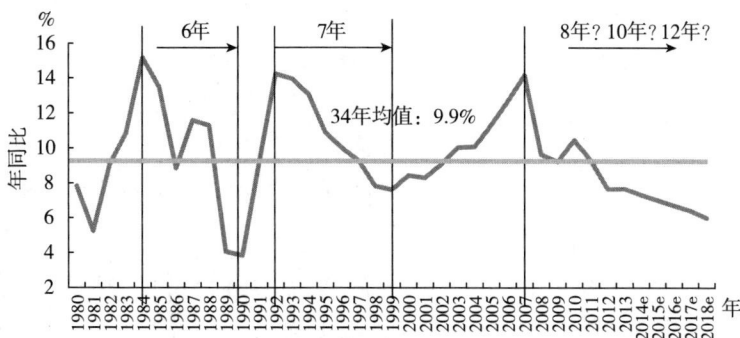

图 1　中国年度 GDP 增长率

(资料来源：国家统计局，博海资本)

迈向 "新常态" 的路径

需要指出的是，当前学界所做的研究和讨论，大多是静态地分析和比较 "新常态" 与 "旧常态" 的区别，进而探讨 "新常态" 下的最佳政策组合或改革方向，而忽略了对迈向 "新常态" 的经济路径及所需要的经济与金融资源的研究。虽然我们无法肯定 "新常态" 下的潜在增长率是 5% 还是 8%，但我们担忧，从 "旧常态" 的 10% 向 "新常态" 的 5%~8% 之间的过渡可能并非一个平滑渐进的路径，而是有可能充满了颠簸，甚至出现大幅度 "跃迁"。如果经济增长率出现 "跃迁"，很可能会产生超出经济层面的影响，对社会和政治体系产生冲击。因此，充分研究和理解迈向 "新常态" 的路径，对于政策制定者而言意义重大。

如果把中国经济体系看作一个动态系统（dynamic system），那么从 "旧常态" 迈向 "新常态" 的过程，可以视为从一个稳定均衡走向另一个稳定均衡的过程（区别于从非均衡走向均衡的过程）。这个过程的发生通常是由动态系统中的某些参数（parameter）而不是变量（variable）——发生渐进性演变而引发的。系统工程学的研究成果显示，此类转换的过程往往不是平滑有序的，而是充满了波动与跳跃。它们通常是由系统的 "参数" 这些 "慢动力"（slow dynamics）在经历长时间缓慢变化达到某个临界点时，引发系统的均衡点出现瞬时的切换，导致系统的 "变量" 这些 "快动力"（fast dynamics）出现脉冲式的跃迁（或曰突变）。数学家用专门的"突变理论"（catastrophe theory）来描述和理解这些动态系统的跃迁及其产生机制（Gilmore，1981）。这些理论也可以帮助理解经济与金融危机的形成与演变。

如果中国经济现在所处的状态不是"新常态"或"新稳态"，而是处在转型期，正经历从"旧常态"逐步转向"新常态"的过渡期，那么按照"突变理论"，在没有外部控制（control）的情况下，这个转型的过程有可能出现不稳定的"突变"，这对整个经济与社会体制都可能形成破坏性冲击。从这个意义上讲，中国政府当前所采取的"稳增长"与"调结构"并重的政策措施，就是为了确保中国经济在从"旧常态"向"新常态"转换的过程中能有一个比较平稳的过渡，避免发生急剧的跃迁，减轻社会的阵痛（甚至长痛），因此是非常必要的！

1. 迈向"新常态"的投资增长路径

众所周知，中国经济在过去三十年高度依赖投资。尽管我们一直在强调"调结构"，降低投资占 GDP 的比例，增加消费占 GDP 的比例，但实际情况却事与愿违，投资在 GDP 中的比例从 1990 年的 35% 上升到 2013 年的 48%，远远超过欧美日等发达国家。显然，中国经济变得更加依赖投资。

历史数据也证实了这一点。根据国家统计局公布的数据，1981—2013 年，中国 GDP 的实际增长率与资本形成总额的名义增长率之间的相关系数达到 70%，与全社会固定资产投资的名义增长率之间的相关系数则高达 78%。这表明，要维持中国经济的平稳增长，至少在今后相当长一段时间，必须维持投资的稳健增长。

基于这一相关性假设，可以大致测算出，要维持"新常态"下 5% ~ 8% 的实际 GDP 增长率，除非出现深度通货紧缩，全社会固定资产投资的名义增长率应该保持在 8% ~ 16%，甚至更高。作为参考与比较，2013 年的实际 GDP 增长率为 7.7%，当年的全社会固定资产投资名义增长率为 19.3%；过去 30 年实际 GDP 年均增长率为 10.1%，相对应的全社会固定资产投资年均名义增长率为 22.3%。

以上述固定资产投资增长率与 GDP 增长率的关系为假设，假定 GDP 实际增长率从 2013 年的 7.7% 以一种比较平滑的路径下降到 2018 年的 6%，我们模拟出今后 5 年固定资产投资所需的最低名义增长率以及相对应的固定资产投资总额的演变路径（见表 1）。

根据这一路径，今后 5 年全社会固定资产投资的总额将达到 329 万亿元人民币，比过去 33 年（1981—2013 年）的投资总额 258 万亿元还要多。我们需要考察的是，如此巨额的投资增长路径，在现实中是否可行？如果可行，它会对中国经济的各个层面产生什么影响？如果不可行，它对中国经济又会产生怎样的冲击呢？

表 1　2014—2018 年的中国 GDP 与固定资产投资增长：一个假设路径

名义固定资产投资金额 （万亿元人民币）	实际 GDP 增长率（%）	名义固定资产投资增长率（%）
52	7.3	16
59	7.0	14
66	6.7	12
73	6.4	10
79	6.0	8

资料来源：博海资本。

2. 可能路径一：巨额融资无法完成

按照表 1 所模拟的投资路径，要完成今后 5 年高达 329 万亿元的固定资产投资，我们将要面临的第一个挑战就是如何为其融资。

从理论上讲，投资项目的资金来源主要有两大块，一是内部融资（自筹资金），主要包括企业利润、固定资产折旧、资本金投入和财政拨款；二是外部融资，包括贷款、发行债券或股票以及其他各种融资工具。就中国过去这些年的经验和当前的经济与金融体制来看，企业利润、折旧和银行贷款是固定资产投资最主要的融资渠道。

从图 2 的历史数据可以看出，2009 年以前，新增银行贷款、企业利润与固定资产折旧的总额，与固定资产投资的年度总额相差并不是特别大（2005—2009 年每年缺口在 1.6 万亿~2.9 万亿元，占固定资产投资总额的 7%~19%），因此，通过其他渠道为固定资产投资所做的融资是相对有限也比较稳定的。例如，2009 年，固定资产投资总额为 22.5 万亿元，当年新增银行贷款为 10.5 万亿元（包括人民币与外币贷款），企业利润估计值为 4.6 万亿元，固定资产折旧估计值为 6 万亿元，前者与后三者的差别仅为 1.6 万亿元。

万亿元

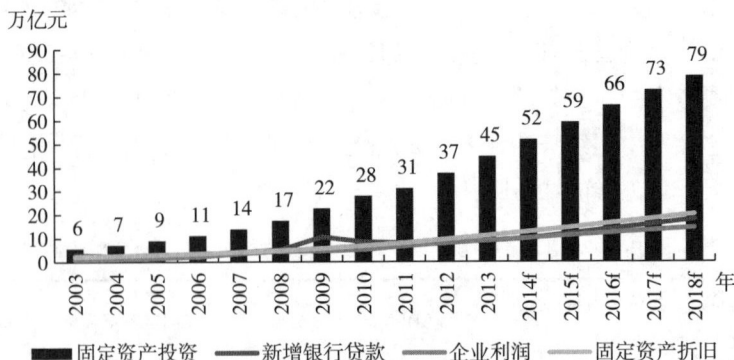

注：企业利润为估计值，根据企业所得税总额与企业所得税税率计算得出；固定资产折旧也为估计值，根据国家统计局公布的年度资本形成总额计算出资本存量后按照 10% 的直线折旧率计提。

图2　固定资产投资、新增银行贷款、企业利润与固定资产折旧

(资料来源：国家统计局，博海资本)

然而，从 2010 年开始，这一缺口快速扩大。到 2013 年，固定资产投资总额达到 44.7 万亿元，当年新增银行贷款仅为 8.9 万亿元，企业利润估计为 9.0 万亿元，固定资产折旧估计值为 11 万亿元，前者与后三者之和的差额达到 16 万亿元，占固定资产投资总额的 35%。如此大的融资缺口，显然无法通过债券发行、股票发行等各种传统融资渠道来满足，而这正是催生影子银行体系在过去几年快速成长的最主要原因。

令人担忧的是，这一融资缺口在今后几年还会继续扩大。即便新增银行贷款从 2013 年的 8.9 万亿元翻倍达到 2018 年的 18 万亿元，企业利润可以达到 8%～12% 年均增速（高于同期名义 GDP 增长率），从 2013 年的 9 万亿元增加到 2018 年的 14.4 万亿元，固定资产折旧从 2013 年的 11 万亿元增加到 2018 年的 20 万亿元，三者之和与 2018 年 79 万亿元的固定资产投资总额相比，竟然还有 26.6 万亿元的差距。事实上，根据我们的测算，从 2015 年开始，这个融资缺口每年都会在 20 万亿元以上，很难想象这么大的融资缺口可以通过财政拨款、债券融资、股票发行等传统融资渠道来弥补，也很难想象影子银行体系可以快速扩大到可以填补上述缺口的规模。

因此，我们担忧，中国的金融体系将无法为今后 5 年 329 万亿元的固定资产投资提供足够的融资。果真如此，那么我们在表1中所模拟的投资增长路径和经济增长路径都无法实现。换句话说，在2018年或之前的某一年，中国的经济增长率就会下降到6%以下甚至更低的水平，进而引起一连串的多米诺骨牌效应。而企业盈利恶化将是这一链条中最关键的一环。

我们的研究发现，中国企业（尤其是国有工业企业）的利润率和利润增长率对经济增长率高度敏感，因此经济增长率的些微下滑都有可能造成企业利润增长率（甚至利润绝对水平）的大幅度恶化（孙明春、唐俊杰，2013）。概括来讲，这源自中国企业薄利多销、以量取胜的粗放式商业模式，企业利润增长受到产量（或销量）增长的严重影响，这从中国工业增加值增长率与工业企业利润增长率的关系中也可窥一斑（见图3）。

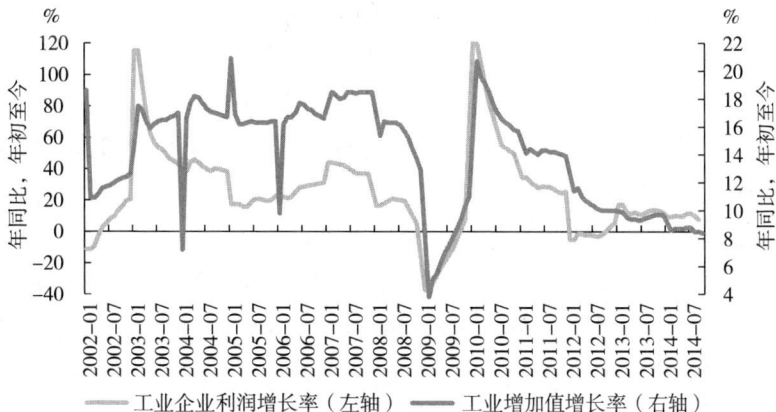

图3 工业增加值增长率与工业企业利润增长率的关系

（资料来源：国家统计局，博海资本）

过去三年，GDP增长率从2011年的9.3%降到2012年的7.7%，这1.6个百分点的下滑导致工业企业利润增长率从2011年的25%急剧下滑到2012年的5.3%（其中前三个季度为－1.8%）。由于政府在2012年下半年出台了"稳增长"措施，GDP增长率在2012年第四季度企稳回升，2013年得以维持在与2012年相同的7.7%，没有进一步下滑。而企业也通过减产能、减存货、减成本、调结构、增效益等多种举措，逐渐适应了这一较低的增长水平，使得工业企业利润在2013年实现了全年12.2%的增长。

从2014年前三个季度的情况看，GDP增长率进一步下滑到7.4%，这0.3个百分点的下滑导致工业企业利润增长率下滑了2.2个百分点。事实上，当工业增加值的年同比增长率从7月的9.0%下降到9月的8.0%，工业企业利润增长率则从7月的15.4%骤降到8月的-4.8%，竟然陷入负增长的区域。如果工业增加值增长率进一步下滑，企业利润会陷入更深的负增长境地，其中大批企业会陷入亏损。

如果大批企业出现亏损，商业银行的坏账率势必上升，更多的信托产品将难以按期兑付，民间融资市场的债务链也会断裂，金融系统的风险会显著上升。同样，如果企业盈利下降或亏损增加，企业雇工的能力和愿望都会下降，就业增长势必放缓，税收增长则会下滑，而财政支出却因社会保障负担的增加而被动加大，这一增一减，势必带来财政状况的恶化。显然，这个"多米诺骨牌"的倒下将是一个危险的路径，它甚至有可能产生超出经济层面的冲击，因此必须及早制止。

3. 可能路径二：巨额投资得以实现

如果我们能够动员一切可以使用的融资方法和工具，力保完成今后5年高达329万亿元的固定资产投资，我们是否就可以平稳"着陆"顺利抵达"新常态"呢？

答案也不乐观。因为虽然经济增长率可以实现平稳下滑，但经济体系中的其他变量可能会变得极为扭曲，并孕育更多的风险。

第一，这329万亿元会投资到哪些领域？众所周知，由于过去多年的大量（过度）投资，中国在大多数传统制造业（如钢铁、水泥、纺织、服装、机械、玻璃等）都已形成严重的产能过剩，近年来甚至在一些新兴制造业（如光伏多晶硅、风电设备等）也出现了类似问题。显然，继续把大量资金投入这些领域无异于饮鸩止渴。因此，我们应尽可能把这些资金投入更为前沿的新兴行业（如集成电路、3D打印、环保设备、新材料、新能源汽车、机器人、生物制药等）之中，以达到产业升级和提升中国制造业国际竞争力的目的。然而，考虑到过去33年我们仅仅投资了258万亿元，就在大部分行业形成了如此普遍的产能过剩，如果今后5年内我们再投资329万亿元，很难想象哪些行业（包括如今方兴未艾的新兴行业）还会不存在产能过剩。

第二，由于投资的边际收益递减，当如此巨额的固定资产投资在短短5年内完成以后，无论是老项目还是新项目的资本回报率都会大幅度降低。考虑到中国目前存在的大量过剩产能和过度竞争，绝大多数行业的资产回报率和资本回报率已经相当低，很多企业已在亏损的边缘。因此，可以想象，当这 329 万亿元固定资产投资完成之后，企业的定价能力和盈利能力可能会变得更差，亏损面可能会更广。

第三，在目前的金融体系下，在短短 5 年内为固定资产投资筹集如此巨额的资金，即便不是不可能，也会因资金需求量过大而导致融资成本大幅度攀升。因此，"融资难"和"融资贵"的现象可能很难改观。让人担忧的是，在投资的边际收益递减的情况下，企业的融资成本却不断攀升，必然令投资项目的盈利能力更加恶化。

第四，如果这 329 万亿元的投资造成更大规模的产能过剩和更大面积的项目或企业亏损，金融机构的资产质量难免恶化，从而孕育更大级别的金融风险。相对于"可能路径一"，在这个路径中，金融风险的暴露可能会更晚，但级别也可能更大。

第五，如果我们的金融体系在今后 5 年可以为 329 万亿元的固定资产投资提供足够的融资，中国的货币供应量将难免出现大幅度增长。目前，我国的广义货币供应量 M_2 已达 120 万亿元人民币，折合 19 万亿美元。人民币已成为名副其实的世界第一大货币（见图 4）。如果我们在 5 年内完成 329 万亿元的固定资产投资，保守估计，到 2018 年，我们的 M_2 会超过 200 万亿元。果真如此，这会对通货膨胀和资产价格产生何种影响？如果国内价格水平大幅度上升，是否需要人民币汇率做相应的（大幅度）调整呢？

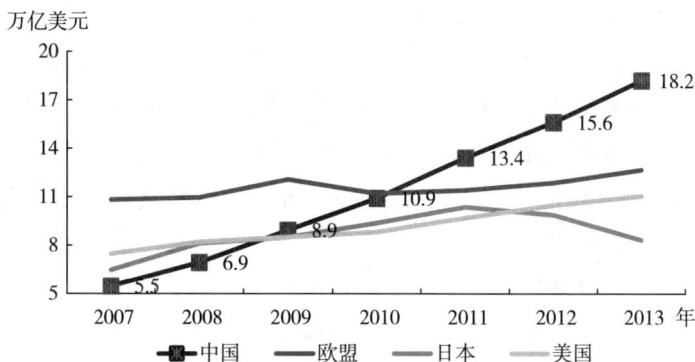

图 4　广义货币供应量 M_2

（资料来源：CEIC，博海资本）

第六，从国民账户的角度分析，一国的经常账户差额反映的是本国国内储蓄与投资的差额，即净储蓄率。中国的国内储蓄一向非常高，因此中国的经常账户在过去 30 多年的绝大部分时间都是顺差（见图 5）。然而，在大部分投资过热的年份（如 1985—1986 年、1988—1989 年、1993 年），尽管当年国内储蓄率基本稳定（个别年份甚至有所上升），但依然出现了经常账户逆差。这表明，如果国内投资超出了国内储蓄，我们依然逃脱不了逆差的命运。

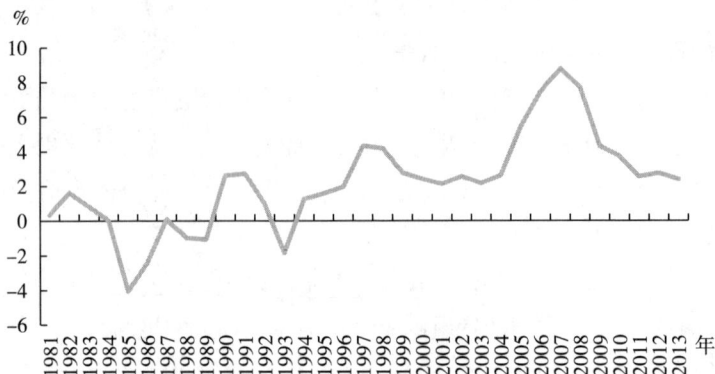

图 5　经常账户差额占 GDP 的比例
（资料来源：CEIC，博海资本）

不过，在过去 10 年里，尽管我们也经历了两轮投资过热的周期（2004 年和 2009—2010 年），但中国的经常账户却维持了顺差，这主要是因为这期间中国企业部门的盈利能力比较强，企业和政府部门的储蓄率都比较高。然而，自 2008 年以来，我们已经清楚地看到，中国的经常账户顺差无论是绝对金额还是占 GDP 的比例都在明显下滑。这主要是因为企业部门的盈利能力下降，导致内部储蓄能力减弱，使得净储蓄率下降。如果今后 5 年我们要完成 329 万亿元的巨额投资而企业的盈利能力还会进一步恶化甚至出现大面积亏损的话，那么中国企业和政府部门的内部储蓄率势必会继续下降，有可能导致净储蓄率出现比较持续和大幅度的负值，进而反映为经常账户逆差。如果经常账户出现持续性逆差，人民币升值的基础将不复存在。如果再考虑到今后 5 年人民币的广义货币供应量有可能翻倍（或接近翻倍）、资产价格、劳动力成本及整体的通货膨胀压力严峻的话，那么人民币出现较大幅度的贬值也是符合经济规律的。

4. 可能路径三：制度变迁导致投资意愿下降

在前两个可能路径中，我们并没有假设任何制度变迁所导致的经济系统的参数变化，而是在假定制度安排不变的情况下，考察系统中的主要经济变量所发生的变化。在第三个可能路径中，我们简要探讨当前进行的改革举措对今后 5 年经济系统中的一些"参数"的影响，进而分析后者对经济增长路径的影响。

在"可能路径二"中，我们假设中国的金融体系能够为今后 5 年高达 329 万亿元的固定资产投资提供足够融资，并假定企业部门和政府部门会利用这些融资工具来进行投资。然而，由于过去一年多以来，中央采取了一系列改革与反腐败措施，地方政府与国有企业的投资意愿和融资能力都明显下降，导致"稳增长"措施的传导机制不再像以前那么通畅和灵敏。

例如，由于地方债务问题日益突出，银行等金融机构对地方政府的债务融资越发谨慎甚至苛刻，监管部门对于地方政府相关债务的监管和限制也逐渐收紧，使得地方政府投资项目的融资能力受到约束。与此同时，由于地方政府的债务雪球越滚越大，近年来融资成本也越来越高，使得地方政府每年还本付息的负担日益加重，很多地方甚至连还本付息的资金都难以筹集，更没能力为新的建设项目筹集资金。

毋庸讳言的是，随着地方政府官员的绩效考核方式和重点逐渐从"GDP 锦标赛"转向更为倾向于民生、环保等综合性指标，地方政府官员对于依靠投资拉动经济增长的积极性也有所下降；而防治污染、改善环境的诸多严厉治污措施则难免对某些类别的制造业投资产生负面影响。也毋庸讳言的是，去年以来的反腐风暴，也令一些地方政府官员产生了消极防御、明哲保身、"多一事不如少一事"的心理，丧失了推动投资（包括从中牟取私利）的积极性。

上述现象同样存在于国有企业的高管之中。他们对于扩大投资的"冲动"也因此而有所收敛。与此同时，随着新一轮国企改革的展开和推进，一些国企高管由于对企业的未来发展前景及个人去留缺乏能见度，也倾向于采取等待观望的策略，推迟某些投资决策。而且，很多国有企业所在的行业都存在比较严重的产能过剩，即便这些企业考虑扩大投资，也宁愿采取收购兼并而不是开展新的"绿地"投资，或者宁愿到海外投资。如果今后几年国企改革取得实质性的成功，企业的预算软约束问题出现质的改变，届时国有企业也不会投资那些无法盈利的项目。

虽然地方政府和国有企业的投资冲动下降对于提升微观层面的投资效率是件好事，但客观地讲，这些变化会对近期的投资和经济增长产生负面影响，令中央政府稳增长措施的传导机制变得不再像以往那么灵敏和畅通。虽然这类"阵痛"必须承受，但我们也要正视因此而导致的稳增长难度加大的现实。

在这一路径下，我们可能不会看到融资需求和融资成本的上升，相反，我们看到的可能是投资需求萎靡、融资成本下降、经济增长率快速下滑、失业增加、商业银行坏账上升、金融体系风险暴露、资产价格下跌等。简单地讲，这是一个通货紧缩的路径。从一定程度上讲，2014 年的宏观经济形势似乎更符合这一路径。

政策含义

上述分析表明，无论在哪种路径下，6% 左右的 GDP 增长率至少在今后 5 年内，似乎都不是中国经济的一个均衡点，或者至少不是一个稳定均衡。假如 6% 左右的经济增长率真是中期（10 年左右）的潜在增长率的话，那么在到达这一均衡之前，中国经济似乎必须经历一个更大的波动，之后才有可能回归到这一均衡（当然也有可能由于路径依赖的原因而无法回归到这一均衡）。"可能路径二"虽然可以在今后几年内避免出现较大颠簸，但似乎又为之后的中国经济埋下了更大的不稳定因素。既然如此，这是否意味着宏观调控部门应该放弃"稳增长"政策，尽早让经济进行调整、"长痛不如短痛"呢？

可以想象，对上述路径优劣的判断与取舍很难在经济学家之间以及政策制定者之间形成共识。这一方面是因为大家对于每条路径的成本与收益、风险与回报以及潜在的超出经济层面的溢出效应有不同的估测和判断，另一方面也因为大家对代与代之间（inter‑generational）、不同社会群体和利益集团之间的成本与利益的再分配有不同的价值判断。这些因素使得大家对社会计划者（social planner）的目标方程（objective function）难以形成共识。

从理论上讲，如果 6% 左右的经济增长率的确超出了中国经济的潜在增长率,政府的"稳增长"措施也只能"买来"暂时而不能是持久的稳定。不过,我们认为,即便"买来"3~4年的时间也很关键,因为这会多给企业3~4年的时间去升级转型,适应更低的经济增长率;也给"新经济"行业和服务业更多的时间去成长,增强它们吸纳就业和创造税收的能力。果真如此,即便经济增长率在3~4年后低于6%,届时企业也不至于出现大规模亏损,失业、金融与财政稳定的问题也不至于那么严重。这3~4年也给新一届政府更多的时间去推动户籍制度改革、建立失业救济制度、完善养老保障和健康保险等社会保障制度、建立存款保险公司等金融稳定机制、更深入持久地推动反腐倡廉和法治建设等。这些改革措施的落实将有助于在经济稳定与社会稳定之间建立一道"防火墙",减轻经济波动对社会稳定的影响。

因此,我们非常认同新一届政府所提出的"宏观稳住、微观放活、社会保底"策略。其核心就是要在今后几年尽可能防止经济增长过快下滑,实现一个相对比较平滑的增长减速的路径,从而利用宏观经济稳定的宝贵时间窗口来推动结构改革、建立"防火墙",防止经济波动扩散到社会与政治层面。

1. 宏观稳住

具体来讲,就是要利用政府目前所掌控的经济资源、金融资源与政策资源,在今后几年里尽可能减缓经济增长下行的速度。这一方面是为结构改革、升级转型及"新经济"部门的发展壮大"买时间",另一方面也为完善和巩固社会保障网、构建经济稳定与社会稳定之间的"防火墙"赢得宝贵时间。这其中最紧迫的工作之一是通过金融业放松管制等改革举措为今后几年的巨额投资提供足够融资,以及通过各种稳增长措施和提升对外开放层次来消化吸收国内传统行业存在的巨大过剩产能。

为防止投资增长急剧下滑,就必须保证今后5年329万亿元的巨额固定资产投资的融资需求。从这个意义上讲,通过金融放松管制来拓展融资渠道、为巨额投资筹措足够资金也就成为当前的燃眉之急。令人欣慰的是,在过去一年里,一系列以"放松管制"(deregulation)为核心的经济与金融改革被陆续实施,尤其在金融自由化方面步伐迅速(如重启资产证券化、允许市政债、城投债的常规发行、改革新股发行制度、允许金融机构发行优先股、放宽资产管理的准入门槛和行业限制、降低民营银行的准入门槛、鼓励互联网金融的发展、鼓励融资租赁等）。这些措施将拓宽微观经济主体的融资渠道，缓解今后 5 年可能发生的融资难题。

与此同时，在过去半年多，中央政府推出了一系列稳增长与调结构、促改革相结合的措施，尽量达到一箭双雕甚至一箭多雕的效果。例如，中央政府重启国家电网升级与"西电东输"项目，大力推广新能源汽车项目，不但有利于稳定投资增长，而且有助于西部大开发，还有利于促进清洁能源等新兴产业的发展，减轻东部地区雾霾和污染的压力，实为一箭多雕；又如，国家领导人今年频频出访，在全球范围内推销中国的高铁设备、核电设备等，并通过推动建立金砖银行、亚洲基础设施投资银行、丝路基金、兴建跨越欧亚大陆的高铁项目、重建"丝绸之路"经济带和"海上丝绸之路"等举措来提升中国对外开放与合作的层次与水平，推动中国制造品的出口，通过输出资本来输出国内过剩产能。这些举措都有利于"宏观稳住"。

当然，由于"稳增长"的关键是稳投资，而稳投资的关键之一是稳定房地产投资，因此，在房地产政策方面的调整是近期"宏观稳住"政策的关键一环。目前，绝大部分地方的房地产"限购"政策已经放松或者取消。但仅仅放松限购可能还不够，还需要进一步放松房地产相关的信贷政策，尤其是与首套房、改善性住房相关的有实需背景的住房抵押贷款，以及有利于开发商完成已开工项目的开发贷款等，切实让市场在资源配置中起决定性作用。这对于稳定近期的房地产投资和增进低收入群体的福利都是必要的。

2. 微观放活

然而，"宏观稳住"不是目的，只是为结构转型与产业升级"买时间"的手段。我们要利用"宏观稳住"的宝贵时间窗口，抓紧落实"微观放活"的政策措施，继续大幅度放松各种不必要的管制措施，促进结构调整与升级转型，提升对外开放水平，尽可能培育和发展"新经济"，鼓励和推动民营经济的成长，以便在传统行业和国有经济不得不调整之时，使"新经济"和民营部门能够对经济增长起到更大的承接和稳定作用（黄剑辉，2014）。

目前，这些新经济元素在体量上尚无法与传统部门相提并论。但是，由于这些新经济元素类别多、分布广、市场需求巨大、成长速度惊人，因此它们确实有可能在几年后成为替代传统行业的新的投资标的和经济增长点。对这些行业的投资，不但能缓解传统行业投资的边际收益快速下滑的问题，也许还会催生出更多的新兴产业，进一步拉动科学技术与商业模式的创新，进一步改变人们的生活方式，从而形成一个正反馈。可以想象，只要宏观经济与社会环境稳定、市场准入与竞争机制不被扭曲，这些新经济元素在今后数年有可能加速成长。虽然这些新行业的兴起在短期内尚无法消除传统行业去产能所带来的剧痛，却有可能大大减轻后者给经济与社会带来的冲击。

3. 社会保底

根据我们对转轨路径的分析，"宏观稳住"的政策只是权宜之计，不能持久。而"微观放活"的速度和效果如何，也存在很多变数。因此，存在一种风险，即在"微观放活"的效果尚不够强大之前，"宏观稳住"的能力已大幅度削弱，此时经济的波动性会明显提升。为防止经济波动引起社会波动，必须抓紧构建、完善、夯实社会保障体系，从而在经济波动到来时，形成一道坚固的"防火墙"，防止经济波动扩散到社会层面。这正是"社会保底"的意义所在。

例如，我们要抓紧建立涵盖所有类别就业人口的失业救济制度，进一步完善覆盖全民的各项社会保障体制（如基本健康保险、基本养老保险等），以便在出现大规模失业之时，失去工作的劳动者有稳定的收入预期和维持基本生活水平的能力。我们还要抓紧建立存款保险公司，以便在出现个别银行倒闭的情况下，防止出现大规模的银行挤兑行为，也给政府的救助成本封顶（因为在中国的现实情况下，没有存款保险公司意味着政府对银行所有的存款提供隐性担保）。

另外，如果我们可以预见到，在迈向"新常态"的过程中，较大幅度的经济调整难以避免，那么决策部门应该立即着手建立危机缓冲或止损机制，采取一系列"排雷"措施，在转轨的过程中有序、有控制、有隔离地引爆一些"经济炸弹"，清除经济与金融体系中的一部分高风险因素，或将高风险因素通过制度安排分散在更久远的未来，避免各种风险因素在今后3~4年集中爆发。

例如，要积极拓展银行贷款之外的融资渠道，尽快降低经济发展对银行贷款的过度依赖，将银行体系所承担的过多风险分散到各种其他类别的更适合承担更大风险的融资模式中去（如风险投资、私募股权投资、股票、债券、融资租赁、小额贷款公司、典当行等）；采取地方政府融资平台贷款"国债化"或区别对待的措施，通过债务期限的延长和举债主体的改变来降低商业银行的坏账风险，解除这一"定时炸弹"在今后 3～4 年集中引爆的风险（魏加宁等，2014）。形象地讲，这些举措相当于把一个大炸弹（银行体系）尽早地拆解为多个小炸弹，并且采取措施争取使这些小炸弹不同时爆炸或者爆炸时不产生大规模的连锁反应。

总之，虽然中国经济在迈向"新常态"的过程中很可能要经历较大幅度的调整和波动，但只要政府应对得当、抓紧建立各类"防火墙"，防止经济波动扩大到更广泛的社会层面，经过调整之后的中国经济应该会更健康、更具国际竞争力。这对中国经济在此之后的 10～20 年里达到一个可持续的中速增长的"新常态"是非常必要和有益的。

参考文献

［1］黄剑辉. 中国关键：提升经济国际竞争力［M］. 北京：中国经济出版社，2014.

［2］黄益平，唐杰，纪洋. 金融改革与经济发展［R］. 中国金融四十人论坛 2014 年第二季度宏观政策报告，2014.

［3］林毅夫. 如何理解经济新常态［N］. 经济观察报，2014－10－12.

［4］孙明春，唐俊杰. 中国巨型企业的盈利能力分析［J］. 新金融评论，2013（6）.

［5］魏加宁. 地方政府债务：风险化解与新型城市化融资［M］. 北京：机械工业出版社，2014.

［6］易纲. 深刻认识我国经济发展新趋势［N］. 人民日报，2014－11－19.

［7］Gilmore，Robert. Catastrophe Theory for Scientists and Engineers［M］. New York：Dover Publications，Inc.，1981.

2015 年

不可过度乐观：A 股投资展望①

2014 年第四季度，中国 A 股市场出现了一轮井喷式上涨，令人喜出望外。展望 2015 年，这场单边上升行情有可能转变为一场波澜壮阔的双向波动，其向上或向下的振幅都可能相当可观。这种大幅波动的行情对于既可做多也可做空股票的对冲基金来讲提供了难得的机遇，但对于只能做多的长基金和普通投资者而言，则要注意控制风险。

A 股上涨的驱动力

促成 2014 年 A 股上涨的驱动力很多，如"沪港通"的启动、央行降息、大类资产配置趋势的转变、大盘蓝筹股的低估值、改革红利的释放与进一步期待、对中国经济"新常态"的认同和对转型后的中国经济前景的美好预期以及股票投资者通过融资融券等工具增加杠杆等。

这些驱动力中的大多数在 2015 年应该依然存在，甚至有所增强。例如，我们可以预见"深港通"在 2015 年开通；央行也很可能在 2015 年再次降息或下调存款准备金率；包括国企改革、金融改革、土地流转在内的一系列改革举措在 2015 年还会进一步加速；从房地产、信托、理财产品等资产类别向股票的大类资产配置的转换还有很大空间；等等。除此之外，如果 A 股能够在 2015 年成功跻身 MSCI 亚洲或全球指数，客观上要求很多外资机构投资者在 A 股做大量被动性投资，这很可能会诱发国内与海外投资者提前建仓埋伏，形成 A 股上涨的另一股驱动力。

当然，还有一个不可忽视的驱动力，那就是股票投资者心理的变化。2009 年以来，A 股经历了长达 5 年的熊市，投资者的心理一步步从希望变成失望甚至绝望。即便上述驱动力的一部分在 2014 年上半年甚至 2013 年

---

① 本文 2015 年 1 月发表于《信报财经月刊》。

就已存在，但投资者对其也是将信将疑或者置之不理，导致 A 股市场一蹶不振。然而，在"沪港通"的启动和央行降息等事件的不断催化下，一些着眼于事件驱动的短期投机性资金一步步推高了股市，形成了明显的赚钱效应，促使广大投资者对 A 股上涨的观点从以前的嗤之以鼻逐渐转变为半信半疑再到全面拥抱（甚至不敢不信）。这种心理转变通过相应的投资行为加速了股市上涨，股市上涨又强化了这一心理预期，带来了更加积极的投资态度与行为，从而形成一个不断加强的正反馈。

在这种市场环境下，投资者就很容易认同（甚至不敢不认同）本文前述的各种驱动力了。由于股票二级市场的投资在很大程度上是投资者之间的博弈，因此投资者对市场前景的心理预期以及投资者对"其他投资者对市场前景的预期"的预期都会影响投资者的行为。这些预期的变化会在股票市场产生共振，形成比较持续的趋势行情，但其长度和高度都很难预判，也很容易造成股价的超调，这是投资者需要警惕的。

A 股上涨的可持续性

此轮 A 股上涨之所以喜出望外，超出了大部分人的预期，最主要的原因应该是其快速上涨与不断恶化的宏观经济基本面因素背道而驰。这与2005—2007 年的大牛市期间以及 2008—2009 年的大反弹期间股市与经济增长同步上涨的情况有显著区别。

众所周知，中国经济自 2007 年以来便进入了一个多年的下行期，实际GDP 增长率从 2007 年的 14.2% 下降到 2014 年的 7.4%，估计 2015 年会进一步下降到 7.0% 左右，这意味着这轮下降周期将至少持续 8 年。伴随着经济增速的下降，绝大部分中国企业（包括上市公司）的盈利增长也出现了明显放缓，很多甚至出现了负增长或亏损。由于经济增长放缓的趋势尚未结束，企业盈利增长的下滑也应该尚未停止，因此，A 股持续上涨的基本面支撑似乎不够坚实。

如果说股票市场是宏观经济的晴雨表，假如 A 股的上涨可以持续，这是否预示着中国经济增长下行的趋势已经结束或者至少接近尾声了呢？应该说，这种可能性的确存在。2008 年 11 月 A 股见底反弹之时，绝大部分经济学家和市场人士并没有看到经济会在一个季度后就会触底回升。后来A 股与 GDP 增长率双双走出了强劲的 V 形反转，把 A 股对宏观经济的领先性指引展现得淋漓尽致。

然而，至少就目前来看，实在很难看出 2015 年的经济增长会出现明显反弹。相反，我们更担心中国经济会出现超预期下滑（低于 7%），甚至出现急剧下滑（低于 6%）。虽然政府已推出了一系列稳增长措施，但相对于中国经济不断膨胀的巨大体量而言（2014 年的 GDP 比 2008 年增加了一倍多），这些措施所产生的影响可能相当有限，这与 2008—2009 年的情况有巨大差别。如果对 2015 年中国经济增长率进一步下滑的预期基本正确，那么要么 A 股在 2015 年可持续上涨的概率不大，要么 A 股作为宏观经济晴雨表的预测功能出现了失灵。

当然，还有一种可能性，那就是 A 股投资者的视野已经穿越了今后几年的经济下行期而开始关注经济转型成功之后（哪怕经济增长率下降到只有 5%～6%）的投资机会了。经过长达 7 年的经济下行期后，也许投资者对经济增速放缓这一"新常态"已经习以为常，对于经济进一步放缓也达成了共识，所以这些也许已经反映在股价里了。而过去一年多以来（尤其是党的十八届三中全会以来），中国政府在经济改革、对外开放、反腐倡廉、转型升级等多方面成果显著，点燃了投资者对转型成功后中国经济的巨大潜力和发展机遇的憧憬。这一预期如此强大，以致投资者也许有意忽略了今后 1～2 年甚至 3～4 年中国经济继续下行的可能性而专注于之后的长期稳定与繁荣了。

这一可能性虽然存在，但很难想象 A 股投资者对今后几年中国经济转型所必须经历的深度调整和阵痛已经有了充足的心理准备。鉴于中国企业薄利多销、以量取胜的商业模式，大多数企业的盈利能力对经济增长率都高度敏感。过去 7 年，中国的实际 GDP 增长率以平均每年 1 个百分点的速度下降，企业盈利增长也相应大幅度减速。但由于起点高，直到最近 2～3 年，大部分企业才真正进入经营困难的"深水区"。在目前水平上，哪怕中国经济增长率从 7.4% 仅仅下降 1 个百分点，都有可能把一大批企业从盈利拖到亏损甚至破产倒闭的边缘。

果真如此，中国经济转型的最艰难时刻恐怕还未到来，市场出清尚未完成，过剩产能尚未去除，银行体系隐藏的坏账风险还未暴露和清理。在这些调整完成之前，很难想象中国经济能够成功转型。如果投资者果真低估了中国经济转型的难度、长度和痛苦的程度，那么一旦经济增长出现较大颠簸，这些投资者也许会感到惊慌失措。在我看来，这种颠簸发生在 2015 年的概率并不能低估。投资者切记系好安全带，不可过度乐观。

"宏观稳住" 的难点和对策[①]

引言

去年 10 月，在我们执笔的中国金融四十人论坛《2014 年第三季度宏观政策报告》中，我们指出，"中国经济迈向'新常态'的路径很可能并不平坦，主要是因为投资驱动经济增长已是强弩之末"。在文中讨论的迈向"新常态"的三种可能路径中，当时我们认为最可能成为现实的是一条近似于通货紧缩的路径。虽然中国经济目前还没有走上这一路径，但从过去三个季度中国经济发展的蛛丝马迹来看，我们似乎有更多的数据和证据来维持这一判断。

在那份报告的政策建议部分，我们强调，"如果经济颠簸难以避免，政府应该坚持'宏观稳住、微观放活、社会托底'的政策思路，抓紧建立'防火墙'，防止经济波动扩散到社会层面"。从过去三个季度的实际情况看，宏观决策部门在贯彻落实这一政策思路方面取得了很大进展。在没有采用大规模的货币、信贷、财政、投资等刺激政策的情况下，宏观决策部门通过适时预调微调、创新定向调控工具、推动结构性改革等手段达到了"宏观稳住"的效果，实属不易。

然而，由于中国经济的体量越来越大，"宏观稳住"的难度越来越高，所需动用的资源量越来越大，由此产生的新的效率损失和结构扭曲与"宏观稳住"的政策初衷也越来越背离，这令宏观决策当局进退两难。另外，虽然宏观决策部门已采取诸如地方政府融资平台债务置换等措施尽可能化解潜在的系统性金融风险，但存在于影子银行体系、各层次资本市场乃至正规银行系统的各式各样的"地雷"依然有可能令人防不胜防。

[①] 本文 2015 年 8 月发表于《新金融评论 2015 年第 4 期总第 18 期》。

在本文中，我们将着力分析当前"宏观稳住"政策的主要难点，并在此基础上预测中国经济的短期和中期走势，提出相关的政策建议。

"宏观稳住"的意义和成果

我们认为，"宏观稳住、微观放活、社会托底"是新一届领导层对中国宏观政策的一个高屋建瓴的方针和指引。在当前中国经济迈向"新常态"的进程中，这一指引对于中国经济和社会的平稳转型具有重大意义。

在我们看来，"宏观稳住"主要包含两方面的意义。一是稳增长，即政府要利用目前所能动用的经济、金融与政策资源，尽可能减缓经济增长的下滑速度，防止出现"硬着陆"。二是防风险，即政府要通过调整制度安排或利用自身所掌握的资源来化解、释放或缓解隐藏于经济与金融体系之中的各类风险因素，建立危机缓冲或止损机制，有序、有控制、有隔离地引爆一些"经济炸弹"，或通过新的制度安排将高风险因素分散在更久远的未来，避免出现系统性或区域性经济与金融危机。

"微观放活"就是要通过简政放权、放松管制、深化改革、对外开放等措施来降低准入门槛和交易成本，释放民众创业与创新的能力，促进经济结构调整和企业转型升级，从而提升企业经营效率和核心竞争力，培育和发展新的经济增长极和国际竞争优势，使新兴产业和民营经济能够对中国经济增长起到更大的承接和推动作用。

"社会托底"就是要通过拓宽和夯实社会保障网、建立更加权威的法治社会体系、构建各类危机应急机制，来提升中国社会的稳定性和柔韧性，增强社会与政治体系抵御经济波动的能力。

就三者之间的关系来讲，"宏观稳住"不是目的，只是"买时间"的手段，是为"微观放活"和"社会托底"来"买时间"。我们要利用宏观经济与金融体系相对稳定的这段宝贵时间，抓紧落实"微观放活"的政策措施，以便在传统行业不得不调整之时，使新兴行业能够对经济增长起到更大的支撑作用；我们也要利用宏观经济与金融体系相对稳定的这段宝贵时间，抓紧构建"社会托底"的法制与社会保障架构，因为存在一种风险，即在"微观放活"的效果尚不强大之前，"宏观稳住"的能力已经大幅度削弱，此时经济的波动性会明显上升。如果届时"社会托底"的各项任务已经基本完成,那么在经济波动到来时,"社会托底"的各项机制会形成一道坚固的"防火墙",防止经济波动扩散到社会层面。这正是"社会托底"的意义所在。

过去两年,在"宏观稳住、微观放活、社会托底"的政策思路指引下,宏观决策部门通过稳增长、防风险等"宏观稳住"措施为调结构、促改革、惠民生赢得了宝贵的时间,令其能够在加速经济转型、完善社会保障、提升对外开放水平等方面取得一系列成绩。例如,宏观决策当局抓住"宏观稳住"的有利时机,果断推出了利率市场化、人民币国际化、自贸区试点、存款保险制度、"大众创业、万众创新""互联网+""一带一路"、高铁外交、亚洲基础设施投资银行、丝路基金、金砖银行、沪港通、中港基金互认等一系列深化改革开放的措施。

从数字上看,2015年上半年,第三产业增加值占国内生产总值的比重达到49.5%,比上年同期提高2.1个百分点,高于第二产业5.8个百分点;同期最终消费支出对国内生产总值增长的贡献率为60.0%,比上年同期提高5.7个百分点。在居民消费中,全国网上零售额为1.6万亿元,同比增长39.1%,远远超过社会消费品零售总额10.4%的增速,显示了"互联网+"战略的威力及新兴商业模式的迅速崛起。单位国内生产总值能耗同比下降5.9%,显示节能降耗也继续取得新进展。另外,在2014年的出口总额中,一般贸易的比重已经上升到51%,而加工贸易的比重则下降到38%,大大改变了2010年以前中国出口中加工贸易占主导的局面。没有"宏观稳住"的大背景,我们在结构转型方面取得上述成绩和进展是很难想象的。

就"宏观稳住"而言,在没有采用大规模的货币、信贷、财政、投资等刺激政策的情况下,宏观决策部门通过适时预调微调、创新定向调控工具及推动结构性改革等手段达到了"宏观稳住"的效果。例如,从货币与信贷增长来看(见图1),过去一年,虽然宏观决策部门一直在陆续推出"稳增长"措施,却没有走2008—2009年"强刺激"的老路,没有大幅度放松货币与信贷政策,而是采取了相对中性、预调微调、定向调控的措施;从固定资产投资的新开工项目来看,也没有出现计划投资额"井喷式"上涨,说明去年以来的"稳增长"政策确实是以"稳"为主,而没有"刺激",尤其是没有通过大规模的新开工大型基建项目来刺激投资增长（见图2）。

图1 广义货币供应量（M₂）与银行贷款余额年同比增长率

（资料来源：国家统计局，博海资本）

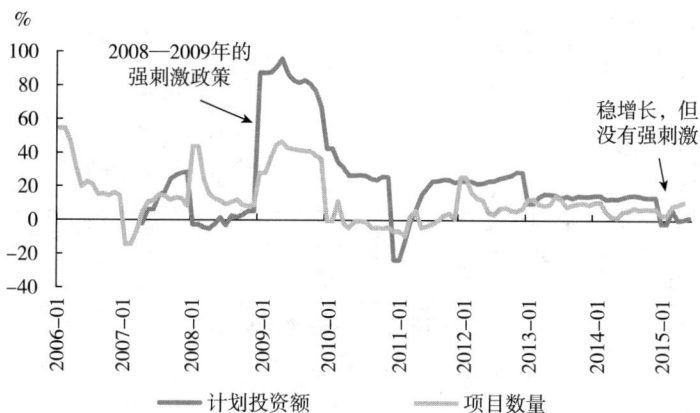

图2 固定资产投资新开工项目数量与计划投资额的年同比增长率

（资料来源：国家统计局，博海资本）

在这种背景下，中国经济增长能够在去年达到7.4%、今年上半年达到7.0%，实属不易。与此同时，除了资本市场出现了较大波动之外，无论是正规的金融体系还是影子银行体系都保持了相对平稳的态势，没有出现区域性或系统性的金融危机，房地产市场甚至出现了明显复苏，显示了"宏观稳住"的成效。

"宏观稳住" 的难点

虽然宏观决策当局成功实现了"宏观稳住",但由于中国经济的体量越来越大,"宏观稳住"的难度越来越高。这从今年上半年的经济形势中可窥一斑。尽管一系列稳增长措施已陆续推出一年多,但今年上半年的实际GDP增长率仍然降到7.0%,为六年来最低;固定资产投资增长率似乎有加速下滑的趋势,降到11.4%,为十多年来最低(见图3);消费(社会消费品零售总额)表现相对平稳,但其实际增长率也在回落,降到10.5%,低于去年全年10.8%的平均增速(见图4);出口数量在剔除2月的剧烈波动之后,其他几个月都出现了年同比负增长的现象(见图5)。

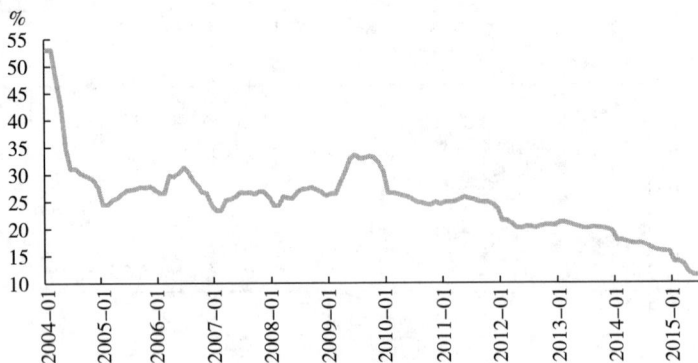

图3 固定资产投资名义增长率

(资料来源:国家统计局,博海资本)

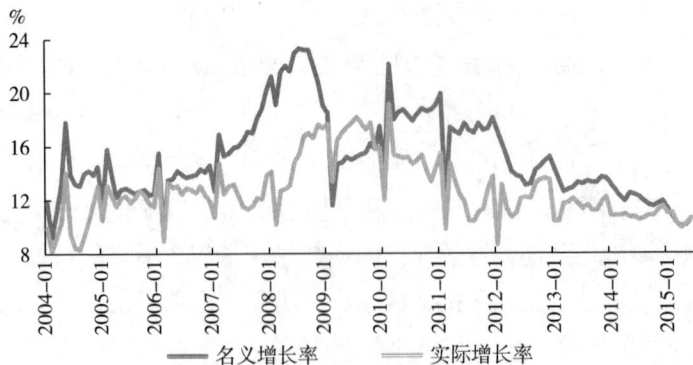

名义增长率 实际增长率

图4 社会消费品零售总额增长情况

(资料来源:国家统计局,博海资本)

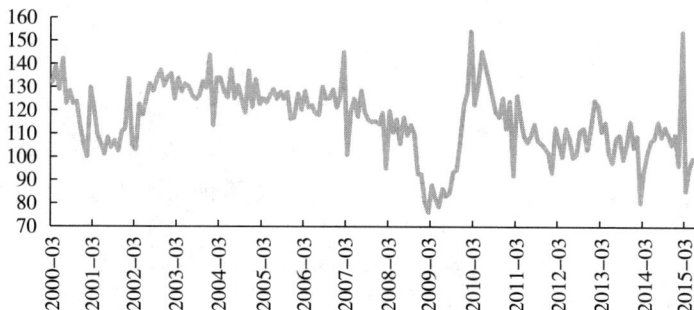

注：去年同期＝100。

图5　出口数量指数

（资料来源：国家统计局，博海资本）

"宏观稳住" 的难度之所以越来越大，很可能源于以下几个主要方面。

1. 巨额投资有可能超出当前金融体系的融资能力

在《2014 年第三季度宏观政策报告》中，我们对此问题已做过详细论述。概括来说，鉴于投资占 GDP 的比例高达 46%，稳增长的关键依然是稳投资。然而，根据我们的测算，要在今后 5 年（2015—2019 年）维持中国经济 5% ~ 7% 的增长率，除非出现深度通货紧缩，全社会固定资产投资的名义增长率应保持在 4% ~ 12%，甚至更高（见表 1）。与之相对应，今后 5 年全社会固定资产投资的总额将达到 336 万亿元人民币，比过去 34 年（1981—2014 年）的投资总额 309 万亿元还要多。

表1　2014—2018 年的中国 GDP 与固定资产投资：一个假设路径

年份	实际 GDP 增长率（%）	名义固定资产投资增长率（%）	名义固定资产投资金额（万亿元人民币）
2014	7.4	15.3	51
2015e	7.0	12	57
2016e	6.5	10	63
2017e	6.0	8	68
2018e	5.5	6	72
2019e	5.0	4	75

资料来源：国家统计局，博海资本。

如此巨额的固定资产投资将面临一个巨大挑战，即如何为其融资。根据我们的测算，2015—2019 年，固定资产投资的三大主要资金来源（企业利润、固定资产折旧和银行贷款）之和与表 1 中所列的固定资产投资总额的年度缺口平均在 20 万亿元左右（见图 6）。这么大的年度融资缺口，仅靠财政拨款、发行债券、发行股票或其他非主流的融资渠道，估计是有难度的。

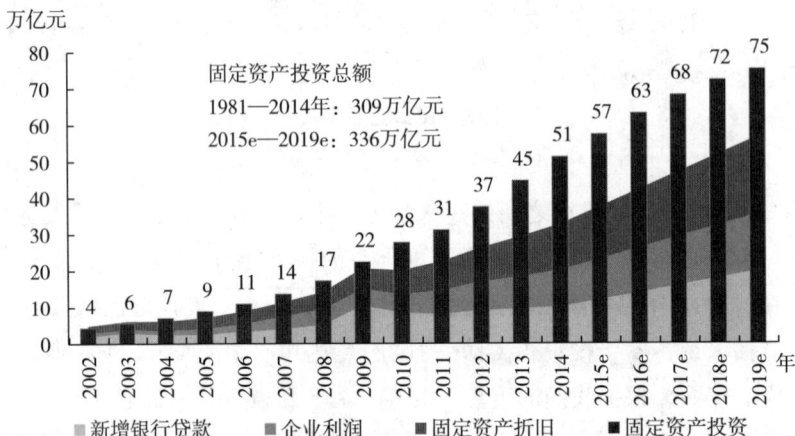

注：企业利润为估计值，根据企业所得税总额与企业所得税税率计算得出；固定资产折旧也为估计值，根据国家统计局公布的年度资本形成总额计算出资本存量后，按照 10% 的直线折旧率提取。

图 6　固定资产投资、新增银行贷款、企业利润与固定资产折旧
（资料来源：国家统计局，博海资本）

实际上，从今年上半年的情况来看，固定资产投资到位资金同比仅增长 6.3%，远低于固定资产投资 11.4% 的增速（见图 7）。这在一定程度上表明（及预示），如果融资问题得不到很好的解决，资金约束依然有可能成为制约下半年投资增长的一个重要因素。

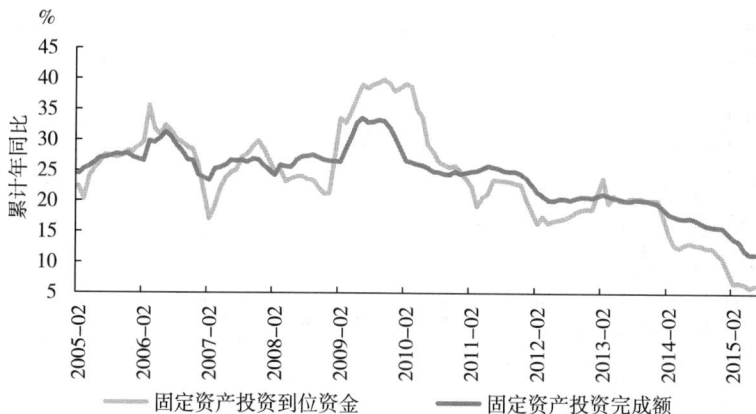

图 7   固定资产投资到位资金同比增长率

（资料来源：国家统计局，博海资本）

2. 盈利能力下降削弱了制造业企业的投资意愿

除了融资缺口之外，固定资产投资增速下降的另一个可能原因是实体经济中难以找到足够多的具有盈利能力的投资项目，导致企业投资意愿下降，相关借贷需求萎缩，经济陷入通货紧缩和流动性陷阱的风险加大。在这种情况下，货币政策的传导机制有可能不再灵敏，降息、降准乃至量化宽松政策对刺激投资的效果有可能大打折扣。

今年上半年，GDP 增长率从去年第三季度的 7.3% 下降到 7.0%，而同期工业企业利润增长率从 7.9% 下降到 −1.3%（出现了利润绝对额的下降），显示出利润增长率对经济增长率高度敏感。如果这一现象继续保持，那么随着 GDP 增长率的进一步下滑，工业企业的盈利能力还会大幅度下降。

实际上，工业企业盈利能力的下降已成为近年的趋势。根据国家统计局的数据，规模以上工业企业的销售利润率在 2010 年见顶，达到 7.6%，而到今年第一季度，这一指标已下降到 5.2%，回到 2002 年的水平；工业企业的资产回报率在 2011 年见顶，达到 9.1%，而今年第一季度则降到 5.5%，回到 2004 年的水平（见图8）。

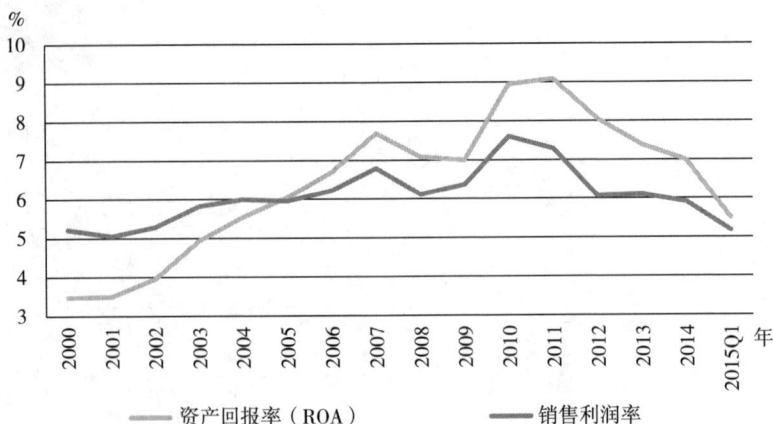

图8 规模以上工业企业的销售利润率与资产回报率

（资料来源：国家统计局，博海资本）

　　根据我们的分析，工业企业盈利能力下降的主要原因似乎并不是"融资贵"，因为财务费用（包含利息）占工业企业销售收入的比重不到1.5%，而且自2004年以来就一直在1.0%~1.5%之间，最近几年并没有很大变动（见图9）。这意味着，降息这一货币政策工具即便可以顺利传导到企业的实际融资成本这个层面，其对规模以上工业企业的盈利（以及投资意愿）的影响可能也非常有限。同样，管理费用和营业费用占工业企业销售收入的比重自2008年以来也都保持平稳（见图10），应该也不是造成企业利润率下降的主因。

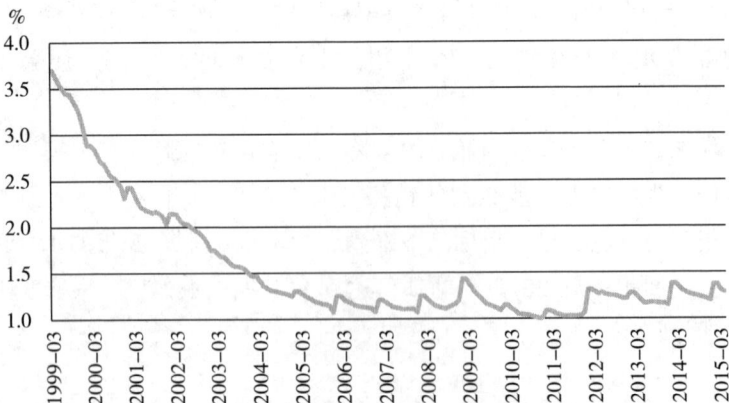

图9 财务费用（含利息）占工业企业销售收入的比重

（资料来源：国家统计局，博海资本）

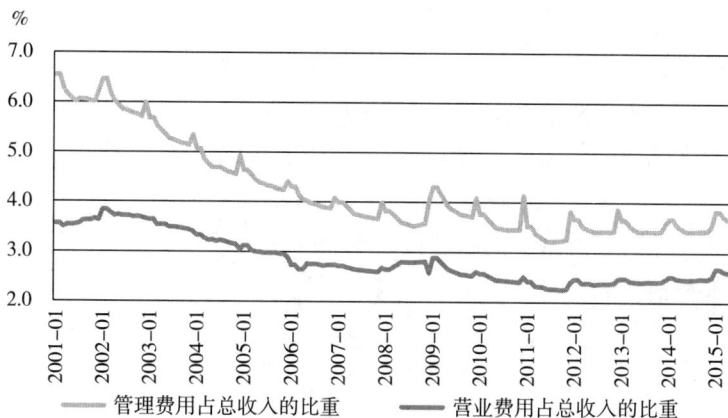

图10　管理费用与营业费用占工业企业销售收入的比重

(资料来源：国家统计局，博海资本)

　　我们认为，工业企业利润率下降的最主要原因是主营业务的毛利率下降（这里我们将毛利润定义为主营业务收入与主营业务成本的差额）。根据国家统计局公布的数据测算，我国规模以上工业企业的毛利率已从2000年前后的18%左右下滑到目前的14%左右（见图11）。究其原因，很可能有以下三个方面：（1）产能过剩导致企业缺乏定价权，引发过度的价格竞争；（2）劳动力成本的上升快于劳动生产效率的上升，导致单位劳动力成本上升；（3）近年产能扩张过快，导致固定资产折旧摊销压力快速上升。

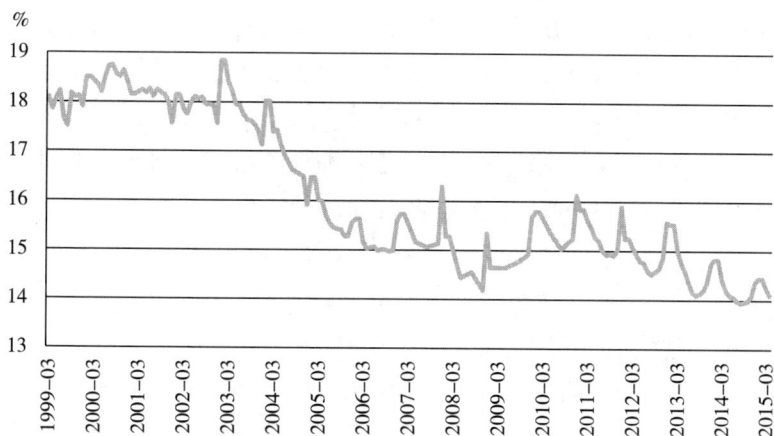

图11　规模以上工业企业主营业务毛利率

(资料来源：国家统计局，博海资本)

（1）产能过剩导致企业之间竞相压价，压低了毛利率的现象，从这几年工业品出厂价格指数（PPI）的连年下降之中可窥一斑。自2012年3月以来，PPI已经连续40个月出现了年同比的负增长（见图12）。这其中虽然有全球大宗商品价格下跌的因素，但由于产能过剩的存在，位于产业链中下游的工业企业却不能把更低的原材料成本转化为更大的利润率，而是被迫下调产品出厂价格，把原材料成本下降的大部分好处都转让给了更下游的企业或最终消费者。

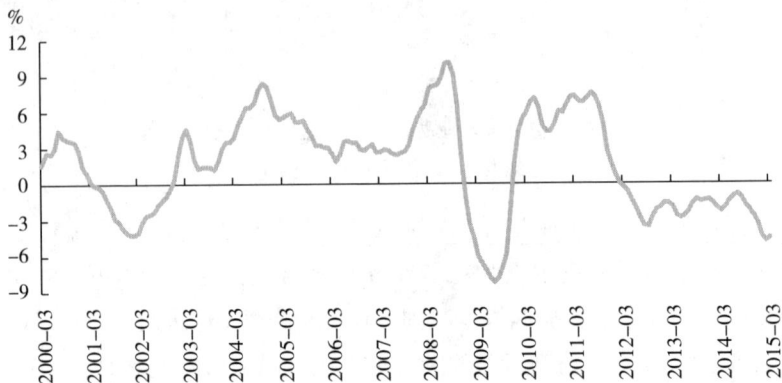

图12　工业品出厂价格指数（PPI）

（资料来源：国家统计局，博海资本）

（2）由于缺乏足够高质量的企业层面的数据，我们无法对中国工业企业的单位劳动力成本作出准确衡量。作为一个近似，我们根据国家统计局公布的宏观层面的就业与工资数据，对中国非农行业的单位劳动力成本做了粗略的估算，结果显示，自2008年以来，这一指标出现了大幅度上涨（见图13）。到2014年，这一指标已经回到了1992年的水平，说明中国非农就业部门在1992—2007年的16年间通过劳动生产效率改善超过劳动力成本上升所带来的竞争力的改善，已经在2008—2014年的7年里彻底丧失。当然，我们承认，由于数据质量的问题，我们的测算可能并不精确。但这一测算所透露的趋势应该包含了大量信息。

虽然从收入分配的角度来讲，近年来单位劳动力成本上升改变了以往工资上涨赶不上劳动生产率上涨的现象，对于改善劳动者福利、增强家庭部门的消费能力很有裨益，但毋庸讳言的是，这一现象也意味着企业竞争力的下降和盈利能力的恶化，降低了企业的投资意愿。

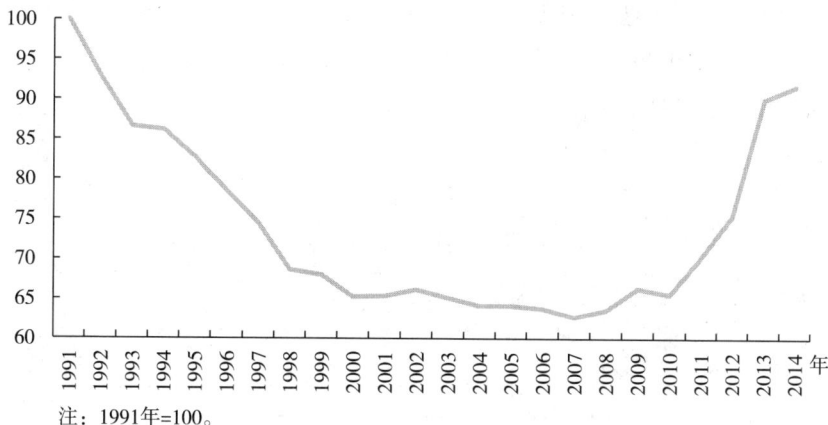

注：1991年=100。

图13　中国非农业部门的单位劳动力成本指数

(资料来源：国家统计局，博海资本)

（3）产能扩张过快导致固定资产折旧摊销压力快速上升，源自中国企业薄利多销、以量取胜的粗放式商业模式。由于产品同质化，企业必须依赖价格竞争来增加销售，占领市场。这导致企业毛利率很低。在低毛利率的情况下，企业为获得更大利润则必须扩大销售，而扩大销售则必须以扩张产能为支持。在这种模式下，企业根据自身对未来销售成长的预期和规划，不断扩充产能，导致企业在未来一段时间固定资产折旧的摊销成本不断上升。如果实际销售额的增长能够达到预期，其收入增长足以覆盖固定成本的快速增加；然而，一旦经济增速放缓超出预期，企业的销售收入增速也随之降低，而其固定资产折旧成本的上升却无法立即停顿，难以完全摊销，这必然对企业的利润产生压力。与此同时，由于大部分企业缺乏差异性产品和核心技术，在经济增速放缓时，为保持销售总额的增长目标，企业只能通过更激进的价格竞争来扩大销售或维持市场份额，这对于本已偏低的毛利率来说无疑是雪上加霜。

从图14我们可以看出，在2000—2008年及2010—2011年，中国工业企业主营业务收入的增长率都超过了企业非流动资产的增长率。这意味着，在这些时间段，企业销售收入的增长应该足以覆盖固定资产折旧成本的摊销，这期间企业的利润增长应该不会有太大压力。而图15的工业企业利润增长率的数据也确实证明如此（这些年的利润增长率都是正数）。然而，在2009年及2012年以后，二者的关系发生了逆转，这意味着企业收入的增长有可能无法完全覆盖固定资产折旧成本的摊销。图 15 显示，在 2009 年、2012 年和 2015 年，工业企业利润都出现了负增长，对我们前述的论点提供了支持。

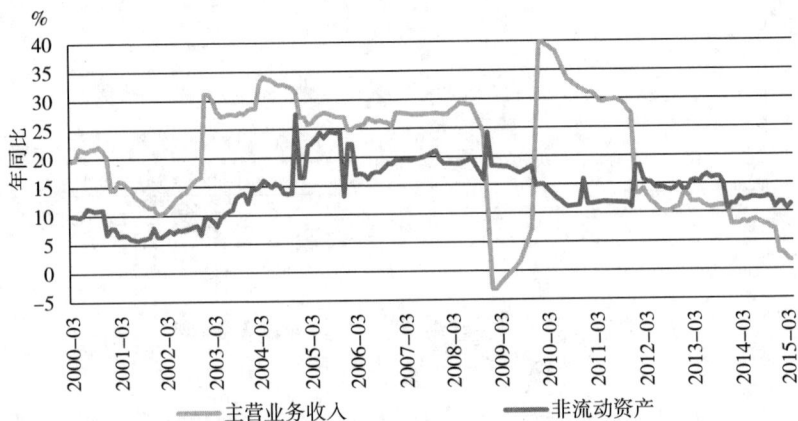

图14　中国工业企业主营业务收入与非流动资产的增长率

（资料来源：国家统计局，博海资本）

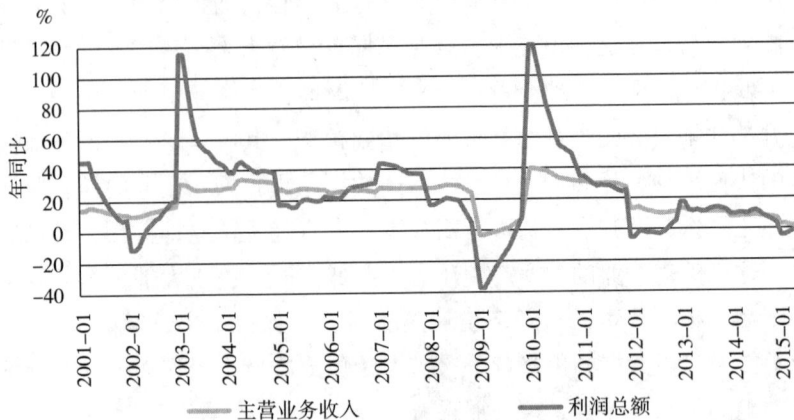

图15　中国工业企业主营业务收入与利润总额增长率

（资料来源：国家统计局，博海资本）

值得注意的是，2013—2014 年，虽然企业主营业务收入的增长率低于企业非流动资产的增长率，但利润总额却保持正增长。这反映了微观企业的调整与适应能力。只要收入增长不出现大幅度下跌，企业的确可以通过降低成本、调整投资计划等措施挖潜增效，防止盈利出现大幅度恶化。

然而，如果收入增长出现"跳水式"下滑（如 2009 年、2012 年、2015 年），企业即便挖潜增效，也很难在短期内把各项成本摊销下调到足够低的水平，很难避免利润出现负增长。这一现象也在一定程度上表明了稳增长、防止经济在短期内"硬着陆"的"宏观稳住"政策（而不是刺激政策）的意义所在。

总之，由于经济增长下行压力依然巨大，企业盈利依然步履维艰，相当一批企业一直在亏损边缘挣扎。这会影响企业家对未来盈利前景的预期，降低他们的投资意愿，导致制造业投资增长乏力。

3. 房地产投资增长出现趋势性回落

由于房地产投资占固定资产投资的20%左右，而且房地产行业的上下游产业链非常长，因此稳定房地产投资向来是"稳投资"政策的重中之重。今年3月房地产新政出台以后，房地产价格和销售在全国范围内出现一定回暖（见图16），但房地产投资却只有4.6%的低位增长（见图17）。

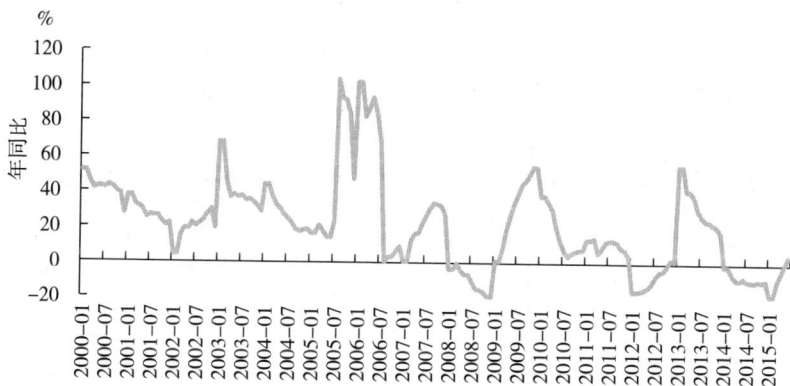

图 16　住宅房地产销售面积的增长率

（资料来源：国家统计局，博海资本）

如果房地产价格与销售继续回暖，房地产投资是否会像以往那样重拾升势呢？我们认为有难度。这主要是因为中国的房地产市场已从过去20年的严重供不应求变为目前的供需基本平衡。如果房地产新开工和投资继续保持高增长的话，房地产市场很可能在5~10年内出现供应过剩。在这一趋势判断下，房地产开发商对于买地及新开工项目都变得非常谨慎。

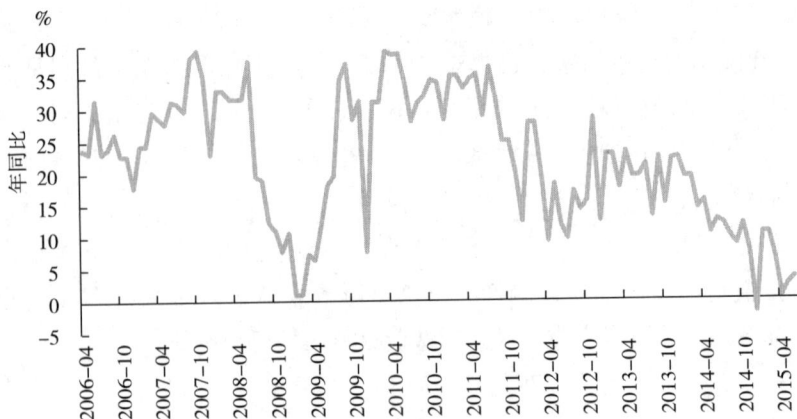

图17 房地产月度投资额增长率

(资料来源：国家统计局，博海资本。)

根据我们的测算，到 2015 年 6 月底，国内的商品房待售面积为 6.6 亿平方米，按今年上半年的实际销售面积来计算，估计要用 7 个月才能清空存货（见图 18）。与此同时，在建未完工的商品房面积为 60 亿平方米，相当于过去 20 年累计竣工面积的 56%。以今年上半年的实际销售面积来计算，如果全部建完的话，这些商品房大约需要 5 年才能全部卖掉（见图 19）。更值得关注的是，商品房新开工面积还在以每年 16 亿平方米的速度增长（见图 20）。即便商品房新开工面积维持零增长，今后五年内就会新开工 80 亿平方米的商品房项目，接近过去 20 年累计竣工面积（105 亿平方米）的 80%。

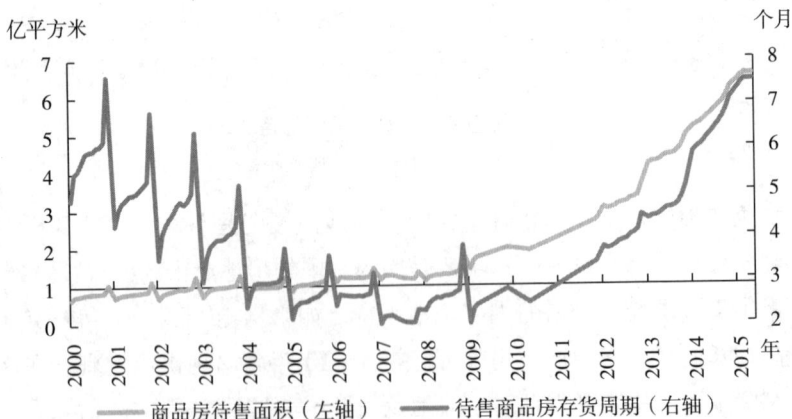

图18 商品房待售面积与存货周期

(资料来源：国家统计局，博海资本)

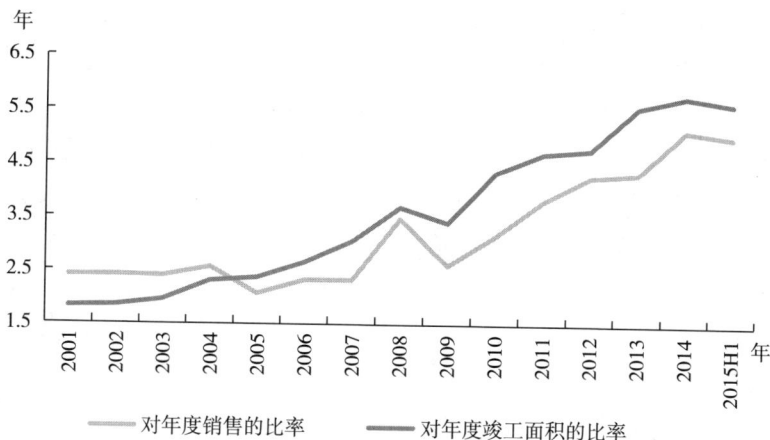

图 19　商品房在建未完工面积占比

（资料来源：国家统计局，博海资本）

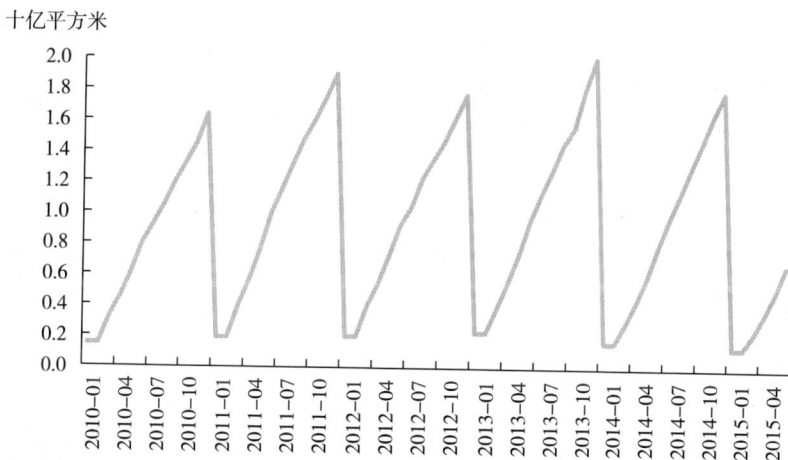

图 20　商品房新开工面积

（资料来源：国家统计局，博海资本）

以上分析表明，考虑到房地产市场的建成存货（待售面积）、在建存货（在建未完工面积）和未来新增加供应（新开工面积），今后 5～10 年，将有大约 150 亿平方米的新商品房供应进入市场，比过去 20 年的实际供应（总竣工面积）还要高 40%。仅就其中的住宅地产而言，这些房产建成后可供 3 亿～4 亿的城镇居民居住。而今后 10 年内我国新增城镇人口应该不会超过 2 亿人。因此，如果房地产新开工面积不出现负增长，5 年后中国的房地产市场很可能出现绝对意义上的供应过剩。换句话说，去年以来出现的商品房新开工面积和土地购置面积的负增长是合理的（见图21、图22）。

随着新开工面积和在建未完工面积的下降，房地产投资完成额的增速必将出现趋势性回落，甚至出现负增长。在这种情况下，房地产投资在今后几年将很难再成为"稳投资"的主要抓手。

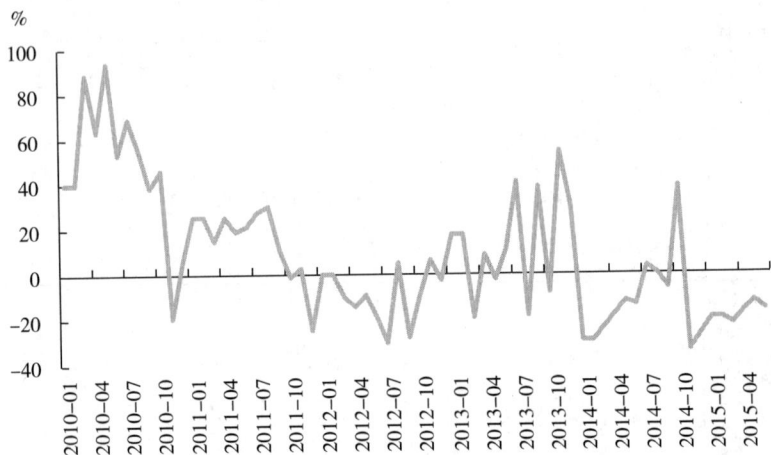

图21　商品房新开工面积同比增长率

（资料来源：国家统计局，博海资本）

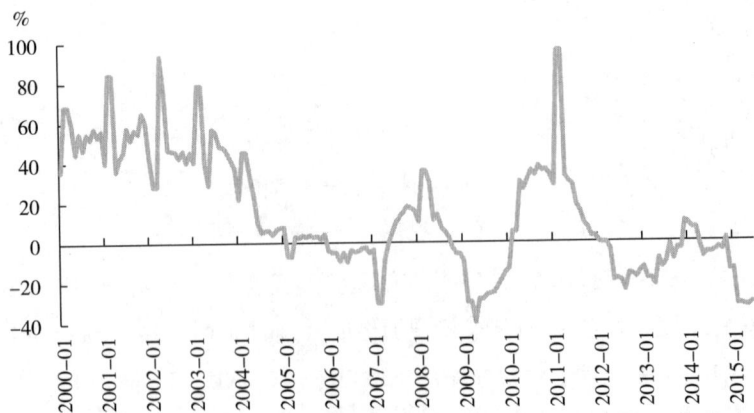

图22　土地购置面积同比增长率

（资料来源：国家统计局，博海资本）

4. 激励机制转变弱化了基础设施投资的"刺激"功能

今年上半年，中央政府"稳增长"政策的一个重要抓手是基础设施投资，但这类投资的增长率仅维持在年同比 19%（见图 23）。尽管这明显超过房地产与制造业的投资增速，但与 2009 年"四万亿经济刺激政策"带来的大幅度反弹已不可同日而语。

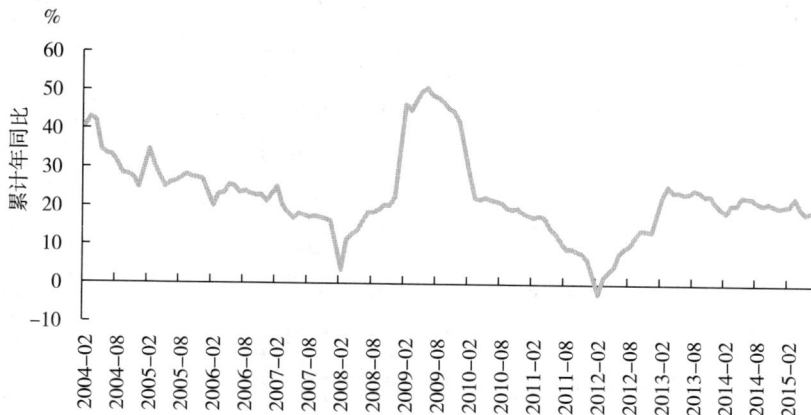

图 23　基础设施投资同比增长率

（资料来源：国家统计局，博海资本）

造成这一现象的原因可能是多方面的。最近几年，随着地方政府官员的政绩考核逐渐从"GDP 锦标赛"转向更倾向于民生、环保等综合性指标，令地方政府官员对于依靠投资拉动经济增长的积极性下降。与此同时，由于对地方政府债务的监管政策收紧以及银行等金融机构加强对贷款风险的控制（如 43 号文[①]、修改后的《预算法》等），地方政府在基建投资项目方面的融资能力也受到约束。这两方面的因素叠加，导致地方政府官员的激励机制和行为模式发生了明显变化，令传统的稳增长政策工具（如通过地方政府主导的基建投资来刺激投资）的传导机制不再像以往那样畅通。

另外，由于地方政府的债务雪球越滚越大，每年还本付息的负担日益加重，很多地方甚至连还本付息的资金都难以筹集，更没能力为新项目筹集

[①]　指的是 2014 年 9 月国务院印发的《国务院关于加强地方政府性债务管理的意见》（国发〔2014〕43 号）。

资金。虽然 2015 年初以来，在政府有关部门的协调下，商业银行持有的地方政府融资平台贷款已经有 1 万亿 ~ 2 万亿元被置换为期限更长的地方政府债券，缓解了地方政府融资平台的还本付息压力，但这并没有触及新项目的融资问题。因此，融资问题依然是今年地方政府基建投资的一个重要约束。

虽然地方政府激励机制和行为模式的变化有助于提升微观层面的投资效率，防止出现过度投资或低效投资，但这对近期的投资和经济增长将产生负面影响。这些激励机制和传导机制的变化也成为当前稳增长的一个难点。

以上分析表明，由于产能过剩及行业趋势的变化，在传统行业里寻找具有盈利前景的投资机会越来越难。虽然新兴产业的盈利前景很好，但其体量依然较小，可以吸纳的投资规模有限。在这种形势下，商业银行等金融机构对贷款项目的风险控制和审批会越来越严。这种顺周期的商业行为虽然反映了金融机构日益商业化、市场化的可喜转变，但客观上讲，也导致"逆周期"的货币政策的传导机制不再像以往那样灵敏。

5. 金融体系自身的稳健性下降增加了额外风险

制约"宏观稳住"政策落实的另一个掣肘之处是金融机构和金融体系自身的稳健性在下降。这不但削弱了金融系统给实体经济融资的意愿和能力，也增大了金融系统内部风险暴露的概率。

就银行系统而言，上一轮商业银行大面积股份制改革和上市距今已有 10 年左右。由于股改后大部分商业银行的资产负债表得到清理，股本得到充实，股改上市后中国银行业迎来了"黄金十年"，整个行业的资产规模大幅度上升，不良贷款额和不良贷款率出现了可喜的"双降"现象（见图 24）。

然而，经历了过去 10 年左右的高增长，随着中国经济增速放缓和企业盈利能力下降，银行业的盈利增速也快速放缓。以四大行为例，其税后净利润增长率已经从 2007 年的 48% 下降到今年第一季度的 1.4%，增速下降的趋势非常明显（见图 25）。值得注意的是，与此同时，商业银行的不良贷款率自 2012 年始已经终止了多年下降的势头，并于 2013 年底开始了明显上升的趋势（见图 24）。更令人忧虑的是，同期银行的拨备覆盖率却出现了明显下降的趋势，从 2012 年底的 296% 下降到 2015 年第一季度的212%，下降了 84 个百分点（见图 24）。试想，如果商业银行维持拨备覆盖率不变的话（即保持 296% 的高位），它们最近几个季度的利润增速是否还应该更低呢？

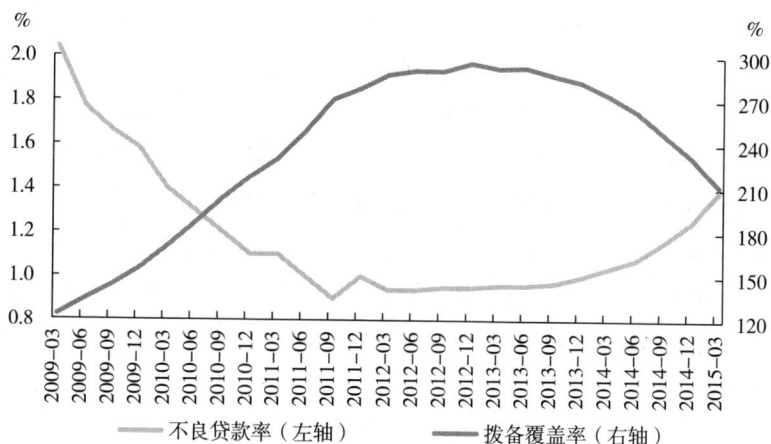

图24　商业银行不良贷款率和拨备覆盖率

（资料来源：国家统计局，博海资本）

不良贷款率（左轴）　　拨备覆盖率（右轴）

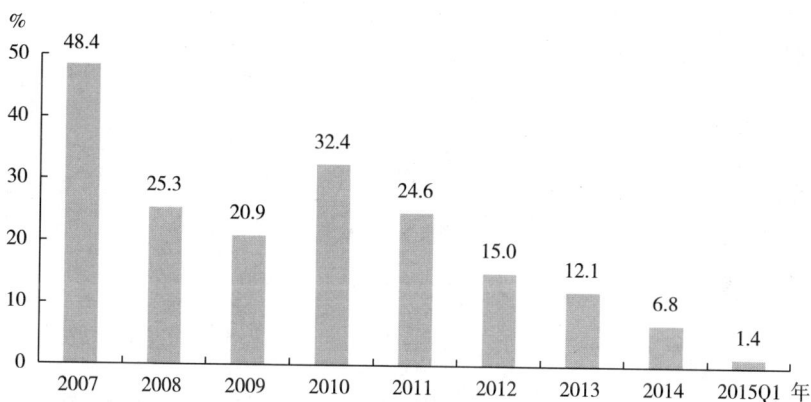

图25　四大商业银行税后净利润增长率

（资料来源：国家统计局，博海资本）

　　商业银行坏账率的上升和利润增速的下降，其实只是其客户（即企业部门）经营状况恶化的一个反映。由于经济增速下降，企业盈利能力削弱，整个企业部门的现金流出现了明显恶化，这从企业存款余额与银行贷款余额的比率上可窥一斑（见图26）。由于银行贷款的绝大部分都转变成企业存款（然后再通过付工资、缴税等渠道转变为家庭储蓄存款或财政存款），从理论上讲，如果企业现金流没有明显恶化的话，企业存款余额应该伴随着银行贷款余额的增加而相应增加。因此，观察企业存款余额与银行贷款余额的比率可以显示企业部门的现金流状况。如果这一比率上升，说明企业部门的现金流改善，否则说明现金流恶化。从图26可以看出，在1991年到2011年的绝大部分时间，这一比率都呈上升趋势，说明企业部门盈利能力增强，现金流改善（这与我们从规模以上工业企业的资产回报率与销售利润率等指标得到的结论是一致的）。然而，从2011年下半年开始，这一比率出现了长达3年的下行，至今尚无反转的迹象。

如果我们对企业部门整体现金流状况的判断是正确的话，那么商业银行得以生存和繁荣的微观企业基础正在被动摇。在这种情况下，商业银行自身对于向实体经济放贷也会变得非常谨慎，难免出现提高贷款风险标准等"惜贷"现象。这从近几年银行贷款增速放缓的现象中已经可以看出（见图1），尤其是对高风险行业的贷款更为严格。例如，在房地产投资的资金来源中，国内贷款今年竟然出现了年同比下降的态势（见图27）。显然，对实体经济形势的担忧和金融机构自身稳健性的下降已经影响到金融系统给实体经济融资的意愿和能力。

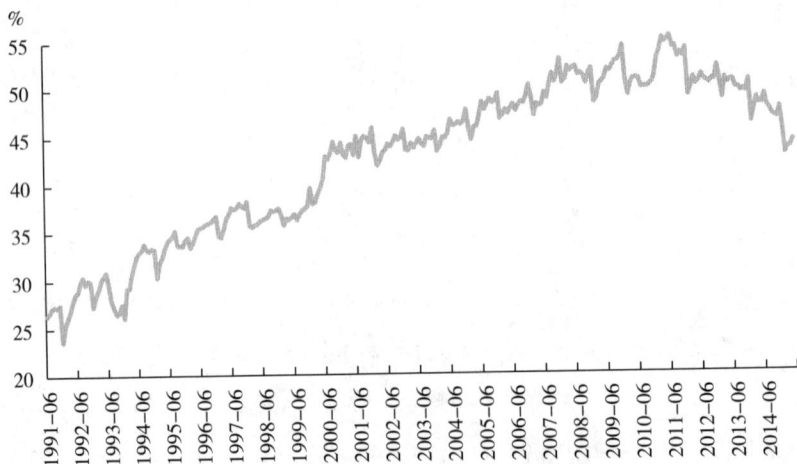

图26　企业存款余额与银行贷款余额的比率
（资料来源：国家统计局，博海资本）

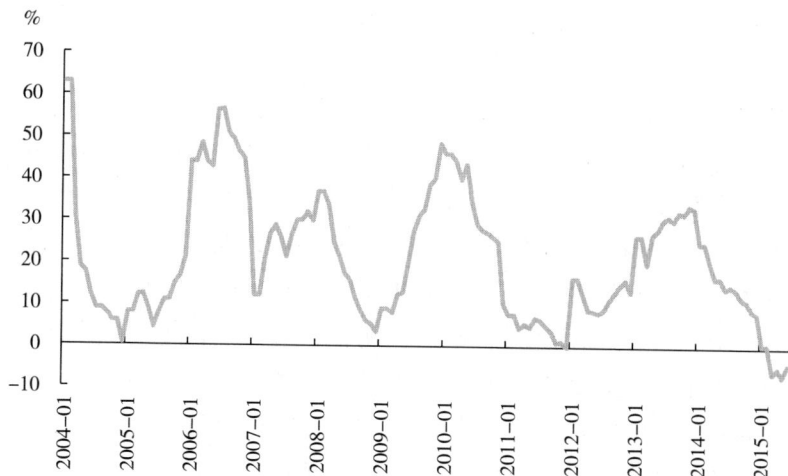

图27 房地产投资的资金来源中国内贷款的同比增长情况

(资料来源：国家统计局，博海资本)

鉴于银行体系难以向实体经济提供足够的融资，发展多层次资本市场、发挥资本市场的融资功能也成为过去几年"宏观稳住"与"微观放活"兼顾的重要举措之一。在多种因素的影响和作用下，中国股票市场自2014年下半年展开了一场波澜壮阔的上升行情，激发了国内外投资者对于投资A股的热情（见图28）。股票二级市场的繁荣也令IPO、增发和减持成为股票市场反哺实体经济的重要途径。

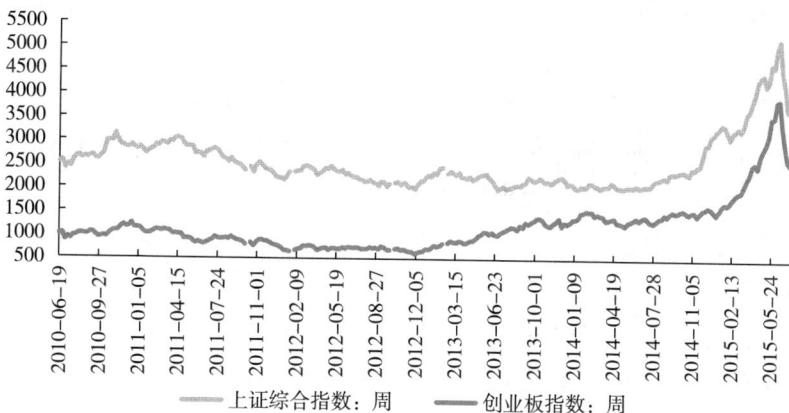

上证综合指数：周　　创业板指数：周

图28 上证综指与创业板指数（每周收盘价）

(资料来源：国家统计局，博海资本)

　　然而，由于股票市场的上升行情与实体经济增速放缓、企业盈利恶化出现了背离，影响了上升行情的可持续性，也令很多人担忧资产价格泡沫的形成以及泡沫破裂后可能给实体经济及金融体系带来的冲击。

　　这一担忧在 6 月成为现实。由于投资者在交易中使用了大量杠杆，股价的初始调整迅速引发了"多米诺骨牌效应"，在短短几周内导致股价暴跌 35%，并且有触发系统性危机的可能。在这种情况下，监管部门采用了诸如暂停 IPO、禁止大股东减持、要求国企上市公司大股东甚至高管、员工增持、对做空行为采取限制等一系列紧急"救市"措施，虽然成功稳住了市场，却也暂停了股票市场的融资功能和价格发现功能。

　　企业现金流的恶化、商业银行不良贷款的上升以及股票市场的剧烈波动都表明，金融体系的稳健性正面临巨大的挑战。不但金融体系给实体经济提供融资的能力与实体经济所需的融资规模差距不断扩大，而且其自身的稳定性越来越有可能成为"宏观稳住"的难点和挑战。

　　6. "宏观稳住"的副作用越来越大

　　由于中国经济的体量越来越大，过去多年中国经济中所积累的各类扭曲和风险越来越多，经济主体的激励机制和宏观政策的传导机制也在发生变化，令"宏观稳住"的难度越来越高，所需动用的资源越来越大，成本越来越昂贵，由此产生的新的效率损失和结构扭曲与"宏观稳住"的政策初衷也越来越背离，这令宏观决策当局进退两难。

　　例如，如果宏观决策当局为了稳增长而不得不稳投资，在今后 5 年内完成前文所述的 336 万亿元的固定资产投资，那么，在投资的边际收益递减规律下，这些投资必将导致新、老项目的资本回报率大幅度降低。由于中国已存在严重的过剩产能和过度竞争，绝大多数行业的资产回报率和资本回报率已相当低，很多企业已经在亏损的边缘。可以想象，当这 336 万亿元固定资产投资完成之后，企业的定价能力和盈利能力会变得更差，亏损面会更广。如果把这一巨额投资主要投向"新经济"行业的话，那么 5 年之后，这些新兴行业中的绝大部分也会出现产能过剩，甚至形成全球性的供应冲击。如果这 336 万亿元的投资造成更大规模的产能过剩和更大面积的项目或企业亏损，金融机构的资产质量难免出现难以估量的恶化，从而孕育更大级别的金融风险。

　　又如，在实体经济缺乏足够多具有盈利前景的投资机会的情况下，货币当局为稳增长而释放的流动性很可能通过各种渠道流向股票、房地产等市场，从而催生或加剧资产价格泡沫，加大未来"宏观稳住"的难度。例如，去年以来，为防止经济增长下滑过快，央行多次下调利率及存款准备金率。虽然这一系列措施有助于解决实体经济"融资难""融资贵"问题，但也给投资者造成了货币政策进入放松周期的预期，提高了投资者参与股票市场的热情。这不但加剧了前期资本市场的亢奋度，令货币政策当局左右为难，也可能把大量资金从收益率较低的实体经济项目中吸引到股票市场来，反而有可能加剧实体经济"融资难""融资贵"问题。

同样，在"防风险"的政策思路下，为避免股票市场暴跌引发系统性金融危机，监管部门采用的一系列紧急"救市"措施虽然成功稳住了市场，但毋庸讳言的是，其中的一些做法与政府当初推动建立多层次资本市场、增强资本市场的融资功能和运作效率的初衷相悖，也背离了"让市场在资源配置中起决定性作用"的精神。与此同时，由于中国股票市场的散户参与者较多，过去几个月股票市场的暴涨暴跌所产生的"财富再分配"效应很可能与宏观决策当局所期望的缩小收入差距的目标是相悖的；而"国家队集体护盘"的"救市"措施与国企改革、混合所有制改革、在竞争性行业实现"国退民进"的一系列改革思路似乎也不相符。总之，这些"防风险"措施的副作用值得重视。

由于吸取了2008—2009年大规模刺激政策副作用的教训，当前的"稳增长"政策并没有依赖大规模的投资刺激，而是采用了简政放权、释放民间投资热情和创新能力、推动"互联网＋"与"中国制造2025"等"微观放活"的措施，起到了一箭双雕的效果。这些做法反映了决策者尽可能避免因"稳增长"而令经济产生更多扭曲或埋下更多隐患的思路和努力。然而，这其中的一些政策措施也不是完全没有副作用。例如，鼓励大众创业对于稳增长、调结构、降低近期的就业压力以及提升中国经济未来的国际竞争力等都意义重大，但也应意识到，创业成功的概率在任何一个经济体中都是相对较低的，而在一个创业热潮中，这一概率可能更低（因为同质、同类的产品与服务竞争会更激烈）。大部分初创企业的生存期往往很难超过2年。这意味着，当创业热潮退去之后，大部分创业者有可能又要回到无业状态，而他们多年积累的储蓄或财富则可能因为创业支出而出现较大幅度缩水，形成负面的财富效应，增大今后1~2年消费增长的难

度。宏观决策当局应该关注这一风险，提前做好相关的"社会保底"措施
与预案。

最后，由于过去多年中国经济中所积累的各类扭曲和风险越来越多，
决策部门所面临的各种风险约束也越来越多，可以周旋的余地越来越小。
在"防风险"的过程中，虽然决策部门已采取诸如地方政府融资平台债务
置换等措施尽可能化解潜在的系统性风险，但存在于影子银行体系、各层
次的资本市场乃至正规银行系统的各式各样的"地雷"依然有可能令人防
不胜防。回顾 2009 年以来，宏观政策当局在"稳增长""防风险"的过程
中，不得不在"加杠杆"与"减杠杆"之间来回周旋，中国经济"加杠
杆"的主要支点先是商业银行（2009—2010 年），然后转移到信托、担保、
租赁、小额贷款等影子银行体系（2011—2013 年），再转移到多层次的资
本市场（包括股票、债券与股权市场）。经过过去几个月股票市场的大幅
度波动及近期的"救市"之后，估计股票市场在今后一段时间将很难再承
担"加杠杆"的角色，也许只有债券市场（尤其是国债和准国债市场）还
能继续担此重任。这种"按了葫芦起了瓢"的现象还能维持多久值得
深思。

"宏观稳住"的前景

根据上述分析，我们预测，2015 年实际 GDP 增长率会略低于 7% 的目
标（6.8%）；估计 2016 年会进一步下滑到 6.5% 左右，甚至更低。今后
2~3 年，"宏观稳住"的难度会急剧增大，宏观层面的波动性会明显提升。

今年上半年，虽然投资、消费、生产等诸多常用经济指标都出现了增
长回落，但由于第三产业（尤其是金融服务业）受益于股票市场的繁荣而
出现了加速增长，令 GDP 增长率得以成功"保 7"。值得一提的是，由于
上半年股票成交额同比增长 5.4 倍，占 GDP 总额 9.3% 的金融业增加值同
比增长 17.4%，为 2009 年第三季度以来的最高值，成为各行业中的佼佼
者（见表 2）。

表 2 2015 年上半年 GDP 初步核算数据

项目	绝对额（亿元）	比上年同期增长（%）
GDP	296868	7.0
第一产业	20255	3.5
第二产业	129648	6.1
第三产业	146965	8.4
农林牧渔业	21002	3.6
工业	111500	6.0
建筑业	18796	7.0
批发和零售业	27123	6.1
交通运输、仓储和邮政业	14416	4.9
住宿和餐饮业	5111	5.4
金融业	27757	17.4
房地产业	19796	3.3
其他服务业	51368	8.9

资料来源：国家统计局，博海资本。

注：1. 绝对额按现价计算，增长速度按不变价计算；

2. 三次产业分类依据国家统计局 2012 年制定的《三次产业划分规定》；

3. 行业分类采用《国民经济行业分类》（GB/T 4754—2011）。

根据我们的测算，今年上半年，金融业为实际 GDP 增长率贡献了大约 1.4 个百分点，相比上年同期的 0.72 个百分点几乎增加了一倍。考虑到去年下半年的基数较低，估计今年下半年金融业增加值仍将保持较高增长，不过其增速会比第二季度有所回落。即便如此，估计下半年金融业对 GDP 增长的贡献仍可达到 1 个百分点。随着房地产市场的进一步回暖，估计房地产业增加值在下半年的增速也会进一步提升。再加上以互联网为代表的新兴服务业仍将保持快速发展，估计第三产业整体仍会保持 8% 以上的增长。在这种情况下，只要第二产业（工业和建筑业）增加值的增长率不出现大幅度下降，估计实际 GDP 增长率在今年下半年应可保持在 6.5% 左右，全年实现 6.8% 的增长，基本达到年初制定的 7.0% 的目标（见图 29）。

然而，随着基数逐渐提升以及股票市场逐渐理性化，预计明年上半年金融业增加值的增速会大幅回落，其对 GDP 增长率的贡献也将大幅下降。

与此同时，根据固定资产投资在建项目未完工的计划投资额（截至今年6月底其年同比增速仅为0.6%，为十多年来最低），我们预计固定资产投资的增速在2016年仍将进一步下滑，很可能降至10%以下（见图30）。受其影响，第二产业（工业和建筑业）增加值的增速仍可能进一步回落。这意味着，2016年的经济增长率很可能会下滑至6.5%左右，甚至更低（见图29）。届时"宏观稳住"的压力会更大。

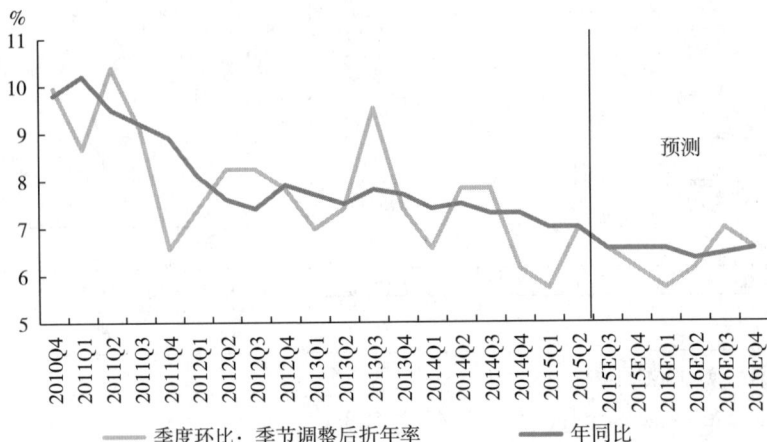

图29 实际GDP增长率：季度环比与年同比

（资料来源：国家统计局，博海资本）

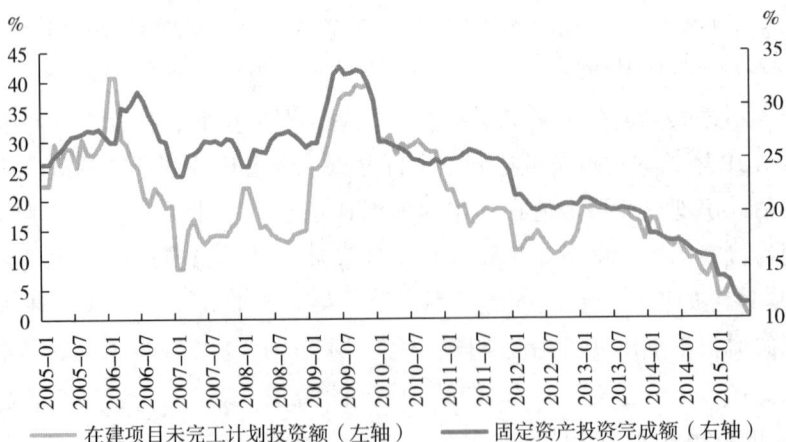

图30 固定资产投资在建项目未完工计划投资额与固定资产投资完成额同比增长率

（资料来源：国家统计局，博海资本）

需要指出的是，虽然今明两年中国经济依然可以维持6%以上的增速，但由于经济增长的引擎发生了变化，经济中"冰火两重天"的现象会更加明显。金融业、新兴服务业以及新兴制造业的繁荣并不能掩盖和缓解传统行业产能过剩、过度竞争、缺乏核心竞争力等问题与挑战。受经济增长持续下行的影响，这些行业的企业盈利会进一步下降，甚至出现大面积亏损，导致就业压力上升，商业银行资产质量恶化的趋势因此也很难有明显改善。在企业盈利没有改善的背景下，资本市场的亢奋有可能带来资产价格的巨大波动。这些因素都会加大整个金融体系承受的内部与外部压力，进一步增加"宏观稳住"的难度。

对于今后3~5年的经济增长前景，我们在《2014年第三季度宏观政策报告》中曾分析判断，"无论在哪种路径下，6%左右的GDP增长率至少在今后5年内，似乎都不是中国经济的一个均衡点，或者至少不是一个稳定均衡。假如6%左右的经济增长率真是我们中期（10年左右）的潜在增长率的话，那么在到达这一均衡之前，我们的经济系统似乎必须经历一个更大的波动，之后才有可能回归到这一均衡（当然也有可能由于路径依赖的原因而无法回归到这一均衡点）"。

具体来讲，在那份报告中，我们认为中国经济在接下来的3~5年中最有可能走上一条通货紧缩的路径（即"可能路径三"）。在这条路径下，"由于各项改革措施初见成效，微观经济主体的经营效率提升，经营机制改善，但也导致投资意愿下降，融资和投资需求疲软，货币、信贷低速增长，无风险利率及民间融资成本都有所下降。产能过剩问题虽得到改善，但通货紧缩出现，经济增长同样出现'硬着陆'，导致企业大面积亏损或倒闭，就业形势恶化，资产价格下跌，银行体系坏账上升"。

一年之后，无论从实体经济、金融体系还是资本市场的表现来看，我们似乎有更多的数据和证据来维持这一判断。今年上半年，GDP平减指数已经连续两个季度为负值，这是过去20多年来的第三次（见图31）；而工业品出厂价格指数已经连续40个月出现负增长（见图12），显示出通货紧缩的端倪；更让人担忧的是，企业的贷款意愿和贷款需求指数也急剧下降，达到10多年来的最低（见图32）。

所有这些数据似乎都支持我们在一年前所做的关于通货紧缩路径的判断。果真如此，在今后3~5年中，"宏观稳住"有可能面临我们多年未遇的挑战和风险，宏观决策部门对此应该有清醒的认识和预案。

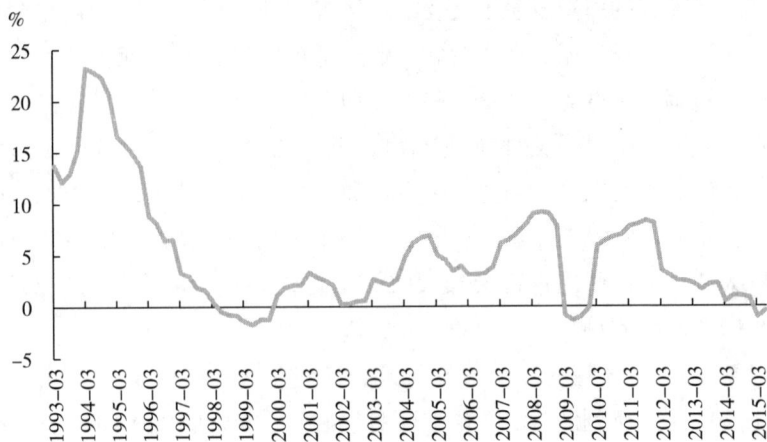

图 31　GDP 平减指数同比变化

（资料来源：国家统计局，博海资本）

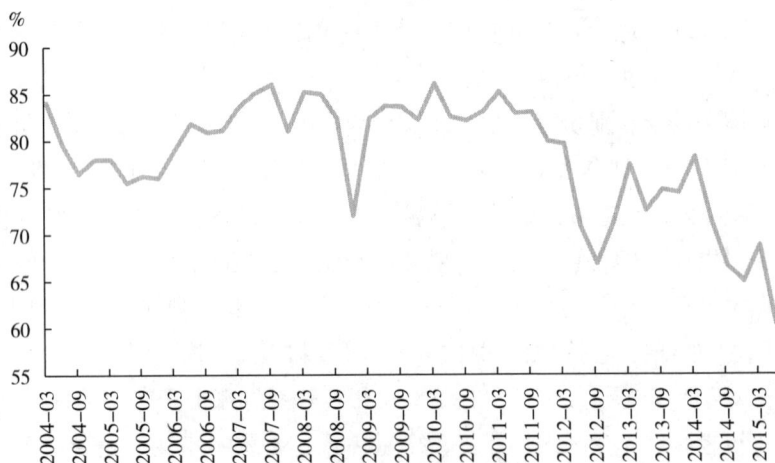

图 32　全国银行家调查问卷：贷款整体需求指数

（资料来源：国家统计局，博海资本）

政策建议

在当前"宏观稳住"的难度越来越大、成本越来越高的情况下，我们建议宏观决策当局考虑以下政策措施。

1. 把财政政策作为"宏观稳住"的主要政策工具

在"宏观稳住、微观放活、社会保底"的政策框架下，只要政策资源允许，宏观决策当局依然要尽可能采取"逆周期"的宏观经济政策来稳增长，为调结构、促改革、惠民生、防风险"买时间"。然而，如前文所述，由于当前经济有迈向通货紧缩和"流动性陷阱"的迹象，货币政策的传导机制不够畅通，减息、降准乃至量化宽松政策对提振总需求（尤其是投资需求）的效果可能非常有限，因此必须着力发挥积极的财政政策的杠杆作用，撬动私营部门的投资与消费活动。就今年政府的预算开支来看，虽然财政赤字占 GDP 的比例略有上升，但依然只占 GDP 的不到 2.5%，并不能算特别积极。如果需要，财政赤字应该还有扩大的空间。

具体来讲，如果经济增长出现更大的"硬着陆"风险或者资本市场再次出现大剧烈波动，从"稳增长"和"防风险"的角度出发，可以考虑推出以下财政政策：

（1）大幅度减税。这是采用"供给学派"的思路，通过更低税率来改善企业盈利，增强企业投资意愿，拉动投资和经济增长。这两年，政府已采取一系列结构性减税及税制改革措施，有针对性地对某些行业或某些类别的企业进行扶持和减负，对稳增长和调结构起到了一箭双雕的作用。然而，由于这些政策的普及面不够，因此效力也有局限。如果经济增长下滑压力进一步加大或者决策部门需要再次"救市"，可以考虑出台更全面、更积极的减税措施。具体来说，可以考虑把企业所得税、增值税和消费税这三大税种的平均税率下调 20%（如企业所得税税率从 25% 降到 20%）。根据笔者的测算，这个幅度的税率下调会减轻企业税负约 1.2 万亿元。对政府而言，这也意味着每年的财政收入会减少 1.2 万亿元，约占 GDP 的 2%。虽然这是一笔不小的税收损失，但考虑到更低税率对企业投资意愿的正面影响，短期的税收损失有可能会被中长期的经济复苏、盈利改善和税收提升而完全弥补甚至超出。对股票投资者而言，减税能直接带来企业税后盈利的上升，令上市公司的净现值（net present value, NPV）提高、市盈率（P/E）下降、现金流改善、分红能力增加，从而使股票估值变得更有吸引力。与此同时，企业现金流状况的改善也会使银行体系的坏账风险下降；而银行自身的税负下降也会改善它们的税后利润，对股指影响最大的银行股的估值吸引力会明显提升。因此，从"救市"的角度来看，减税也可能起到一箭双雕的作用。

（2）推出新一轮消费补贴计划。与2008年底推出的汽车补贴、家电补贴、农资补贴类似，建议财政部会同国家有关部委研究推出新一轮消费与农资补贴计划，以提振消费，增加农业部门的投资，稳定经济增长。汽车（尤其是新能源汽车）、家电等耐用消费品依然可以作为补贴的对象（因为这些产品有升级换代的需求），尤其是可以更多地针对农村或城市低收入人口进行补贴。汽车与家电行业的上下游产业链相对比较长，对经济的拉动作用比较明显，同时也是股票市场上比较重要的两个行业，有很多上市公司。这些政策应该也会起到一箭双雕的作用。

（3）进一步增大地方政府债务置换的力度，提早化解或释放金融风险。过去几年，地方政府债务一直是困扰决策者和投资者的一个重要宏观风险。今年以来，在财政部及政府有关部门的协调下，商业银行持有的地方政府融资平台贷款已经有1万亿~2万亿元被置换为期限更长的地方政府债券，大大降低了银行在这些贷款上存在的期限错配风险，这对改善商业银行的资产质量意义重大，对缓解地方政府的偿债压力也有正面作用。笔者认为，对于地方政府既成事实的这些存量债务及潜在风险，中央有关部门应采取务实的态度，积极设法化解和解决。如果还需要做更多债务置换的话，笔者认为宜早不宜迟，尽可能提前把这类风险降低或分散到更久远的未来，从而改善银行的资产负债表，降低不确定性，提升银行进一步放贷的能力和意愿。这对短期的"稳增长"和"防风险"都意义重大。

2. 继续通过"微观放活"来协助"宏观稳住"

过去2年来，新一届政府通过简政放权、深化改革开放等放松管制的措施（如负面清单、混合所有制、PPP、自贸区、资本账户开放等）来降低准入门槛和交易成本，释放民间投资和消费的潜力，通过释放制度红利来创造新的需求，缓解经济下行的压力，达到了稳增长和调结构一举两得的效果。新一届政府还通过鼓励创新、推动产业升级转型等政策措施（如推进"互联网+"和"中国制造2025"等）培育新经济增长极，既可拉动短期的经济增长，也可提升企业经营效率，增强中国企业的国际竞争力，为中国经济的中长期可持续发展奠定基础。另外，新一届政府还通过推进"一带一路"、人民币国际化等措施进一步提升对外开放水平，推动中国装备、中高端制造品的出口，通过输出资本来输出国内过剩产能。这些举措都有利于"宏观稳住"。

我们认为，宏观决策部门应该继续推动以上"微观放活"的措施，不能因为短期的经济下滑压力或资本市场的波动而停止或延迟上述措施。尤其是近期股票市场暴跌和"救市"之后，海内外投资者对中国改革和开放的决心和诚意产生了质疑。我们认为，宏观决策当局不但不应该停止或放慢改革开放的步伐，反而应该抓紧时间采取一系列补救措施，抓紧回到既定的改革开放路径上，尽快恢复海内外投资者对中国改革开放政策的信心。

我们建议，尽快解除近期"救市"中采取的一些非常规措施（如尽快恢复 IPO、尽快解除有关机构和个人在股票减持方面的限制等），尽快回到党的十八届三中全会以来确定的既定改革路径。具体来讲，建议尽快将IPO 的发行机制从审批制转为注册制；尽快开通"深港通"；尽快全面放开 QFII 与 RQFII 额度；大幅度提升甚至完全放开"沪港通"与"深港通"的总额度与日均额度；放开"沪港通"与"深港通"中对个股购买的限制，允许跨境投资者更全面自由地选择个股投资标的；尽快清除 MSCI 在 6月提出的把 A 股加入 MSCI 中国指数与新兴市场指数所遇到的所有其他技术障碍，争取在年内获得 MSCI 对纳入 A 股的更积极的响应；等等。这些举措会消除公众对改革停滞甚至倒退的担忧，提振企业家和投资者的信心。

3. 适当降低对"宏观稳住"的要求

鉴于"宏观稳住"的难度越来越大、成本越来越高，宏观政策当局实现这一目标的能力在快速下降。我们建议决策部门有取有舍，有进有退，有的放矢，在确保不出现区域性和系统性经济与金融危机的前提下，适当允许经济与金融体系在运行中承受更大的波动性，以最快的速度为整个系统释放压力。

令人欣慰的是，随着经济结构的加速转型，一批新兴产业迅速崛起；新技术和新商业模式（如"互联网＋"、新能源、新材料、人工智能技术等）也快速渗透到一些传统行业之中，令这些行业得到改造和升级。这意味着，新兴行业与升级改造后的传统行业的体量在快速扩大，越来越有能力缓冲传统行业快速衰落对整体经济的冲击，增大了中国经济对更低经济增长率的承受力。

更重要的是，过去两年，在"宏观稳住"的前提下，宏观决策部门在"社会保底"方面做了大量实质性的工作（如建立了存款保险制度、落实了计划生育政策的调整、推动了户籍制度的改革、加强了反腐倡廉的制度性建设、完善了社会保障制度、提出了建设"法治中国"的蓝图等），加固了防止经济波动扩散到社会与政治层面的"防火墙"，提升了中国社会的稳定性和柔韧性，增强了社会与政治体系抵御经济波动的能力。这些因素降低了"宏观稳住"的必要性，为宏观决策当局适度放松对"宏观稳住"的要求奠定了更坚固的基础。

具体来讲，我们建议宏观决策当局可以考虑进一步降低经济增长目标（如在"十三五"规划中把实际 GDP 增长率目标下调至 5% 或 6%）、允许更多金融机构打破"刚性兑付"、允许更多企业破产倒闭、允许资产价格、汇率、利率等出现更大幅度的波动等，尽早在局部领域或区域进行经济与金融风险的压力测试，以尽快、有序、有隔离地释放经济与金融体系内积累已久的风险与压力。

以上措施虽然有可能增加经济与金融体系在短期的波动性，但只有经历这样一场全方位、比较彻底的"市场出清"，中国经济才能浴火重生，成功完成经济转型。我们相信，经过调整之后的中国经济会更健康、更具国际竞争力，经济发展更具可持续性。采取这些措施也可以节省宝贵的金融与社会资源，以待将来形势更迫切时使用。

4. 防止把改革当作经济与市场波动的"替罪羊"

2013 年 10 月，在我们撰写的中国金融四十人论坛 2013 年第三季度宏观政策报告《与时间赛跑！中国经济的风险与对策》中，我们指出，由于多年积累的产能过剩和结构扭曲等问题，中国经济已累积了很多风险。无论改革与否，这些风险都需要以某种形式释放。很多改革开放的措施实际上有助于此类风险的有序释放，从而推迟或减轻风险释放时对金融体系和社会的冲击。

在我们看来，低估"宏观稳住"的难度、高估政府"宏观稳住"的能力更有可能是经济与市场波动到来时导致政府应对失当的最大风险。但遗憾的是，由于改革自身也是有风险的，尤其是放松管制、金融自由化和加大对外开放肯定会增大经济发展的波动性和不确定性。因此，万一出现较大幅度的经济与市场波动，届时舆论很有可能把改革作为经济与市场波动

的 "替罪羊"。

我们希望提醒大家的是，中国经济风险的释放不是新一轮经济与金融改革的产物，因此千万不能把改革当作经济与市场波动的 "替罪羊"。之所以强调这个问题，"主要是因为我们担心，如果届时大家视改革为'替罪羊'的话，那么我们这么多年所做的各项改革就非常有可能被全盘否定，进而出现体制倒退的现象。果真如此，这对中国经济的中长期发展和中华民族的复兴都可能是难以估量的损失"。

我们再次建议，应该在舆论层面上调整决策者、学术研究人员及公众对改革的预期，防止将来对 "宏观稳住" 的要求放松后、公众把改革作为经济与市场波动的 "替罪羊"。我们再次强调，改革不能避免经济与市场波动，而只可能通过 "微观放活" 和 "社会保底" 的各项措施来减轻它对金融体系和社会体系的冲击。经济与市场波动虽然可能带来短期的痛苦，但只要我们有 "社会保底" 的支撑、只要经济与市场波动不扩散到更广泛的社会与政治层面，经过改革、调整和转型之后的中国经济与资本市场会更健康、更具可持续发展的能力。

救市需要更大胆的改革①

由于杠杆使用过多等原因，最近几周的 A 股急跌使得金融体系的系统性风险上升，监管当局被迫采取了紧急"救市"措施，如"国家队"入场护盘、诸多证券公司与基金公司承诺不减仓、暂停 IPO、成立救市平准基金等。目前来看，这些措施的效力还有待观察。

有投资者担心，万一这些救市措施效果不理想怎么办？政府是否还有更多工具和资源来继续救市呢？笔者认为，有！目前的救市措施还只是停留在对股票市场的直接干预上，还处于"治标"的阶段。如果有必要的话，决策当局完全可以推出更多具有实质性利好的政策，通过"治本"来救市。不过，这些措施不是加强行政性的管制和干预，不是单纯的救股市，而是要救经济、救改革！要继续大幅度放松管制、加大改革开放的力度和步伐。当然，采取这些措施，需要巨大的政治智慧、魄力和勇气。而当前也正是借助救市来深化改革开放目标的绝佳机会！

救市的"标"与"本"

表面上看，救市似乎只是股票市场上多方与空方的一场资金较量。因此，目前救市措施主要是试图减少卖单、增加买单。但如果认为只要有钱就能把市场托住，也许把问题想得过于简单了。归根结底，投资者在股票市场上买的（或卖的）是上市公司；更准确地说，是上市公司未来多年的税后盈利或当前被低估（或高估）的资产价值。无论如何，中国的股票市场也有几十万亿元的市值，如果上市公司的估值不够便宜的话，救市仅靠"国家队"或"准国家队"护盘支撑而不能给上市公司的盈利或资产价值带来正面影响的话，其效果可能事倍功半。

---

① 本文 2015 年 7 月 9 日发表于《财新周刊》第 27 期。

如果宏观决策当局作出判断，认为当前股票市场的形势需要全力以赴地救助的话，那么，有效的救市措施必须触及上市公司乃至整个实体经济的基本面，必须通过稳增长、促改革等更多影响经济与企业基本面的政策措施来改善企业（税后）盈利、提升上市公司资产估值，令二级市场的投资者产生主动加仓（而不是逢高减仓）的愿望。因此，如果宏观决策当局秉持坚定的改革理念，不愿再用"强刺激"式的逆周期政策的话，当前"救市"的最佳策略恰恰是（也只有）更锐意大胆的改革！

可供考虑的救市措施

笔者在此抛砖引玉，提出一些通过深化改革开放来改善企业基本面进而曲线"救市"的思路。有些思路看起来可能过于大刀阔斧，有些看起来风险很大，也有些可能需要更多时间去准备、去论证。但股票市场的投资者向来具有很强的前瞻性，只要宏观决策当局在严肃认真地思考、论证或布局这些措施，相信聪明的投资者会提前拥抱这些机会的。

（1）大幅度减税。这是采用"供给学派"的思路，通过更低税率来改善企业盈利、拉动就业和经济增长、鼓励创业创新，推动中国经济进入可持续发展的轨道。对股票市场投资者而言，减税能直接带来企业税后盈利的上升，令上市公司的净现值（net present value，NPV）提高、市盈率（P/E）下降、现金流改善、分红能力增加，从而使股票估值变得更有吸引力。与此同时，企业现金流状况的改善也会使银行体系的坏账风险下降；而银行自身的税负下降也会改善它们的税后利润，因此对股指影响最大的银行股的估值吸引力会明显提升。

具体来说，可以考虑把企业所得税、增值税和消费税这三大税种的平均税率下调20%（如企业所得税税率从25%降到20%）。根据笔者的测算，这个幅度的税率下调会减轻企业税负约1.2万亿元；这也意味着每年的财政收入会减少1.2万亿元。对政府而言，虽然这是一笔不小的税收损失，但比起拿出1万亿元去股票市场"护盘"，减税对于实体经济、企业、个体户、消费者乃至股票投资者的好处可能更大。如果考虑到更低税率对企业投资意愿的正面影响，短期的税收损失有可能会被中长期的经济复苏、盈利改善和税收提升而完全弥补甚至超出。

　　当然，减税是一件大事，需要全国人大批准，不是可以立即执行的。但事在人为，只要政府提出合理的建议，相信全国人大批准只是时间问题。而股票市场的投资者很可能会为此而提前布局。

　　（2）大规模向上市国企注入优良资产，加速推进国企改革。资产注入（尤其是优良资产的注入）向来是资本市场最受青睐的话题/概念之一。对于当前上市国企的市场估值到底是高还是低，无疑存在市场分歧。但不管怎样，如果国资管理当局或上市国企的母公司以推动国企改革（如推动混合所有制等）为目的、以合适的价格和方式公布一批大型上市国企的资产注入计划，对提升上市国企的吸引力可能会起到立竿见影的效果，相信股票投资者和民间资本对此会积极响应。这不但有可能增加大盘国企蓝筹股的主动买盘，也可能因为国企改革的迅速推进而对实体经济产生意想不到的正面影响，因此很可能一举两得。

　　（3）大幅度推进资本账户开放。立即全面放开 QFII 与 RQFII 额度（即不设上限）；立即宣布开通"深港通"；立即大幅度提升甚至完全放开"沪港通"（与"深港通"）的总额度与日均额度；立即放开"沪港通"（与"深港通"）对个股购买的限制，允许跨境投资者更全面自由地选择个股投资标的；立即清除 MSCI 在 6 月提出的把 A 股加入 MSCI 中国指数与新兴市场指数所遇到的所有现存技术障碍（如受益人所有权的问题等），争取在年内获得 MSCI 对纳入 A 股的更积极的响应。这些举措不但会消除海内外投资者对改革倒退的担忧，也会直接增大海外投资者进军 A 股的概率和必要性。聪明的海内外投资者会因此而提早布局，这对提振股市很可能是立竿见影的。

　　（4）推出新一轮消费补贴计划。与 2008 年底推出的汽车补贴、家电补贴、农资补贴类似，建议财政部会同国家有关部委抓紧推出新一轮消费补贴计划，以提振消费，稳定经济增长。汽车（尤其是新能源汽车）、家电等耐用消费品依然可以作为补贴的对象（因为这些产品有升级换代的需求），尤其是可以更多地针对农村或城市低收入人口进行补贴。汽车与家电行业的上下游产业链相对比较长，对经济的拉动作用比较明显，同时也是股票市场上比较重要的两个行业，有很多上市公司。这些政策应该会提振这些公司的股价。

　　（5）进一步放松对房地产市场的行政管制措施。取消所有地区现存的对房地产交易的行政性限购（当然可以考虑在税收方面对非本地居民采取差别待遇）；降低首付款比例；允许银行在按揭贷款方面有更加灵活的定价；放松银行对开发贷款的显性或隐性限制；放开对房地产开发企业上市IPO、增发以及发行债券的限制或歧视；尽可能让市场力量来决定房地产市场的供需和价格。虽然近期房地产市场已出现明显复苏，相信这些政策还会进一步改善房地产企业的盈利。鉴于房地产股也是股票市场的一个重要板块，这些政策对于提振股市也会大有裨益。

（6）进一步增大地方政府债务置换的力度，提早化解或释放金融风险，增强投资者对银行股的信心。过去几年，地方政府债务风险一直是影响中国股市中银行股估值的一个重要因素。今年以来，在政府有关部门的协调下，商业银行持有的地方政府融资平台贷款已经有1万亿~2万亿元被置换为期限更长的地方政府债券，大大降低了银行在这些贷款上存在的期限错配风险，这对改善商业银行的资产质量意义重大，对银行股股价也产生了正面作用。笔者认为，对于地方政府既成事实的这些存量债务及潜在风险，中央有关部门应采取务实的态度，积极设法化解和解决。如果还需要做更多债务置换的话，笔者认为宜早不宜迟，尽可能提前把这类风险降低或分散开来，从而改善银行的资产负债表，降低不确定性，提升银行进一步放贷的能力和意愿。毋庸置疑，这些措施对银行股肯定是很大的利好，对于拉升股指应该有帮助。

笔者在2013年就曾撰文指出，由于多年积累的产能过剩和结构扭曲等问题，中国经济已经积累了很多风险。无论改革与否，这些风险都需要以某种形式释放。很多改革开放的措施实际上会有助于此类风险的有序释放，从而推迟或减轻风险释放时对金融体系和社会的冲击。遗憾的是，改革本身也是有风险的，尤其是放松管制、金融自由化和加大对外开放肯定会增大经济发展的波动性和不确定性。笔者希望提醒大家的是，中国经济风险的释放不是新一轮经济与金融改革的产物，因此，千万不能把改革当作经济与市场波动的"替罪羊"。之所以强调这个问题，主要是因为我们担心，如果届时大家视改革为"替罪羊"的话，那么我们这么多年所做的各项改革就非常有可能被全盘否定，进而出现体制倒退的现象。果真如此，这对中国经济的中长期发展和中华民族的复兴都可能是难以估量的损失（见中国金融四十人论坛2013年第三季度宏观政策报告《与时间赛跑！中国经济的风险与对策》，2013年10月）。笔者再次就此提醒大家。

中港股市大起大落，小心三只 "黑天鹅"①

回顾 2015 年，中港两地股市都经历了大起大落、大喜大悲的戏剧性行情，令投资者惊心动魄。展望 2016 年，中港股市的波动性很可能依然可观甚至更为剧烈，投资者需要密切关注全球大宗商品、外汇及信用市场的发展，防止国际金融市场（尤其是新兴市场）出现的 "黑天鹅" 事件对中港股市形成剧烈冲击。

喜忧参半的中国股市

"股市是经济的晴雨表"。按照当前的市场一致预期，中国经济增长率会从 2015 年的 6.9% 下降到 2016 年的 6.5%。这意味着，自 2007 年实际 GDP 增长率达到 14% 的高点之后，中国将在 2016 年步入此轮经济放缓周期的第九年。经济增长率的进一步回落会削弱企业的盈利能力，影响股票市场的整体表现。

然而，由于经济增长的引擎发生了变化，中国经济中 "冰火两重天" 的现象会更加明显。一方面，新兴服务业（如互联网、健康、教育、物流等）及高端制造业（如芯片、核能、高铁设备等）的发展蒸蒸日上，势不可当；另一方面，传统行业（如钢铁、水泥、玻璃、造船等）存在的产能过剩、过度竞争、缺乏核心竞争力等问题日趋严重。

如果这一趋势持续，那么在 2016 年坚持做多 "新经济" 股票、做空 "旧经济" 股票的策略将依然有效。然而，投资者需要对股票的估值仔细斟酌。虽然经历过 2015 年夏天的 "股灾" 后，"新经济" 股票的价格已大幅回落，但整体而言估值依然偏高，很多股票的价格仍然处于 "泡沫化" 水平。因此，完全依据主题或概念而不考虑估值来购买 "新经济" 股票的

---

① 本文 2016 年 1 月发表于《信报财经月刊》。

违约潮有可能发生。这不仅会对股市、债市造成冲击，还将推高银行坏账率。当然，如果商业银行只是持有这些基础债务，其金额虽然巨大，但应该尚不足以引发系统性危机。然而，如果金融机构还在这些基础债务之上叠加了更大规模的金融衍生品，而且相关债务或其衍生品相对集中于个别系统重要性金融机构的资产负债表，那么不能排除由此引发一场大规模的银行危机的可能性。遗憾的是，由于缺乏对这些金融衍生品及其集中度的统计数据，我们无法估算问题的严重性，因此也无法准确衡量爆发此类危机的概率。在此，我们只是定性地提示出现此类危机的风险和潜在的路径。

大宗商品生产国财政赤字加剧引发主权债务危机的可能性

同样深受大宗商品价格下跌影响的还有大宗商品生产国的财政状况。当商品价格暴跌时，这些国家的政府和企业收入锐减，财政赤字大幅度上升，增加了发生主权债务危机的风险。

国际货币基金组织（IMF）的数据显示，在29个商品生产国中，已有11个国家的广义政府财政赤字率（财政赤字/国内生产总值）超过国际警戒线3%[①]（见图10）。其中，19个国家的财政赤字率在2014年和2015年迅速提高，以利比亚的情况最为严峻，IMF估算2015年其财政赤字率达到54%。委内瑞拉（17%）、沙特阿拉伯（10%）和巴西（8%）政府的财政赤字率也值得警惕。对比2009年希腊发生主权债务危机前夕，希腊政府的财政赤字率最高达到15%。由此可见，这些大宗商品生产国发生主权债务危机的风险不可低估。

大宗商品生产国政府曾是大宗商品市场繁荣期的受益者。2010—2014年，这些国家的财政收入快速增长，这不仅得益于当地大宗商品生产企业的税收贡献，而且不少商品生产企业本属国有企业，其利润直接充盈了财政收入。稳定而充沛的收入使得当地政府得以长期维持慷慨的财政支出。这一度发挥了积极作用，令大宗商品生产国经济增速在后危机时代一枝独秀（见图11）。

---

① 国际警戒线来源于《欧洲联盟条约》（或称《马斯特里赫特条约》），其中规定加入欧盟的成员国财政赤字占当年 GDP 的比重不应超过 3%，政府债务总额占 GDP 的比重不得超过 60%。后逐渐被多方参考和引用，从而成为判断一国财政稳健性的一个参考指标。

新兴市场的危机共生①

各位下午好！我今天演讲的题目叫《新兴市场的危机共生》。我对2016 年的新兴市场是有很大担忧的。接下来，我会解释一下为什么我会有这样的担忧。

全球股市波动加剧

经历了雷曼倒闭、金融海啸、欧洲主权债务危机等，美股上上下下，波动很大。大家知道，9 月，美国股市及全球股市都经历了非常大的波动，至少自 2013 年以来，我们没有见过这么大的波动。到昨天为止，美股又反弹到接近历史高点。股票市场里包含了很多的信息，市场调整不会无缘无故地来临，也不会无缘无故地消失。投资者往往会忽视其中所包含的大量信息。

让我们回想一下，9 月的时候为什么全球股市尤其是美国这边出现了暴跌？其实这跟美联储 9 月没有加息是有关系的。美联储会议声明提到了新兴市场和中国经济两大风险，使大家觉得不加息是因为美联储对全球经济（包括中国经济和新兴市场）有担忧，因此市场反而对这个不加息的决定采取了负面反应，导致了暴跌。之后美联储主席说，我们年底还是要加息。昨天晚上美国出了非农就业数据，现在大家基本上都认为，12 月要加息了。

发生了这样大的波动震荡，我认为这里面包含了很多信息。这可能意味着新兴市场在接下来的一段时间里，可能会面临比较大的挑战或者是麻烦。即使在欧洲主权债务危机这么严重的情况下，美国股市虽然短期内会跟着波动，但因为最终问题不在美国，所以美国股市长期还是会往上涨

---

① 本文是 2015 年 11 月于好买会议上的演讲记录。

的。假如说明年的新兴市场不太好，会不会影响美国的股市？不太好说，美国股市的走向还是依赖美国国内的经济表现更多一些。

新兴市场汇率大幅下跌

中国也是新兴市场的一部分，作为新兴市场的投资者，我们需要多揣摩一下近期发生的事情。如果仔细观察新兴市场的话，有一个很好的指标能告诉你新兴市场到底有没有麻烦。这个指标就是汇率。实际上，从2014年1月1日开始，过去2年里，新兴市场的很多货币都出现了超过20%的贬值，而且绝大多数贬值发生在今年。我之所以要往前多看一年，是想将其与商品价格联系在一起。

这些货币中表现最好的是港元，其次是菲律宾比索，人民币实际上是第四好。大家都担心人民币，但实际上到目前为止人民币的表现是非常好的，其他货币的问题就比较大了。排在最后的两种货币是什么呢？首先俄罗斯卢布，贬值了47%左右，其次是巴西里亚尔，贬值了差不多39%，而且巴西的货币现在还在贬值。为什么这两个国家汇率波动这么大呢？这背后一个很重要的原因是商品价格暴跌。

我个人认为这一轮的新兴市场危机早已来到了，来了已经快一年了。危机不是一夜之间就来的，而是一点一点地展开的。每个危机都有一个导火索，从导火索被点着开始到危机爆发有一个非常长的过程。我们作为投资者最关键的一点是不要放过这些信号。市场在过去一年、两年甚至三年里给了我们很多的信号，但我们往往视而不见。这一轮危机的问题出在哪里？我认为最主要的一个导火索就是商品价格暴跌。

暴跌的商品价格

实际上，从2003年开始一直到2010年，我们经历了一个全球的商品牛市。这个牛市一直持续到去年上半年，虽然已经不是在最高点了，但基本上商品价格还处在一个相当高的位置。这一轮的商品市场的景气持续了10~11年。世界各国，尤其是那些商品出口国（大部分是新兴市场国家，包括俄罗斯、巴西、中东的一些国家，也包括一些发达国家，如澳大利亚、加拿大等），在商品价格暴涨的十年里，因为利润非常大，很多商品生产类公司都大幅增加了资本开支。在这个商品牛市之前，对高生产成本的商品如页岩油、页岩气等，企业是不可能加大投资力度的，因为不赚钱。但是当商品价格，比如说油价涨到100元的时候，就可以赚钱了，所以很多投资就流入了这些行业。

这些投资不像小的投资项目，投3个月、半年、一年左右就能完成，而是非常长期的投资，而且是重资产的投资。这些投资还带动它的上下游相关企业，比如说设备公司等，大量的行业参与者在这10多年的商品牛市里大幅度扩张投资，同时又赶上过去几年全球做量化宽松，融资成本非常低，所以大家都在盯着这块大蛋糕。

一转眼，到了去年下半年，尤其是第四季度，油价噌噌往下掉，从100多美元跌到了不到50美元，这个意味着很多油气项目是亏钱的，页岩气、页岩油生产商将无利可图。可是，对不起，投资已经投下去了，折旧成本天天在发生，而且因为是重资产投资，这些企业都借了大量的债务，每天都有利息成本在增加。如果商品价格不反弹，这些企业的资产负债表会越来越糟糕。所以这些与商品相关的行业的企业，就面临非常大的信用风险。当然也不是所有企业，因为关键的一点还是商品价格会不会明年就回暖，这个问题很重要。

2008年商品价格暴跌，为什么后来又突然上去了呢？因为中国做了一个4万亿元的经济刺激计划，实际执行中不止4万亿元，有人说不止20万亿元，我也不知道真正有多少。大家都寄希望于中国，现在的问题其实不是需求的问题，中国的需求其实是没有下降的，还是相当高的。关键是什么？供应问题。这个商品牛市有10年了，全世界的人都在以廉价的融资成本扩张产能，就会造成产能过剩。问题在哪里？比如说油价的问题，大家都希望中东的这些产油国能够通过减产把油价再推上去。但是这不太可能，因为中东的油井的成本太低了，真正的产油国像沙特阿拉伯，一桶油在井口的成本也就是5～10美元，送上船也就是15美元，所以油价为50美元、40美元、35美元对于这些产油国来说还是有利可图的。最重要的问题是，在之前油价为100美元、110美元的时候，这些国家为解决国内的政治问题，大量通过社会福利项目来笼络民众，所以财政支出非常大。如今油价突然减价了一半多，入不敷出，只能通过增产来增加财政收入，不可能减产。只要这些产油国不减产，油价就难以反弹，页岩油生产商将更难以为继。

以上这些是想告诉大家，如果商品价格明年还没有起色，可能每过一个月都会有相关企业难以支撑下去，大家可能已经听说有一些相关的公司在变卖资产等，它们要是不这么做的话，评级机构就会给它们降级。这其实不是一个新鲜事。油价一暴跌，俄罗斯就在一个季度之后出事了，俄罗斯卢布贬值就是去年年底、今年年初的事了。另一个受影响的国家是乌克兰，受油价暴跌影响，内外交困。巴西、俄罗斯、南非、土耳其还有马来西亚等，这段时间都很艰难。

货币大幅贬值

后面会发生什么？我也不知道。大家现在比较担心的是南非、土耳其、马来西亚、印度尼西亚等国步俄罗斯、巴西的后尘。我也无法给出预测。如果只是商品价格暴跌，我倒还不至于那么担心，商品价格暴跌毕竟只影响了这个行业，行业里的企业可以通过债务重组或通过接受政府的支持来勉强维持。

关键在于，商品价格暴跌又引起了另一个问题，比如说带动相关货币大幅贬值。大家要想一想亚洲金融危机是怎么来的，导火索是什么。其实就是始于泰铢大幅度贬值，一下子贬了30%，然后传导到菲律宾、印度尼西亚、马来西亚、韩国，最后我国香港也受到了冲击，但是港元顶住了。

汇率贬值导致了亚洲金融危机，连日元最终也大幅贬值了50日元左右。但日本为什么没有出问题？一提及日元可能要贬值，投资者都拼命去买日本的股权资产，而其他亚洲国家的货币一贬值，股票市场往往暴跌。为什么发展中国家的汇率一跌大家都害怕，而日元、欧元一贬大家都开心？很重要的一个原因是外债，取决于外债是以什么货币借的，像欧元区政府和企业借外债用的是欧元，日本借外债用的是日元，美国则是美元，它们发债都是用本地货币发行的。对它们来说，汇率贬值会改善出口竞争力，却不会导致外债危机，所以贬值是好事。

发展中国家，或者大部分的新兴市场经济体是以外币借的外债，这有什么区别呢？一个借了债的企业，如果是用本国的货币借债，收入是本币的，那么货币贬值不贬值都没有关系，不影响企业的偿债能力。如果是用外币借的债，收入是本币的，如果汇率突然贬了30%，有什么办法能够让企业的本币收入增加30%，去还外币的债务？因此，这些新兴市场国家的汇率大幅度贬值，会引起所有拥有大量外币债务的公司出现信用风险。这种风险不仅会影响到企业，还会影响到很多国家的政府债务，因为税收不可能是外汇！把两个因素叠加起来，就让人心里不踏实了。再加上美联储现在很可能要加息了。

美元资本回流

昨天晚上公布的美国非农就业数据非常好，远远超过预期。9月市场暴跌以后，大家预期12月加息的概率只有32%，从昨天晚上的情况看，市场预期未来加息的概率已经是75%了。甚至有人预测，12月加息是100%的。那我们来想一下加息有什么影响呢？刚才我说了，这个商品大牛市期间，融资的成本很低，若美国加息会发生什么呢？美元利息要上来了，资金可能会回流。说这个事不是吓唬大家，资金回流的趋势已经开始了，没加息就已经开始了，从什么时候开始的呢？从美国的量化宽松政策（QE）开始缩减规模（tapering），资本就已经在回流了。

从全球外汇储备的规模来看，从2014年年中开始全球外汇储备就已经在下降了，历史上比较持续的下降之前只有一次，那就是2008年国际金融危机的时候，一年时间就结束了。这一轮已经一年多了，而且从现在来看，还会持续更长时间。为什么？据说中东国家现在在不停地出售储备资产，因为油价跌了，财政入不敷出，迫使中东产油国把主权财富基金变现，来填补油价下跌产生的窟窿。如果油价还不涨的话，还这么维持下去，据估算，沙特阿拉伯政府在5年内会用尽其主权财富基金。这个时候如果资本再往美国回流，会对整个新兴市场产生非常大的压力，三重的压力。

总之，我们觉得新兴市场的问题是从信用危机开始的。信用危机来自商品相关的企业和借了大量外汇债务的企业，这些企业若出现了信用危机，只要杠杆率太高，都会面临挑战。信用危机是会扩散的，如果一些比较大的公司出现了危机，贷款者就会受到影响。因此，这个问题虽然是产生于新兴市场，但受伤的是发达国家的银行和金融机构，一定要小心。

从财政危机来看，国家的政府收入锐减，但是支出是没有办法减少的，因为财政支出是刚性的，支出一减就要出乱子了。这样的话，假设各国财政要出问题并导致主权信用评级进一步被下调的话，问题就比较大了。2016 年是新兴市场以外币发行的债务到期的顶峰，接下来几年，每年的到期债务都会比今年高，今年还只是一个预演，真正的问题在后面。

前面提到，在 2013 年的时候，美国的量化宽松政策要退出，量化宽松政策退出不是紧缩，只是说放松的幅度减少了。这事一提出就导致亚洲货币在一个月里出现了 7%～8% 的贬值，股市也跌了不少。那时候还是第一个信号，狼还没有真来，看了一眼就吓了一跳，现在是美联储要加息了，狼真的要来了。

日韩货币持续贬值

美元升值了，那么什么货币贬值了？日元、欧元贬得很凶，但发展中国家不敢跟随，怕引发债务危机。结果是什么？日元贬值远远超过新兴市场货币的贬值，使得日本的相对竞争力改善，尤其是对韩国、中国台湾和中国内地来说，其相对竞争力跟日本来比就差了很多。1998 年的时候就遇到了这种情况，日元大幅度贬值，后来把亚洲也拖得够呛。可见经济体系是非常复杂的，开始的一个变化会引发后面各种意想不到的变化，包括出现一系列正反馈。

日元大幅度贬值，韩元也贬值了，但是韩元对日元是大幅度升值的。今年中国游客到日本的数量增加了 50%～60%，而到韩国的是负的，大家没有注意吧？还是很多人去了韩国，但是年同比是负增长。大家不去我国香港、韩国玩了，都去日本了，因为日本更便宜了。

还要小心信用评级机构，它们经常落井下石，行情好的时候不说话，一看有问题了，就开始给你降级。降了以后融资成本就更高了。

如果说美联储真的在 12 月加息的话，对美国来说不是坏事，美国经济确实是不错的。别人有问题，美股照样涨，但是中间会有波动。

而中国作为新兴市场中一个重要的经济体，又会扮演什么样的角色呢？这个我们明年看吧，希望明年 11 月我能再回来给大家讲，谢谢大家！

附录：孙明春博士互动问答环节

主持人：TPP 对中国 GDP 的影响有多大？预计 TTP 成长的第一阶段，会影响到 GDP 的多少百分比？如果中国没有加入的话，这个影响是什么样的？

孙明春：这是一个非常长期的事，在座各位根本不用操这个心。为什么？因为 TPP 是一个非常高标准的国际经济合作，对美国来说，以前的 WTO 及其规则，已经达不到它的要求。每一个加入的国家实际上也为此要付出相当大的成本，并不是说所有国家都愿意加入的。

现在签约 TPP 只不过是意向性的签约，以后还要各国国会去批准。真正的 TPP 可以运作，我自己判断至少得两年以后。而且现在也就十几个国家签约，其中有一些发展中国家的发展水平比我们还低，它们达到要求其实是相当难的。中国也想做，但是美国人说我们不够格。所以这件事情我觉得从我们的角度来讲大可不用担心。中国不加入也不见得是坏事，加入也有很多的成本，其实是利益的重新分配，对某些行业的企业是非常好的，但是对于另外一些行业的企业则可能是有一个相当大的打击。

作为投资者现在不用想这些问题，至少要等它在十几个国家做成了，再看看是什么样。没有这么容易做成的！要是这么容易的话，这个事早在 WTO 里面解决了。我个人认为是不用担心的，但是从长远来讲我当然希望越来越全球化，可以加入更高标准的国际性的平台、机制，这符合我们长远发展的目标。

主持人：谢谢，接下来的一个问题是您怎样看待新能源对原油长期走势的影响，以及原油的价值是否有机会超越之前的高点，如果有机会的话是有什么样的条件，我们手头的人民币存款是不是应该换成美元投出去了。

孙明春：新能源对石油的影响实际上在 2006 年、2007 年、2008 年大家非常看好，包括 2010 年、2011 年大家也比较看好，刚才的数据也告诉大家，不是新能源打败了石油，而是石油自己打败了石油，把新能源变得反而没有办法赚钱了。能源的成本都比较高，是石油的供应商自己过度扩充产能，导致油价暴跌，不是因为新能源的产量供应过多导致了油价下跌。

从长期来看，我觉得其实不用悲观。现在我们所面临的是经历了10年的高涨期和产能扩张期后的周期性调整。商品的周期都是大周期性的，上升有10年多，下降起来可能也不是一两年，所以去产能要花几年的时间去完成。去完产能之后需求都在涨，中国现在是世界第一大石油进口国，印度、印度尼西亚等国随着收入水平的提高，对能源的消耗也在不断上涨，只不过这段时间的供应涨得太快。经过一段时间供应方的调整，需求方继续在涨，油价还会回来，这就是周期性。

油价未来会不会回到150美元以上？完全有可能，但是在明年或者后年可能性不大。长期来讲，新能源作为一种替代能源的方式还是非常有前景的。一方面，我们对清洁能源的要求越来越高，对环保的要求也越来越高；另一方面，传统能源是非常周期性的，衰竭起来也很快，产能现在比较多，但是在2年以后会下降很多。不要总是过度地悲观，也不要过度地乐观，就是一个大周期，不要看到最近暴跌就觉得新能源没有戏了，还是有戏的，尤其是像美国这样比较大的市场经济体。也许有一天新能源的成本会下降到30~40美元的水平。

总之，我觉得，虽然明年不看好，但是不要把这种观点放在太长期的一个阶段。

我这些年也对汇率研究了很多，也发表过文章，也专门出过书。对于人民币汇率我反而没有那么担心，说实话。从资本外流的角度来讲，每人每年5万美元的购汇额度是挺吓人的。但是中国目前还是一个资本管制的国家，管起来还是有方法的，还是可以管住的。

回到基本面来讲，人民币是不是一定要贬值呢？我倒不觉得有定论。因为我国经济面临的一个问题是通货紧缩。通货紧缩意味着价格是在不停地下降。日本通货紧缩了20年，经济零增长，但是日元一直处在升值通道，为什么？因为通胀的时候需要通过汇率贬值来增强国际竞争力，通缩则直接增强了国际竞争力。

虽然我国这几年的经济增长不好，但是贸易顺差还是很大的。从这个角度来讲，如果经济增长速度不断回落，通货紧缩的状况不断延续，说实话这不是一种非常好的经济状态，但这种经济状态对汇率来讲不见得是一个坏事，反而经济过热的时候是汇率容易贬值的时候，大家一定要把这个事想明白。汇率是有多方面影响因素的，刚才我说的是基本面，从信心、资本流动的角度来看，如果大家都觉得人民币要贬值的话，大家都去换，那肯定是贬值的。

我刚才讲了，我国的资本账户还不是完全开放的。亚洲金融危机的时候，亚洲货币都在贬值，30%、40%、50%的都有，当时人民币对美元是8.3左右，大家都担心人民币大幅度贬值。我在自己的著作《换不换钱》里就告诉大家，人民币不见得贬值。

后来的事实证明我的判断是正确的，人民币一口气升值了20年。今天我不是说人民币还要升值，我只是说汇率不是这么简单的，需要综合考虑。

2016 年

投资策略很可能非常危险。

同时，"旧经济"行业虽然正在经历残酷的"市场出清"与淘汰期，但行业龙头企业在市场整合、优胜劣汰之后却有可能获得更大的定价权和更强的盈利能力，其股票估值也已相当便宜。一旦市场出现风格转换，投资者对于高质量、低估值的股票很可能会趋之若鹜，届时其股价上涨的空间也不能低估。

对中国股市而言，2016年面临的"黑天鹅"事件主要有两个：一是经济增长超预期下滑，二是信用风险的暴露。经济增长的持续下滑会造成企业盈利的进一步恶化，甚至出现较大面积亏损，令许多企业面临资金链"断链"的困境。一旦"刚性兑付"被打破，商业银行的资产质量有可能加速恶化，债券市场及影子银行体系的风险也可能加速暴露。这些信用事件会动摇投资者的信心，对股票市场造成压力。

腹背受敌的香港股市

香港是一个高度开放的国际金融中心，香港经济和股票市场一向受到来自全球各地的各种因素的影响。展望2016年，在可预见的各种因素中，似乎不利因素要多于有利因素。

第一，香港经济高度依托于中国内地，内地经济增长的进一步放缓无疑会通过各种渠道拖累香港经济。例如，香港的零售、旅游、金融、贸易与航运等行业已不同程度地受到内地经济放缓的影响。尤其需要提醒的是，香港银行业发放给非金融企业的贷款中有一半是贷给内地企业客户，后者盈利能力的下降和现金流的恶化对香港银行业的影响值得关注。

第二，由于香港实施"联汇制"，过去一年多来美元汇率的大幅度升值也令港元出现了同等幅度的升值，削弱了香港企业（尤其是零售、旅游、贸易等行业）的竞争力。随着加息周期的到来，美元（及港元）汇率在2016年还有进一步升值的空间。对于香港这样一个对外依存度很高的经济体来说，在经济内部与外部需求增长本身就相当疲弱的时期，港元汇率升值无疑是雪上加霜。

第三，同样由于"联汇制"，美元加息周期的开始也会带来香港本地利率水平的上升（虽然可能存在一定的滞后期），这对已经"高处不胜寒"

的香港房地产市场很可能带来较大冲击。事实上，在美元加息周期开始之前，除了办公室市场以外，香港的住宅及商铺市场在 2015 年第四季度已经出现了疲软的迹象。加息对这些市场的后续影响值得密切关注。鉴于房地产业对香港经济和金融体系的重要性，房地产市场的波动对股票市场的影响不可低估。

第四，全球金融市场在 2016 年的"黑天鹅"事件很可能发生于新兴市场。香港作为新兴市场中最为开放的经济体和国际金融中心之一，其股票市场最容易受到资本无序流动的扰乱和冲击。

当然，如果 2016 年美国、欧洲及日本经济增长都超出预期，作为国际贸易中心的我国香港则会从发达经济体的需求回暖中受益。这是香港经济与股市在 2016 年面临的上行风险。不过，对此不宜期望太高。

"黑天鹅"潜伏的新兴市场

前文提到，2016 年全球金融市场的"黑天鹅"事件很可能发生于新兴市场，其导火索主要有以下三个。

一是商品价格暴跌导致信用危机。在经历了一轮长达 11 年的上升周期后，商品价格（包括石油、铜、铁矿石、黄金等）从 2014 年下半年开始大幅度下跌。在商品价格高企的那些年份里，商品采掘、生产、加工、设备制造及相关服务企业都基于商品需求增长强劲、商品价格居高不下的假设而大幅度扩张产能。但产能扩张有较长的滞后期。随着近年来新增产能陆续投产，而商品需求增长却远低于预期，全球商品市场出现了严重的供需失衡，导致商品价格暴跌，跌破了很多新增产能项目的盈亏平衡点，令这些项目（乃至公司）陷入亏损状态。除非商品价格出现大幅回升，否则很多企业的现金流和资产负债表会日益恶化。国际货币基金组织 2015 年 9 月发布的《国际金融稳定报告》中称，根据以往经验，商品价格暴跌 12 个月之后，企业信用问题会陆续暴露。实际上，2015 年，巴西、俄罗斯、南非乃至一些发达经济体的商品生产商或交易商已陆续出现债务偿还的压力，国际信用评级机构已调低了很多企业的信用评级（甚至主权信用评级）。如果越来越多的企业陷入流动性困境的话，信用风险的暴露有可能通过债券市场或银行体系影响到全球金融体系的稳定性。

二是货币大幅度贬值导致外债偿付危机。受商品价格暴跌、出口下降、资本外流等多种因素影响，新兴市场的绝大多数货币在2015年都出现了较大幅度的贬值。由于很多新兴经济体的政府和企业举借了大量以外币发行的外债，但其收入来源却主要是本币，因此，货币贬值会削弱其偿还外债的能力，而大幅度贬值则有可能引发债务偿付危机，进而影响到全球金融体系。从目前形势来看，导致新兴市场货币在2015年大幅度贬值的诸多因素在2016年似乎依然存在，由此引发的外债偿付风险也不容忽视。

三是美元加息引发的资本大规模外流。根据历史经验，只要美元加息，新兴市场就会出现资本回流的问题。量化宽松这么多年，大量廉价资本流向新兴市场。一旦美元加息，资本必定要外流。从2014年量化宽松停止起，资本已经开始回流，全球的外汇储备已下降了1万多亿美元，对新兴市场的货币汇率、股市以及房地产市场造成了冲击。1997年的亚洲金融危机也有类似的原因（1994年美元加息周期开始）。2016年我们更需谨慎。

大宗商品市场失衡会否
再次引发金融市场动荡①

2011 年以来，全球大宗商品市场（主要是金属市场和能源市场）由供不应求逐步转变为供大于求。到 2014 年初，许多市场已出现严重的供需失衡，导致大宗商品价格大幅度回落（见图 1），成为左右全球金融市场走势的主要因素之一。尤其是 2016 年初，全球商品、股票、外汇、信用等市场出现了共振式下跌，其幅度之大、范围之广，令人担忧一场金融危机是否已经来临。然而，经过剧烈震荡之后，全球金融市场自 2 月中旬开始企稳回升，到 8 月上旬，美国标准普尔 500 指数已完全收复失地，并创历史新高；原油价格也触底回升，最大涨幅一度超过 50%；铁矿石、铜等其他大宗商品价格也出现了不同程度的反弹。这些变化是趋势性反转吗？大宗商品市场的危机已安然度过了吗？商品市场波动对全球金融市场的威胁已经消除了吗？

我们认为，作出这些判断可能还为时过早。就在本文即将成文之时，以采矿业为支柱产业的蒙古国宣布陷入经济危机，其货币图格里克的汇率在 2016 年 8 月初的短短 2~3 周内贬值近 10%；政府财政也陷入困境，国债收益率飙升，其财政部部长预计今年政府债务占 GDP 的比例将上升至 78%，而国际评级机构标准普尔于 8 月 19 日将其主权债务评级由 B 降级到 B－（都属于垃圾级）。

我们判断，由于供需失衡的问题尚未得到根本解决，大宗商品价格在今后 12 个月内很可能低位徘徊，甚至有可能再创新低。果真如此，大宗商品价格的低迷不振有可能通过以下三条路径引发更为广泛的金融市场动荡（见图 2）。

---

① 作者：孙明春、唐俊杰；本文 2016 年 11 月发表于《新金融评论 2016 年第 5 期总第 25 期》。

（1）由大宗商品生产及上下游相关企业财务恶化引起商业信用危机；

（2）由大宗商品生产国财政赤字扩大导致主权债务危机；

（3）由大宗商品生产国经常项目逆差引发货币汇率贬值，继而引发外债危机。

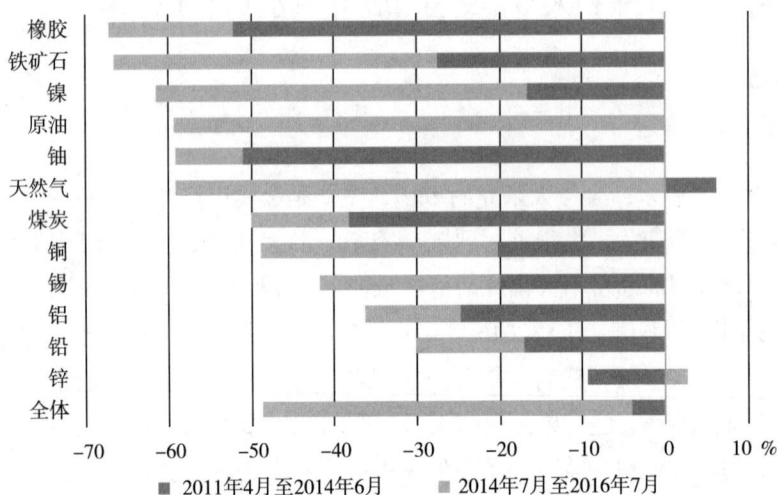

注：全体包括能源和非能源大宗商品，包括但不限于图中所列的其他商品。

图 1　主要大宗商品价格变化（2011—2016 年）

（资料来源：国际货币基金组织）

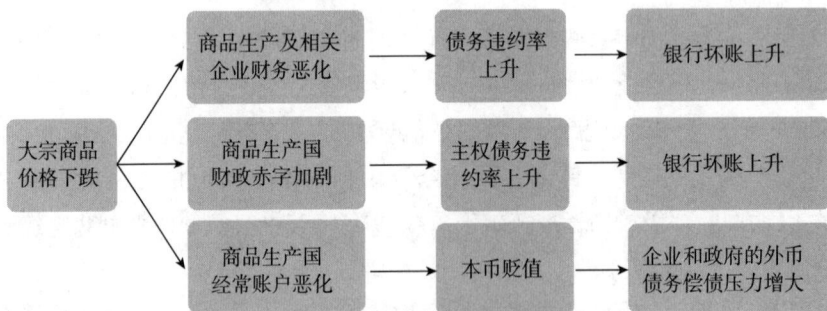

图 2　大宗商品价格下跌可能引发的三类危机

我们将在本文中对这三条路径做一些定性分析，试图衡量由大宗商品市场失衡再次引发全球金融市场动荡的可能性。当然，鉴于金融市场的复杂性和动态随机性，准确预测金融危机的时点和路径几乎是不可能的。我们的目的只是通过逻辑推导和有限的数据分析来定性地预判金融危机的潜在导火索及可能的展开路径，以便给市场参与者和宏观决策及监管部门提示潜在风险点，并提出相应的投资建议与政策建议。

由大宗商品企业财务恶化引发企业债务危机的可能性

2014 年以来，大宗商品价格暴跌给商品生产及上下游关联企业造成了严重打击。我们对全球 621 家市值规模超过 10 亿美元的大宗商品（主要是能源和金属原材料）上市企业做了统计①，其中 208 家在 2015 年出现亏损，占样本总数的 33.5%，亏损数量和比例远超 2009 年全球金融风暴之时（见图 3）。

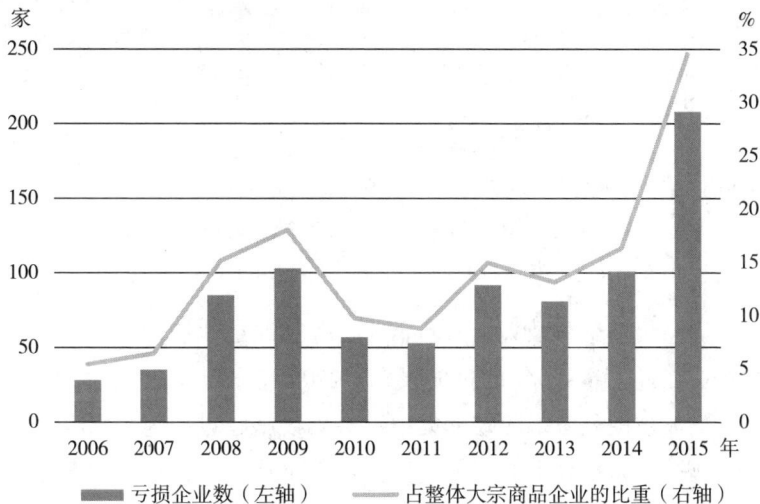

图 3　大宗商品生产和相关企业亏损情况

（资料来源：FactSet 数据库）

这些上市公司规模较大、底子较厚，在大宗商品价格暴跌时尚且出现亏损，那些缺乏规模优势、资产负债表较弱的中小型企业则面临更大压力，很多已濒临破产边缘。事实上，据 Haynes 和 Boone 的统计，北美石油和天然气行业已出现大量破产案例。2015 年以来已有 90 家美国和加拿大产油企业、83 家油田服务企业宣布破产。尤其在 2016 年 3 ~ 6 月，破产企业的数量出现井喷之势（见图 4）。

---

① 数据来源为 FactSet 数据库。样本中 621 家大宗商品企业的市值规模占全球上市大宗商品企业总市值的 70%，因而对于大宗商品行业具有一定的代表性。

家

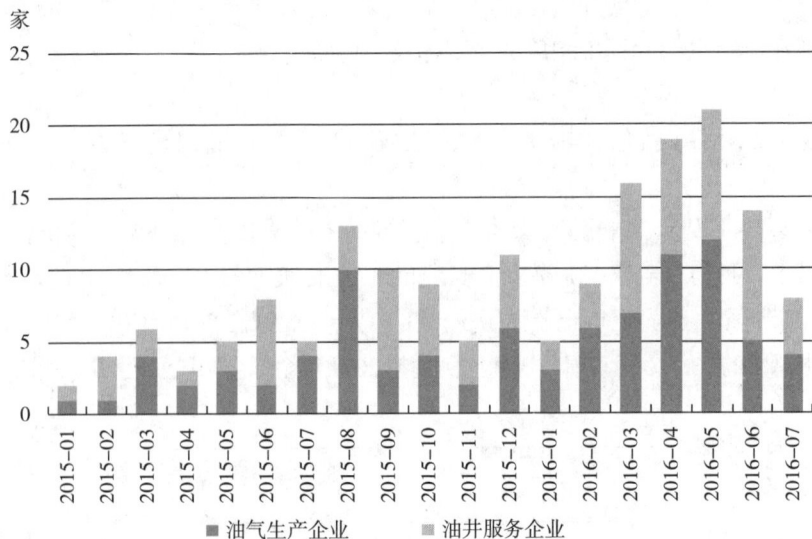

注：油气生产企业数截至 2016 年 8 月 1 日，油井服务企业数截至 2016 年 7 月 20 日。

图 4　2015—2016 年北美油气企业破产统计

（资料来源：Haynes 和 Boone《产油企业与油田服务破产追踪》）

　　大宗商品价格暴跌及大宗商品企业财务状况迅速恶化的主要源头是大宗商品企业在过去 6 ~ 7 年的过度投资。2008 年全球金融海啸之后，多国政府实施的大规模经济刺激政策集中于基础设施建设，为大宗商品市场创造了巨大的需求，推高了能源和金属原材料价格。身处市场繁荣期，大宗商品企业抱着对未来的市场需求过度乐观的预期，积极开发大批新的矿山和油井，以扩大产能。以统计样本内的大宗商品企业为例，2010—2014年，其固定资产投资高速增长，年均资本开支规模比之前四年（2006—2009 年）的平均水平高出 59%。同期企业厂房、地产和设备规模也增长了 54%。

　　这些投资在之后数年形成了巨大的资本折旧，推高了企业的生产成本。以石油生产为例，2015 年英国、加拿大、美国、挪威、安哥拉等主要产油地平均每桶石油的生产成本在 36 ~ 53 美元之间，而其中资本开支（主要是固定资产折旧成本）占 40% 以上（见图 5）。而同期油价已跌破 50 美元/桶，最低接近 30 美元/桶。尽管处于成本收益倒挂的局面，为尽可能摊销折旧成本、回收流动性，只要油价高于生产企业的现金成本，企业仍坚持亏损经营，导致财务亏损在产油企业中大面积蔓延。

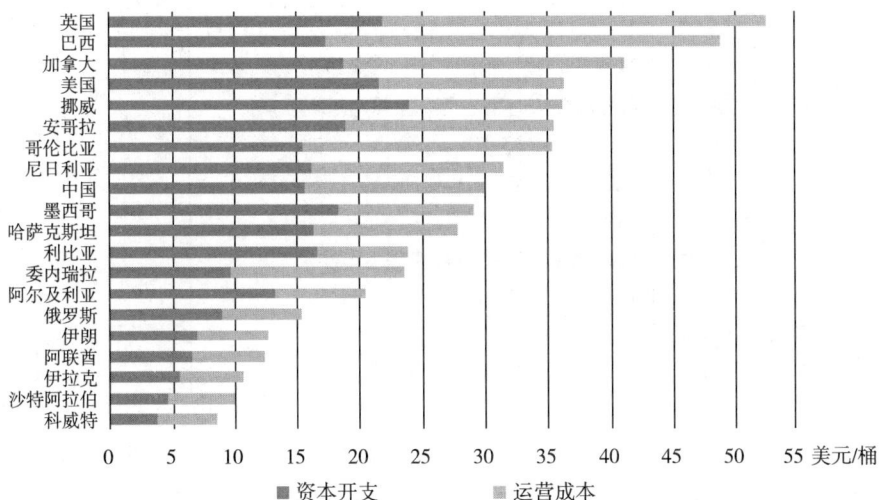

图5　2015 年主要产油地区产油成本中资本开支的比重

（资料来源：Rystad Energy Ucube）

同时，这些投资还带来了日益沉重的企业债务。统计显示，2010—
2014 年是大宗商品企业固定资产快速扩张期。但在这段时期，企业的经营
活动现金流并不足以覆盖资本开支与股利分配（见图6）。为支撑这些产能
扩张计划，企业必须借助大量的外部融资。在这 5 年间，企业债务余额增
加了65%，对应固定资产增长54%（见图7）。可见，资本开支高速增长
是以企业债务快速上升为代价的。

过去，大宗商品企业快速的业绩增长是其偿债能力的保证。而今商品
价格暴跌、企业盈利能力恶化，令投资者开始担心大宗商品企业的偿债能
力。债券市场闻风而动，相关企业债券收益率快速攀升。以美国能源行业
企业债（垃圾级）为例，其最差收益率（yield to worst）① 自 2015 年起快
速上升，今年2月一度攀升至19.11%，比 2014 年底整整高出 10 个百分点
（见图8），进一步提高了商品企业的再融资成本，形成恶性循环。虽然这
些债券的收益率已大幅度回落，但一旦形势发生变化，其再次大幅度反弹

---

　　① 最差收益率（yield to worst）指可赎回债券可能出现的最低投资回报率，反映最恶劣情形
（worst scenario）假设下市场要求获得的回报率。

的可能性也不可低估。

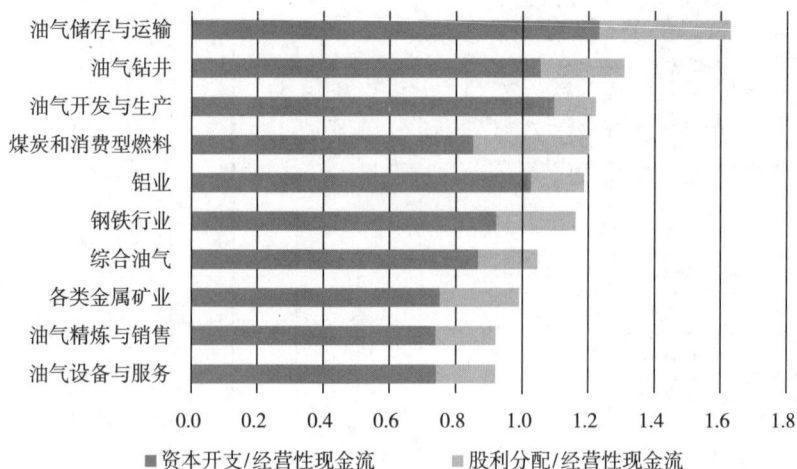

图6 2010—2014年大宗商品企业资本开支和股利分配总额与同期经营性现金流的比例

（资料来源：FactSet 数据库）

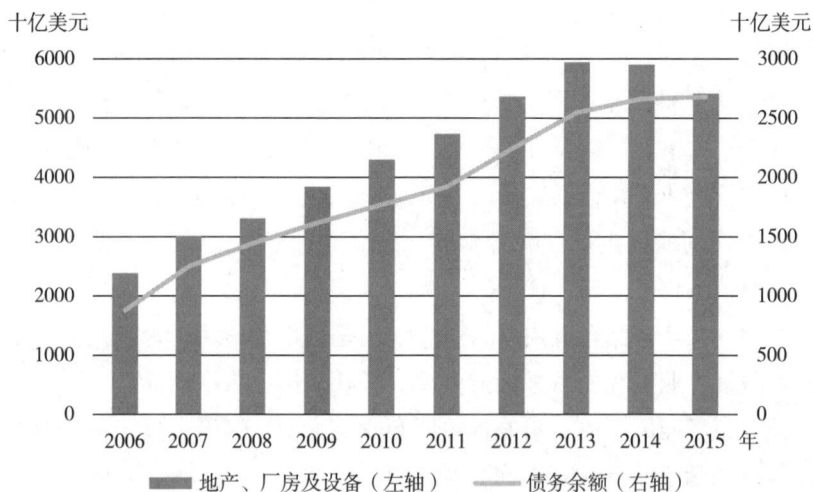

图7 大宗商品企业地产、厂房及设备等资产价值与债务余额

（资料来源：FactSet 数据库）

鉴于大宗商品企业债务风险上升，国际评级机构纷纷下调其信用评级。今年1月起，穆迪评级便开始对全球120家油气公司和55家矿业公司进行降级评估，预计其中110家企业将遭到评级下调，涉及债务规模高达

5400 亿美元。标准普尔也在今年 2 月宣布一次性对 10 家美国能源公司下调评级。债券市场和评级机构这种"晴天送伞、雨天撤伞"的做法，加大了大宗商品企业通过再融资缓解债务偿付压力的难度。

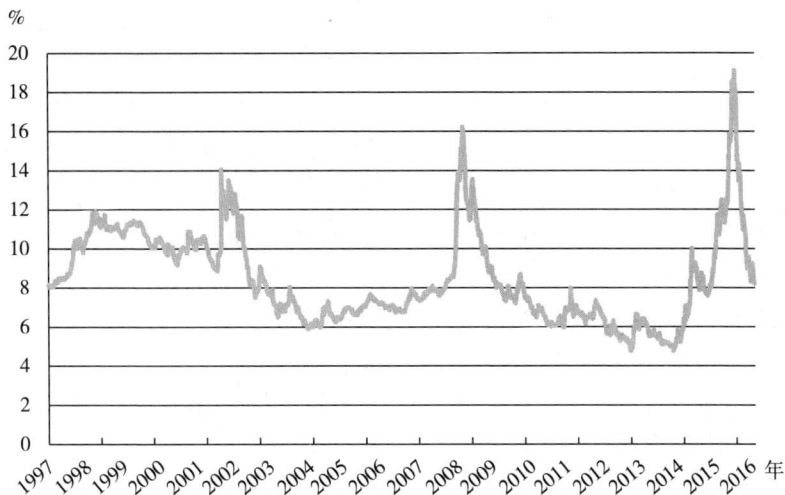

图 8　美国高收益能源债最差收益率（截至 2016 年 8 月 19 日）

（资料来源：美银美林）

面临不断到期的债务，不少企业开始出现流动性压力和债务偿付困难。事实上，在过去 24 个月内已经出现一波大宗商品企业债务违约潮。值得庆幸的是，目前违约主体仍以中小型企业为主，且无论规模还是数量都比较有限，其他家底相对殷实的企业仍靠变卖实物资产或兼并收购维持运营。例如，今年 2 月英国天然气集团（BG Group）接受了能源巨头皇家荷兰壳牌石油集团（Royal Dutch Shell）的收购计划；紧随其后，全球最大的钢铁企业安赛乐米塔尔（ArcelorMittal）和塔塔钢铁（Tata Steel）分别在 3 月和 4 月协议出售它们在美国和欧洲的资产；5 月，身陷财务困境的德国原材料生产企业西格里碳素集团（SGL Carbon）也宣布将变卖其核心业务碳电极……

然而，我们注意到竞相抛售实物资产已导致资产价值快速缩水。随着财务问题逐步蔓延到整个大宗商品行业，收购这些实物资产的意愿也在不断降低。以油气行业为例，2015 年全球油气企业合并与收购案数量仅有 379 件，比 2014 年减少近一半。同样的现象也曾出现在 2008—2009 年全球金融海啸期间（见图9）。这说明，随着油价持续下行，私人部门收购油气资产的能力和意愿都会萎缩，通过变卖资产来度过财务困境的空间也是有限的。

件

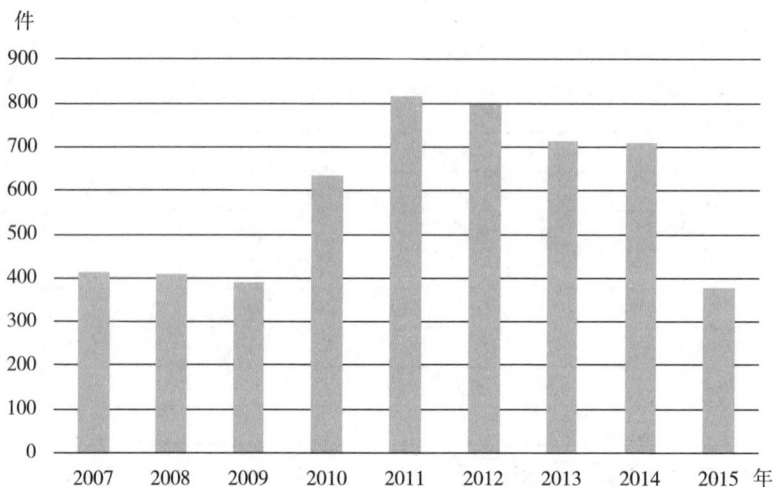

图9　2007—2015年全球油气企业合并与收购案数量

（资料来源：PLS Inc. and Derrick Petroleum Services 全球企业合并与收购数据库，

德勤2015年油气企业合并与收购报告）

今后12个月将是重重矛盾聚集之时。一方面，受大宗商品价格下降影响，商品企业盈利能力减弱，再融资变得日益艰难，可供变卖的资产也愈益有限。与此同时，自2009年起不断高举的债务今年将大量到期。据彭博统计，2016年将有1700亿美元左右的大宗商品企业债券到期，占总体债券规模的15%。看来，2016年大宗商品企业将面临严峻的偿债压力。

我们针对被统计的621家上市的大宗商品企业做了一个简单的流动性压力测试。鉴于再融资和变卖资产这两种途径已变得日益艰难，我们仅以企业在2015年（大宗商品价格低迷时期）从事经营活动所获得的现金流来衡量其当前的偿债能力。那么在15%的债务将于今年到期的情况下，将有31%的企业无力偿还债务。这部分企业很可能出现流动性危机或债务违约。由于中小企业资本实力不及样本中的上市公司，潜在的债务违约面积可能会更大。

由此可见，只要大宗商品价格不出现大幅度上涨，企业盈利能力难以显著好转，相关企业的债务风险仍将不断积累，一场更大规模的企业债务

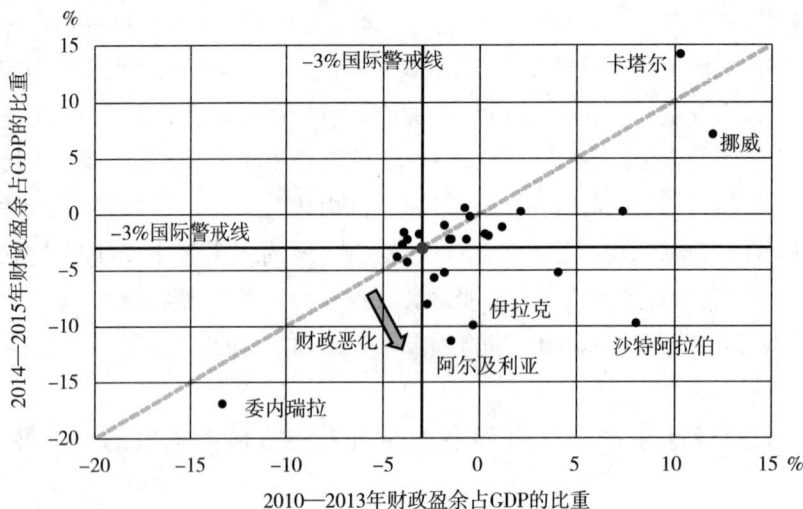

注：1. 29 个国家包括：利比亚、委内瑞拉、阿尔及利亚、伊拉克、沙特阿拉伯、巴西、阿根廷、安哥拉、厄瓜多尔、墨西哥、南非、马来西亚、澳大利亚、匈牙利、印度尼西亚、哥伦比亚、俄罗斯、伊朗、智利、捷克、罗马尼亚、秘鲁、土耳其、泰国、阿联酋、加蓬、菲律宾、挪威以及卡塔尔。其中阿尔及利亚、安哥拉、巴西、哥伦比亚、加蓬、印度尼西亚、伊拉克、利比亚、挪威、俄罗斯、泰国、土耳其、阿联酋 2015 年数据、马来西亚 2014—2015 年数据，以及委内瑞拉 2011—2015 年数据来自 IMF 预测。

2. 正数代表财政盈余，负数代表财政赤字。

3. 利比亚的坐标为（4.9，-47.4）。

图 10　大宗商品国财政平衡（2010—2015 年）

（资料来源：IMF 世界经济展望数据库，2016 年 4 月）

以不断高涨的大宗商品价格和快速成长的财政收入来源为保障，大宗商品生产国发行的政府债券也曾受到投资者的青睐。2009 年以来，世界主要国家实施了量化宽松政策，创造了一个得天独厚的低息环境。这使得商品生产国可以通过国内和国际资本市场借入成本低廉的资金以弥补财政缺口，但也导致政府负债大幅度上升。在我们统计的 29 个大宗商品国中有 19 个国家政府债务总量在过去 6 年上升（见图 12）。其中，利比亚和安哥拉 2009 年的政府债务率（政府债务/国内生产总值）分别为 1.9% 和 22.7%，2015 年则分别攀升至 65% 和 62%。

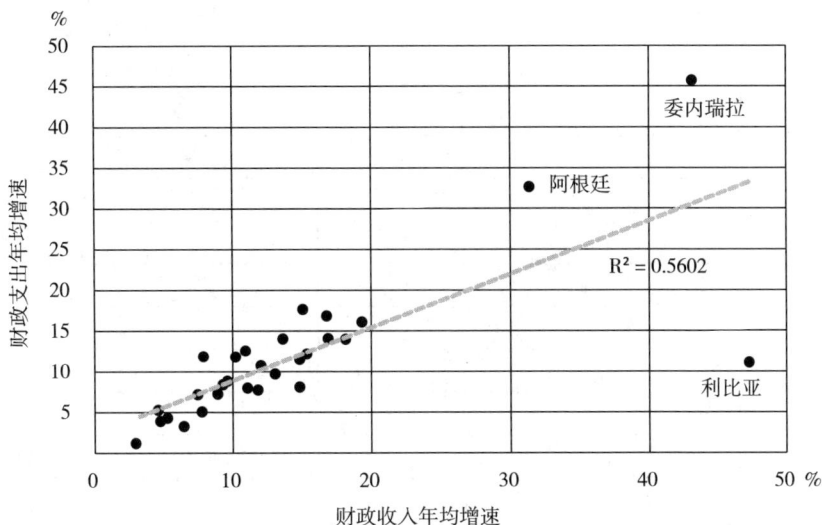

注：29 个国家包括：利比亚、委内瑞拉、阿尔及利亚、伊拉克、沙特阿拉伯、巴西、阿根廷、安哥拉、厄瓜多尔、墨西哥、南非、马来西亚、澳大利亚、匈牙利、印度尼西亚、哥伦比亚、俄罗斯、伊朗、智利、捷克、罗马尼亚、秘鲁、土耳其、泰国、阿联酋、加蓬、菲律宾、挪威以及卡塔尔。其中阿尔及利亚、安哥拉、巴西、哥伦比亚、加蓬、印度尼西亚、伊拉克、利比亚、挪威、俄罗斯、泰国、土耳其、阿联酋 2015 年数据、马来西亚 2014—2015 年数据，以及委内瑞拉 2011—2015 年数据来自 IMF 预测。

图 11　大宗商品生产国财政收入和支出增速（2010—2014 年）
（资料来源：IMF 世界经济展望数据库，2016 年 4 月）

　　成也萧何，败也萧何。当大宗商品价格暴跌之时，商品生产部门以及上下游企业收入减少，直接导致商品生产国财政收入萎缩。而财政支出则具有"刚性"，很难大幅削减。越是经济困难的时候，越需要依靠政府主导的消费和投资来对冲商品生产部门的萎缩，从而起到稳定经济的作用。而且，此时放缓对民生领域的投入或减少福利补贴可能增加社会动荡等政治风险。因此，大宗商品生产国财政支出难以削减，不得不扩大财政赤字。

　　正如商品生产企业盈利能力恶化是可能发生商业信用危机的警示，商品生产国的财政困难也增加了主权债务危机的风险。一旦财政缺口无法及时填补，或是陆续到期的政府债券无法兑付，将会发生政府债务违约。尤其是当前不少大宗商品生产国政府债务水平已处于历史高位，进一步举债的空间极为有限，同时可供抛售的储备资产也越来越少，令危机发生的概率上升。

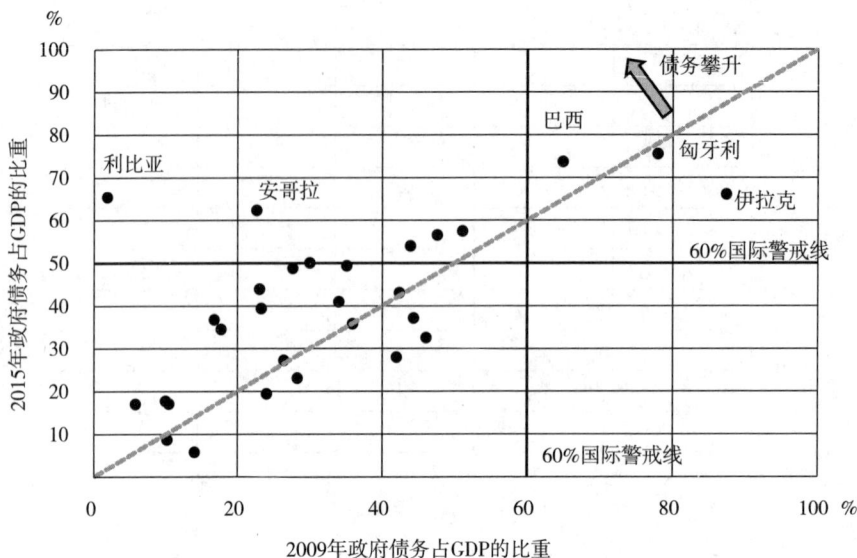

图12　大宗商品生产国政府债务率（2009年与2015年）

（资料来源：IMF世界经济展望数据库，2016年4月）

注：29个国家包括：利比亚、委内瑞拉、阿尔及利亚、伊拉克、沙特阿拉伯、巴西、阿根廷、安哥拉、厄瓜多尔、墨西哥、南非、马来西亚、澳大利亚、匈牙利、印度尼西亚、哥伦比亚、俄罗斯、伊朗、智利、捷克、罗马尼亚、秘鲁、土耳其、泰国、阿联酋、加蓬、菲律宾、挪威以及卡塔尔。其中阿尔及利亚、安哥拉、巴西、哥伦比亚、加蓬、印度尼西亚、伊拉克、利比亚、挪威、俄罗斯、泰国、土耳其、阿联酋2015年数据、马来西亚2014—2015年数据，以及委内瑞拉2011—2015年数据来自IMF预测。

例如，2015年末匈牙利、巴西、伊拉克、利比亚和安哥拉等国的政府负债率已经超过国际警戒线60%。此时进一步增发政府债券的空间相当有限。这也正是今年以来国际评级机构纷纷下调商品生产国主权评级的原因。自2016年2月起，标准普尔和穆迪两大评级机构陆续下调沙特阿拉伯、阿曼、巴林等产油国的主权信用评级，以示对于这些地区经济增速放缓但债务高企的忧虑（见表1）。评级下调后，借新债还旧债将变得更为艰难。

表 1   2016 年以来遭国际评级机构下调主权信用评级的石油国家

大宗商品生产国	标准普尔调整	穆迪调整
卡塔尔	评级降为 AA	标为负面展望
沙特阿拉伯	评级降为 A –	评级从 Aa3 降为 A1
阿曼	评级降为 BBB –	评级从 A3 降为 Baa1
哈萨克斯坦	评级降为 BBB –	—
俄罗斯	评级降为 BB +	标为负面展望
巴西	评级降为 BB	—
巴林	评级降为 BB	评级从 Ba1 降为 Ba2
科威特	—	标为负面展望
阿联酋	—	标为负面展望
阿布扎比	—	标为负面展望
蒙古国	评级降为 B –	—

资料来源：标准普尔，穆迪。

与此同时，为弥补财政缺口或为稳定货币汇率，大宗商品生产国已经抛售了大量金融或实物资产。根据彭博引用摩根大通的测算（彭博，2016），2015 年全球石油生产国主权财富基金共计抛售了 1600 亿美元的海外资产，预计 2016 年规模将进一步增至 2200 亿美元。一轮抛售之后，一些家底较薄的政府（如伊拉克、也门、利比亚、巴林等）开始出现弹药不足的情况。无论是从财政缓冲资产的可使用年限还是从碳氢化合物（如石油）资产占 GDP 的比重来看，这些产油国政府可供抛售的资产已相当有限（见图 13）。

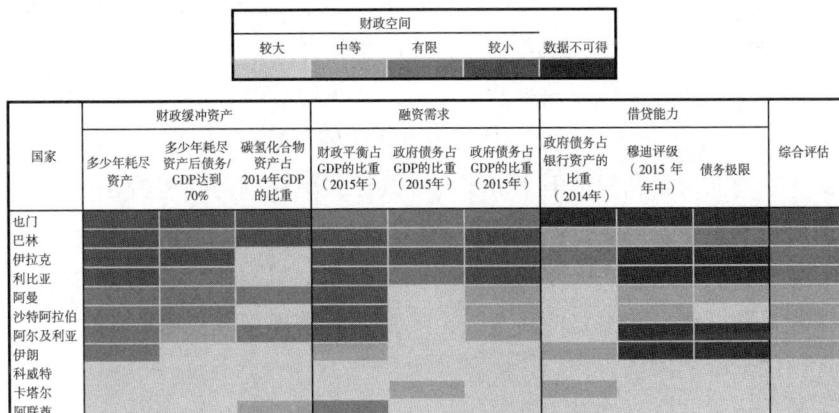

注：离债务极限的距离（distance to debt limit）根据发达经济体回归系数测算，具体方法参见穆迪（2011）。

图 13   穆迪和国际货币基金组织中东国家财政空间评估

（资料来源：穆迪，国际货币基金组织）

值得一提的是，产油国主权财富基金曾将它们在油价高企时赚得的大量石油美元投资于美国、欧洲等发达国家的股票市场和债券市场。主权财富基金研究所（SWFI）的统计显示，2015 年末这些国家的主权财富基金资产规模达到 4 万亿美元左右，比 2007 年底增长了一倍。如今，迫于油价下跌和财政吃紧的压力，这些主权财富基金正不断从发达国家的资本市场回撤流动性。就股票市场而言，2015 年全球主要主权财富基金（主要来自大宗商品生产国）用于股权投资的资金减少了 2134 亿美元，该研究所预计 2016 年这个规模将翻倍至 4043 亿美元。果真如此，可能将对全球股票市场造成一定的冲击。

除了上述中东产油国之外，那些财政空间同样有限的其他大宗商品生产国，其政府债务偿付压力或融资需求同样巨大。同样由于可供变卖的资产有限，信用评级又遭下调，其再融资能力较弱，因此发生主权债务危机的风险也不容低估。

大宗商品生产国货币贬值引发外币债务危机的可能性

大宗商品价格下跌还在货币市场上掀起了波澜。自 2014 年 7 月以来，大宗商品生产国的货币汇率普遍出现了剧烈贬值。俄罗斯卢布首当其冲，卢布对美元汇率贬值幅度一度超过 50%（由 34 卢布/美元贬到 85 卢布/美元）。紧随其后的有阿根廷比索、安哥拉宽扎、哥伦比亚比索、委内瑞拉波利瓦尔、巴西雷亚尔以及墨西哥比索，这些货币对美元汇率自 2014 年下半年至 2016 年 7 月底的贬值幅度都在 30% 以上（见图 14）。

大宗商品市场和货币汇率市场出现共振式下跌的内在逻辑在于，大宗商品价格下跌导致商品生产国经常项目恶化，继而引发本国货币贬值。由于大宗商品生产国经济高度依赖能源或金属原材料出口，一旦大宗商品价格出现暴跌，会导致出口快速萎缩，经常项目出现逆差，由此衍生出商品生产国的汇率贬值压力。

本币贬值虽然会降低本国出口部门（包括大宗商品企业）以本币计价的生产成本，有利于刺激出口，却有可能引发一场外债偿付危机。这是因为本币对美元的剧烈贬值增加了那些背负高额外币债务的政府和企业的偿债负担。

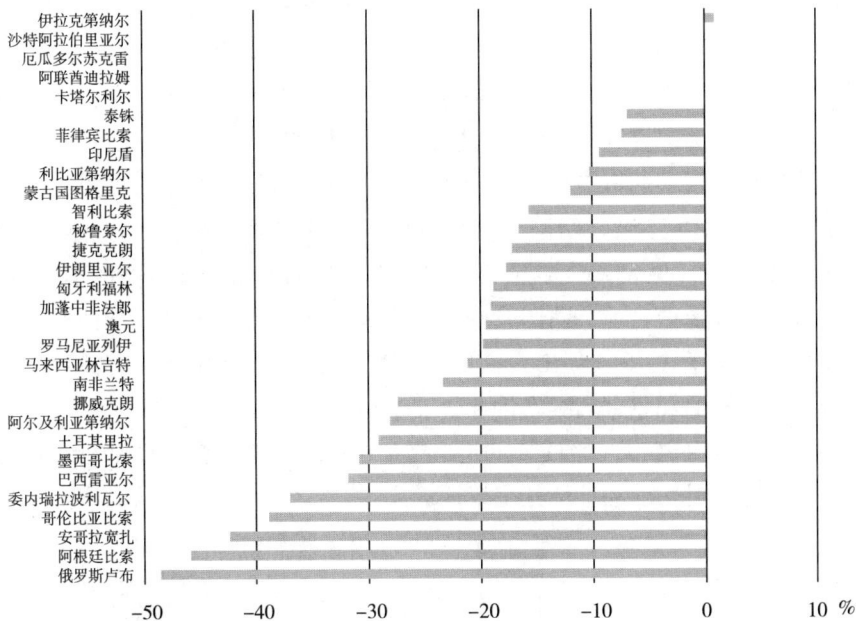

图 14　大宗商品生产国货币对美元汇率贬值幅度（2014 年 7 月至 2016 年 7 月）

（资料来源：彭博）

　　大宗商品生产国政府在过去 6 年发行了大量以外币计价的政府债券以支持本国财政。这不仅因为这些国家本土金融系统规模有限，难以满足融资需求，也由于 2009 年以来从国际资本市场筹措美元贷款的成本极为低廉，鼓励这些国家政府大量发行外币债券。根据彭博的债券统计，2009 年大宗商品生产国外币政府债券的平均发行利率为 5.5% 左右，而后便逐步下行，一直匍匐在 3% 以下。然而，如果政府的财政收入主要来自以本币计价的国内税收，那么这种模式便存在着严重的货币错配，使其债务偿付能力暴露在汇率风险之中。

　　类似地，大宗商品生产国内一些涉及跨境业务的企业也面临着债务美元化、收入本币化的问题。例如，消费品和资本品进口商、房地产企业以及一些为当地提供专业性服务的企业，它们容易获得国际银行的外币贷款，或者在海外发行外币债券，因此企业债务中外币债务比例较高。与此同时，企业大部分收入却来自本土，以本币计价。大宗商品价格下跌、本币快速贬值，使得以美元计价的企业收入出现萎缩，降低了偿还外币债务的能力，增加了违约风险。

　　不过，尽管俄罗斯卢布和巴西雷亚尔两种货币自2014年7月起都出现了大幅度贬值，但两国政府和企业至今尚未出现大规模的外币债务违约。究其原因，主要有以下两点。一是两国政府债务以本币债务为主，外币债务比例较低，尤其是1年内到期的外币债务规模较小（见图15）。因此，在汇率暴跌之后，两国政府的偿债压力并未明显增加。国际清算银行的数据显示，自2014年以来两国政府外币债务余额快速下降，目前已经回到2010年的水平（见表2）。这或许是因为近年来两国政治环境高度不确定。早在货币大幅贬值之前，两国政府已经很难在欧美资本市场发行债券。例如，俄罗斯由于在2014年出兵克里米亚和乌克兰而遭到国际社会的制裁，标准普尔、穆迪和惠誉陆续在同年3月、4月下调俄罗斯主权评级或宏观展望。巴西政府也一直危机重重，早在2016年罗塞夫总统遭弹劾停职之前，国际评级机构已经下调其主权评级①。

表2　大宗商品生产国政府外币债务情况

国家	2016年3月末(百万美元)	自2009年末增速	占全体政府债务的比例	一年内到期债务比例
加拿大	114512	30%	9%	21%
墨西哥	68232	59%	12%	7%
土耳其	63147	52%	28%	6%
印度尼西亚	47410	175%	21%	2%
巴西	46215	−1%	4%	6%
阿根廷	41142	−8%	17%	4%
委内瑞拉	30550	6%	7%	0
俄罗斯	28748	9%	15%	6%
菲律宾	26837	7%	26%	5%
哥伦比亚	24250	63%	19%	7%
匈牙利	22941	−3%	26%	6%
罗马尼亚	21273	457%	32%	8%
秘鲁	14160	66%	34%	9%
卡塔尔	13900	22%	21%	14%
哈萨克斯坦	12851	NA*	49%	0
南非	12081	45%	9%	7%
捷克	10426	4%	14%	5%
智利	9819	461%	26%	1%
巴林	8466	670%	44%	0
阿联酋	5732	−18%	9%	0
马来西亚	4746	171%	3%	25%
加蓬	3609	261%	59%	0
伊拉克	2659	0	2%	0
澳大利亚	2122	−59%	0	73%
泰国	150	−75%	0	100%

资料来源：IMF经济展望数据库，国际清算银行。

注：＊2009年末外币债务余额为零。

---

① 2015年惠誉连续两次下调巴西主权评级，标准普尔和穆迪分别下调一次。

二是由于两国存在的政治风险，一些本土企业早就为两国货币出现的贬值做好了充分的对冲，因此降低了企业外币债务违约的风险。当然，俄罗斯近来从周边国家获得的金融援助也在一定程度上缓解了偿债压力。

然而，其他大宗商品生产国（比如罗马尼亚和秘鲁等国），它们政府债务中外币债务规模较高、一年内到期的债务规模较大。本币大幅贬值无疑增加了它们发生外币债务违约的风险。

大宗商品生产国外币债务危机往往与前述两类危机（商品生产企业债务危机和政府主权债务危机）相伴而生，相互催化。由于相关企业和政府的债务结构存在巨大的外汇风险，接连不断的本币贬值进一步增加了相关企业和政府的偿债压力。一旦发生外币债务违约，将对国际银行和金融市场造成巨大冲击。这正是1997—1998年亚洲货币贬值最终演变成一场全面金融危机的原因。

十亿美元

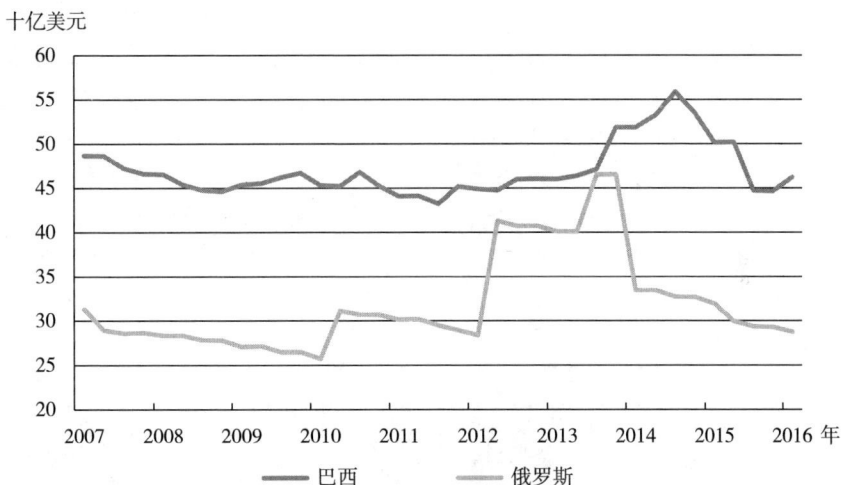

图15　俄罗斯和巴西的政府外币债务余额（截至2016年3月）

(资料来源：国际清算银行)

除此之外，商品生产国经济增速下滑、本币贬值已严重打击了国际投资者的信心，再加上外债偿付压力明显上升，一些大宗商品生产国金融和资本项目逆差日渐扩大，资本外流加快，外汇储备快速流失（见图16、图17）。一旦遭遇投机性攻击，本币汇率失守，将加速外债危机的形成。

感知蝴蝶的翅膀
从金融海啸到新冠肺炎疫情冲击

十亿美元

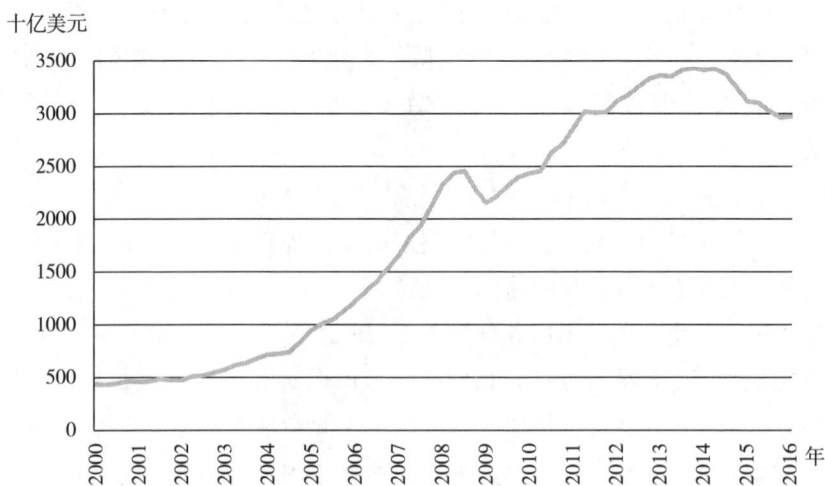

图16　29个大宗商品生产国的外汇储备（截至2016年3月）

（资料来源：国际货币基金组织）

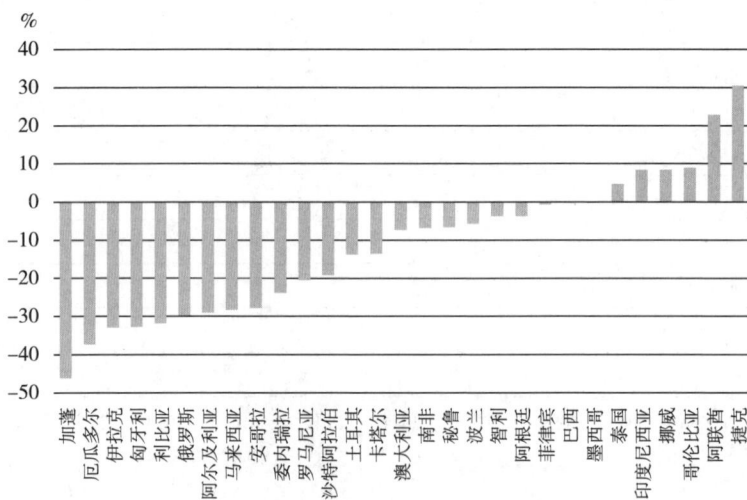

注：伊拉克的数据截至2015年末；利比亚的数据截至2015年9月。

图17　29个大宗商品生产国外汇储备变动情况（2014年至2016年3月）

（资料来源：国际货币基金组织）

大宗商品价格前景展望

鉴于大宗商品价格低迷将是引发上述三类危机的导火索，那么预判大宗商品在今后 6 ~ 12 个月的价格走向变得极为关键。这里存在三种可能：（1）商品价格再次回落（如原油价格继续回落并维持在每桶 50 美元以下）；（2）商品价格企稳回升（如油价上涨至每桶 50 ~ 80 美元）；（3）商品价格出现暴涨（如油价急剧上升至 80 美元/桶以上）。我们认为，第一种情形发生的可能性最大，但第三种情形的风险也值得关注。

情形一：商品价格低位徘徊，可能性为55%，可能引发三类危机

虽然今年上半年大宗商品价格出现了一轮反弹，但上涨势头能否持续仍有很大不确定性。种种迹象表明，大宗商品市场的供需失衡仍然存在，因此商品价格再次回落的可能性在不断加大。

以原油价格为例。今年上半年原油价格的反弹得益于三个短期因素。首先，突发性事件导致多个大宗商品生产国意外减产。例如，今年年初发生的加拿大特大火灾、尼日利亚武装冲突破坏产油设施、伊拉克出现电力中断和恶劣天气等。其次，季节性的设备维护导致炼油企业提前采购原油，需求临时性增加。最后，美联储暂缓加息也使原油等大宗商品市场暂时获得喘息的余地。

然而，从原油市场供需的基本面来看，供大于求的失衡局面很难在今后12 个月得到转变，因此油价反弹的基础似乎并不稳固。过去 24 个月的情形表明，一些生产成本较低的中东产油国（如沙特阿拉伯、科威特等）正在开足马力，不断提高产油量，迅速弥补了局部地区出现的突发性减产。这些国家自 2014 年起一直利用成本优势，趁着油价低迷迅速抢占欧美油企迫于成本压力而放弃的市场份额。正当欧美油企受到低油价的冲击而大幅减少油井勘探活动时，中东产油地区作业的钻头数量却在数轮油价暴跌中逆势增加，目前处于历史高位（见图 18）。这些产油国的产油现金成本不足 10 美元/桶，即便油价跌至 30 美元/桶，仍有毛利可图。尤其突出的是今年 1 月获得出口解禁的伊朗，重返石油市场后，其原油产量出现报

复性增长，短短 6 个月内原油日均产量增加了 21%，日均出口量更是扩大了 3 倍（见图 19）。这些因素正是多轮产油国冻产谈判最终难以达成的原因。

图 18 中东和欧美产油区作业钻机数量

（资料来源：Baker Hughes 全球油井钻机统计）

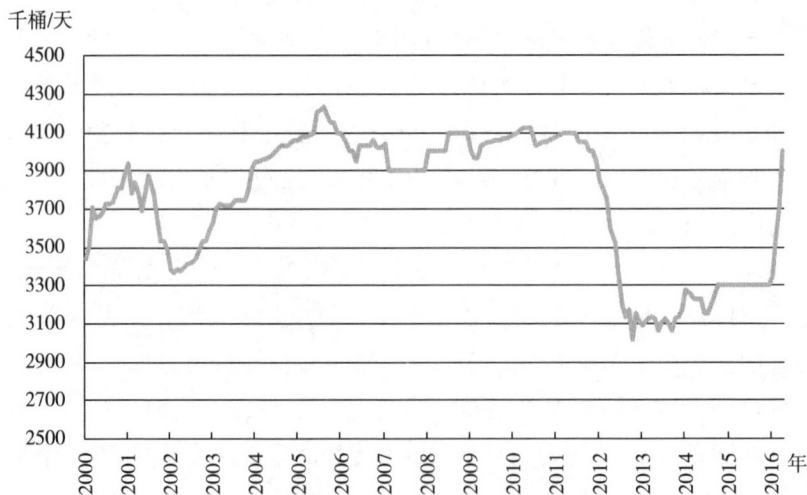

图 19 伊朗日均石油生产量

（资料来源：美国能源信息总署（EIA））

不仅如此，其他地区的产油企业虽然亏损严重，但对产量的实际影响也不及预期。一些北美产油企业中出现了"破产不减产"的现象，即虽然出现了亏损，或已申请破产保护，但其日常运营和石油开采丝毫不受债务重组的影响。这是因为即便油价跌破了企业的平均生产成本，但当前大部分产油地区产油现金成本（边际成本）仍低于原油价格（见图20）。这意味着，每多开采一桶原油仍可获取一些毛利、回收一些现金流，从而可以部分地覆盖固定资产折旧，减少企业和债务人损失。这也是全球能源总供给至今未出现显著下降的原因。

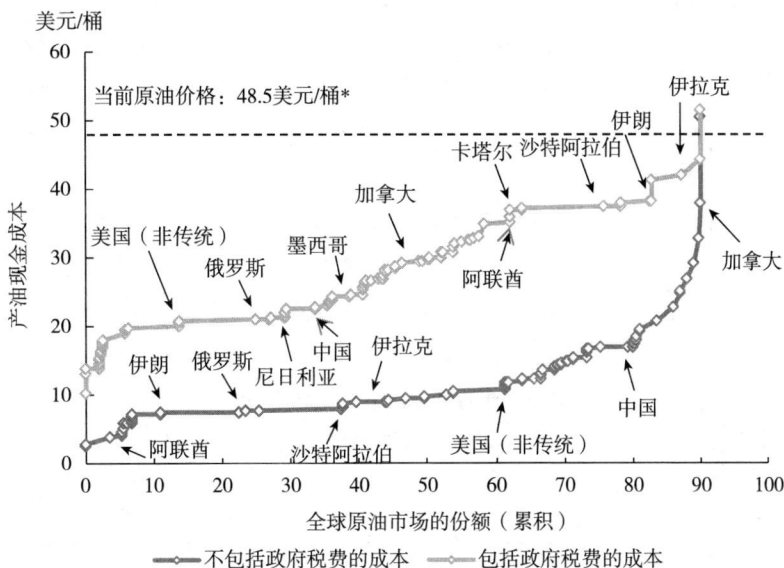

注：＊2016 年 8 月 19 日 WTI 原油价格。

图20　世界各产油地区产油现金成本（未包括资本折旧）

（资料来源：Morgan Stanley）

实际上，根据美国能源信息总署（EIA）的统计，2016 年以来全球原油日均产量仅小幅下降（见图21）。在全球需求增长疲弱的大背景下，无论是部分地区突发性减产，还是季节性的原油采购，都难以扭转原油市场供给过剩的局面。根据摩根士丹利（2016）的预测，全球原油市场的供需平衡最早也要到 2017 年才能实现（见图22）。鉴于全球原油存货已位居历史最高点，即便原油市场供需均衡后，也需要相当长时间才能消化存货，此后原油价格才有可能出现趋势性上涨。例如，根据摩根士丹利的预测，OECD 国家的原油存货要到 2020 年才能回到 2007—2013 年的平均水平（见图23）。

同样，在全球经济增长乏力的大背景下，存在明显产能过剩的其他大宗商品市场也很难在短期内恢复均衡，供大于求的局面将对价格产生抑制作用。一旦美联储再次加息或是市场加息预期升温，很可能导致大宗商品价格再次回到下跌通道。因此，我们认为情形一发生的概率最高。

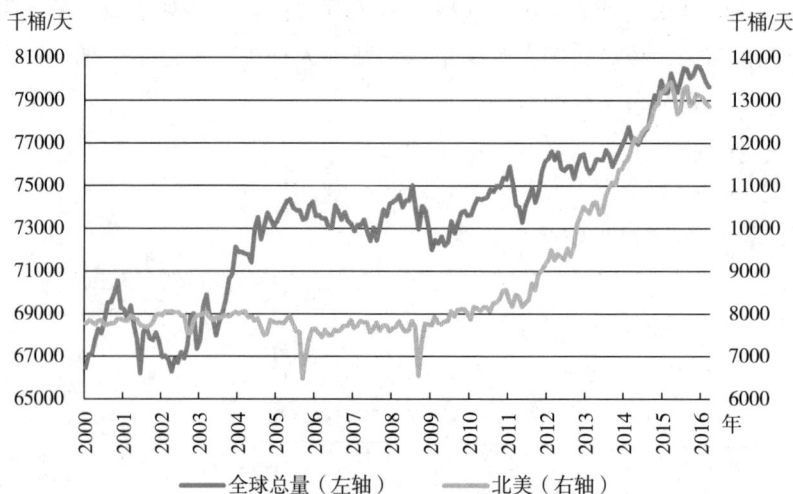

图 21 全球和北美地区日均产油量

（资料来源：美国能源信息总署（EIA））

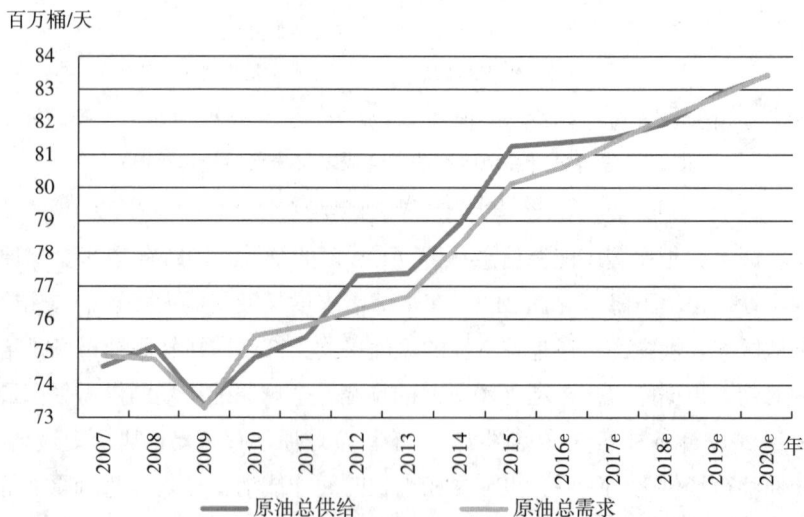

图 22 全球原油供给与需求预测

（资料来源：Morgan Stanley）

百万桶

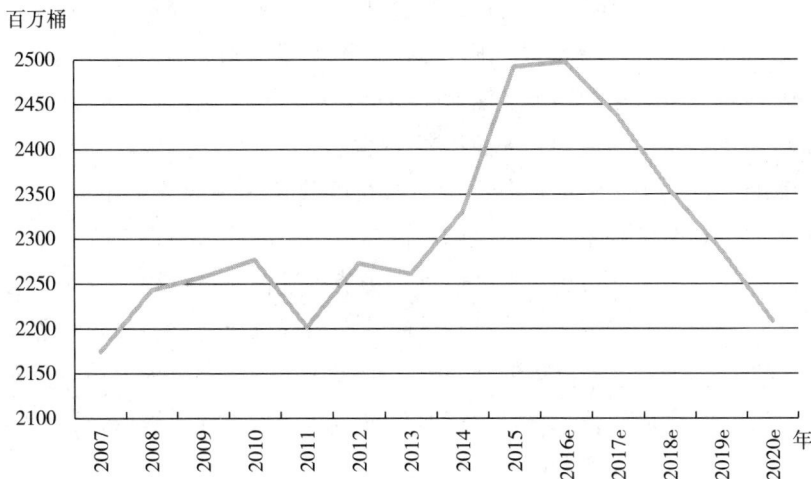

图23　OECD原油存货年底水平

(资料来源：Morgan Stanley)

　　情形二：商品价格逐渐企稳，可能性为44%，危机发生概率大大降低

　　如果今后数月内出现了一些有利条件能够缓解大宗商品市场供需矛盾（如一些主要国家重启基础设施建设计划、中东产油国家由于政治不稳定因素出现大规模停产等），或是美联储暂缓加息，并让市场相信全球流动性将维持宽松，那么大宗商品价格可能企稳回升（比如原油价格回升至每桶50~80美元）。这将改善大宗商品企业的盈利能力，稳定企业持有资产的市场价值，也使破产企业能够回收更多流动性，减缓企业债务违约对于整体金融系统的冲击。同时，上涨的商品价格也能缓解资本市场对于大宗商品生产国经济和政府财政能力的担忧，为这些国家推行结构性改革赢得更多时间。在这种情形中，大宗商品部门发生危机或带来全球金融市场动荡的概率会大大降低。

　　情形三：商品价格暴涨，可能性为1%，刺破金融市场泡沫

　　当然，也不能排除由于战争、特大自然灾害或者其他任何原因，令大宗商品价格在今后12个月出现暴涨（比如原油价格上涨至每桶80美元以上）。果真如此，就有可能推高整体物价水平，带来通货膨胀压力。在20

世纪 70～90 年代发生的三次石油危机期间①，主要经济体都曾出现了不同程度的通货膨胀。经验表明，国际原油价格上涨首先推高国内汽油以及化工产品价格，接着通过增加运输业、制造业以及热力等部门的生产成本向国民经济的各个部门传导，进而抬高整体物价水平。

通货膨胀的来临将迫使各国中央银行暂停正在进行的量化宽松政策，开始加息、逆转负利率，有可能刺破债券市场的泡沫（见图 24）。2014 年以来，由于全球股票市场动荡、新兴市场货币贬值、英国脱离欧盟等各类冲击不断，资本纷纷流入发达经济体的债券市场寻求避险，导致世界主要发达经济体国债收益率屡创历史新低。为获得更高收益，很多债券投资者不惜大量使用信用杠杆。一旦大宗商品价格暴涨推高通货膨胀，可能引发债券价格暴跌，刺破债券市场的泡沫。

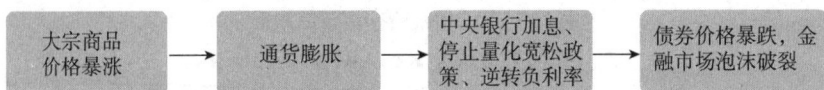

| 大宗商品价格暴涨 | → | 通货膨胀 | → | 中央银行加息、停止量化宽松政策、逆转负利率 | → | 债券价格暴跌，金融市场泡沫破裂 |

图 24　大宗商品价格暴涨可能带来的风险

一旦债券价格暴跌，那些使用了高倍杠杆购入债券以提升收益率的金融机构（如债券基金、投资银行的自营部门等）很可能会面临灭顶之灾。即便对那些没有使用杠杆来购买债券的金融机构（如商业银行、保险公司等）来说，如果债券价格下跌过多，其资产价值按市值计价（mark to market）也会大幅度缩水，在极端情况下，甚至有可能影响其资本充足率，引发一场银行危机。这种情况在 2011 年前后的欧洲主权债务危机发生时曾经一度令金融市场风声鹤唳。

另外，持续多年的低利率（甚至是负利率）环境已迫使许多原本以国债或高等级债券投资为主的金融机构（如银行、保险公司、退休基金）转投高收益债券、股票、房地产、金融衍生品等风险更高的金融产品，以提高投资收益。虽然这一过程推高了相关资产价格，但也积累了越来越大的泡沫风险。一旦各国中央银行开始加息，债券收益率上升，很可能刺破这些泡沫，引发大量的反向交易和踩踏事件。

---

① 第一次石油危机发生于 1973—1974 年第四次中东战争期间；第二次石油危机发生于 1979 年至 20 世纪 80 年代初期，起因是两伊战争；第三次石油危机发生于 1990 年海湾战争期间。

尽管第三种情形发生的概率较低，但我们认为这种风险仍然值得关注。这是因为当前市场投资者大多只注意防范通货紧缩的风险，对商品价格意外暴涨反而准备不足，因此一旦"黑天鹅"出现，可能致使投资者蒙受巨大损失。

结论和建议

以上分析表明，大宗商品价格的剧烈波动（无论是向下还是向上）都有可能再次引发全球金融市场的动荡。我们估计出现这种情况的概率为56%。当然，如果大宗商品价格在今后12个月基本稳定，那么它们将不会对全球金融市场产生新的冲击（但是不能排除全球金融市场因为其他原因而动荡）。我们估计出现这种情况的概率为44%。整体而言，我们认为再次出现金融市场动荡的可能性略大于平稳渡过的可能性。

在上述基本判断下，我们建议投资者采取相对谨慎的防御性投资策略。除了在大宗商品市场本身的实业投资（包括海外兼并收购活动）与金融投资中需要谨慎之外，还要密切关注商品与能源行业的高收益债券市场的违约风险、相关的金融机构（尤其是商业银行与投资银行）的坏账风险、商品出口国货币汇率贬值的风险以及股票市场的风险（具体的传导路径参见图25），采取相应的对冲策略，加强风险管理。

与此同时，我们建议中国宏观决策与监管部门密切关注大宗商品市场的走势以及由此引发的金融市场的潜在风险。具体来讲，有以下几方面值得关注。

（1）利用全球大宗商品市场出清的机会大力推动国内供给侧结构性改革。如果大宗商品价格再次出现暴跌，势必影响国内相关企业的盈利状况及生存能力。一方面，政府有关部门应做好危机预案，以应对个别大型企业出现流动性危机、债务违约乃至破产倒闭的现象，防止出现"多米诺骨牌效应"；另一方面，由于国内大宗商品及其下游相关行业存在比较严重的产能过剩，政府有关主管部门也应该借此机会推动相关行业的产业整合，优胜劣汰，让市场在资源配置中起到决定性作用，迈出供给侧结构性改革在市场出清方面的关键一步。当然，在这一过程中，政府应该提前规划好职工下岗的善后工作，确保市场出清平稳进行，减少对社会稳定的冲击。

（2）防止全球金融市场动荡传染到国内金融体系，避免发生系统性或区域性的金融危机。如果大宗商品市场的波动再次引发全球金融市场动荡，有可能导致发达经济体的某些具有系统重要性的金融机构陷入困境，并通过各种渠道牵连到我国的某些金融机构。鉴于近年来国内金融风险积聚较多，国内金融体系有可能比预想的更脆弱，发生系统性与区域性金融危机的压力不容忽视，因此，国内金融监管与货币政策当局有必要密切关注全球金融市场的发展，切实做好多种预案（尤其是解决金融机构流动性危机和清偿能力的预案），防止国际金融市场的动荡传染到国内金融体系，减少对国内金融稳定的冲击。

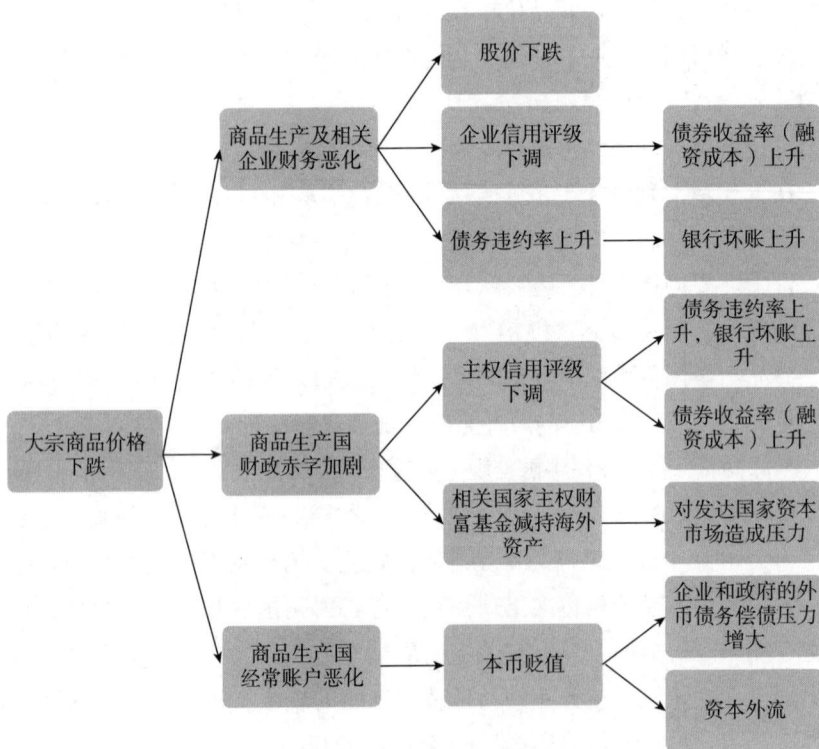

图25 大宗商品价格下跌可能引发的金融市场动荡

（3）把握有利时机推动中国企业实施"走出去"战略，协助企业实现低成本的海外并购与扩张。在过去十年间，中国企业曾在大宗商品市场繁荣时，在国际能源与金属原材料领域做过诸多大手笔的收购兼并项目。然而，由于当时大宗商品价格过高，许多项目的并购成本非常昂贵，矿产的质量也参差不齐。在商品价格暴跌之后，许多项目已陷入亏损乃至废弃境地。如前所述，如果大宗商品价格低迷，海外会有更多的大宗商品生产及相关企业陷入财务困境，需要通过甩卖资产来变现，甚至将整个企业廉价出售。中国企业应该把握机遇，从长远大局出发，勇于采用逆向思维，细心选择投资标的，利用今后 1~2 年的有利时机，适时适度出手，收购或兼并海外相关资产或企业。中国政府相关监管部门及金融机构也应该提供各种便利和支持（如外汇、融资、法律、外交等），积极协助中国企业实现低成本的海外收购与扩张，为中国经济全球化及未来的可持续增长奠定更好的基础。

参考文献

［1］孙明春. 全球金融体系潜在风险［N］. 信报，2016 – 06 – 01.

［2］Sovereign Wealth Funds May Sell \$404 Billion of Equities［EB/OL］.［2016 – 02 – 22］. Bloomberg.

［3］Deloitte Center for Energy Solutions. Following the Capital Trail in Oil and Gas［EB/OL］.［2015 – 04 – 10］.

［4］Deloitte LLP. Oil & Gas Mergers & Acquisitions Report—Year end 2015 Waiting for a Rebound［R］. 2015.

［5］Frankel, J. Why Are Commodity Prices Falling?［N］. Project Syndicate，2014 – 10 – 15.

［6］International Investor. Oil Has Sovereign Wealth Funds Hitting Sell Button［EB/OL］.［2016 – 03 – 01］.

［7］International Monetary Fund. Potent Policies for a Successful Normalization［R］. Global Financial Stability Report，April 2016.

［8］International Monetary Fund. Vulnerabilities, Legacies, and Policy Challenges（Risks Rotating to Emerging Markets［R］. Global Financial Stability Report，October 2015.

［9］International Monetary Fund. Regional Economic Outlook：Middle East and Central Asia［R］. October 2015.

[10] Moody's Analytics. Special Report: Fiscal Space [R]. December 20, 2011.

[11] Morgan Stanley Research. The Commodity Manual: Physical Oil Markets are Not Healthy; Floating Storage is Growing; Venezuela Confusion [R]. 23 May 2016.

2017 年

宽松结束，拥挤交易平仓恐爆危机①

　　回顾 2016 年，中港股市又经历了一年惊心动魄的"过山车"行情。全球政治、经济与金融领域的"黑天鹅"事件接踵而至，此起彼伏。所幸的是，各类风险事件、突发事件虽然令人惊魂不定，但到头来都是虚惊一场。中港股市全年的表现也不是太差。这似乎说明，虽然 2016 年"黑天鹅"不断出现，但终究只是些温顺的天鹅而已，对投资者不会造成致命的伤害。而展望 2017 年，投资者可能面对的不只是"黑天鹅"，还要警惕"狼来了"。

全球宏观风险居高不下

　　2016 年 11 月 8 日美国总统大选结束后，全球金融市场出现了戏剧性变化，主要表现为债券收益率大幅度上涨、美元汇率大幅度升值、美国股市不断创出历史新高、与基建相关的诸多大宗商品价格暴涨，而大部分新兴市场的股票、债券及货币汇率都承受了巨大的卖压。在短短几周内，很多市场人士就转变了观点，认为美债收益率下行了 30 多年的趋势已经结束，对全球通货紧缩的担忧转变为对通货膨胀或再通胀（reflation）的期待，超级宽松的货币政策的拐点已经来临，对美联储继续加息的预期快速升温，等等。

　　其实，美国总统大选后所出现的剧烈市场波动，在很大程度上是过去几年在各个资产类别不断加强的拥挤交易（crowded trade）的突然逆转。如果这一趋势维持较长时间或者价格逆反的幅度过大（"超调"），有可能触发更大规模的恐慌性平仓或强制性平仓，形成"踩踏"，对一些金融机构造成重创。不能排除由此引发一场范围较广的金融危机的可能性。

---

　　① 本文 2017 年 1 月发表于《信报财经月刊》。

众所周知，自2008年全球金融海啸及2011年欧洲主权债务危机之后，全球各大中央银行为应对危机推出了各式各样的货币宽松政策，如量化宽松（QE）、扭曲操作（operations twist）、量化质化宽松（QQE）、长期再融资操作（LTRO）、直接货币交易（OMT）及各类货币政策工具创新。日本和欧洲的一些中央银行甚至把政策利率下调到负值，导致一些国家的国债收益率也下降到零以下。然而，超级宽松的货币政策并未带来强劲的经济复苏。在全球经济增长持续低于预期的情况下，各大中央银行把一些本应短期使用的应对危机的"超常规"政策工具变成了常态化工具，一用就是5~6年。

如此宽松的货币政策导致了全球性的流动性泛滥。在量化宽松政策框架下，中央银行把各类传统金融机构（如商业银行、保险公司、退休金基金等）与私人部门的投资者从低风险的资产类别（主要是国债）挤出，令其被迫追逐各类高收益（当然也是高风险）资产或加长久期（duration），推升了这些风险资产的价格。这不但增大了资产价格泡沫的风险，也压低了风险资产的收益率，在全球范围造成了更为普遍的"资产荒"。在"资产荒"的背景下，许多投资者被迫寻求风险更高或期限更长的资产类别，甚至不得不使用杠杆，以获取必要的收益率，从而进一步推高了资产价格、压低了收益率，形成了一个恶性循环。

总之，在史无前例的全球货币超级宽松的背景下，金融市场的风险—收益规律被改写，许多风险承受能力较低的传统投资者也被迫加入诸多拥挤交易之中，如购买超长期国债；投资信用等级较差的高收益债；投资新兴市场的股票、债券与信用产品；购买流动性较差但收益更高的不动产（如房地产）；投资风险较高的私募股权基金（PE）、风险创投基金（VC）、并购基金、夹层融资基金；等等。这些拥挤交易带来了资产价格的进一步上涨，形成了虚假繁荣的假象。那些早期勇于参与这类拥挤交易的投资者的确从这类拥挤交易中获得了可观的回报，也令投资者形成了一种"鼓点不停、宴会不止"的盲目乐观情绪。

然而，美国总统大选的戏剧性结果带来了全球金融市场的戏剧性变化，触发了此类拥挤交易的突然反转。尽管此类交易的基本面因素在短短几天或几周里并没有发生显著变化，但交易的初始反转有可能形成连锁效应，引发更大规模的恐慌性平仓或被动性斩仓（止损）。考虑到过去几年在各类资产类别存在的拥挤交易规模之大、时间之久、范围之广，短时间内各类资产价格的急剧反转势必对一些投资者和金融机构造成损伤。如果其中有"系统重要性"的金融机构遭受重创的话，就有可能触发系统性风险，带来一场区域性甚至全球性的金融危机。

即便此类拥挤交易的平仓在数周乃至数月后终止，各个资产类别的资产价格从"超调"回归正常，令全球金融体系在短期内避免一场因"踩踏"而带来的危机，但这一回调所带来的喘息时间可能是有限的。这是因为，2008年全球金融海啸后逐渐常态化的宽松货币政策的负面效应已经越来越多，其成本与收益已经很不匹配，在技术方面也面临诸多瓶颈，各国中央银行及政策制定者都在重新审视这些政策的利弊。因此，全球的宽松货币政策很可能在2017年出现拐点，从而再次引发各类拥挤交易的平仓。这与美国总统大选后出现的情况类似，但会持续更长时间，对全球金融体系造成更为显著的冲击。从这个意义上讲，美国总统大选后全球金融市场出现的这轮戏剧性变化也许只是下一轮更为强烈的冲击波的预演。

除此之外，排在2017年日程表上的欧洲的一系列政治事件（主要是各国大选）很可能会影响投资者对欧盟及欧元稳定性的预期。欧洲银行（尤其是意大利的商业银行）的稳定性依然值得关注。欧洲银行危机或主权债务危机是否会卷土重来也很难说。在2017年，投资者必须高度警惕这一系列风险。

中港股市迎接历史机遇

如果全球经济与金融市场在2017年出现动荡，作为全球第二大经济体和新兴市场第一大经济体的中国，其经济与金融市场无疑会受到冲击，中港股市也很难幸免。即便没有外部冲击，中国经济自身在2017年也面临诸多挑战，包括经济增长下行压力增大、信用违约风险上升、资产价格泡沫破裂的概率升高、经济转型的难度加大等。

尽管上述风险不容忽视，但也不必悲观。中国经济体量大，人口多，人均收入水平只有9000美元左右，城镇化率还很低，经济增长的空间非常大。只要中国经济成功实现转型，中国经济中长期向好的基本态势并没有改变。投资者要审时度势，把握中国经济转型过程中的巨大投资机遇。

我们预计，在 2017 年，中国经济转型的速度与改革开放的步伐会加快，市场机制会得到更充分的运用，经济增长的效率会得到提升。我们认为，宏观决策层有决心在 2017 年展开中国经济转型的攻坚战，通过市场化手段去产能、去库存、去杠杆，关闭"僵尸企业"，打破"刚性兑付"，控制"道德风险"，挤压资产价格泡沫，加速市场出清，去除经济体制中的"毒瘤"和"定时炸弹"。虽然这在短期内会对经济增长与金融稳定形成冲击，但对确保中国经济中长期的健康可持续发展意义重大。如果投资者做好充足的准备、储备足够的"弹药"，则不但可以顺利穿越周期，而且可以从经济的波动与市场的震动中获得廉价抄底的机会，通过兼并重组发展壮大，成为经济转型的最大赢家。

对股票投资者而言，如果中港股市在 2017 年出现深度下跌，那将是多年一遇的重大机遇。中国经济转型的过程虽然痛苦，但优胜劣汰、市场整合却给优质企业提供了更为友好的市场环境，也给了关注公司基本面和长期价值的投资者一个难得的抄底机会。尤其是在"沪港通""深港通"的交易总限额被取消之后，沪港深三地股市的融通已是大势所趋，一个总市值超过 70 万亿元人民币（约合 10 万亿美元）的中港一体化的股市正在形成，其中所蕴含的各类投资机会不可估量。估计作为全球价值洼地的香港股市会尤其受益。

从目前来讲，内地股市的估值整体依然偏高，股票市场很可能会在 2017 年经历一场优胜劣汰、去伪存真的洗礼。许多估值高企的"伪成长股""伪新经济股"很可能会在 2017 年中国经济的震荡洗涤中褪去昔日的光环，而那些真正具有核心竞争力、高速而又有机发展的成长型企业则会脱颖而出，成为中国经济转型与股市大浪淘沙后的大赢家。

与此同时，A 股还有相当一批估值合理甚至被低估的"蓝筹股"，它们有成熟的商业模式、具有国内领先甚至具备全球竞争力的拳头产品或服务、有稳健的现金流乃至可观的现金分红。虽然这些上市公司绝大部分是在传统的"旧经济"行业，但它们作为优质价值股的投资价值是毋庸置疑的。在过往 A 股投资者偏重主题、概念、轮动、炒作的市场风格下，这些股票的投资价值被 A 股投资者低估了。但如果中国经济在 2017 年展开深刻、彻底而又痛苦的转型，投资者会发现这些公司才是陪伴他们"穿越周期"的最佳伴侣。相信这些蓝筹股在 2017 年会重放光彩。

至于香港股市，其在 2017 年估计更是不同寻常。一方面，全球金融市场的剧烈波动无疑会对香港股市形成巨大冲击；另一方面，通过"沪港通""深港通"南下的资金有可能成为把港股从全球估值洼地里拉出来的"白衣骑士"。

整体而言，内地与香港股市存在着明显的估值差异，尤其是许多 A—H 两地挂牌的上市公司的估值差异巨大，在同股同权、同样分红率的背景下，这种巨大差异显然是不合理的（当然，由于税收、汇率、交易成本等方面的原因而存在小幅度差异是正常的）。在"沪港通""深港通"全面启动以后，尤其是在 2016 年 8 月 16 日取消"港股通"净买入总限额之后，从理论上讲，南下资金每年净买入港股的上限可以达到 4 万亿港元，这对市值只有 25 万亿港元的香港股市而言，完全有可能在 1 ~ 2 年内成为改变市场交易风格、改变港股定价权的重要力量。

另外，港元与美元的联系汇率制令港股资产等同于美元资产。如果 2017 年人民币汇率贬值预期依然较强的话，港股完全有可能成为内地投资者变相实现人民币汇率对冲的工具。届时通过"沪港通"与"深港通"购买港股有可能成为内地投资者的"标配"。一旦越来越多的内地投资者意识到这一点，港股估值的修复很可能只是一夜之间的事情（类似于 2015 年 4 月的情况）。投资者需要关注这一历史性的机遇。

2019 年

"三驾马车" 减速，保经济靠地产①

2018 年，投资者所担忧的十年一遇的金融危机并没有出现，但中港股市却经历了一场"滑铁卢"。年初凌厉的上涨势头被中美贸易摩擦及内地企业债务违约等事件打断，转而陷入了长达十个月的下跌。展望 2019 年，中港股市依然面临诸多风险、挑战及不确定性，前景很不明朗。但股票估值的吸引力以及中国经济转型升级的潜力与机遇仍然值得关注。如果决策层适时推出投资者期待的改革开放措施，市场信心的恢复和股市的回暖也许指日可待。

中国经济：房地产是关键

2018 年，中国经济增速持续回落，全年实际 GDP 增长率在 6.6% 左右，为 1990 年以来最低，这是步入始于 2008 年的经济下行期的第 11 年（见图 1）。虽然经济增速回落不出意外，但其背后的企业盈利恶化、亏损面扩大、债务违约扩散及企业家信心回落却远超预期。

"三驾马车"之中，固定资产投资增速滑落到 6% 以下，是 20 年来最低（见图 2）；社会消费品零售总额的名义增速虽然在 8% 以上，但考虑到通货膨胀，实际增长率下滑到 6% 以下，为 15 年来最低；进出口贸易虽然保持了两位数增长，但贸易顺差却收窄了约 20%，而其中多少是源于担心中美贸易摩擦升级而提前出货、多少是真实的贸易成长，令人难以捉摸。

---

① 本文 2019 年 1 月发表于《信报财经月刊》。

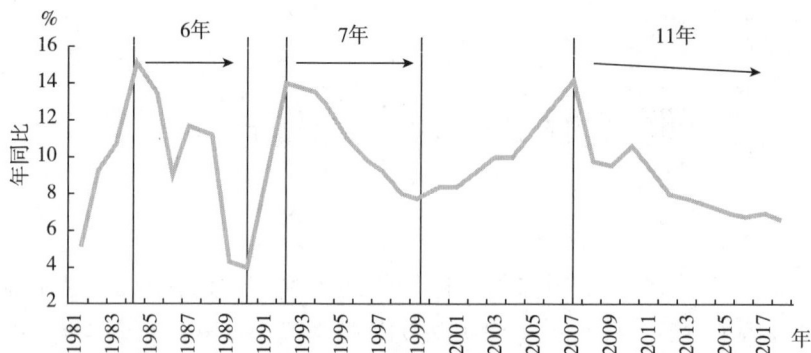

图1　中国实际 GDP 增长率（1981—2018 年）

（资料来源：国家统计局，博海资本）

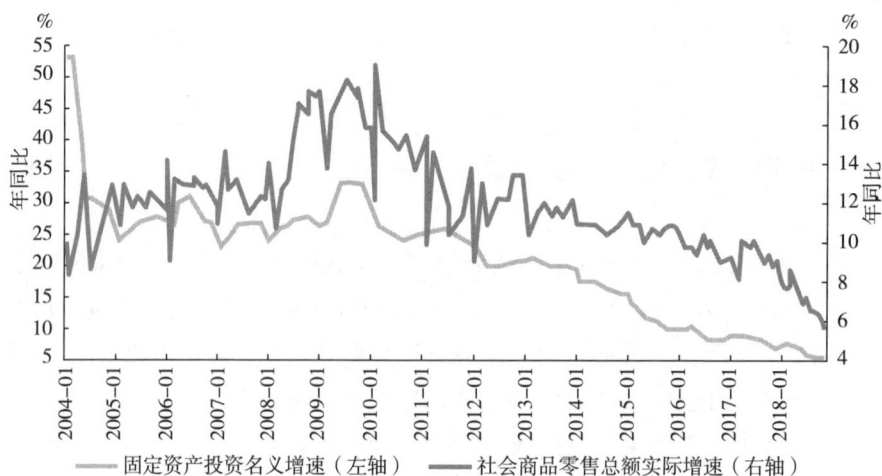

固定资产投资名义增速（左轴）　　　社会商品零售总额实际增速（右轴）

图2　固定资产投资与社会商品零售总额增长率（2004—2018 年）

（资料来源：国家统计局，博海资本）

展望 2019 年，这"三驾马车"估计还会进一步减速。而防止经济"硬着陆"（增速急剧下滑）的重任很可能要落在房地产这个备受争议的行业。

首先，无论中美贸易摩擦是升级还是缓和，出口增速在 2019 年都会不同程度地回落，主要是因为出口商在 2018 年已提前出货，透支了 2019 年的出口潜力。这一滞后效应很可能在 2019 年上半年显现。如果中美贸易摩擦的缓和是以中国大幅度进口美国产品、减少中美贸易逆差为代价，势必

减少 2019 年中国的净出口总额，降低净出口对经济增长的贡献；如果中美
贸易摩擦进一步升级，双方必定是两败俱伤，中国的出口增速很可能急剧
下滑。总之，无论出现何种情形，外需在 2019 年都很难依靠。

其次，消费增速虽然可能保持平稳，但在整体经济与收入增速放缓的
背景下，很难想象它会逆势上涨。对消费增速的最好预期是略有放缓，这
也是 2010 年以来的长期趋势（见图 2）。因此，消费对 GDP 增长的贡献应
该不会比 2018 年更大。

在外需趋弱、消费也难以有所作为的情况下，固定资产投资将成为左右
2019 年中国经济走向的关键。而它有三个主要分项：制造业投资、基础设施
投资及房地产投资。这三项中，房地产投资是重中之重，牵一发而动全身。

就制造业投资而言，在中美贸易摩擦硝烟未散的背景下，以出口为主导
的企业家估计会推迟（甚至放弃）在内地的一些投资计划，转而考虑在其他
经济体布局；而那些刚刚经历了"降杠杆"导致流动性危机、濒临债务违约
的企业家们，想必依然惊魂未定，即便他们在 2019 年可以得到更多融资，估
计也是以缓解流动性困境为目的，很难想象他们会大张旗鼓地去做资本开
支。因此，除非政府推出大尺度的减税降费等提振企业家信心的政策措施，
否则制造业投资增长很可能比 2018 年 9% 左右的增速弱很多（见图 3）。

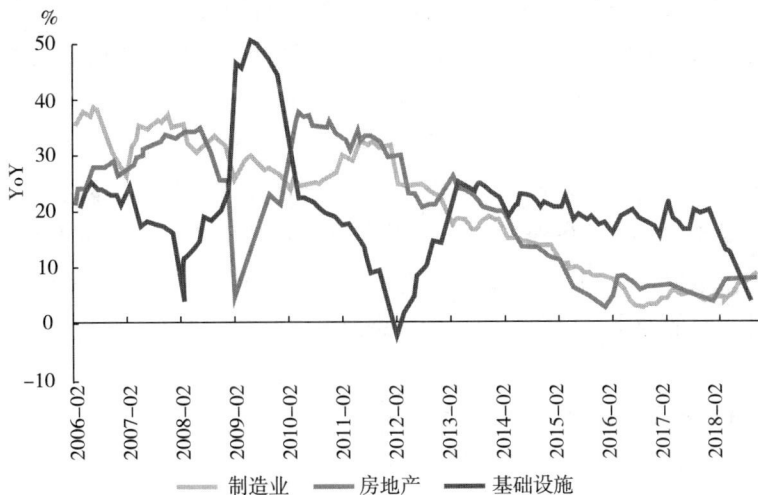

图 3　分行业固定资产投资同比增长率（2006—2018 年）

（资料来源：国家统计局，博海资本）

　　就基础设施投资而言，其增速从 2017 年的 19% 急剧下滑到 4% 左右，是拖累 2018 年固定资产投资增速的主要原因（见图 3）。这一现象背后是地方政府的各类融资渠道在"降杠杆、防风险"的大环境下快速萎缩，影响了地方政府基建投资的融资能力。展望 2019 年，虽然地方政府通过正规渠道融资的能力会有所改善，但通过其他渠道融资的能力仍然有限。尤其在减税降费及企业盈利状况恶化的背景下，地方财政在 2019 年势必捉襟见肘。如果因为房地产市场的降温而影响到土地拍卖的话，地方政府赖以维系的土地收入也会面临风险。由此可见，基础设施投资增速在 2019 年能否企稳在一定程度上将取决于房地产行业的景气度。

　　就房地产投资而言，2018 年的投资规模在 12 万亿元人民币左右，年同比增长率约为 9%。受房地产市场景气度趋弱及开发商现金流趋紧影响，假如房地产投资增速在 2019 年放缓至 2% 左右，房地产投资的增量将比 2018 年下降 8000 亿元左右，相当于 2018 年中国高铁投资的总量（换句话说，要弥补房地产投资增速从 9% 下降到 2% 所减少的投资增量，需要高铁投资在 2019 年翻一倍）。可见房地产投资在固定资产投资中举足轻重的地位。如果考虑到它对上下游行业（如钢铁、水泥、家具、家电、汽车、园林、装修、设计、房地产中介乃至银行与各类金融机构等）的影响，如果房地产市场在 2019 年明显降温，房地产企业不得不停建、缓建在建项目，这对上下游行业的投资、生产、就业、职工收入乃至消费者信心、消费者的购买力会产生多大冲击，值得密切关注。

　　显然，维护房地产行业的健康发展对于 2019 年中国宏观经济的稳定至关重要。宏观决策部门应该未雨绸缪，提前采取应对措施，防患于未然。如果应对有方，避免房地产市场出现大幅度波动，2019 年的实际 GDP 增长率有望维持在 6% 以上。而投资者则要审时度势，密切关注房地产市场与调控政策的变化，谋划好相应的投资对策。

全球宏观：欧洲是看点

　　放眼全球，2018 年的全球宏观事件虽然令人眼花缭乱，但很多只是昙花一现、虚惊一场。真正对全球经济和金融市场产生了实质影响的事件其实非常有限，而这其中最主要的可能要数中美贸易摩擦了。

展望2019年，中美贸易摩擦虽然有可能有所缓和，但其阴云估计很难散尽，甚至有可能卷土重来。然而，不管是升级还是缓和，它都将是悬在企业家和投资者心中的一个重大不确定性，因此全球经济与金融市场的投资活动依然会或多或少地受其困扰，其影响很可能是永久性、不可逆转的。

1. 美国。就美国而言，2019年经济增速放缓已成为共识，主要是因为减税效应消失、金融条件趋紧、融资成本上升、房地产市场趋弱以及中美贸易摩擦对消费及资本开支的负面影响等。相应地，企业盈利增长也会减速。这些预期已或多或少反映在美国国债收益率曲线的平坦化及美股在2018年第四季度的调整中了。

然而，经济放缓和国债收益率曲线平坦化并不意味着经济衰退很快就要来临，也不意味着经济衰退必然要来临。目前，美国的强就业与低通胀形成了一个黄金组合，给美联储留出很大的政策空间来应对经济中可能出现的上行或下行风险。考虑到减税政策还会产生第二轮效应以及美联储可以适时调整其货币政策，只要不出现重大意外（如中美贸易摩擦大幅度或全方位升级、重大企业破产倒闭引发信用市场危机等），美国经济在2019年陷入衰退的概率较低，估计要等到2020年才会明显上升。

即便美国经济陷入衰退，也不意味着美国必然会出现经济或金融危机。从目前美国经济的四大部门来看，除了企业部门可能因为杠杆率较高而存在较大的信用违约风险以外，政府、家庭及金融机构的整体状况都比较健康。即便信用市场出现较大波动，只要没有金融衍生品及金融机构高杠杆产生的叠加效应，其对整个金融市场的冲击应该有限，不至于引发系统性的经济与金融危机。

2. 新兴市场。在美元加息及美联储缩表的大背景下，新兴市场在过去三年面临日益增大的压力。资本外流、货币贬值、债务违约、股市下跌及各类资产价格缩水等现象频繁出现。阿根廷、土耳其、委内瑞拉等一些新兴市场经济体的货币也出现了大幅度贬值。新兴市场股票指数在2018年也出现了两位数下跌。

展望2019年，随着欧洲中央银行量化宽松政策的结束，新兴市场所面临的压力可能有增无减，那些基本面比较脆弱的经济体随时有可能陷入危机。然而，由于新兴市场的许多经济体是商品生产与出口国，只要全球大宗商品市场不出现像 2014—2015 年那样涉及面广、幅度深、持续时间长的调整，出现系统性的新兴市场危机的概率会比较低。尤其是考虑到 2019 年美国经济增速放缓后，假如美联储放缓甚至暂停其加息步伐，美元升值的压力有可能减弱，这也会给新兴市场提供一个喘息的机会。因此，我们判断，虽然不排除某些新兴市场经济体在 2019 年陷入货币危机、债务危机或银行危机的可能性，但估计都是个案，其传染性应该有限，不至于出现"多米诺骨牌效应"。

3. 欧洲。2019—2020 年，全球金融体系最大的风险应该在欧洲，尤其是南欧。英国脱欧、意大利大选与财政预算、法国骚乱等事件，在 2018 年不断牵动全球投资者的神经，折射出欧洲经济体所面临的深层次挑战。作为老牌的发达经济体，欧洲人均收入很高，但由于制度僵化、福利主义盛行、缺乏技术创新及结构性改革等原因，其国际竞争力在不断削弱，经济发展活力有限，经济增长长期低迷。在结构性改革寸步难行的情况下，欧洲竞争力的恢复不得不依赖于货币贬值。然而，由于欧元区各成员国经济发展水平严重不平衡，即便欧元在过去十年已大幅度贬值，对于那些处于竞争力底部的成员国（如南欧国家）而言，贬值幅度却远远不够。在缺乏竞争力和创新的情况下，许多欧洲经济体不得不依靠政府支出来维持国内需求和高福利水平，而这势必导致财政赤字与政府债务居高不下，令投资者担忧其财政的可持续性。若削减财政开支或增税，必然会降低民众福利和生活水准，带来选民的反对（如意大利），甚至引发暴民冲击（如法国）。

我们认为，2010—2012 年欧洲主权债务危机的终结，并非因为这些深层次问题得到了解决，只不过是欧洲中央银行通过大规模放水（如两轮 LTRO 操作）解决了银行的流动性危机、通过间接购买成员国的国债突破了最终贷款人的束缚、通过欧元贬值恢复了一部分国际竞争力；同时，这些经济体也享受了近年来全球经济复苏的红利，也受益于中国企业大规模"走出去"带来的资本流入等外部因素。

随着美国经济增速放缓、中国经济增速持续下滑以及中国对资本流出加强管制等，欧洲经济体受益的外部因素在 2019—2020 年会明显减弱，这对本来就很脆弱的欧洲经济体来说，很可能是雪上加霜。估计南欧国家的财政可持续性问题会再次浮出水面，欧洲主权债务危机有可能卷土重来，甚至有可能再次冲击欧元区的完整性。投资者不可低估这些风险。

中港股市：否极泰来

对中港股市来说，2019年的全球与中国宏观背景似乎都不乐观，下行压力不言而喻。而中港股市在2018年的大幅度下跌也在一定程度上反映了这些预期。除了对企业盈利下滑感到担忧，投资者信心的缺失还源自对政策多变的震惊及对未来政策方向的迷惘。而中美贸易摩擦的反反复复依然是投资者的一块心病。

然而，在一片悲观的气氛中，转机也许正在孕育与显现。

首先，经历了接近一年的股价大幅回调，中港股市的估值水平越来越具有吸引力。无论是横向比较还是纵向比较，中港股市的投资价值都已越发明显，对中长期投资者而言，其安全边际已经相当可观。

其次，尽管中国经济仍处在下行周期，但经济转型升级的进程并没有停止。在新一轮全球技术革命与颠覆（如5G、人工智能等）即将来临之际，中国经济转型升级也面临崭新的机遇与潜力，中国企业借此后来居上的可能性非常大，相关行业与企业的未来成长空间不可估量。有长远眼光的投资者不应该囿于周期性思维，而应放眼于具有高成长性的行业与公司，把握住相关领域多年难遇的投资机遇。

最后，在改革开放步入第五个十年之际，中国经济的未来命运取决于决策层深化改革开放的决心与魄力。股票市场的表现已经反映了投资者对过去几年政策走向的评判。决策层自2018年第三季度以来所释放的强烈信号暗示着改变也许即将发生。在当前的市场估值下，如果决策层适时推出投资者所期待的改革开放措施，投资者信心的恢复和股市的回暖也许是指日可待甚至远超预期的。因此，投资者不宜过于悲观。

中美贸易摩擦背景下的金融业开放①

去年 5 月以来，虽然中美贸易摩擦一直阴云不散，而且有扩散到金融和高科技领域的迹象，但中国政府仍然推出一系列重大的金融业开放措施，令人振奋和欣慰！作为深化改革开放的一个重大领域，金融业开放有利于提高金融市场的效率、增强中国与全球金融体系的深度融合，也有助于降低中美关系陷入所谓"新冷战"的风险。不过，我们在推动金融业对外开放的过程中，也应考虑到对全球金融与货币体系可能产生的正面或负面的"溢出效应"，尤其是对美国和美元"霸主"地位的潜在挑战。我们在坚持自身发展道路、维护自身发展权益的前提下，应秉持共赢思维，减少零和博弈，维护全球货币与金融体系的稳定，共同推动"人类命运共同体"的建设、发展与繁荣。

尽量避免贸易摩擦升级到金融摩擦

2019 年 8 月 2 日，美国总统特朗普宣布，计划自 9 月 1 日起对来自中国的剩余 3000 亿美元的进口商品加征 10% 的关税，将中美贸易摩擦再度升级；8 月 5 日，美国财政部宣布将中国列入货币操纵国之列；再加上 5 月以来美方在科技和金融领域对中国企业和金融机构采取的一系列动作（如针对华为等中资企业及招商银行等中资银行的制裁）和言论，中美贸易摩擦开始蔓延到技术和金融领域。

当前，国际货币与金融体系依然以美元为支柱，中方在国际贸易、支付清算、资本市场等领域依然受制于人。根据环球同业银行金融电讯协会（SWIFT）的统计数据，目前在国际支付清算中，美元占据了 40% 的市场份额（虽然已比 4 年前的 45% 有所下降），而使用人民币清算的国际交易

---

① 本文 2019 年 9 月发表于《新金融评论 2019 年第 3 期总第 41 期》。

不足2%（见图1）。同时，根据国际货币基金组织（IMF）的统计数据，全球中央银行的外汇储备中，美元占62%的份额，而人民币只占1.9%（见图2）。因此，美国的一些政客很可能借助美元、美国资本市场及美国金融机构在全球货币与金融体系的"霸主"（垄断）地位，在金融领域向中国施压，以达到其国内党派斗争、争取选票的政治目的。因此，今后几年，中美在金融领域产生冲突在所难免。

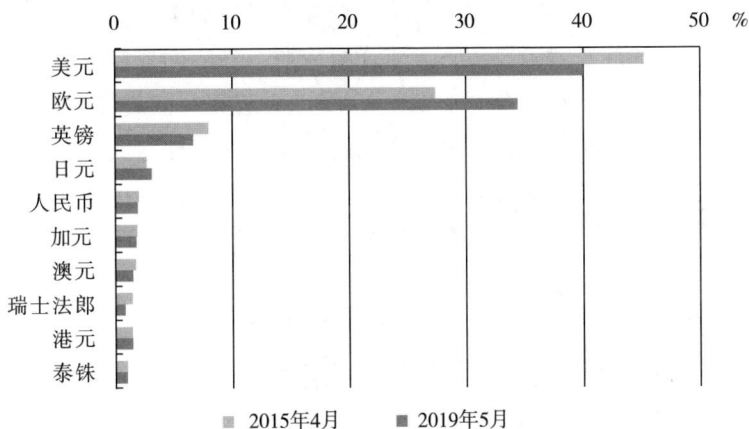

图1　全球主要国际清算货币的市场份额

（资料来源：SWIFT，博海资本）

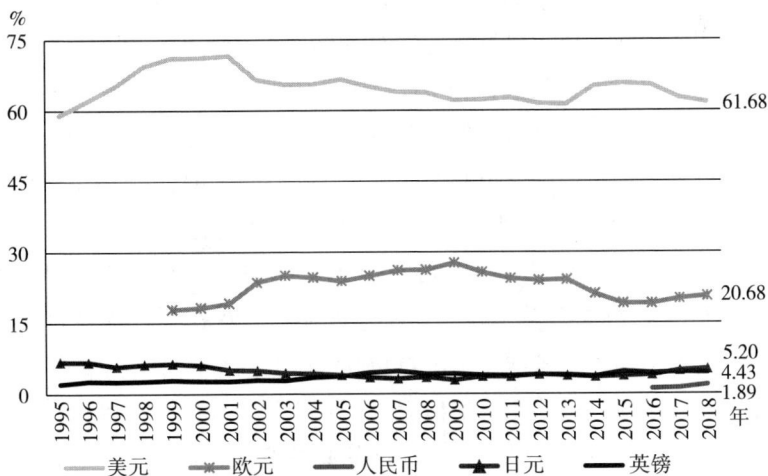

图2　全球主要国际储备货币的份额

（资料来源：国际货币基金组织（IMF），博海资本）

然而，由于中美金融摩擦对美国金融市场的潜在威胁远远大于贸易摩擦的影响，即便美方出于短期国内政治需要而在金融领域采取一些针对中国的强硬措施，他们也会投鼠忌器，不敢用力过度，以免对更广泛的利益集团造成伤害。同时，中美在经济与金融领域的合作空间依然巨大，合作仍然可以给双方带来巨大的经济利益，对抗则会两败俱伤，甚至触发全球性的金融危机，后果不堪设想。

因此，针对美方的挑衅行为，虽然中方不乏反制措施，但考虑到上述原因及中国经济的发展阶段，中方要谨慎应对，一方面要坚守底线，坚决维护中方合法权益，据理力争；另一方面也要避免反应过度、火上浇油，防止事态升级，避免金融市场出现恐慌而触发一场全球性或区域性的金融危机。中方应尽量寻求双方的利益共同点，充分利用潜在的合作空间，尽可能团结一切可以团结的美方合作伙伴和利益集团，为中国经济的转型升级创造良好的外部条件。

人民币国际化对美元"霸主"地位的挑战

从中长期来看（5~10年），随着中国经济的进一步崛起，中美在全球金融与货币体系中的角力将不可避免。即便中方本着和平崛起的思路和原则，在崛起中不主动挑战美国和美元的"霸主"地位，但随着中美经济实力差距的不断缩小，市场最终有可能自动向中国和人民币倾斜。对美国而言，这种市场自发的选择依然会造成巨大冲击。

众所周知，巨额的财政与经常账户"双赤字"多年来一直困扰着美国政府与投资者。根据国际货币基金组织（IMF）的数据，自1980年以来的39年中，美国仅有三年实现了经常账户顺差（最大的一年仅有50亿美元顺差），其余年份皆为逆差（见图3）。1998年以后，逆差迅速扩大，年度逆差一直保持在2000亿美元以上，最高的一年（2006年）达到8000亿美元。相比之下，中国、日本、德国自2002年以来连年实现经常账户顺差。虽然美国的经常账户逆差在一定程度上是其作为全球支柱货币不得不通过逆差来为全球金融体系提供美元流动性的必然结果，但巨额逆差却令人担忧美元作为全球支柱货币的脆弱性以及美国经济外部平衡的可持续性。这正是"特里芬难题"的真实表现。

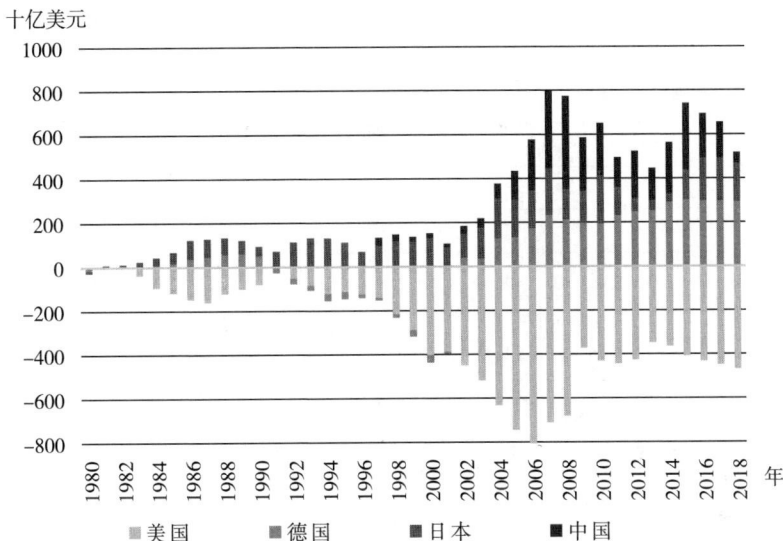

图3 美中日德四国的经常账户余额

(资料来源：国际货币基金组织（IMF），博海资本)

与此同时，美国政府的财政赤字也居高不下，尤其在 2008 年国际金融海啸之后，其财政赤字连续三年（2009—2011 年）高达 GDP 的 10% 左右。近年来虽有所回落，但也在 4% 左右。即便在美国经济增长强劲的 2018 年，其财政赤字依然达到 GDP 的 4.3%，远超过大多数发达经济体的水平（见图 4）。其结果是美国国债总规模不断攀升，至今已达 22 万亿美元（见图 5），其中 6.5 万亿美元是外债（中国和日本各持有 1.1 万亿美元左右）。到 2018 年底，美国国债占 GDP 的比例达到 106%（见图 5），比 2001 年的 53% 翻了一倍。根据美国国会预算办公室（CBO）的预测，到 2049 年，美国国债与 GDP 的比率将达到 144%，远超过国际公认的 80% 的警戒线。

此外，美国的社会保障基金也即将进入"入不敷出"的阶段。根据美国社保基金（Social Security Administration）理事会的预测，美国的社保基金（OASDI 信托基金）从明年（2020 年）开始将首次出现赤字；到 2035 年，社保基金的储备金将被全部用光，之后每年的开支将只能由当年收入负担，但由于收入远不及支出，预计每位退休人员领到的退休金将被迫下降 20%；在今后的 75 年里，美国社保基金的收支缺口总额将达到 13.9 万亿美元（折现值），这些势必都会转化成美国政府未来的债务负担。

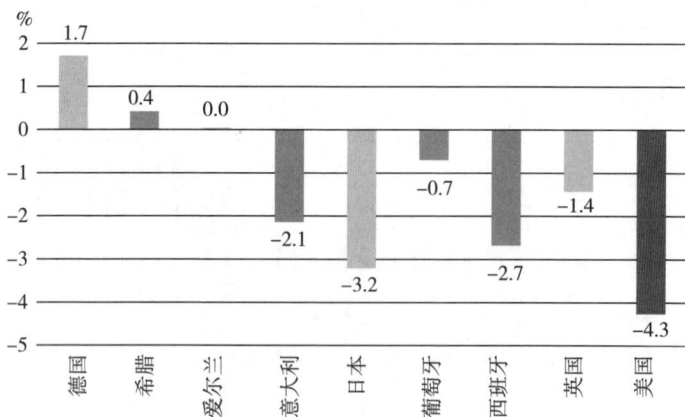

图 4　发达国家政府财政余额占 GDP 的比例（2018 年）

（资料来源：国际货币基金组织（IMF），博海资本）

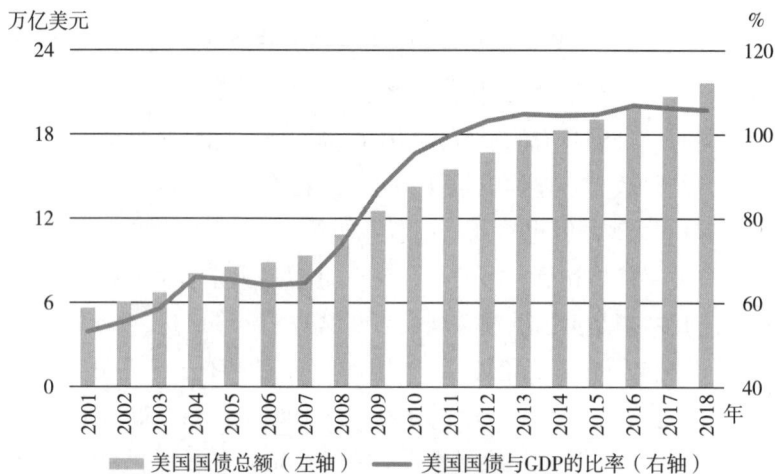

图 5　美国国债总额及其与 GDP 的比率

（资料来源：国际货币基金组织（IMF），博海资本）

　　如此巨额的"双赤字"与隐性的财政负担，如果不是因为美国及美元在全球金融与货币体系中的特殊地位，估计是很难维系的。换成世界上其他任何一个经济体，如果其"双赤字"达到这种程度，估计早已陷入金融或货币危机了。然而，迄今为止，由于全球尚未有任何一个经济体和货币（包括欧元、日元、黄金和比特币）可以取代美国和美元的地位，国际投资者和金融机构别无选择，只能接受现存体系，从而为美国继续维持甚至扩大其"双赤字"提供了条件。

　　然而，随着中国经济的进一步崛起和人民币国际化的进一步推进，中国经济与人民币对美国经济与美元的国际"霸主"地位必然会形成挑战。虽然今天人民币在全球金融体系中的地位与美元相差甚远，短期内也很难想象人民币会对美元的国际支柱货币地位产生实质性威胁，但由于中国经济发展速度更快，假以时日，中国赶超美国并不是那么遥远。据保守估计，假设中国的名义 GDP 在今后 10 年仅维持 6% 的年均增长率（2018 年名义增长率是 9.7%）、人民币对美元汇率维持在现行水平（7.0 元人民币/美元），中国大约在十年后赶超美国，成为世界第一大经济体（见图 6）。届时国际投资者对中国经济和人民币的信心会大幅度增强。

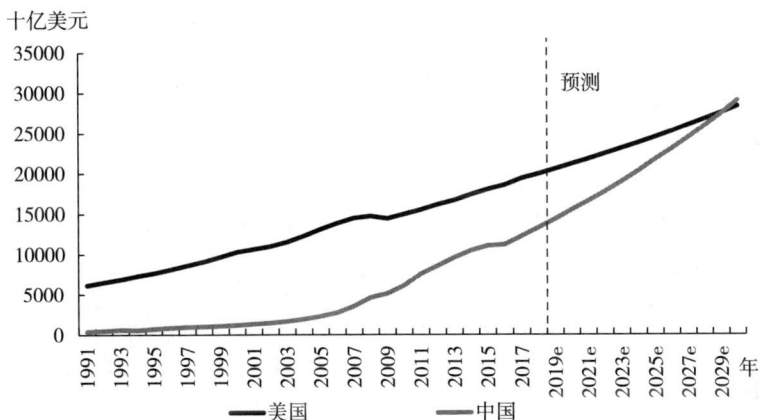

图 6　中国与美国的名义国内生产总值（GDP）

（资料来源：CEIC，博海资本）

　　过去 10 年，人民币国际化几乎从零起步，至今已取得丰硕成果。虽然人民币在全球支付清算及国际外汇储备中的份额较低，但在全球货币中已排到前五位左右。在贸易融资市场，人民币所占比例在全球所有货币中更是排名第三，仅次于美元和欧元。2016 年 10 月 1 日，人民币正式成为国际货币基金组织（IMF）特别提款权（SDR）的篮子货币之一，成为继美元、欧元、日元、英镑之后的第五个 SDR 篮子货币。此外，中国人民银行与其他国家中央银行之间签订的货币互换协议总规模也达到 3.5 万亿元人民币（见图 7）。这意味着中国人民银行为世界其他中央银行提供了约 5000 亿美元的潜在国际储备，远超过 IMF 特别提款权所提供的流动性总规模（约2800亿美元，见图8）。

万亿元

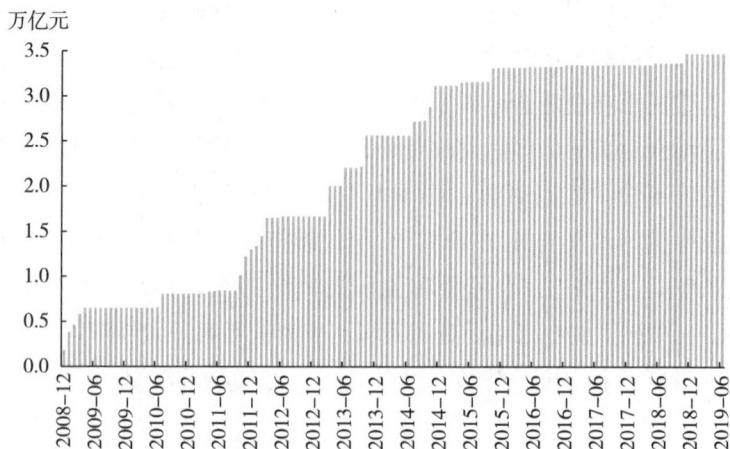

图7 中央银行间人民币互换协议规模

（资料来源：CEIC，博海资本）

十亿SDR

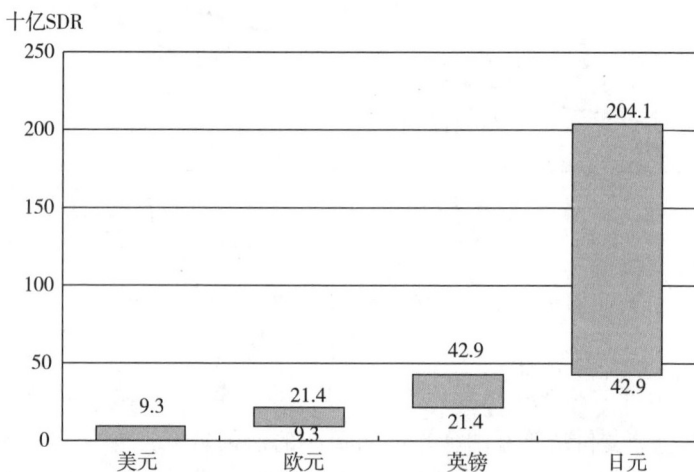

图8 国际货币基金组织（IMF）特别提款权（SDR）的规模

（资料来源：国际货币基金组织（IMF），博海资本）

展望未来，人民币国际化依然有广阔的发展空间。目前，人民币国际化的程度尚未真实反映中国在全球经济与国际贸易中的实力与地位。例如，2018年，中国占全球贸易总额的11.6%，但人民币在SWIFT统计的全球支付清算系统中的份额却不足2%（见图9）。随着中国人民银行于

2015 年建立的人民币跨境支付系统（CIPS）得到更广泛的推广，相信人民
币在国际贸易与跨境交易中的地位会取得更快速的提升（见图10）。

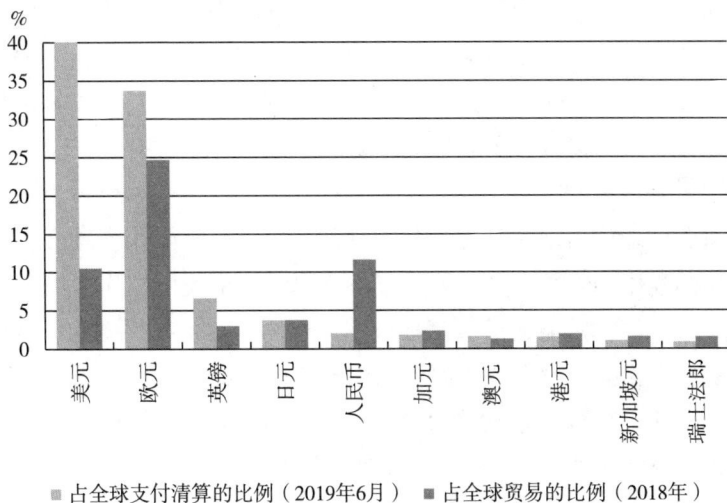

图9　主要货币及其发行国在国际清算与国际贸易中的比重

（资料来源：SWIFT，国际货币基金组织（IMF），博海资本）

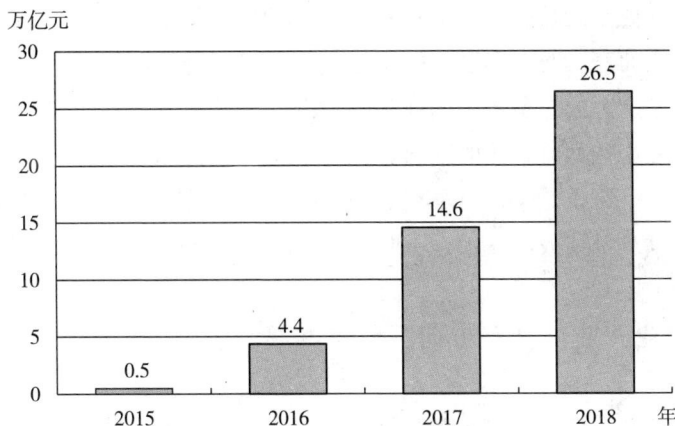

图10　人民币跨境支付系统（CIPS）交易金额

（资料来源：WIND，博海资本）

在中国经济进一步崛起的过程中，即便中方不主动推动人民币国际
化，市场自身也会选择一条渐进的人民币国际化之路，这是不以中美双方
官方意志为转移的。一旦中国经济和人民币具备了替代美国经济和美元的

一定实力和功能，在某一个时点，金融市场的选择可能是跳跃性和突变的。果真如此，则会对美元汇率、美国经济、金融市场、金融机构和消费者福利带来巨大冲击。也许这并非今后 5～10 年内发生的事件，但前瞻性的美国政治精英和经济学家应深谙其中的威胁与后果。正如美国桥水集团的创始人达理奥（Ray Dalio）所说："时间站在中国这边。"美方从长远战略利益出发，很可能及早采取措施，防患于未然。中方对此要有清醒的认识，也要做好最坏的打算。

如果美元地位出现明显衰落，届时美方的反应可能相当激烈，甚至有可能对国际秩序和安全带来威胁。应该意识到，中美两国作为当今世界最强大的两个经济体，也是军事大国和核大国，中美冲突升级不仅会对世界经济造成巨大伤害，也会威胁世界和平与安全。我们必须未雨绸缪，既要做好最坏打算，也要提前思考如何在中国崛起过程中尽可能兼顾各方利益，实现共赢，或者至少尽可能延迟类似情形发生的时点。

对美国而言，考虑到中国崛起给美国和美元的"霸主"地位所形成的挑战以及由此带来的巨大的潜在利益损失，的确有一些美国政客试图遏制中国的崛起。但中短期内（3～5 年内），由于中国经济快速成长，美国与中国合作的商业利益是巨大的；对美国工商界、金融界、消费者及相关政治利益集团而言，与中国合作的诱惑是巨大的，与中国对抗和冲突的成本和损害也是巨大的。鉴于美国内部的党派政治竞争，任何一个政党或政客都很难不顾这些利益集团的当前诉求、坚持把美国的中长期利益置于中短期利益之上。这正是美国政客们的纠结之处，也是现阶段中美贸易摩擦、金融摩擦以及科技战虽然噪音不断却有可能避免全面升级的原因之一。

金融业开放：坚定方向，寻求共赢

根据以上分析，中美之间在贸易、金融和技术等领域的竞争和冲突会长期持续，但短期内双方可以回旋和寻求共识的空间依然很大。从战略上讲，中方应尽量克制，遵循"斗而不破"的总思路，尽可能寻求与美方的共同利益，创造双赢的结果，尽可能避免触及美方的长期核心战略利益（或至少让美方减少这种威胁感），以此换取更多的时间和发展空间。中方一方面应坚持自身发展道路，坚决维护自身发展权益，坚定推进金融业对外开放和人民币国际化；另一方面也要秉持共赢思维，维护全球货币与金融体系的稳定，共同推动"人类命运共同体"的建设、发展与繁荣。

具体来说，今后一段时间，面对中美在金融领域的潜在冲突，中方在金融业开放及以下相关领域需要深谋远虑、谨慎应对：

（1）应继续坚定不移地推动人民币国际化，这不但是伴随中国经济崛起而水到渠成的大趋势，也是中方应对并最终摆脱"金融摩擦"威胁的必要举措，因为人民币国际化能使我们在国际贸易及货币支付清算领域不再受制于人。

（2）中方应继续加快资本市场（股票、债券、外汇市场等）的对外开放，尤其是放宽对海外投资者投资中国市场的限制，彻底实现人民币在资本、金融项目下的可兑换。这不但是人民币国际化的必要组成部分，也可以通过提高资本市场的国际融合度来降低"中美脱钩"与"新冷战"的风险。

（3）虽然人民币国际化是大势所趋，但中国官方应尽量避免高调宣传人民币国际化的目标、规划或路径，避免对美方造成威胁感。在"一带一路"等重大国际合作项目中，我们既要坚定不移地继续推动人民币国际化，也要强调在投融资领域遵循现存的国际规则，维护当前以美元为支柱的国际货币体系的有效运转。

（4）学术界应研究未来实现"多支柱的国际货币体系"的可行性、需采取的引导措施以及转轨路径等，尽可能延长美元作为国际支柱货币之一的时间，防止美元汇率大幅度贬值对美国及全球经济与世界和平产生冲击。

（5）增强人民币汇率的灵活性是完善人民币汇率形成机制的必要举措，是金融业深化改革开放的重要一环，也是实现资本、金融账户完全可兑换的配套措施之一。但切忌把竞争性贬值作为中美贸易摩擦或金融摩擦的武器之一。在当前我国外币债务规模高达 1.3 万亿美元的情况下，人民币汇率的大幅度贬值很可能引发中国的外债偿付危机，不可掉以轻心。

（6）针对中国外汇储备中持有的上万亿美元的美国国债，我们既要未雨绸缪，进一步加大分散投资的力度，尽早降低风险暴露度，又要防止资产调配力度过大、速度过快导致市场恐慌。

（7）除了金融开放，中国在国企改革、社会保障、科技进步、国家安全、国防建设等各个领域也要协调配套，苦练内功，增强整个国家和社会面对日益复杂的国际形势的灵活应变能力。

（8）在外交与国际合作层面，应进一步推广"人类命运共同体"的理念和示范。一方面，我们要在"一带一路"等中方推动的国际合作项目中主动体现中国和平崛起的善意和贡献，又要积极参与既有国际组织与平台所倡导的有利于全球和平、发展、互利、共享等目标的合作项目，减轻美方对中国"另起炉灶"的误解和担忧。

（9）坚定不移地推动"一带一路"等国际合作项目的推广和延伸，加大中国与欧洲及广大发展中国家的经济合作，帮助发展中国家建设必要的基础设施（如交通、电力、电信网络等），拓宽中国产品、服务与技术标准的海外市场，加深与周边邻国的经济融合度，逐步降低中国企业对美国市场、技术及知识产权等的依赖度，以便对中美关系的中长期发展前景做好必要的两手准备。

美国经济暗流涌动，小心衰退①

2019 年，美国经济增长放缓，金融市场噪声不断，却有惊无险，即将完美收官。展望 2020 年，美国经济增速应延续下行趋势，陷入衰退的概率不可低估。考虑到美国总统大选即将开幕，2020 年的美国政治、经济形势可能非常戏剧性，金融市场暗流涌动，投资者不可掉以轻心。

回顾 2019 年：梦幻组合

2019 年，中美贸易摩擦进入第二个年头。美国经济增速虽然放缓，却依然维持低失业率、低通胀率的"梦幻组合"。预计全年实际 GDP 增长率将在 2.3% 左右，相比 2018 年下降 0.6 个百分点。根据最新数据，失业率为 3.6%，为 50 年来最低；核心个人消费支出（Core PCE）物价指数同比仅上涨 1.7%，仍低于美联储 2.0% 的目标。

目前来看，无论是中美贸易摩擦还是减税效应的消退或是对美国总统特朗普的弹劾，对美国就业、收入、消费及物价似乎都没有太大影响。临近年底，美联储第三次减息，中美关系出现改善迹象，第三季度 GDP 数据好于预期，非农就业依然表现强劲。这些利好因素推动美股三大指数接连创下历史新高，美国 10 年期国债收益率也从 1.5% 反弹到 1.9%，市场对美国经济衰退的担忧暂时销声匿迹。

然而，仅仅两个月前，美国的国债收益率曲线曾一度倒挂。纽约联储根据美国 10 年期国债与 3 个月国债利差预测，今后 12 个月内美国经济衰退的概率最高达 38%。在过去 60 年里，这个模型预测的衰退概率曾八次超过 30%，除一次（1967 年）以外，其余七次，美国经济在之后的 1~2 年里都陷入了衰退。这也许是美联储在"梦幻组合"的经济环境下连续三

① 本文 2019 年 12 月发表于《信报财经月刊》。

次降息的原因吧！

经过美联储的一系列操作，再加上市场对经济前景的信心改善，目前国债收益率曲线已恢复正常。不过，很难判断这是暂时性反弹还是趋势性反转。从历史数据看，美国国债收益率曲线倒挂十年左右才出现一次，几乎每次出现后的1~2年里美国经济都会陷入衰退。值得一提的是，从曲线出现倒挂到经济陷入衰退之间往往有1~2年的时间，所以在经济衰退发生之时，国债收益率曲线有可能已恢复正常（如1990年和2008年的情况）。因此，尽管现在国债收益率曲线正常了，也很难确保美国经济明年就能逃脱这一魔咒。很多人认为"这次不一样"，并列出各种原因。但在金融市场中，最需慎言的话之一就是"这次不一样"，因为虽然表面的原因可能每每不同，但深层的矛盾却是丝丝相扣。考虑到市场预期及其自我实现（self-fulfilling）的强大威力，对于明年美国经济陷入衰退的风险仍需警惕。

大风起于青萍之末

美国经济在2020年陷入衰退的概率不可低估，不仅仅是基于国债收益率曲线倒挂的现象，其他一些前瞻性数据也都出现了令人警惕的趋势。

第一，私人投资（gross private investment）已连续两个季度负增长，令人担忧就业与消费成长的可持续性。从GDP的分项数据来看，2019年美国经济呈现出消费强、投资弱的特征。2019年第三季度，私人消费增长2.9%（环比折年率，下同），而私人投资则下降1.5%。尤其值得警惕的是，私人投资中，企业的基建投资连续两个季度出现了双位数的环比下降（-11%、-15%），企业设备投资在第三季度也出现了环比下降（-3.8%）。好在住宅投资扭转了之前连续六个季度的负增长，令私人投资总额避免了更大幅度的下降。

相对于消费和就业，企业的资本开支具有更强的外生性，因此也更具领先性。这是因为，资本开支决策涉及更长远的商业规划，它取决于企业家对更长远经济前景的信心，更容易受到宏观经济政策、监管政策、政治形势、国际关系以及市场信号等外部变量的影响，而不是单纯取决于短期市场需求。一旦企业家对未来的政策取向、经济前景或市场趋势产生疑虑，即便当前经济形势一片大好，他们也会未雨绸缪，暂缓甚至缩减资本开支，等待形势更加明朗后才追加投资。

缩减资本开支会影响对上游企业的需求，导致上游企业订单减少、产量下降、设备利用率下降。假以时日，有些上游企业在财务上将难以支撑，最终不得不裁员。一旦裁员开始，不但上游企业的就业与员工收入会受影响，居民消费会削弱，反过来还会影响下游企业的生产、雇佣与资本开支计划。如此一来，"多米诺骨牌效应"就会出现，经济下行的怪圈有可能一发不可收。

第二，数据显示，在中美贸易摩擦不断升级、特朗普面临被弹劾以及债券收益率曲线倒挂预示经济衰退风险等诸多不确定性下，企业家信心的确已受到影响。从多个企业家问卷调查来看（包括商业圆桌会议CEO问卷调查、美联储五大地区问卷调查以及中小企业联合会的企业发展信心调查等），未来6个月企业扩大资本开支意愿指数无一例外地从2017—2018年的高点大幅度下滑（见图1、图2），这与GDP里面企业资本开支负增长遥相呼应，预示着今后两个季度企业资本开支仍然难有明显改善。

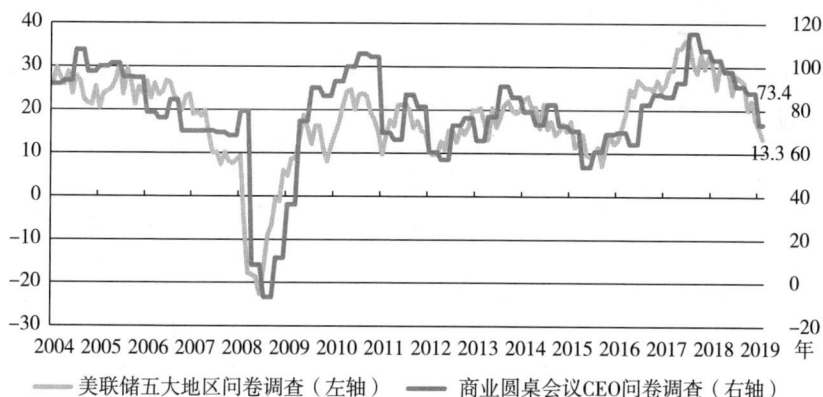

图1 未来六个月扩大资本开支意愿指数

（资料来源：彭博，美联储地区分行（堪萨斯联储、里士满联储、纽约联储、达拉斯联储、费城联储），商业圆桌会议（Business Roundtable），海通国际）

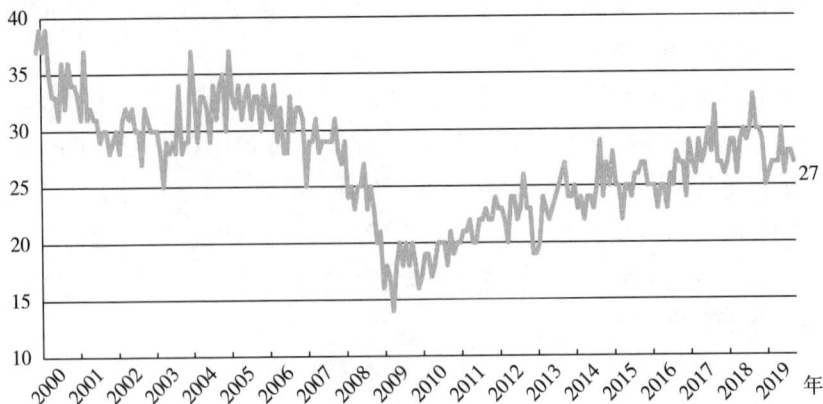

图2 中小企业联合会问卷调查：未来六个月扩大资本开支意愿指数

（资料来源：彭博，中小企业联合会（NBIF），海通国际）

第三，受中美贸易摩擦或企业缩减资本开支的影响，美国工业生产已绽露疲弱态势。美国供应管理协会（ISM）公布的制造业采购经理人指数（PMI）过去15个月一直处于下跌趋势，且已连续三个月低于50，创2009年以来最低（见图3）；其产出、就业、订单等分项都连续三个月低于50。美联储公布的工业产出在9月也出现了年同比负增长。

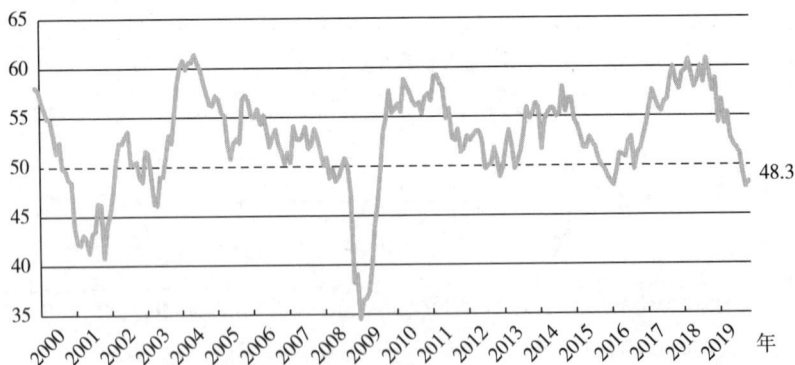

图3 美国供应管理协会（ISM）制造业采购经理人指数（PMI）

（资料来源：美国供应管理协会（ISM），海通国际）

第四，虽然失业率为50年最低，就业市场依然强劲，但新增就业机会已经开始出现负增长（见图4），表明就业的二阶导数已经为负。如果趋势延续，劳动力市场很快就会降温，就业和收入增长将面临挑战，消费的可持续性就值得怀疑了。

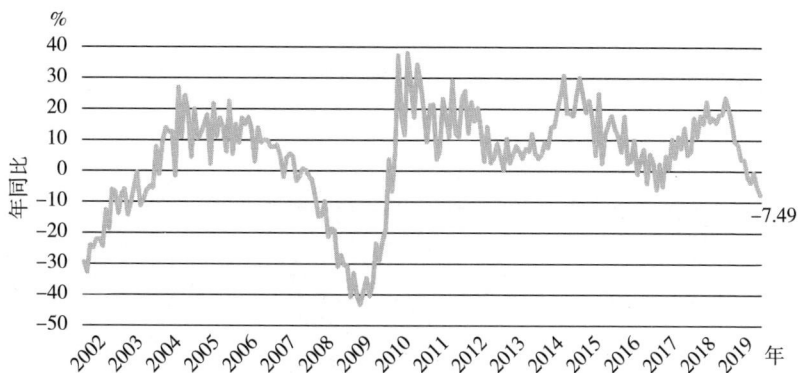

图4 新增就业机会

（资料来源：美国劳工统计局，海通国际）

展望 2020 年：大选效应

展望 2020 年，美国总统大选在即。考虑到过去几年特朗普的行事风格、众议院对他的弹劾、他可能采取的反击措施以及选举过程中他可能采取的战略与战术，相信 2020 年美国的政治舞台将上演一场大戏。与此同时，民主党主要候选人的政治主张也很难令企业家和投资者心安。鉴于中美贸易摩擦的长期性和艰巨性几乎已成共识，无论现任总统特朗普还是民主党候选人，都不可能在总统大选之年对中国采取温和的态度。这意味着，中美贸易摩擦的硝烟很可能并未散尽，甚至有可能狼烟再起。这些不确定性会左右企业家信心及其生产、投资及雇佣决策，成为美国经济在 2020 年"不进则退"的最主要因素。

如果美国经济在 2020 年陷入衰退，根据历史经验，美国股市应该在明年上半年出现较大调整，甚至进入熊市；美国企业的债务违约也会上升，美国的信用市场会出现较大波动，高收益债与国债的利差应该从目前的低位大幅度上涨（见图5），因此，需要做信用风险对冲的投资者应该抓住当前利差较低的有利时机抓紧布局。

个百分点

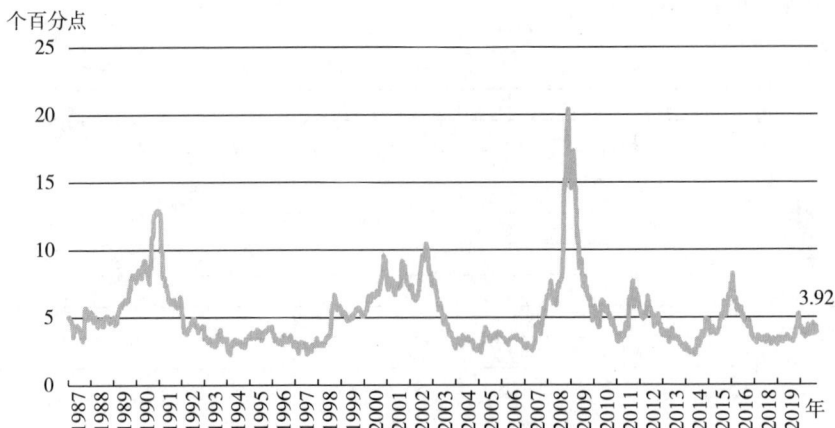

图5　美国10年期高收益企业债券与国债息差
(资料来源：彭博，海通国际)

　　当然，如果美国政府能够在2020年推出基建投资之类的刺激政策，会大大降低美国经济陷入衰退的概率。三年前，特朗普竞选时提出了一系列施政纲领，虽然并非每个都得到实施，但至少大部分都做了努力，唯独增加基建投资的计划至今尚未正式提出。这也许是他有意留给大选年的"锦囊妙计"。这个计划能否得到民主党的支持不得而知。即便得到美国国会批准，真正的实施可能也要到2021年或以后才能见到效果。但一旦获批，它对企业家和投资者信心的提振和预期的稳定意义重大。这可能是明年美国经济与市场最大的上行风险因素。

全球宏观形势和市场展望①

对于明年的宏观经济形势究竟会怎么样，我跟国内的很多人有过交流，大家普遍都感觉明年"保6"不是很乐观。但是对于海外市场，大家都比较乐观，将2019年底的状况称为"完美收官"。为什么呢？从全世界来看，风险资产和避险资产都赚到钱了，很少有资产类别亏钱，又赶上中美贸易达成了第一阶段协议，英国大选也出现了积极的结果。因此，人们对海外市场普遍乐观，都对明年寄予很高的期望。截至12月6日，各类资产包括股票、债券、商品、黄金、美元指数、房地产、信用债、垃圾债、数字货币等，在2019年的总回报都是上涨的。

然而，我感觉在这些现象背后，全球的宏观风险其实是在累积，风险资产和避险资产都取得这么好的回报，也说明了大家对宏观前景的判断有巨大的分歧，所以明年的经济形势是很难说的。美国的经济形势现在看起来非常好，是"低通胀＋低失业率"的完美组合，但也不能低估美国经济陷入衰退的可能性。中国经济在明年大概率会"破6"，至于会比6%低多少，还得看自身的努力情况。欧洲经济的下行风险还是很大的，尤其是对于南欧经济体，要继续关注其财政风险。因此，从全球来看，明年金融市场的波动性可能是大幅度上升的。我的观点是，明年风险资产和避险资产中将有一个会"下降"。

2019年，全球经济都在下行，但是还没有下行到让大家担心衰退的地步。在这种情况下，全球已经有30多个中央银行采取了减息的动作。于是，乐观者认为，中央银行提前动作，明年经济该反弹了，要赶快买风险资产，所以风险资产上涨。而悲观者认为，减息没用，放水也没用，明年经济还会继续探底，所以应该赶快买避险资产。不知道谁对谁错，听起来似乎都有道理。

---

① 本文是2019年12月15日于北京大学国家发展研究院第四届国家发展论坛上的演讲。

不管怎么说，资金确实砸进去了，美股创了历史新高，信用债的利差也非常低，不管是新兴市场还是北美市场都如此，因为大家觉得没有太大风险。但是，悲观者在拼命买国债，甚至负利率了还要买，认为这样更安全。今年最高的时候有18万亿美元负利率的资产，现在降下来了，仍有11.5万亿美元，关键是这11.5万亿美元资产如果持有到期的话是注定要赔钱的，为什么还要持有呢？持有者要么认为其他资产的风险比负利率的国债大很多，要么认为负利率还会变得更负。

真实情况到底怎么样呢？先看美国经济，现在的形势确实非常好，很难不乐观。美国的失业率现在只有3.5%，上一次处于这个水平还是1969年。而且相比1969年更好之处在于，美国现在没有通胀压力，美联储的目标是2%的通胀率，而现在PCE核心通胀指数只有1.6%。美联储还有很大空间，并不着急加息，不仅可以不加息，还可以降息，所以美国现在的经济形势很乐观，美股也不断创新高，都是可以理解的。

既然经济形势如此好，为什么2019年美联储还要降息呢？因为它们看到了经济衰退的风险。每个月初（5～8日），纽约联储都会在网上公布美国经济在12个月之后陷入衰退的概率。这个概率是根据美国国债收益率曲线计算的，之前预测到明年8月美国经济陷入衰退的概率高达38%，而现在收益率曲线反转了，所以预测到明年11月陷入衰退的概率降到了24%，市场就觉得不用担心了。

但是，我认为要小心谨慎。首先，历史上这个预测概率超过30%的有8次，其中有7次之后确实陷入了衰退；其次，如果研究最近那三次（1991年、2001年、2009年），收益率曲线在倒挂之后确实又变正了，当时的经济也没有马上衰退，但是一年半之内还是陷入了衰退。换句话说，前面这三次告诉我们，只要收益率倒挂了，哪怕之后转正，之后还是避免不了陷入经济衰退。所以，我认为不能那么乐观。资本市场上的人当然不在乎，他们的进出都很快；但是企业家没法这样做，因为他们进行投资要考虑的都是一年以后、两年以后、三年以后甚至五年以后的回报。可以看到，美国的私人投资已经开始下降了，而私人投资下降主要是因为企业资本开支下降，在资本开支里又以厂房开支为主，资本开支连续两个季度都是下跌的。

这说明企业家的信心是在削减的，而且未来六个月里企业家资本开支意愿指数依然在下降，这意味着，在过去两个季度负增长的基础上，接下来的两个季度很可能还要负增长。劳动力市场虽然现在很强劲，但是其二阶倒数已经是负增长了，新增就业机会为 - 7.8%，上次达到这样低的水平还是 2010 年。所以，对于美国经济形势，我认为现在看起来很乐观，但 2020 年年中还是要有所警惕。

谈到中国经济，从长期来看经济下行是大趋势，不可能一直保持那么高的速度。我认为，中国经济增速明年低于 6% 是大概率事件，如果想要不低于 5.8% 或者不低于 6%，还是要把房地产投资稳住，这是必需的。而欧洲经济其实是最不乐观的，现在来看 PMI 已经下滑了一年半，英国、德国经济都在衰退边缘挣扎，几乎是零增长。欧洲经济现在全靠货币政策在撑着，而货币政策的空间已经非常有限了，因此欧洲要加强财政政策的刺激。但欧盟成员国尤其是南欧经济体的财政负担是在不断增加的，所以财政刺激的空间也不大。

此外，2020 年要关注的事还有很多，美国总统大选、中美经贸关系的走向，还很难以预测。特朗普面临弹劾、英国脱欧、意大利及其他南欧国家的财政压力、新兴市场的信用债等——全球还有很多悬而未决的事情，都会对经济增长造成负面影响，因此我对明年的经济形势很难保持乐观。

2020 年

疫情下的宏观政策：要把困难估计足①

最新数据显示，新冠肺炎疫情有得到控制的迹象，令人鼓舞。很多专家预测，最迟 4 月，新增确诊病例即会下降到零，届时疫情将基本结束。虽然疫情会大幅度拉低今年第一季度的 GDP 增长率，但不改中国经济转型升级、提质增效的中长期趋势，其短期扰动既带来了挑战，也带来了机遇。

然而，疫情尚未结束，在看到希望的同时，也需正视疫情可能给中国经济带来的冲击、挑战、风险及各种不确定性，把困难估计足，切忌过于乐观。

首先，虽然近期数据明显改善，但在对病毒、病理及有效治疗措施等诸多问题尚无医学定论的情况下，疫情的发展（尤其在海外）还有很多变数。其次，疫情暴发导致经济"急刹车"，供给和需求同时萎缩。中国政府面临防控疫情与保障民生的两难境地，平衡好这两大目标既需要勇气也需要运气，万一失衡，其经济或社会后果会很严重。最后，就经济影响而言，隔离不只导致短期消费与生产活动下降，还会通过企业倒闭、失业增加、收入减少带来第二轮的需求冲击，而供给下降则有可能给当前高企的通货膨胀火上浇油，滞胀风险不可不防。

在当前形势下，经济增长率的高低相对于防控疫情与保障民生这两个目标而言是次要问题。由于面临多重约束，宏观决策部门要把困难估计足，不可冒进。财政与货币政策只能托底（保障民生、保障供应），而不能大幅度刺激需求。宏观经济政策必须统筹兼顾供需两端，谨慎地维护市场平衡与经济稳定，并兼顾经济的中长期可持续性。

---

① 本文 2020 年 2 月 13 日发表于中国金融四十人论坛。

疫情发展还有很大不确定性

根据国家卫生健康委员会每日公布的数据，全国新增确诊的新冠肺炎病例人数自 2 月 4 日见顶后已呈现下滑趋势（2 月 12 日的大幅度反弹是由于统计分类方法的改变而做的一次性调整；见图 1），新增疑似病例自 2 月 5 日见顶后也明显下降，而湖北省外的新增确诊病例更是自 2 月 3 日以后就一路走低（见图 2）。

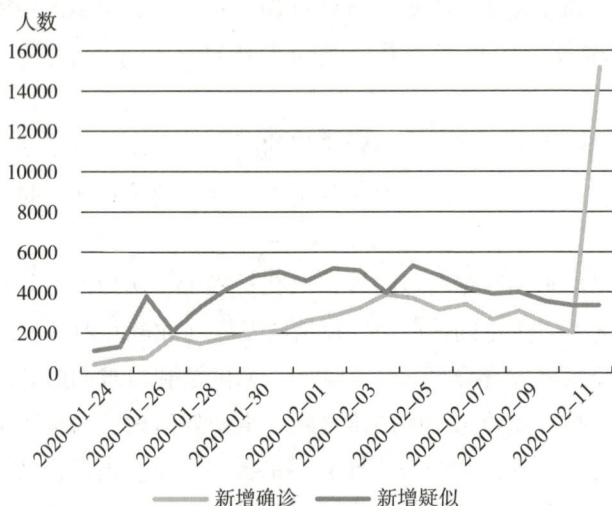

图 1　全国新增新冠肺炎病例数

这表明，包括武汉在内的各地区所采取的严厉的隔离政策已初见成效，令人鼓舞。

很多专家预测，按目前数据推算，在 3 月中旬或最迟 4 月，新增确诊病例即会下降到零，届时疫情基本结束，生产和消费活动将基本恢复正常。虽然这一乐观预测的可能性很大，但是鉴于以下原因，疫情的发展还有很大不确定性，目前尚不能过于乐观。

1. 数据的准确性存疑。根据《财新》的诸多报道及很多自媒体的信息推测，实际感染及死亡人数（主要是武汉市内）应该高于官方数据。另外，由于湖北（尤其是武汉）医疗资源极度短缺及前期重视不够，有可能存在新增确诊时间与感染时间（或出现明显症状的时间）分布不匹配的问题，因此新增确诊曲线的形态和顶点可能不准确。当然，鉴于武汉和湖北之外的数据相对准确，官方数据展现的下行趋势大概率是正确的，应该不影响预测的大方向。

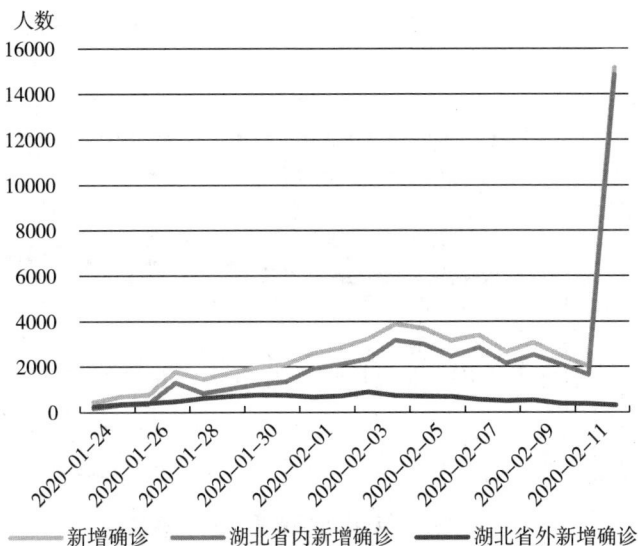

图2 湖北省外新增新冠肺炎确诊病例数

2. 在对病毒、病理及有效治疗措施尚无医学定论的情况下，作出疫情已得到控制的结论存在一定风险。疫情会不会因为天气转暖而减弱、治愈人群会否再次感染、无症状感染人群有多强的传染性、病毒潜伏期有多长等诸多问题尚无定论，这些都会影响疫情的存续时间。

3. 随着各地区节后复工逐渐开始及隔离政策逐步放松，疫情是否会因人群的重新聚集而卷土重来是个很大的未知数。

4. 从海外数据来看，确诊病例还在攀升（见图3）。鉴于绝大部分海外地区并未采取中国式的社区隔离等防控方法，其传染途径并没有有效切断。考虑到从武汉发现首例病例（2019年12月上旬）到出现大范围病例（2020年1月中旬）的间隔有4~5周，海外病例是否也会经历这样一个漫长的潜伏与累积过程尚需观察。鉴于此病毒传染性极强，如果疫情在海外（尤其是医疗条件较差的发展中经济体）出现扩散，即便疫情在中国得到控制，也不能排除未来疫情有从海外输入的可能性。

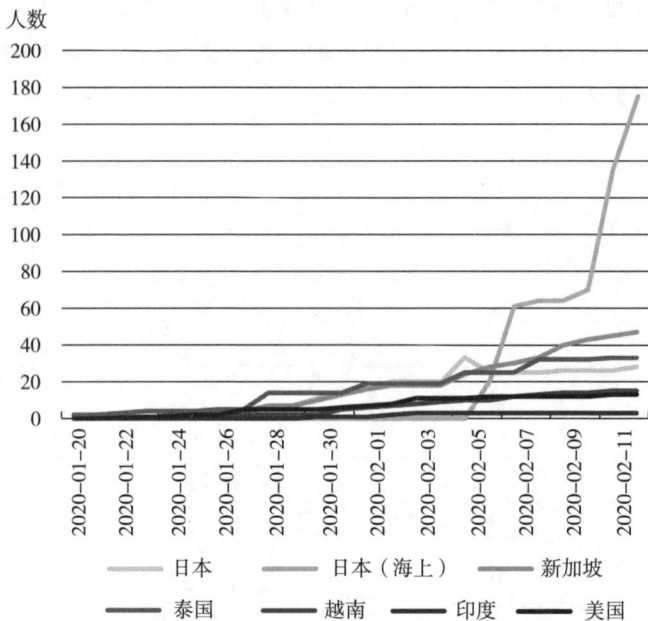

图3   海外累计确诊的新冠肺炎病例数

防控疫情与复产复工的政策两难

在当前全国每日新增确诊病例仍在 2000 例以上的背景下，治病救人、防控疫情仍然是第一要务。当前防控疫情的最主要手段依然是人群的隔离。但隔离导致生产与消费活动停滞，这不但会带来经济下行，更重要的是，许多严重依赖于打工收入的中低收入家庭很可能因暂时性失业而出现生活困难；许多中小企业可能因为停工停产而出现大面积的亏损、倒闭或破产，并带来失业的进一步上升；一些医疗器材、易耗品及老百姓的基本生活必需品有可能因为停产停工和物流中断而出现供应短缺，带来物价上涨、恐慌、囤积、抢购等现象，在短期内进一步加剧短缺。这些都是基本的民生问题，处理不好就可能引发社会危机。

因此，在全力以赴治病救人、防控疫情的同时，尽早尽快复产复工、尽可能地恢复正常的生产生活秩序、避免出现民生危机也是当务之急。2月12日中央政治局常委会与国务院常务会议都强调统筹兼顾疫情防控和经济社会发展，应该也是考虑到上述因素。

然而，尽早尽快复产复工也让各级政府陷入两难境地。无论从国内数据还是海外数据看，新冠病毒的传染性是非常强的。在疫情尚未结束之前就复工复产，的确存在疫情反弹与重新扩散的风险。虽然病毒的致死率看起来不高，但很多报道显示，治疗过程所消耗的医疗资源很多。在各地医疗资源都倾力支持湖北的背景下，一旦疫情在国内其他地区出现较大范围扩散，医疗资源短缺问题将会更为严重，甚至造成连锁反应。

显然，中国各级政府面临防控疫情与保障民生的两难境地，平衡好这两大目标既需要勇气也需要运气。万一失衡，其经济或社会后果会很严重。因此，无论是防控疫情还是复产复工，都不能"一刀切"，切忌冒进，而是要实事求是，因地制宜，把困难估计足，由各地政府根据当地实情及当地经济社会领域存在的最突出问题灵活、渐进地解决。

宏观经济政策的约束条件

鉴于疫情对中国经济的负面影响，许多机构都下调了对中国经济增长的预测。根据彭博的最新数据，经济学家对今年第一季度实际 GDP 增长率的最低预测值为 3.6%，均值为 5.5%；对 2020 年全年的最低预测值为 5.3%，均值为 5.8%。我们认为，由于疫情尚未得到完全控制、各方面还有高度不确定性，这些预测的可信度并不高。实际情况应该远远差于目前的预测均值。

对中国政府而言，在当前形势下，经济增长率的高低相对于防控疫情与保障民生这两个目标而言是次要问题。短期内，宏观政策的难点在于如何平衡后两个目标，而经济成长率的高低只是平衡这两个目标后的副产品。

此外，当前宏观经济政策还面临很多约束条件，财政政策与货币政策只能托底（保障民生、保障供应），而不能大幅度刺激需求。宏观经济政策必须统筹兼顾供需两端，谨慎地维护市场平衡与经济稳定，并兼顾经济的中长期可持续性。因此，宏观经济政策切忌冒进。

具体来讲，宏观决策部门在制定政策时需要考虑以下约束条件：

1. 滞胀风险制约需求刺激政策。为防控疫情所采取的隔离政策不只导致短期消费与生产活动下降，还会通过企业倒闭/结业、失业增加、收入下降带来第二轮的需求与供应冲击。这类冲击一旦发生，即便疫情结束了，相关的经济活动也很难完全恢复。这就要求政府在当前形势下采取积极的财政政策（如给企业和低收入家庭提供补贴、减免税费等）和灵活的货币与信贷政策（如保证流动性充足、避免抽贷断贷、暂时性调整贷款标准、减免利息、提供利息补贴等），尽可能减少企业破产倒闭，尽可能避免员工由暂时性失业转变成永久性失业，而不是简单地刺激需求。相反，由于停工停产导致供应减少，宏观决策部门反而要关注在某些领域（尤其是与民生息息相关的基本生活资料和必需服务领域）出现短缺的风险，推高本已高企的通货膨胀（2020 年 1 月 CPI 通胀率达到 5.4%，为 8 年来新高；见图 4）。这种滞胀风险制约了今年需求刺激政策的空间。

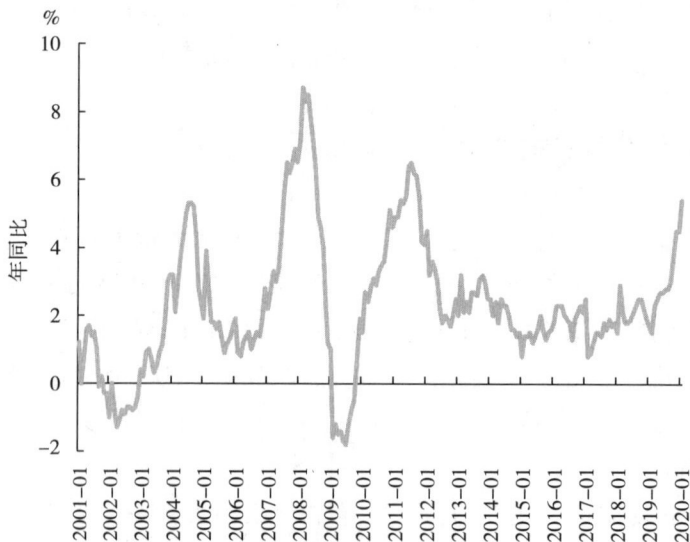

图 4　中国消费品物价指数（CPI）

2. 债务率高企制约财政、货币与信贷政策的放松。即便只考虑防控疫情、保障民生等托底性支出，今年的财政支出都会大幅度增加。作为应对疫情的应急性开支，这些支出可考虑不受财政赤字占 GDP 3% 的约束。但在此之外再增加支出以刺激需求的空间却非常有限。虽然中央政府的债务率（国债占 GDP 的比率）仍处于健康水平（2018 年底为 37%，见图 5），但考虑到中央政府对地方政府各种形式的债务的隐性担保，整体政府债务率已经不低，这也是为什么过去几年三大攻坚战中的首要任务"降杠杆、防风险"中的重点之一就是控制地方政府债务。同样，鉴于家庭、企业与金融部门的整体杠杆率过去十年已大幅度攀升（从2008年底的147%上升到2018年底的268%，见图5），通过货币与信贷政策放松来加杠杆、刺激需求的空间也非常有限。如果宏观决策部门执意通过加杠杆来刺激需求的话，很可能会令过去几年"降杠杆、防风险"的成就前功尽弃，加大中国金融体系的风险，并透支未来中国经济可持续增长的空间。

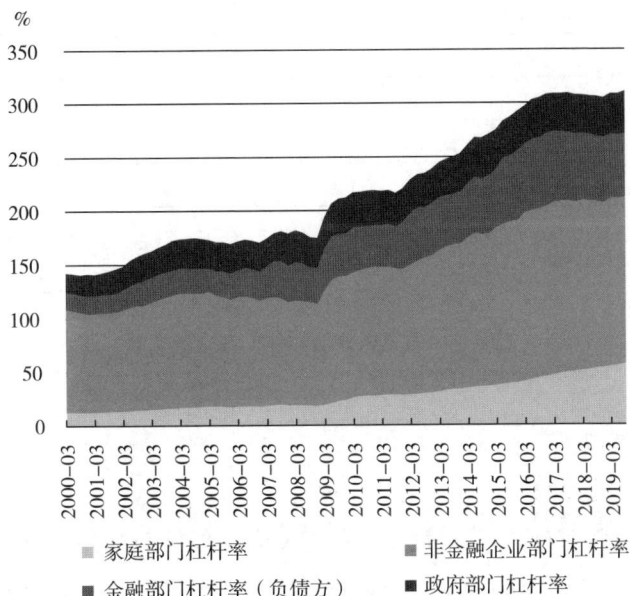

图5 中国各部门债务与GDP的比率

3. 外部平衡目标制约国内政策放松的空间。过去几年，中国的国际收支处于"紧平衡"状态。虽然经常账户依然保持连年盈余，但资本账户和"误差与遗漏"项每年都有数千亿美元的逆差，好在金融账户这些年通过"债券通"等互联互通渠道以及增加中资企业海外美元债的发行规模等方式实现了连年盈余，维持了国际收支的基本平衡，维护了外汇储备和人民币汇率的基本稳定。值得警惕的是，中国的外债总规模已从十年前（2009年底）的4286亿美元上升到目前的20325亿美元，短期外债（一年内到期的债务）规模已从2593亿美元上升到12055亿美元，短期外债与外汇储备的比率则从11%上升到39%（见图6）。如果采取加杠杆、刺激需求的手段来实现GDP增长目标的话，很可能会加剧海外投资者对中国的通货膨胀、债务可持续性、人民币汇率稳定等问题的担忧。

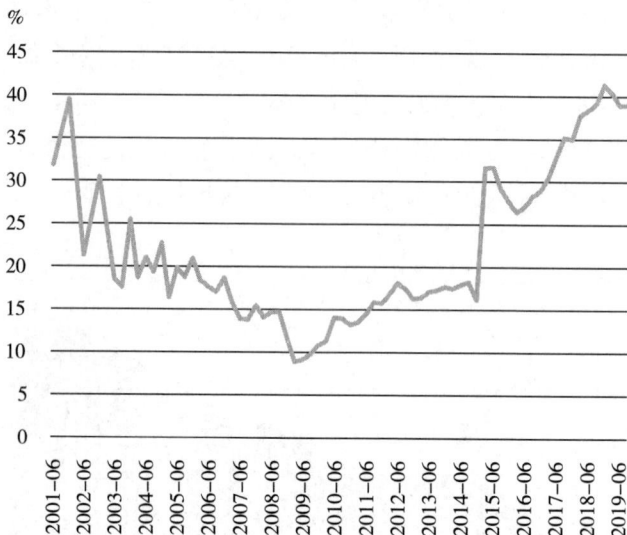

图6　中国短期外债与外汇储备的比率

政策建议

综上所述，在应对疫情冲击、面对复杂的经济与社会环境下，宏观决策部门一定要把困难估计足，切忌冒进，而且要实事求是，统筹兼顾，平衡各种风险与挑战。

在宏观政策的选择上，应以财政政策为主、货币与信贷政策为辅。财政政策应以防控疫情、保障民生为主要目标，起到"社会托底"的功能，在规模上可以"特事特办"，突破当前的各种约束，最大限度地支持所有防控疫情、保障民生的措施。财政政策的形式应以拨款和补贴为主，直接资助有紧急需要的机构、企业和家庭，以保证社会的基本正常运转，保障老百姓的基本生活需求，防止出现社会秩序的混乱和人道主义危机。经济增长不应该是当前财政政策的主要目标。

货币与信贷政策要避免全面放松，而是要"定向"增加投放，定向的目标同样是防控疫情和保障民生相关领域，主要目的是尽可能维持企业和金融机构的生存和周转、保障职工的基本收入、保障基本生活必需品与服务品的供应、防止因为停产停工导致供应短缺、通货膨胀及大面积失业。这些定向投放有一定的政策性和公益性，未来疫情结束后，监管部门有必要对金融机构采取的此类融资行为采取特殊政策，甚至提供一定的财务支持和激励。同样，当前形势下货币与信贷政策的放松也不应该以经济增长为主要目标。

另外，各级政府在防控疫情、保障民生及恢复经济与社会秩序方面都要切忌"一刀切"，切忌做表面文章，切忌人云亦云。这就要求各级政府决策者敢于承担责任，因地制宜，灵活应对，结果驱动（result - driven），而不是简单接受上级指示。

疫情冲击下的全球宏观形势①

受新冠肺炎疫情在全球扩散的影响，全球金融市场近期出现了剧烈波动。我们认为，疫情在全球演变为一场"大流行疾病"（pandemic）的可能性非常高。在疫情出现之前，全球主要经济体半数以上已徘徊在衰退边缘，疫情的冲击很可能将它们迅速推入衰退之中。即便处于低失业率与低通胀率的"梦幻组合"之中的美国经济，疫情的冲击和资产价格的暴跌很可能快速打破美国经济这些年在资产价格、财富效应、消费、就业之间所形成的良性循环，把美国经济拖入衰退之中。由于过去十年各国政府和中央银行不断透支其政策空间，面临疫情的冲击，它们并没有太多可以有效应对的措施，若措施不当反而有可能导致"滞胀"、引发新一轮的主权债务危机甚至迫使量化宽松政策从此退出历史舞台。如果新冠肺炎疫情演变成为百年一遇的全球性的"大流行疾病"，它对人类社会、政治、文化甚至国际关系都可能产生冲击，投资者在过去十多年全球量化宽松背景下所积累的投资经验很可能不再适用。因此，在当前形势下，投资者切忌刻舟求剑，要把困难估计足。

背景

受新冠肺炎疫情在全球扩散的影响，全球金融市场近期出现了剧烈波动，绝大多数风险资产价格暴跌，一些避险资产的价格也出现了大幅度波动。但整体而言，一改 2019 年全球风险资产与避险资产价格比翼双飞的现象，今年前两个月，风险资产价格整体下跌，而避险资产价格则普遍上扬（见图 1）。

---

① 本文 2020 年 3 月 3 日发表于《第一财经》。

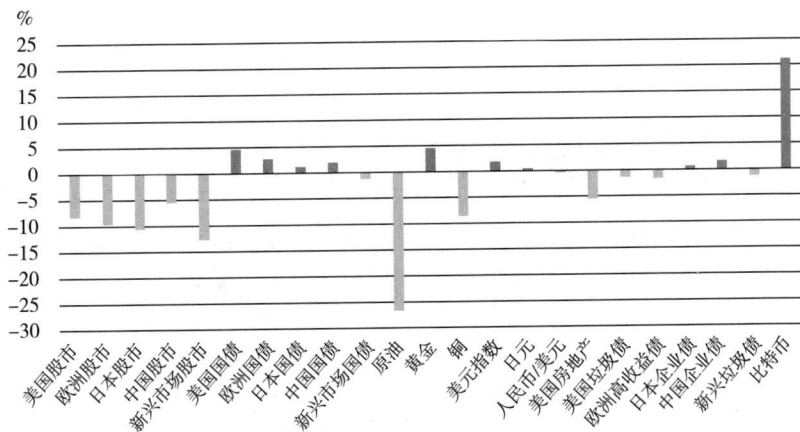

图1　2020年前两个月全球大类资产类别的回报率

（资料来源：彭博，海通国际）

短期内，金融市场的走势难以预测。暴跌之后，市场出现强劲反弹并不意外，但其可持续性如何，最终将取决于疫情的发展、全球经济受疫情影响的程度、各国政府及中央银行的政策应对以及市场对这些政策效果的评估。

疫情在全球大流行（pandemic）的概率

在2月13日发表的《疫情下的宏观政策：要把困难估计足》一文中，笔者曾指出新冠肺炎疫情在全球扩散的风险：

"从海外数据来看，确诊病例还在攀升。鉴于绝大部分海外地区并未采取中国式的社区隔离等防控方法，其传染途径并没有有效切断。考虑到从武汉发现首例病例（2019年12月上旬）到出现大范围病例（2020年1月中旬）的间隔有4～5周，海外病例是否也会经历这样一个漫长的潜伏与累积过程尚需观察。鉴于此病毒传染性极强，如果疫情在海外（尤其是医疗条件较差的发展中经济体）出现扩散，即便疫情在中国得到控制，也不能排除未来疫情有从海外输入的可能性。"

不幸的是，过去几周的疫情发展，正在验证我们的担忧。虽然中国内地的疫情防控已取得明显成效，新增确诊人数在不断下降，但海外的情况却在迅速恶化。截至3月3日发稿前，全球（大中华区除外）已确诊病例累计超过1万例，其中韩国、意大利、伊朗、法国、德国等国的确诊人数仍在快速攀升（见图2）；确诊国家的数量也在迅速增加，目前已有60多个国家和地区出现确诊病例，疫情有在全球扩散和失控的迹象。2月27日，世界卫生组织总干事谭德塞表示，新型冠状病毒有可能转变成为全球"大流行疾病"（pandemic），并把对这一风险的评估从"高"提升至"非常高"。

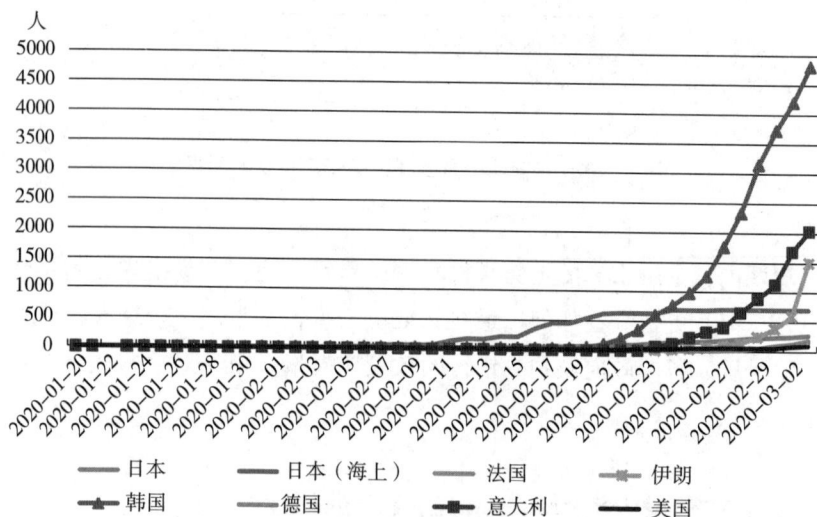

图2 新冠肺炎疫情在海外的确诊病例数

（资料来源：CEIC，海通国际）

不难理解，疫情扩散风险最大的是那些医疗条件较差的发展中经济体（如伊朗等）。但发达经济体面临的风险也不能低估。一方面，有可能由于疏忽大意而未能及时采取有效的防控措施（如日本、韩国、意大利等）；另一方面，也可能因政治与法律制度的原因而无法采取有效防控（如对高风险人群的强制隔离或自愿隔离、对高风险行为的强行禁止或自愿停止等）。还需要指出的是，有些发达经济体虽然从统计数据上看医疗体系很发达，公共卫生支出也很大，但由于长时间处于高福利体制下，许多医疗机构（尤其是公立机构）效率低下、人浮于事、官僚主义严重，其危机应对能力并不见得像统计数字显示的那么强。

目前，美国的确诊病例仅有102例。但有理由相信，实际情况可能没这么好。虽然美国医疗资源丰富、医疗机构实力雄厚,但美国的政治、法律、公共卫生及医疗与医保体系和中国有很大差别,在疫情防控方面也存在一些短板。例如,根据世界卫生组织(WHO)的数据,美国的人均医院病床数量尚没有中国多(见图3),如果疫情在某些城市或州县扩散,其集中收治有可能面临挑战;另外,根据美国普查局的数据,2018 年,美国有2700 多万人(总人口的8.5%)没有任何形式的医疗保险(无论是政府提供的医保计划还是商业性的医疗保险),一旦这些人被感染,他们很大概率不会去医疗机构治疗,而是更可能选择自愈,这不但会在统计上低估美国疫情确诊的人数、增大重症或死亡的概率,而且有可能因为缺乏有效治疗和隔离措施而增大疫情扩散的风险。因此,我们认为疫情在美国的发展前景并不乐观。

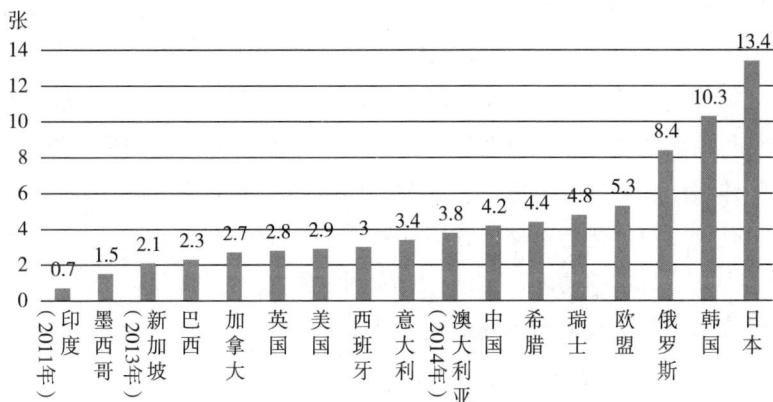

图3　每千人病床数的国际比较(2012 年)

(资料来源:世界卫生组织(WHO),海通国际)

新冠肺炎疫情下的全球经济前景

新冠肺炎疫情发生前,全球经济正处于下行周期中,许多经济体处在衰退边缘。疫情的扩散无疑是雪上加霜,很可能会把全球经济迅速推入衰退之中。

1. 世界第 2 至第 10 大经济体

疫情发生前,经济学家们普遍预测,世界第二大经济体中国的实际

GDP 增长率将于今年"破6",这将是 30 年来的第一次。而去年第四季度,第三大经济体日本的实际 GDP 大幅度下跌 6.3%(环比折年率),第四大经济体德国和第五大经济体英国的实际 GDP 都是环比零增长,第六大经济体法国的实际 GDP 仅增长 0.9%,第七大经济体印度的实际 GDP 增长率为 7 年来最低(4.7%),第八大经济体意大利的实际 GDP 环比下降 0.3%(全年仅增长 0.2%),第九大经济体巴西尚未公布去年第四季度的 GDP 增长率(市场对其 2019 年全年增长预期仅为 0.9%),第十大经济体加拿大的实际 GDP 环比折年率仅增长 0.3%,几近为零。

显然,在疫情发生之前,这九大经济体中,有 6~7 个已徘徊在衰退边缘。目前受疫情影响最大的是第二大经济体中国。由于此病毒传染性很强,防控疫情的最有效手段就是增强人员间的隔离、减少人群的聚集,但这些措施对生产和消费活动造成了巨大打击。2 月,中国的制造业 PMI 从 50 暴跌到 35.7,非制造业 PMI 从 54.1 暴跌到 29.6,都是历史最低,显示防控疫情的隔离措施严重拖累了经济活动,尤其对服务业打击惨重。

从目前的数据看,世界第三大经济体日本、第四大经济体德国、第六大经济体法国和第八大经济体意大利都已成为疫情的重灾区,确诊人数都超过 100 例,而且还在迅速攀升。其他 4 个经济体虽然目前确诊人数有限,但如果中国、日本、德国、法国、意大利等经济大幅放缓,在经济高度全球化的今天,其他经济体也很难独善其身。

2. 世界第一大经济体:美国

在世界前十大经济体中,只有美国在 2019 年表现亮眼,实际 GDP 增长率达到 2.3%,失业率处于 50 年来最低,通货膨胀温和,低失业率与低通胀率形成多年罕见的"梦幻组合"。与此同时,房地产价格与股市指数也屡创新高,直到一周前,金融市场都是一片乐观与繁荣。

美国经济在过去十一年里实现了历史上最持久的复苏,主要得益于 2008 年金融海啸以后的财政刺激、利率下调、"量化宽松"等一系列扩张性财政与货币政策。美联储的减息与量化宽松政策除了通过降低融资成本来增强投资与消费的愿望之外,更重要的是通过推升债券、股票、金融衍生品与房地产等资产价格来帮助家庭、企业和金融机构修复其资产负债表,避免了一场日本式的旷日持久的"资产负债表衰退",快速恢复了企业部门的投资能力和家庭部门的消费能力。特朗普当选美国总统后,又推出高达 1.5 万亿美元的减税举措，这种顺周期的政策虽然延续了美国经济扩张的时间，却加大了"寅吃卯粮"的风险，透支了未来的经济成长空间与财政政策的应对空间。

另外，受美联储宽松货币政策的支持，过去十年来资产价格的大幅度上涨也带来了巨大的财富效应，刺激了消费，带来就业和收入的增长，形成良性循环。例如，美股市值已从 2007 年上一轮牛市高点的 19 万亿美元上升到暴跌前的 36 万亿美元，几乎翻了一番；比起 2009 年初金融海啸最低点时的 9 万亿美元更是翻了两番（增长 300%）。然而，靠财富效应推动的经济成长很容易超调，不可能长期持续。一旦反转，也很容易形成恶性循环，并出现超调，导致宏观经济与资产价格的大起大落。

考虑到这些因素，在美国经济一派大好的表观之下，也隐藏着诸多令人不安的暗流。实际上，在过去几个季度里，一些领先指标已现疲态。例如，美国的私人投资已连续三个季度下降，去年第四季度环比下降 6.0%（季节调整后折年率）；其中企业基建投资在过去六个季度中有五个季度负增长，去年第四季度跌幅达 8.1%；企业设备投资也连续两个季度下跌。然而，展望未来，多项调查却显示，计划增加资本支出的美国企业还在减少。"商业圆桌会议首席执行官调查"显示，未来六个月的资本支出计划已连续七个季度下降，从 2018 年第一季度的峰值 115.4 降至 2019 年第四季度的 64.5。各大地区联邦储备银行的调查也显示类似情形。这与 GDP 中企业资本开支负增长遥相呼应，预示着今后两个季度企业资本开支仍难有明显改善。

与此同时，生产和就业的数据也开始趋弱。工业生产已连续五个月下降。美国供应管理协会（ISM）制造业采购经理人指数过去 18 个月以来一直呈下降趋势。最新的就业机会和劳动力流动调查（JOLTS）显示，去年 12 月，就业市场上的非农就业机会总数从去年 1 月的 760 万峰值下降至 642 万。尽管这一水平仍然不低，但较去年同期下降了 14%，创下 2009 年以来的最大跌幅（见图 4）。这表明就业的二阶导数已经为负。如果趋势延续，劳动力市场降温，就业和收入增长将面临挑战，消费的可持续性就值得怀疑了。

上述数据表明，美国经济前景并没有金融市场期望的那么乐观。去年第三季度，美国国债收益率曲线一度倒挂，引发了投资者对经济衰退的担忧。即使在疫情发生之前，纽约联储就根据 10 年期国债与 3 个月国债的收益率利差预测，今后 12 个月内美国经济衰退的概率最高达 38%（高点在今年 8 月）。在过去 60 年里，这个模型预测的衰退概率曾八次超过 30%，除一次（1967 年）以外，在其他七次发生之后的 1~2 年里，美国经济都陷入了衰退。这也是去年美联储在"梦幻组合"般的经济环境下三次降息的原因吧！

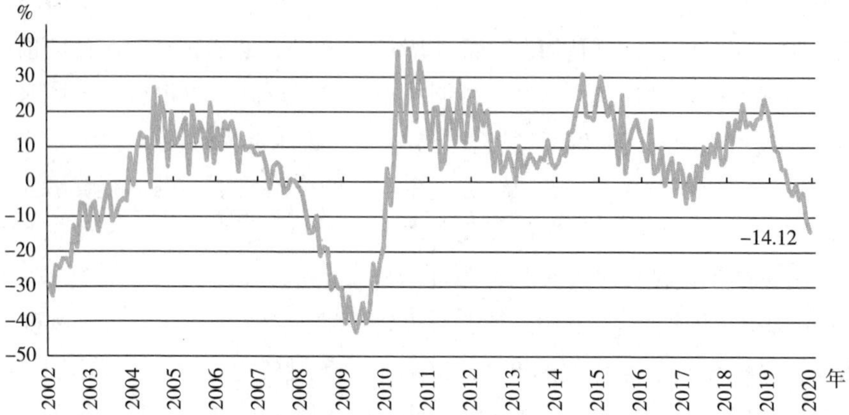

图 4 新增就业机会

（资料来源：美国劳工统计局，海通国际）

经过美联储去年第四季度以来的一系列操作（主要是给货币市场注入了 5000 亿美元的流动性），美元短期利率大幅度回落。再加上市场对经济前景的信心改善，国债收益率曲线一度恢复正常。但好景不长，由于投资者担心新冠肺炎疫情在全球扩散，近期美国长期国债收益率再度跳水，10 年期国债收益率最低跌至 1.0%，连续刷新历史新低，国债收益率曲线也再度倒挂。从历史数据看，每次美国国债收益率曲线出现倒挂后的 1~2 年里，美国经济几乎都陷入衰退。考虑到新冠肺炎疫情的杀伤力，估计这次美国也很难逃脱这一魔咒。

另外，美国总统大选在即，相信今年美国的政治舞台将上演一场大戏。民主党最有希望的候选人桑德斯的政治主张很难令企业家和投资者心安。鉴于中美贸易摩擦的长期性和艰巨性已成共识，无论共和党还是民主党候选人，都不可能在大选之年对中国采取温和态度。这意味着，虽然中美之间签署了第一阶段的贸易协议，但中美贸易摩擦的硝烟并未散尽，甚至有可能狼烟再起。这些政治上的不确定性与新冠肺炎疫情一起左右着企业家信心及其生产、投资及雇佣决策，成为美国经济今年"不进则退"的主要因素。

最后，如果美股及各类资产价格的下跌持续，前文提到的美国经济成长中的财富效应也会从正反馈转变为负反馈，削弱消费这一美国经济中独立支撑的引擎，加速就业市场降温，形成恶性循环。如果疫情在美国（和全球）扩散，迫使各类生产和消费活动放缓（即便不像中国式的停滞）的话，美国经济这几年靠资产价格、财富效应、消费、就业所形成的良性循环很快会逆转，美国经济在 1～2 个季度内陷入衰退的概率将大幅度上升。这应该是近期美国长期国债收益率大幅度下降与美股遭遇恐慌性抛售的主要原因。

如果世界第一大经济体美国陷入经济衰退或者哪怕只是一个季度的环比负增长，考虑到全球经济的联动性及美国作为大国经济的外部性，本已徘徊在衰退边缘的其他主要经济体估计很难逃脱衰退的命运。在这种情况下，全球前十大经济体中很可能有 7～8 个在今年（甚至今年上半年）就会陷入衰退之中，能避免衰退的可能只有中国和印度。

新冠肺炎疫情下的全球政策应对与效果评估

在新冠肺炎疫情来势汹汹、全球金融市场大幅度波动的背景下，各国政府和中央银行都在密切关注事态的发展，并已开始采取必要的措施防控疫情、稳定经济、维护社会公众和投资者信心。除中国内地外，新加坡、日本、意大利、中国香港等经济体已经采取紧急措施来防控疫情，并推出一些纾困措施来帮助本地居民、企业和金融机构渡过难关。美联储主席及欧洲中央银行行长也声称会视形势进展采取必要的行动，试图稳定市场情绪。华尔街的投资者已迅速改变观点，预期美联储会在 3 月减息 25～50 个基点，并期待全球中央银行采取联合干预行动。

然而，正如我们在《疫情下的宏观政策：要把困难估计足》一文中指出的，新冠肺炎疫情对经济的影响不只是需求侧的消费与投资活动停滞，还包括供给侧的生产停滞和交通阻断，因此会在供需两侧同时对经济造成冲击。在防控疫情扩散的背景下，货币政策放松只能刺激需求，却无法提振供给，反而有可能引发短缺和通货膨胀，导致滞胀。对此，各国中央银行行长应该心知肚明。因此，货币政策放松只是为了维护市场信心所做的姿态，或是防止金融体系出现流动性干涸和资金流断链而采取的防守性举措，对此不可期望太高。

实际上，考虑到欧洲、日本等许多经济体的政策利率及国债收益率已经为零甚至为负，美国的政策利率也在低位，国债收益率屡创历史新低，通过减息来应对此轮经济衰退的空间已非常有限。而量化宽松政策所带来的资产荒与资产价格泡沫问题这些年已在全球经济、社会及政治领域制造了许多副产品，危害性极高，在通胀缺失的情况下尚可维持，但如果疫情带来的是全球滞胀的环境，量化宽松政策可能不得不以沉重的代价退出历史舞台。

在疫情背景下，财政政策（尤其是给企业和家庭纾困的福利性政策）才是最有效的应对手段。然而，除了中国、德国等少数经济体外，全世界大部分经济体的政府债务都已不堪重负（见图5）。许多经济体的政府或许有能力一次性增加财政开支来为企业和家庭纾困，但在此之上通过额外的财政支出刺激经济的空间却非常有限。诸如意大利、西班牙这种经历了上一轮欧洲主权债务危机、债务负担较重、经济增长比较疲弱且目前已经受到新冠肺炎疫情冲击的经济体来说，搞不好会因此引发新一轮的主权债务危机。

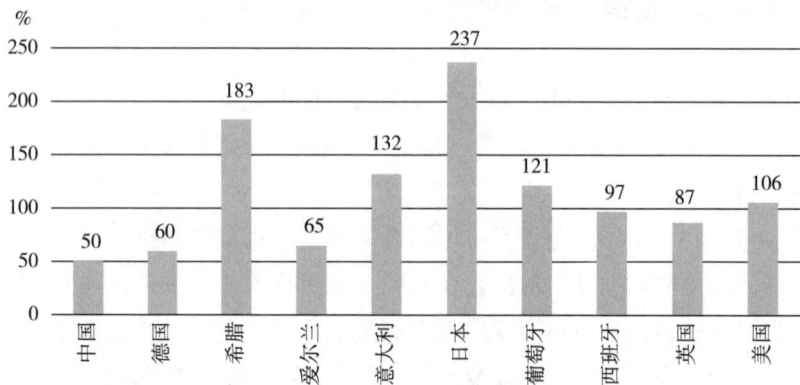

图 5 政府债务与 GDP 的比率（2018 年）
（资料来源：国际货币基金组织，海通国际）

总之，我们认为，在新冠肺炎疫情的背景下，全球各国政府和中央银行应对冲击的政策工具相当有限。在全球金融海啸之后，各发达国家的政府和中央银行已竭尽全力来刺激经济、稳定金融市场，严重透支了它们应对未来冲击的政策空间。即便如此，全球经济（尤其是发达经济体）的增长在过去十年依然疲弱，很多经济体至今尚未摆脱通货紧缩的阴影。因此，在新冠肺炎疫情的冲击下，这些经济体的政府和中央银行很可能无力应对，而只能象征性地采取一些措施。

最重要的是，无论是货币政策还是财政政策，都无法阻止疫情的扩散。只要疫情得不到有效防控，生产、消费活动不能正常进行，再多的财政与货币刺激都是无源之水、无本之木。只有疫情得到控制之后，财政与货币政策对经济的刺激才会产生可持续的效果。这是本次冲击与传统的经济与金融危机最本质的不同。

对投资者的启示

前述分析表明，假如新冠肺炎疫情演变成为一场全球性的"大流行疾病"（pandemic），这将是百年一遇的事件。除了经济影响和市场影响之外，它对各国的社会、政治、文化甚至国际关系也可能产生冲击，其演变很可能是非线性的。因此，投资者在过去十多年全球量化宽松背景下所积累的投资经验很可能并不适用。在当前形势下，投资者切忌刻舟求剑，对未来事态的发展要做好最坏打算，把困难估计足。

其实，除了新冠肺炎疫情之外，投资者需要意识到，2020年的全球宏观环境还存在着其他风险和挑战。美国总统大选、中美关系、英国脱欧谈判、澳大利亚山火、极端气候事件、原油价格低迷、印度骚乱、土耳其/叙利亚军事危机、意大利的财政可持续性、伊拉克局势、美国/伊朗关系、法国"黄马甲"示威、西班牙加泰罗尼亚的独立运动、南美国家（如智利、玻利维亚、委内瑞拉等）的政治稳定以及时不时制造国际噪音的朝鲜等，都有可能成为2020年的一只又一只"黑天鹅"。

当然，经历了上周的市场暴跌和本周的强劲反弹，投资者"抄底"的愿望非常强烈。笔者认为，由于各国政策刺激的空间有限，即便疫情较快结束，之后的经济复苏力度很可能没有市场预期的那么强，企业盈利的复苏也很可能令人失望。因此，在强反弹之后，投资者可能不得不面对现实，调整对后市的预期。

为何市场不再相信美联储①

受新冠肺炎疫情在全球扩散的影响，全球金融市场在过去两周出现了剧烈波动，一些重要指标似乎预示着危机的到来。为稳定市场情绪，美联储在 3 月 3 日紧急降息 50 个基点，将联邦基金利率下调到 1.00%～1.25% 的区间，试图稳定市场信心。但减息当天美股不升反降，之后数日依然是大幅波动。更有趣的是，仅仅在减息后三天，华尔街的投资者即通过联邦基金期货市场（Fed Fund Futures Market）的交易传递了他们的最新预期：在 3 月 18 日的例会上，美联储还会再减息 50 个基点。如果市场成功地倒逼美联储在 3 月 18 日再减息 50 个基点，这意味着美联储在短短的 15 天内减息达 1 个百分点，联邦基金利率将会下降到 0.50%～0.75%，与全球金融海啸后的最低点 0.00～0.25% 相当接近。显然，投资者对美联储 3 月 3 日减息的效果投了不信任票。

其实，除了美联储外，多国中央银行在最近两周紧急减息，日本中央银行则直接入市购买股票 ETF。七国集团（G7）的财政部部长们以及世界银行、国际货币基金组织等机构也纷纷发表声明，表示在密切关注事态发展，必要时会采取相关措施，稳定全球经济和市场。然而，投资者似乎并不领情，全球股市继续剧烈波动，黄金、日元等避险资产价格快速上涨，英美等国的长期国债收益率则不断创出历史新低，高收益债券市场的信用利差迅速扩大，这些都是危机时才出现的现象。显然，投资者并不相信各国政府和中央银行能够力挽狂澜，他们在"用脚投票"，表达对财政与货币政策有效性的怀疑。

投资者的担忧不无道理。与以往绝大部分经济与金融危机不同的是，当前的市场波动源于一场百年一遇的"大流行病"（pandemic）。无论是货币政策或是财政政策，都无法阻止疫情扩散。只要疫情得不到控制，生

① 本文 2020 年 3 月 15 日发表于《中国金融》2020 年第 6 期。

产、消费活动不能正常进行，再多的财政与货币刺激都是无源之水、无本之木。只有疫情得到控制之后，财政与货币政策对经济的刺激才会产生可持续的效果。这是本次冲击与传统的经济与金融危机最本质的不同。在这种情形下，传统的以"熨平周期"为目标或以消除"资产负债表衰退"为目标的财政与货币政策很可能无能为力。因此，必须深刻思考市场波动背后的基本面因素，从源头着手，才能理解金融市场投资者的逻辑和忧虑。

这一轮市场波动的源头是新冠肺炎疫情。一个半月前，当中国举国上下开始抗击疫情的时候，海外投资者采取了隔岸观火的态度，以为这只是一场区域性的传染病；由于死亡率并不高，对它的重视还不如对 2003 年的"非典"疫情。然而，经过 4 ~ 5 周的潜伏与积累，疫情在海外的扩散远远超出市场预期，也远远超出当年"非典"的水平（见图 1）。当投资者意识到全球所有重要经济体都已受到疫情威胁、全球经济很可能因此而快速陷入衰退时，之前半年来的乐观（甚至亢奋）情绪戛然而止，取而代之的是市场的大幅波动。

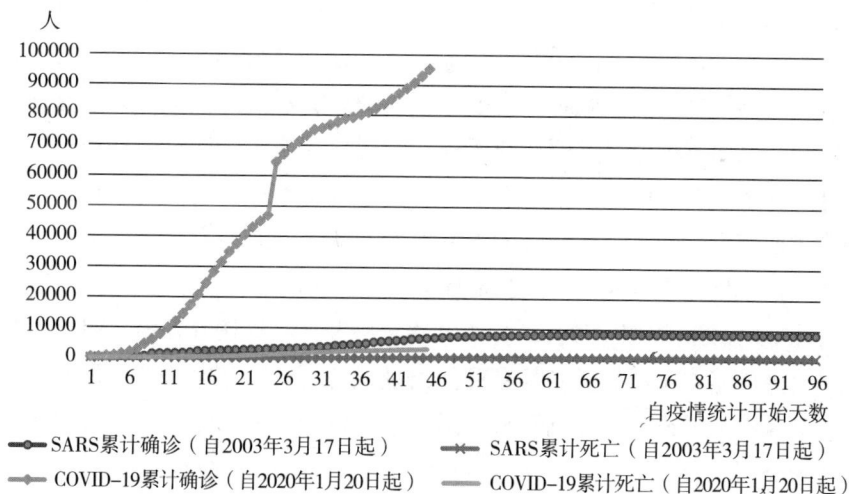

图 1　累计确诊人数与死亡人数：新冠肺炎疫情与"非典"疫情的对比

（资料来源：CEIC，海通国际）

投资者之所以对新冠肺炎疫情如此恐慌，主要源于以下几个方面：

1. 由于新型冠状病毒的传染性极强，必须采取严格的隔离措施，才能有效防控疫情。而隔离措施对生产、消费等经济活动会产生明显的抑制作用，这在中国国内的疫情防控中已充分展现。这不但会降低经济增长，更容易导致企业财务困难，甚至引发破产倒闭。鉴于2008年全球金融海啸后，绝大多数经济体的非金融企业部门都大幅度增加了杠杆，一旦企业的财务和流动性出现问题，很容易形成连锁反应，影响整个金融体系的稳定。

2. 虽然新冠肺炎疫情的死亡率看起来并不高（当然对于如何正确计算其死亡率目前还有争议），但一旦染病，在病情发展的某个阶段很可能需要较多的医疗资源（主要是辅助呼吸的设备），否则很难治愈，甚至会死亡。如果疫情传染性不强，没有很多人得病，这个问题也容易解决。但新冠肺炎疫情恰恰具有高度传染性，令人担忧它对医疗资源的"挤兑"。即便对医疗条件比较先进、医疗资源比较充足的发达经济体来说，一旦社区爆发大规模感染，也很容易出现医疗资源严重不足的问题，甚至有可能出现人道主义危机。

3. 防控新冠肺炎疫情所采取的隔离措施不只是削弱了需求侧的投资与消费，还导致供给侧的生产停滞和交通阻断，因此会在供需两侧同时对经济造成冲击。目前正值国际上疫情发展较快阶段，各行各业蔓延"坍塌"之势，百姓纷纷囤货。此时，货币政策放松只能刺激需求，却无法有效提振供给，反而有可能引发短缺和通胀，甚至导致滞胀。这对中央银行的政策应对形成掣肘。因此，中央银行的减息与流动性注入只是为维护市场信心所做的姿态，或是为防止金融体系出现流动性干涸和资金链断裂而采取的防守性举措，难以对经济成长形成可持续的推动。

4. 由于疫情防控导致停产停工和物流中断，一些医疗器材、易耗品以及老百姓的基本生活必需品都有可能出现供应短缺，带来恐慌、囤积、抢购等现象，从而进一步加剧短缺。同时，许多严重依赖于工薪收入的中低收入家庭很可能因停产停工而被迫休无薪假、面临暂时性甚至永久性失业，导致日常生活出现困难。这些都是最基本的民生问题，处理不好可能引发社会危机。

5. 在这种背景下，用于给企业和家庭纾困的福利性政策才是最有效的应对手段（中国内地和香港政府都已推出类似措施）。然而，除了中国、新加坡、德国等少数经济体外，大部分经济体的政府债务都已不堪重负。许多经济体的政府或许有能力一次性增加财政开支来为企业和家庭纾困，但在此之外再通过财政支出刺激经济的空间却非常有限。对那些债务负担重、经济增长疲弱、受疫情冲击较严重的经济体来说，搞不好会因此引发新一轮的主权债务危机。

6. 新冠肺炎疫情发生前，全球主要经济体半数以上已徘徊在衰退边缘，疫情的冲击很可能将它们迅速推入衰退之中。即便处于低失业率与低通胀率的"梦幻组合"之中的美国，疫情的冲击和资产价格的暴跌很可能打破美国经济这些年在资产价格、财富效应、消费、就业之间所形成的良性循环，快速进入衰退之中。

把上述因素综合在一起，不难发现各国中央银行和政府正面临一系列难题：如果要防控疫情扩散，就必须采取严格的隔离措施，而严格的隔离措施会严重影响生产与消费活动，导致经济停滞（甚至衰退）、企业破产、失业上升以及供应短缺等诸多问题，这是大部分政府不愿去做的；然而，如果不采取这些措施，由于此病毒传染性很强，疫情则很难控制，一旦出现较大规模的感染，不但会形成社会恐慌，而且当地的医疗资源很容易被"挤兑"，出现病人得不到及时救治的问题，甚至导致人道主义危机，影响社会稳定；如果一方面采取严格的防控措施，另一方面采用货币政策放松来稳经济，则不但有可能成效甚微，还有可能引发通胀甚至滞胀；如果不用货币政策刺激，而是采用减税、降费、贴息、补贴、发放现金或消费券等财政措施来解决企业和老百姓的基本生存和生活问题，虽然这是所有政策中最为有的放矢的工具，但由于疫情涉及面广、延续时间长，这笔开支很可能相当昂贵，绝大部分经济体的政府会发现其财政的可持续性将被市场怀疑。

总之，由于过去十年包括美联储在内的各国中央银行和政府不断透支其政策空间，面临疫情冲击，它们如今并没有太多可以有效应对的措施，若措施不当反有可能导致"滞胀"、引发新一轮的主权债务危机，甚至迫使量化宽松政策从此退出历史舞台。

综观大部分经济体，面对疫情的到来，除了中国香港、新加坡等地区及时果断采取措施，有效防控了疫情的扩散，绝大部分政府在疫情发展初期都是心存侥幸，对疫情的严重性和危害轻描淡写，不愿主动承担责任，不愿影响经济活动和金融市场的表现，延误了防控疫情的关键时机，才导致今天的结果。在市场大幅度动荡、投资者"用脚投票"后，很多经济体的政府和中央银行推出的紧急措施和声明只是象征性地喊话，不能解决实际问题。还有一些国家的政府在疫情升级后，依然在推卸责任和指责别人（包括指责本国中央银行和他国政府），或者强调自身作为小政府的职责和能力，或者拒绝发布疫情进展信息等，一定程度上也是黔驴技穷的表现。这些行为反而更令投资者不安，加剧市场的波动。

除了上述基本面因素外，美联储减息并未消除投资者的疑虑可能还有一个技术性原因。虽然美联储一直在强调自身的独立性，但过去一年来，美联储的四次减息似乎都和市场波动或政治压力有关，美联储制定货币政策的可信度（credibility）越来越遭到投资者的怀疑。一些投资者认为，美联储的决策不是领先于市场、根据对未来 1～2 年美国经济与通货膨胀形势的预判来制定货币政策并给市场提供未来货币政策方向的指引，而是追随市场、落后于市场、被市场牵着鼻子走。果真如此，美联储的决策就很难让投资者心安，反而有可能加剧市场的担忧和恐慌，形成共振。这会让美联储在 3 月 18 日的例会上进退两难。如果美联储再次减息，则会加强投资者的这一看法，进一步削弱投资者对它的信任；如果维持利率不变，则会令市场大大失望，那些已把减息考虑在内（price in）的资产价格必然又会大幅度波动。显然，无论美联储如何操作，都很难令市场满意。让我们拭目以待。

君子不立危墙之下，投资者需从长计议①

3月18日晚，海通国际首席经济学家、上海交通大学上海高级金融学院客聘教授孙明春在高金 E 讲堂及国内多个知名财经平台同步直播了"疫情冲击下的全球宏观形势"主题讲座。本文根据孙明春教授的讲话录音整理而成。

全球危机已经到来

想必大家都对全球正在发生的情况有所了解，我认为，从三个层面来讲，我们已经进入危机了，不过现在仍处于这一轮危机的前期。

第一个层面是公共卫生危机。现在新冠肺炎疫情被世界卫生组织定义为大流行病，全世界已有 150 个国家和地区发现确诊病例。这毫无疑问是一个全球性的公共卫生危机。

第二个层面是经济危机。我的判断是，快则这个季度，慢则从第二季度开始，全球绝大部分发达经济体都会衰退，而且此次衰退的深度可能超出以往，形成经济危机。

第三个层面是金融危机。从目前金融市场上各种大类资产的波动率来看，已经达到了危机水平。目前，很多资产的波动在过去二三十年里都非常少见，已经接近金融海啸的水平，个别的甚至超过了十多年前创下的历史高位。我们认为，目前市场波动尚未结束，还有可能进一步发展。在这么大的波动率下，全球有相当多的金融机构肯定存在流动性的困难，甚至有爆仓的风险。我相信，或许部分机构已经爆仓了，只是不知道是谁。

金融市场这么大的波动，很容易引发"海啸"一般的连锁反应，比如因为很多病人得不到救助而死亡，从而使公共卫生危机演变为人道主义危

---

① 本文是 2020 年 3 月 18 日于上海高级金融学院的视频直播课内容。

机。这只是一种可能性，不是预测，不过相关风险不能低估。

另外，经济危机、金融危机有可能演变成社会危机或政治危机。1997年亚洲金融危机的时候，东南亚国家就出现了社会危机、政府垮台等事件。我担心，有些国家的政府若对疫情处理不当的话，可能会出现政治危机或者社会危机。

还有一个比较微妙的层面是，各个国家的国内危机也有可能演变成国际关系危机。这方面的风险也不能低估。未来会怎么发展？各个国家的舆论怎么引导？很难说。尤其对于有些国家来说今年是大选年，我认为大家要关注这些可能存在的非线性演变。

总结下来，我觉得这一轮全球危机的影响力可能超出想象，后面会怎么发展更是未知的。这么大的"地震"来了，后面肯定会有次生灾害，这种情况下，大家应遵循前人所说的"君子不立危墙之下"，先求生存，再图发展，相信未来肯定会有更好的投资机遇。

疫情来临前的全球经济

其实在疫情来临之前，全球经济就已经处在衰退的边缘（见表1），可以说是"不堪一击"。

表1　全球十大经济体 2019 年第四季度实际 GDP 增长率

排名	国家	2019 年第四季度实际 GDP 增长率	备注
1	美国	2.1%	环比折年率
2	中国	6.0%	年同比
3	日本	−7.1%	环比折年率
4	德国	0.0%	环比
5	英国	0.0%	环比
6	法国	−0.1%	环比
7	印度	4.7%	年同比
8	意大利	−0.3%	环比
9	巴西	0.5%	环比
10	加拿大	0.3%	环比折年率

资料来源：彭博，海通国际。

美国是世界第一大经济体。2019 年美国的股市、房地产市场都非常好，经济也是"梦幻组合"，失业率处于 50 年来最低。然而，如果深挖美国经济就能发现其基本面的问题。美国是一个"瘸腿"的经济体，在"三驾马车"里，投资已经连续三个季度负增长了，只有消费还在支撑，但消费的增长率也已经连续三个季度下降了。这背后当然有很多原因，之前的减税对消费有帮助，但效果在递减。

我个人认为财富效应是这些年美国消费强劲的一个重要原因。由于量化宽松政策的实施，很多资产的价格都翻了很多倍，包括美国股市，从600 多点涨到了 3000 多点，形成了很大的财富效应。财富效应让老百姓去消费，这样就能带来了更多的工作、更多的就业，而就业高了收入就更多，消费也就更多。但这个正循环是会走过头的，我个人认为去年就走过头了。正循环一旦反转，就会从良性循环变成恶性循环，这也是我所担心的。我去年年底就认为美股估值太高了，根本不合理，但是我也不知道什么契机会把它反转过来。这个循环一旦反转过来，经济就不是瘸一条腿了，是瘸两条腿。

作为第二大经济体，中国 2019 年经济增长率还不错，达到 6%。但6% 对中国来讲其实不算高，因为上一次增长率在 6% 以下已经是 1990 年了。换句话说，在过去 30 年里，这是最低的增长率。所以今年年初大家都在讨论要不要"保 6"。其实在疫情来临前，中国经济也不是处于一个很强的状态，我们已经觉得今年挺难的，疫情来了后经济什么样，大家心里也有数。

再看第三大经济体日本。日本去年第四季度 GDP 增速为 –7.1%，这个跌幅实在令人震惊。不过，去年 10 月的时候日本提高了消费税，导致有一些消费提前到第二季度、第三季度。但即便把前三个季度的数加起来，好像消费增长也没那么高。日本经济其实是非常疲弱的，已经一只脚进入衰退了。

第四大经济体德国和第五大经济体英国在去年第四季度都是零增长。它们在去年第二季度都是负增长，多亏在第三季度反弹了一下，避免了一场技术性衰退，但到第四季度又是零增长。

再看第六大经济体法国、第八大经济体意大利，它们去年第四季度增长率都为负。第十大经济体加拿大为 0.3%，这还是环比折年率，如果不折年率的话，连千分之一都不到。GDP 的统计本身也不是那么精确，在我看来，千分之一的增长和零增长没什么区别。

第七大经济体印度和第九大经济体巴西，都是金砖五国的成员。先看巴西，环比只有 0.5%，作为一个发展中国家，这个增速不算高。印度是 4.7%，看着不错，但前几年它的增长率分别是 7% 和 8%，去年下降得很快。

可以看出，前十大经济体在疫情之前，已经有六七个处在衰退边缘了。

再看我国香港，香港去年下半年在疫情到来之前，已经进入衰退了。这次香港的衰退程度较深，有些指标已接近 2008 年金融海啸时的水平，可以看出，香港的经济环境是很差的。

再说回美国。纽约联储对美国经济进入衰退的概率所做的模型预测，是根据美国 10 年期国债收益率与 3 个月国债收益率的利差来计算的，在每月的月初公布，预测今后 12 个月进入衰退的概率。从去年下半年开始，该模型预测的美国衰退概率就在直线上涨，并在去年 8 月达到了 38%。这预示着今年 8 月美国经济陷入衰退的概率达 38%，这是相当高的。该模型预测的衰退概率虽然之后有所回调，但根据 3 月 3 日公布的最新预测，一年内衰退的概率再度超过 30%，为 30.7%。这个模型在过去五十年中，曾有八次预测衰退概率超过 30%，而这八次里面，除了 1967 年那一次，其余七次在预测后一年之内美国经济都进入了衰退，无一例外。

所以说，去年就有很强的信号表明今年美国经济要进入衰退。这也是为什么去年美国经济那么好，美联储还减息了三次。这个信号已经给了大家，但绝大部分投资者还是不听，都说"这次不一样"。不少经济学家也说这次没关系，并给出各种各样的原因和分析。但现在看来，还是逃脱不了这一魔咒。

我们也是在去年下半年看到这个模型之后，开始警惕起来，也在 11 月、12 月写了一系列报告和文章提醒大家。这些都是在新冠肺炎疫情发生之前我们看到的数据。

疫情之后的全球经济

在国内，1 月下旬、春节前后开始防控疫情，各媒体也开始普及新冠肺炎疫情的传染性有多高，但海外在那时还没有足够重视。我在 2 月 13 日曾写过一篇文章——《疫情下的宏观政策：要把困难估计足》，那时海外还没有太多确诊病例。我说看国内发展的情况、疫情的传染力以及全球的开放度等，将来海外疫情的控制可能更难，也存在疫情从海外输入的可能。但我想大部分人可能没有关注到这一点，尤其是海外。哪怕后来日本、韩国出了很多病例以后，很多欧美的国家依旧没有在意。

截至昨天（3月17日），意大利确诊人数已经快3万人了，今天可能已经超过3万人了；伊朗也超过15000人了；美国确诊人数也在往上跳，今天已经超过6000人了；反观我国香港，虽然早在1月23日就有了第一例，但到现在控制得都不错，大概有160例。总之，对于新冠肺炎疫情的到来，很多发达经济体之前都没有真正在意，耽误了很多时间。

现在全世界差不多有150个国家和地区发现了新冠肺炎疫情的确诊病例。可以想象，很多发展中经济体、中低收入国家，其医疗卫生条件肯定是比较差的，很容易出问题。非洲、南亚、东南亚的一些经济体，还有南美等都开始有确诊病例，如果这些地方控制不好的话，将发展成一个全球性的问题。

中国确实控制得比较好，两个月内就把疫情控制住了。疫情得到控制有各种各样的原因，包括每一位公民的配合和牺牲。但是这样的防控措施，在绝大部分发达经济体是很难实施的，一是政府可能没有那种执行力，二是老百姓可能也不像我们这么配合，所以说，如果这些地方的疫情发展起来的话，风险将会很大。这些国家中很多都是我们在经济、贸易等各方面的重要合作伙伴，有很多交流。因此，中国也会受到它们的影响。

发达经济体的医疗卫生质高但是量低。在正常情况下，它们的医疗条件较好，所以看病等各方面的需求可能也小，但是在量的方面，根据世界卫生组织的数据，无论是英国、美国、加拿大、西班牙、意大利还是澳大利亚，从每千人病床数来看，并不是那么高。疫情来了，这些国家的医疗资源其实是不够的。美国的医疗体系也有很多短板，病床数没有那么多，而纽约已经有很多病人，医疗资源可能会非常紧张。

再者，在很多发达经济体，包括美国，医疗保险并不是全面覆盖的。就美国而言，政府只负责提供最低收入者以及老人的医疗保险，其他人是没有公共医保的。多数有钱人都去买商业医保。但根据美国政府公布的数据，目前有约2750万人是没有任何医疗保险的，也就是说，既没有政府提供的公共医保，也没有需要缴费的商业医保。这些人就处于比较尴尬的位置，因为在美国、欧洲，如果没有保险，看病是非常贵的，这些买不起保险的人更看不起病。另外还有一些非法移民，也没有医疗保险。这些人看不起病，也是一个很大的问题。在出现传染病的情况下，他们不看病，对整个社会、对其他人都是很大的危害，所以防控疫情会很困难。美国纽约州已经表示，没有保险的人因为疫情看病也都免费；但在其他州是否免费是由每个州自己决定的。

日本和韩国是两个最早受到疫情冲击的国家。相对来讲，它们的医疗条件比较好，疫情也控制得非常好。总体来讲，其实欧美发达经济体，虽然在我们看来它们的医疗资源比较丰富，但是实际上面对这样百年一遇的疫情，它们的资源也是远远不够的，这从意大利的情况就能看得出来。

疫情将怎样影响经济

现在最关键的问题是疫情接下来会怎样影响经济。中国官方的采购经理人指数（PMI）在今年2月的跌幅是历史上从未出现过的（见图1），其中服务业受到的冲击尤其大。因为疫情的冲击，服务业目前的困难是前所未有的，从数据来看，已经比2009年更差了。

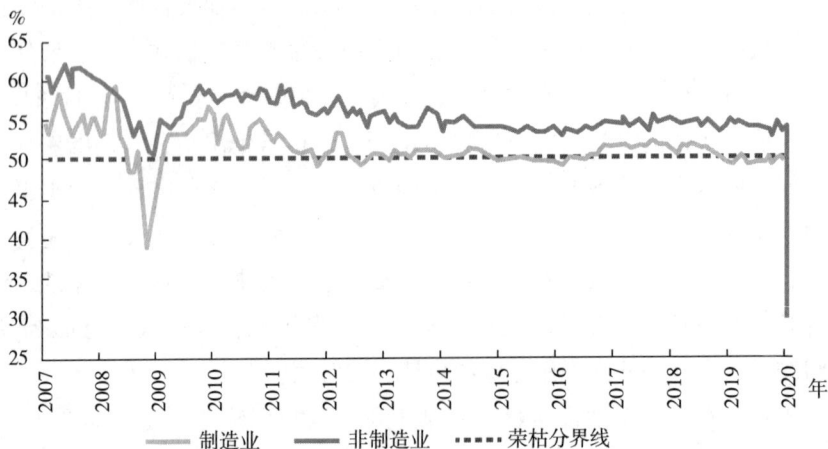

图1　中国官方采购经理人指数（PMI）

（资料来源：CEIC，博海资本）

另外，看固定资产投资和社会商品零售，也就是常说的投资和消费，最新的数据都是负百分之二十几的增长（见图2），这是国家统计局有数据以来从未有过的情况。可以看出，疫情对经济的影响非常大，这也是现在大家都在忙着复产复工的原因。

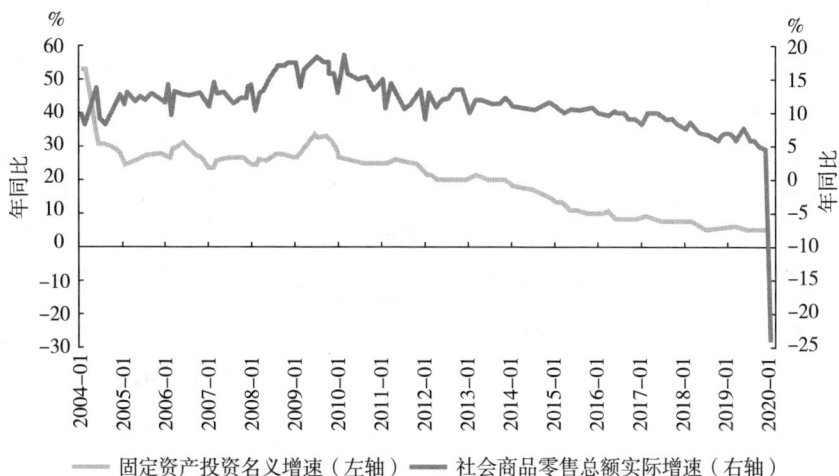

图 2　中国投资与消费增长率

（资料来源：CEIC，博海资本）

再说香港，香港特区政府采取了很多防控措施，但整体来讲，远没有内地严格。尽管如此，从历史数据来看，香港的 PMI 也下滑至历史上最低（见图 3）。可以想象，如果要防控疫情，欧美这些经济体最起码也得做到我国香港这样。所以就经济而言，得做好更坏的准备。

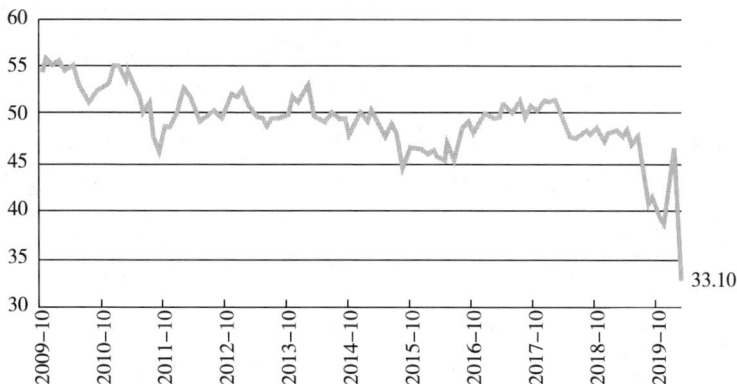

图 3　香港 Markit 采购经理人指数（PMI）

（资料来源：CEIC，博海资本）

过去一周，全世界的中央银行、政府都采取了很多政策，以防控疫情并刺激经济。

就货币政策而言，美联储近期两次突击降息，一次减了50个基点，另一次减了100个基点。减完之后美联储的政策利率处于0~0.25%之间，基本进入零利率。实际上，美国一个月期国债的收益率这两天已经出现了负数，美国已经进入负利率时代了。英国中央银行随后也宣布减息，而日本和欧洲的国债收益率更是早已处于零利率、负利率区间了。欧洲中央银行并未继续减息，并在上周的政策会议上指出，现在主要是财政政策在发挥作用，在应对疫情层面的问题时，减息不是那么有效。

疫情对经济的冲击，是同时影响供给侧和需求侧的。因为疫情隔离，很多工厂停工，又赶上春节，中国的工业增加值下降了13.5%，为历史上最大跌幅。因此，大家可以想象疫情对生产、供应产生了多大的影响。

而货币政策的主要影响还是在需求端。货币政策刺激有一个问题，也就是如果放水放多了，把需求刺激起来了，供应又跟不上，反而容易引起滞胀。当然，这只是一种可能性。中国目前面临着一个比较尴尬的情况，因为在疫情之前，由于猪肉短缺等各种原因，通胀就在5%左右，为过去八年来最高。虽然PPI依旧为负，但我们一边是通缩，一边是通胀。疫情来了以后再通过货币政策刺激的话，一旦供应跟不上，需求却被刺激起来，容易引起大家的通胀预期，造成滞胀。

疫情会怎么影响供应链？因为现在供应链全球布局，很多商品不是仅仅依靠中国复产复工就可以生产的。全世界都面临供应链上的问题。农产品有可能也会受到疫情影响，比如原本就较为短缺的猪肉，可能因为疫情的影响，进口途径会有所受阻。最近在网上看到一篇与养蜂有关的文章，文章指出，养蜂人如果不能把蜜蜂随着花季转移，就会对农产品、农作物的授粉产生影响。这会不会影响到农产品的产出，目前还是未知数。总的来说，疫情可能会对供应端造成许多问题。这个时候如果放水刺激的话，将来有可能出现滞胀的风险。

全世界的中央银行在这十多年来，一直在放水，利息都减到零甚至到负了，全球经济在疫情到来之前已岌岌可危。这种情况下中央银行再放水效果有多大？大家心里都有数。中央银行放水救急可以，救穷不行，对经济的影响非常有限。当然对防范金融危机还是有效果的，但是对振兴经济，作用就非常有限了。

就财政政策而言，大部分经济学家都在说要靠财政政策来稳固并刺激经济，例如，美国就宣布要进行 1 万多亿美元的财政刺激。财政政策主要是为了解决社会的基本运转问题，如社会福利、基本收入等。这 1 万多亿美元的财政支出，从稳定社会、给老百姓提供最基本的生活保障的角度来讲，是非常有必要的。

不过，目前的问题在于西方绝大部分经济体的财政负担已经很重。2018 年底美国的国债总额为 21 万亿美元，占 GDP 的比例已经达到了 106%，而在 2001 年还仅是 53%。所以说，美国政府的债务负担已经相当高了。而去年美国在经济那么好的情况下，财政赤字超过了 1 万亿美元。本来美国一年财政赤字就有 1 万多亿美元，现在如果再增加 1 万多亿美元的疫情特别支出以及之后更多的救济和刺激支出，美国今年的财政赤字总额可能远超预期。如果这样，今年说不定要有两万五到三万亿美元的财政支出，而 2019 年美国的 GDP 是 21 万亿～22 万亿美元的水平。换句话说，今年一年美国的财政赤字就占 GDP 的 10%～15%，这确实让人不太放心。

图 4 中所列的欧盟各国和世界主要经济体中，除了中国、德国、爱尔兰之外，其他国家的债务占 GDP 的比例都高于 80% 警戒线。这些年下来，绝大部分国家的政府财政负担都很重，如果再增加开支，资本市场会担心的。像中国、德国这种负债较低的国家不多，只有中国香港、新加坡及北欧的一些国家和地区，政府财政总体还是不错的，但这些国家和地区只是少数。

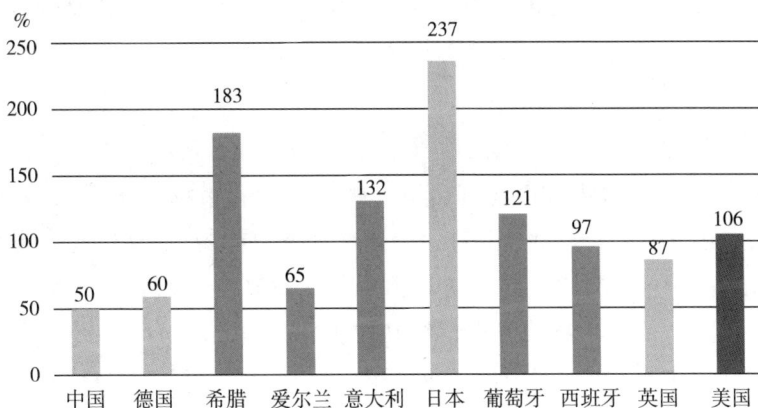

图 4 各国政府债务总额占 GDP 的比例（2018 年）

（资料来源：国际货币基金组织（IMF），海通国际）

"欧猪五国"里，除爱尔兰外，希腊、意大利、葡萄牙、西班牙四国的国债占 GDP 的比例，比十年前欧洲主权债务危机时更严重。这些国家之所以可以撑到现在，主要是因为这些年利率非常低，政府可以用很低的利率发行 30 年期、50 年期的债券。最近，意大利的国债收益率有所上升，其与德国的国债收益率利差迅速扩大，如果再涨 200 个基点就赶上 2011 年欧洲主权债务危机时的水平了。这很可能会造成恶性循环。

总之，疫情到来之前全球经济就不好，疫情来了经济更不好。疫情在很多欧洲国家已经失控了，在一些发展中经济体可能也失控了。财政政策、货币政策也没有太多的空间，这让全球经济都陷入了麻烦。这就是为什么我们判断，全球经济将很快进入衰退，甚至演变为经济危机，因为这次衰退的深度、广度都有可能超过我们过去几十年看到的。

疫情前后的全球金融市场

去年，不管是风险资产还是避险资产，回报都很好；今年，截至 3 月 18 日早晨，各类资产的总回报中，几乎所有风险资产都是跌的，而避险资产虽然大部分上涨了，但涨幅并不高（见图 5）。其实，避险资产涨幅本来较高，但在过去一周，金融市场的流动性短缺，所以突然间，投资者也不考虑手上持有的是风险资产还是避险资产，为了补充流动性，大家被迫把一些避险资产，包括国债、黄金都卖掉了，导致避险资产价格的下跌。但整体来讲，现在大家都处于风险极度厌恶的状态，或者说极度恐慌的状态。

根据海通国际全球恐慌指数（这个指标综合了全球各大类资产的表现，其读数越低意味着市场越恐慌，越高意味着市场越乐观），3 月 18 日收盘读数为 –1.48（见图 6），处于 2.37% 的历史百分位。这意味着过去 20 年里只有 2.37% 的交易日出现了比现在更为恐慌的局面。这是非常罕见的。当前市场的恐慌情绪在过去 20 年里仅次于 2008 年全球金融海啸时的水平。

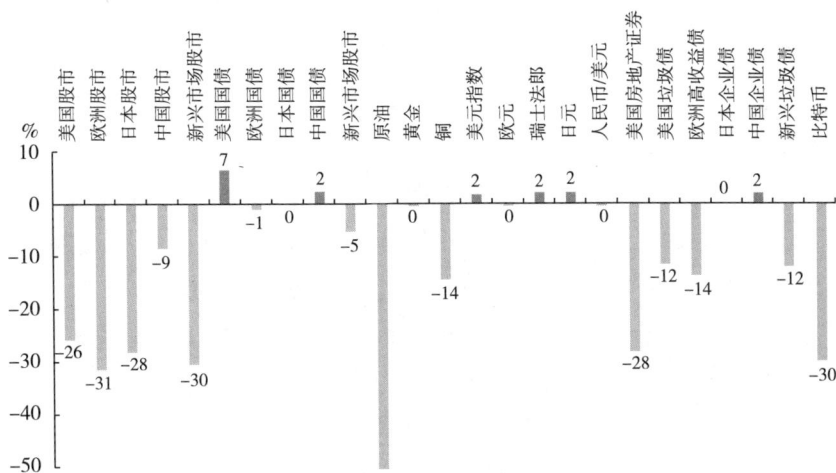

图5　全球大类资产年初至今（3月17日）的总回报

（资料来源：彭博，海通国际）

项目	全球	北美	欧洲	亚太	新兴市场	
当前恐慌情绪	-1.48	-1.81	-1.12	-0.73	-1.27	
历史百分位	2.37%	1.52%	5.40%	6.82%	2.65%	
项目	全球股票	全球债券	全球信用	全球商品	全球避险资产	新兴市场货币
当前恐慌情绪	-3.97	-0.62	-1.12	-1.63	-0.51	-1.05
历史百分位	0.38%	24.64%	3.89%	3.41%	21.14%	10.90%

图6　海通国际全球恐慌指数及分项指数

（资料来源：彭博，海通国际）

如此罕见的大幅度资产价格波动，必然导致很多金融机构出问题。因为相当多的金融机构是使用杠杆的，在价格剧烈波动的时候，很容易出现保证金不足的问题，有可能爆仓。有一些机构可能没有做对冲，风险暴露比较大；有些机构可能做了对冲，但有些对冲仓位如果重要的交易对手出了问题而不能履约的话，那么这些对冲头寸也没有意义。2009 年，AIG 出问题就是这个原因，迫使美国政府不得不去救 AIG，因为如果 AIG 倒掉了，它们卖的 CDS 就没有意义了，所有买 CDS 做保险、对冲的交易对手都会出现风险暴露。现在这种风险也存在。

回顾次贷危机，其背后的主因就是房价下跌。2006 年下半年美国二手房价格下跌就暴露出问题了。房价下跌，导致 2007 年 2 月一些做次贷的商业银行出现了大量坏账，有的进入破产。这是危机到来的第一个信号。到 2007 年 6 月，有一批做次贷的对冲基金因为没有流动性而停止赎回，等等，引发了次贷危机。

到了 2007 年 7~8 月，虽然信用市场已经没有流动性了，但是还有很多股票投资者认为信用市场对股票市场没影响，因为企业基本面和经济基本面都是很好的，所以股市也不应该有问题。那时候全球经济过热，全世界商品价格都非常高；美国的失业率很低；中国经济也非常热。当时看经济、就业、企业盈利都是非常好的。所以次贷危机自 2007 年 6 月就已开始，但股票市场在小幅回调之后接着涨，美国标普 500 指数于 2007 年 10 月才最终见顶。换句话说，股票市场是在次贷危机发生之后 3~4 个月才有所反应的。

2007 年六七月次贷危机发生，到了第四季度，次贷危机又导致投行出现了巨额亏损。2008 年 3 月贝尔斯登出现危机，之后被 JP 摩根收购，使得金融市场的恐慌情绪告一段落。但到 2008 年 9 月雷曼又破产，引发股市进一步下挫，才使得次贷危机被定义为金融海啸。那时，"两房"、华盛顿互助银行以及一些企业都出了问题。其中重要一环就是因为 CDS 而救助 AIG。这个链条回过头来看，逻辑是很清楚的，但是事前大部分人是不知道的。之所以今天要回顾十多年前的那场危机，主要是举一反三，思考今天我们看到的现象背后是一个什么样的情况。今天是 3 月 18 日，再过一个月，美国投行的一季报就要出来了。4 月中旬看看这些银行、投行的季报，会不会出现让人惊慌的数据。

再往下看欧洲主权债务危机。因为政府没那么多钱，财政刺激之后，债务负担太重，进而引发了欧洲主权债务危机。现在政府财政刺激是不行，但是财政托底是不得不进行的。不管是美国、欧洲还是中国，财政必须得花钱，必须得把老百姓的民生问题解决好，而且要避免很多企业因为停产停工而破产倒闭。这些应急性的开支是必需的，但是这些其实只是"填窟窿"，后面的经济振兴还需要钱，而对于这部分钱，政府是没有底的。如果这样做的话，可能很多国家的政府都要面临债务危机，这也是一个风险。

再一个风险是，政府印钱、发钱、财政刺激，说白了还是得中央银行印钱。现在很多的中央银行都买国债，其实就是中央银行在支撑。对于这个做法，我认为可能导致将来全世界的老百姓对当前的国际货币体系都产生怀疑，这个危机就更大了。

所以我们要做好思想准备。虽然我们现在已经看到危机了，包括公共卫生危机、经济危机、金融危机，但是后面可能还有很多更大的、更严重的次生灾害。

我们需要一些非线性的思维，不能简单地线性外推。到底有哪些非线性的演变？一个是从公共卫生危机到人道主义危机。欧洲的有些国家，由于医疗资源不够，只能选择性救助；还有一些国家没那么多的资源，没有救助，这样演变下去就是人道主义危机。到了那一步就有产生社会危机的风险，老百姓不可能坐以待毙，尤其是政府处理不好的话，或者社会资源比较短缺的情况下，不排除有些国家会出现社会动乱，有可能针对政府，也有可能针对社会主体自身，这些在历史上也发生过，如1997年亚洲金融危机。

从金融市场来讲，各大机构肯定是有内伤的。从政府救市到主权债务危机，中央银行不断印钱，印到某个程度之后，民众对货币体系的信心就会动摇。2008年，在对国际货币体系信心不足的情况下，比特币应运而生，成为中央银行发行纸币的一个可能的替代品。如果为了应对本次危机，中央银行依旧不断印钱，那么民众对全球货币体系的信心可能进一步下降。目前的全球货币体系还能维持多久？可能很长，是十年二十年，也可能是一年两年，没人知道。

还有就是从全球经济衰退到全球大萧条。如果考虑到全世界有150多个国家可能都面临这样或那样的冲击，而且目前并没有疫苗或特效药可以进行有效治疗，全球经济的衰退可能持续较久。在这种情况下，不能排除有大萧条的风险。如果全球经济真的陷入萧条，并且时间又长，那么世界很多地方都有可能出现政治危机或者社会危机。

　　另一个就是由国内政治危机转变到国际关系危机。很多国外政客都喜欢在困难时刻把危机由内向外转移，如果国内实在搞不定了，要把这个矛头转向国外的话，就可能会引起国际关系危机。具体怎么样，我们也没法做太多的预测。

　　最关键的是，其实有很多我们想不到的"省略号"，即其他可能出现的事件。今年的新冠肺炎疫情，就是一个我们之前想不到的突发危机。过去这几年，全世界有各种各样的风险、矛盾在积聚，几乎到了不可调和的地步。今年新冠肺炎疫情一来，加上沙特阿拉伯和俄罗斯打石油价格战导致油价暴跌，就把全球金融市场搞成今天这个样子。

　　按照美林时钟的分析框架，我们要考虑的是接下来会进入衰退还是进入滞胀。我个人认为衰退的概率更大，滞胀的概率偏小，但也不是零。如果衰退的话就拿债券和现金，滞胀就拿现金和商品。这几天来看，因为流动性的缺失，绝大部分的资产价格都在跌，债券收益率在涨、价格也在跌。目前来看，君子不立危墙之下，我个人认为现金可能是最好的资产，拿着再看。

　　回头再讲中国，大家都在问咱们中国是不是情况最好，确实是。从各个方面对比来看，其实中国的基本面是最强的。我国经常账户顺差自1994年以来连续25年顺差，日本过去40年也是三十七八年的顺差，德国从2002年开始也一直都是顺差，这些是相对来讲基本面比较好的经济体。中国财政方面又比日本好很多，而德国在欧盟里，受到其他经济体的拖累。所以，中国这方面跟这些国家对比的话，是相当好的。从这个角度讲，这一轮经济危机下去，中国是有危有机，无论中国还是人民币，我觉得都会在这一轮危机之后变得更强。

　　很多人说人民币资产是避险资产，我觉得中长期可以这样讲。但短期来讲，大家要保持客观的态度。哪怕在疫情到来之前，近些年中国经济增长率也一直在下降，有很多的困难，如降杠杆、防风险，财政虽然跟国外相比是不差，但肯定不如十年前，尤其非金融企业部门的杠杆率也不低了。为什么要防范化解重大风险？就是因为中国经济内部也有很多风险，新冠肺炎疫情对我们的冲击也很厉害。当然，我们也最早基本控制住了疫情并开始复产复工。

　　综合考虑起来，从绝对层面上讲，今年中国经济肯定面临很多挑战；

从全球横向对比来看，确实比绝大部分经济体都更好，更有空间。从自身来讲，保底、保证老百姓的基本生活，给一些企业、金融机构给托底，我觉得问题也不大；出台一些刺激经济、刺激需求方的政策，我觉得也有可能；但大规模刺激的空间不大。

我们要做好思想准备，这一次的全球经济危机，可能会比较长、比较深，要从长计议，把困难估计足，做好打持久战的准备。财政、货币当局，以及老百姓，都要把自己的财务空间保留得比较充分。既要保持自信，保持中长期的乐观态度，也要对短期面临的挑战和困难有一个清醒的认识。

最后，我推荐一些文章给大家看，尤其是《疫情下的宏观政策：要把困难估计足》。现在市场变化非常快，追踪技术性的东西是很难的，必须要把背后的最基本的逻辑搞明白，授人以鱼不如授人以渔，要把背后的思维逻辑捋清楚。谢谢大家。

现场问答

问：您对未来的油价走势怎么看？如果石油价格战一直持续下去，是否会引爆美国页岩油企业的债务风险呢？

孙明春：油价可能还会低迷一段时间。当然，大家知道这是价格战，是一个策略，我相信两败俱伤的策略对所有的经济体，对 OPEC 的成员国，还有俄罗斯、美国都会是很大的打击。虽然中国是很大的石油进口国，但对中国的油企和金融领域也会有冲击。

不过，我认为沙特阿拉伯之所以这么有决心来打这一仗，背后还是有它的想法。从它现在的出牌来看，至少要坚持一段时间。虽然油价跌了，沙特阿拉伯财政上会有很大压力，但是它有主权财富基金，但至少可以帮它支撑五六年。实际上不需要支撑那么长时间。我估计支撑半年、一年下来，其他经济体可能就受不了，也就妥协了。对油价来讲，可能先更坏才能更好。

沙特阿拉伯除了有主权财富基金可以撑一段时间，还有一个是产油的低成本，井口成本不到 10 美元，现在二十几美元的油价至少从企业的层面是可以赚钱的，当然赚的少了很多。油价目前在 25 美元/桶左右，页岩油、页岩气公司肯定是不赚钱的，大家知道这些公司的负债率也很高。如果出现像 2014 年到 2016 年北美有一两百家页岩油、页岩气公司破产倒闭的情况，我相信会有很多出问题。尤其是最近市场波动这么大，从事这个行业的一些公司可能在金融上、财务上都会受到一些冲击。从美国信用市场的表现来看，北美这一块的信用利差升得很厉害，公司债价格跌得很厉害，风险是相当大的。

问：眼下国内企业已逐步复工复产，您如何看待全球疫情的蔓延对国内制造业的影响呢？您觉得哪些行业受到的影响最大？

孙明春：疫情对全球的影响，整体来讲肯定是非常负面的，因为全球的需求、很多的经济活动都会明显下降。中国作为世界工厂，受到的冲击当然是很大的，尤其制造业受到的冲击会很大。如果衰退的时间比较久，真正成为所谓的全球大萧条的话，这个风险就更大了，这是一个比较差的情况。

但我觉得也有机会。如果全球的需求受疫情的影响削弱得很厉害，可能全世界很多国家的制造业也要因此停工停产。在这种情况下，由于中国最早有效控制了疫情，已经复产复工了，而海外可能才开始停产停工，一些产品的供应链是全球性的，而有些产品的供应链国内比较全，短期内的订单反而有可能在我们这边，尤其是基本生活必需品。今年，设备、中间制品、中间产品的需求可能不见得很大，但是全世界有 70 亿人口，每天都要消费各种各样的东西，如果其他经济体自己生产不了，可能需要我们来生产。所以在短期内，对某些行业，尤其跟生活必需品相关的这些行业，可能是有帮助的，如口罩、手纸，可能也包括一些食品相关的行业。

至于时间多久、这些需求的增加能不能抵消其他工业产品或者生产类产品需求的大幅度下降，我不敢讲。很坦率地说，目前全球的发展形势下做预测很难，这些预测都不太靠谱，因为不知道后面会怎么发展。但是方向性的，我们还是可以判断。

另外，经历这样大的事件之后，国外政府、社会，尤其是发达国家会不会开始考虑"制造业安全"的问题，包括医疗相关的一些产品及生活必需品，就像中国一直思考的粮食安全一样？如果是这样的话，也许半年、一年以后，会产生一个反向的力量，对中国的需求就会下来。当然，对纯粹的市场经济国家来讲，把这个落实下来是有难度的。可能很多发达经济体的经济学家、政府智囊，甚至是政府官员都这么想，但企业家还是要赚钱的。这是一种可能性，但是执行中有多大的可行性，我有一点怀疑。总之，我觉得有多种因素会影响咱们的制造业。

问：在 2008 年国际金融危机爆发后的这十多年里，虽然各国炒作了各种概念，但是至今仍然缺乏新的增长点作为接下来的经济增长引擎，当新冠肺炎疫情过去之后，经济增长压力会严重困扰各国，有一种观点是目前真正有可能成为全球新经济增长点的只有一个，那就是"一带一路"倡议，您对此怎么看？

孙明春："一带一路"是一个很好的倡议，我一直是非常认同的。我的基本观点是，即便没有新冠肺炎疫情，全世界仍然要面临缺乏经济增长点的问题。真正要把全球经济拉出来，如果只是在这个水平上的存量博弈，一起抢市场份额，其实是没有好结果的，长期来讲，对我们也是不利的。所以中国提出的"一带一路"，包括习近平总书记提出的"人类命运共同体"，都是高瞻远瞩的思路。尤其今天面对疫情，我们才真正体会到什么叫人类命运共同体。

"一带一路"是非常值得做的。中国经济过去 40 年增长了 60 倍。在这个过程中，中国从一个小国成长为今天的世界第二大经济体，给全球经济增长带来了多少推动力？中国经济增长到今天的规模，再高速增长，确实是很难了，不光是内需，靠外需也没有太多的空间，所以这个时候我们非常需要找到新的增长点。

"一带一路"沿线的大部分是发展中经济体，其中很多国家的人均 GDP 不过一两千美元，甚至是几百美元。如果我们能把这些经济体的经济带起来，再给我们三十年或者是四十年，又会把蛋糕做大很多。我觉得这是真正解决全球问题的一个办法，"一带一路"其实就是要做大蛋糕。

中国这些年发展得很快，实力也在增强。其实我们确实是有能力也有需要带动"一带一路"沿线国家的经济增长。反过来想，中国过去这 40 年的高速增长中，从很多发达经济体那里得到了很多的帮助和支持，我们是受益的，它们也是受益的。同样，今天我们发展起来了，我们出钱、出力、出人，不光是帮助发展中经济体，也是帮助我们自己，同时也是帮助世界上的发达经济体。问题就是，国家之间要有互信才行。这需要我们的耐心，需要时间来考验，需要成功的案例去证明，也需要国内企业家、金融家、老百姓的大力支持。这确实是未来解决经济增长点缺乏的最好的办法之一。

海通国际全球恐慌指数：每个人都在恐慌①

过去三周，由于金融市场的剧烈波动，我们自主研发的海通国际全球恐慌指数（HTI GFI）达到了全球金融海啸以来从未触及的水平（见图1）。该指数当前处于过去20年中的第三个百分位内（2.46%，见图2），意味着自2000年以来，全球投资者仅有2.46%的交易日比今天更恐慌。显然，市场已处在极度恐慌之中。而且，最近一周的流动性紧缩和恐慌性抛售也造成了资产价格严重错位。我们的恐慌指数的分项指数显示，不同资产类别之间的恐慌情绪存在巨大差异，也许这暗示着一些潜在的投资机会。

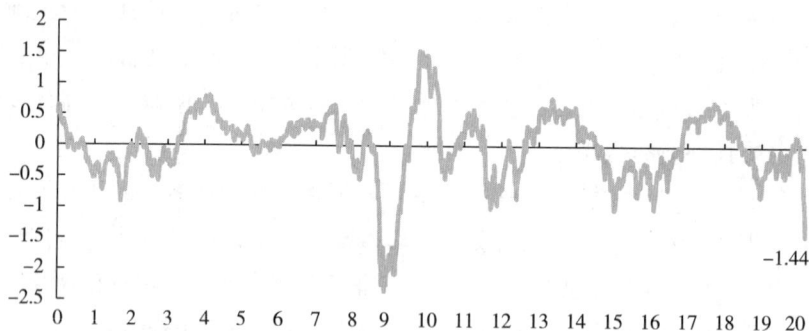

图1 海通国际全球恐慌指数

（资料来源：彭博，海通国际）

海通国际全球恐慌指数简介

基于实时价格数据，我们开发了海通国际全球恐慌指数及一系列分项指数，以监测不同地区和各大类资产的市场情绪。除了综合性的全球恐慌

---

① 本文2020年3月19日发表于海通国际宏观研究公众号。

指数之外，我们还计算了十个分项指数，覆盖了四个主要区域市场和六个资产类别。该指数的读数越低，表明该市场上的恐慌情绪越严重。图 2 中的历史百分位数据显示了该市场在过去 20 年中比当前更为恐慌的交易日占全部交易日的比例。

我们假设，在当今高度全球化的金融市场中，只要引发恐慌的催化剂是真实且重要的，投资者的情绪应有高度传染性。如果假设成立，随着投资者情绪的蔓延，各地区、各类资产的恐慌指数走势应大致趋同。因此，关注分项指数中的异常值应该有助于我们识别不同区域及各类资产中潜在的机会和风险。

异常值解读

目前，股票恐慌指数（见图 3）的历史百分位仅有 0.47%，属于异常值。显然，全球股票市场正陷入一场恐慌性抛售中，并已出现了超卖。尽管我们预期在今后几周或几个月里，市场会因为公司基本面的显著恶化而进一步下挫，但目前该指数极低的百分位也表明，短期内股市随时可能强劲反弹，虽然有可能只是昙花一现。

国债恐慌指数及避险资产恐慌指数则展现了另一种异常。这两个指数目前分别位于第 51 个和第 25 个百分位（见图 2 及图 4），描绘出与当前市场环境格格不入的乐观情景。需要指出的是，通常来说，在市场恐慌时，投资者会购买这两类资产来规避风险，因此在我们的模型中，这些资产类别的恐慌指数应随其价格上升而降低。然而，最近一周市场流动性的枯竭迫使许多投资者紧急出售手中的流动资产来筹集现金，国债及避险资产因此成了"紧急清仓单"上的优先选项。随着国债及避险资产的价格因被迫抛售而下跌，我们的恐慌指数也随之走高，从而低估了它们所衡量的市场恐慌情绪。我们认为，一旦流动性紧张得到解决，这些资产的恐慌指数将会向其他资产类别看齐，为其价格上涨带来很大空间。

项目	全球	北美	欧洲	亚太 （发达市场）	新兴市场	
当前读数	−1.44	−1.62	−0.83	−0.69	−1.40	
历史百分位	2.46%	1.99%	11.28%	7.20%	2.46%	
项目	股票	国债	信用	商品	避险资产	新兴市场 货币
当前读数	−3.78	0.01	−1.36	−1.70	−0.41	−1.38
历史百分位	0.47%	51.47%	2.84%	3.13%	25.40%	

图2　海通国际全球恐慌指数及其分项指数概览

（资料来源：彭博，海通国际）

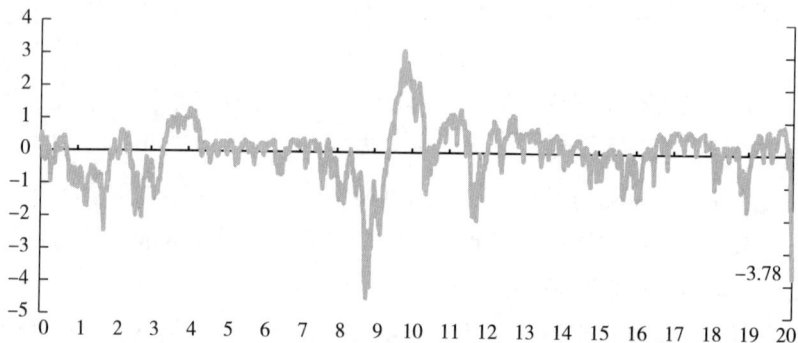

图3　海通国际股票恐慌指数

（资料来源：彭博，海通国际）

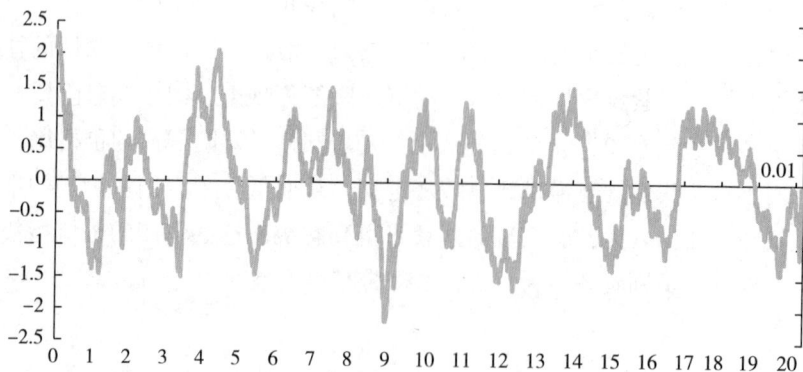

图4　海通国际国债恐慌指数

（资料来源：彭博，海通国际）

全球危机的下一步演变^①

　　过去两个月，新冠肺炎疫情已席卷 200 多个国家和地区，全球约 150 万人被确诊感染，多国被迫采取停产停工、社交隔离等防控措施。全球经济在短时间内遭受了巨大打击，金融市场剧烈动荡。多国中央银行和政府紧急推出庞大的财政纾困措施和货币宽松政策，市场信心有所修复，各类资产价格有所反弹，全球金融市场在过去两周出现了企稳迹象。

　　我们认为，由新冠肺炎疫情引发的全球危机仍处于早期发展阶段，金融市场的调整远未结束。在经历了第一阶段紧急而又剧烈的流动性冲击之后，全球金融市场还将面临数轮来自经济基本面、企业盈利、金融市场内部、国内政治、国际关系乃至疫情自身演化的挑战和冲击。整个历程有可能长达数年，不可过早乐观。下一轮的冲击波很可能近在眼前，必须高度警惕。

第一轮冲击是大量"拥挤交易"转向后的踩踏

　　2 月底，受新冠肺炎疫情在全球扩散的影响，叠加沙特阿拉伯与俄罗斯之间突然爆发石油价格战，全球金融市场避险情绪急剧升温，各类风险资产价格暴跌。由于过去多年全球主要中央银行实施了史无前例的大规模的量化宽松政策，导致流动性过剩和严重的"资产荒"，投资者为追求更高收益不得不竞相购买风险资产，产生了大量的同向"拥挤交易"（crowded trade）。当资产价格暴跌时，就推倒了"拥挤交易"转向的第一张"多米诺骨牌"，引发了金融市场的"踩踏"。由于"拥挤交易"中存在大量的杠杆交易，资产价格暴跌令许多投资者措手不及，难以按时追加保证金，导致爆仓或巨额亏损。为及时止损或被迫平仓，许多机构不顾价格高低，恐慌性地抛售风险资产。但由于大量"拥挤交易"同时逆转，很多风

---

　　① 本文 2020 年 4 月 10 日发表于中国金融四十人论坛微信公众号。

险资产出现了只有卖家没有买家的一边倒现象，市场流动性急剧干涸。为获取流动性，一些投资者不得不抛售流动性较好的避险资产（如美国国债与黄金），一度导致风险资产与避险资产价格双双下跌。一时间，各个资产市场都出现了由流动性危机导致的抛售与暴跌。

在 3 月 19 日发表的《海通国际全球恐慌指数：每个人都在恐慌》中，我们判断，由于流动性紧张，一些资产类别的价格在短期内出现了超调，尤其是"全球股票市场正陷入一场恐慌性抛售中，并已出现了超卖。尽管我们预期在今后几周或几个月里，市场会因为公司基本面的显著恶化而进一步下挫，但目前指数极低的百分位也表明，短期内股市随时有可能强劲反弹，虽然有可能只是昙花一现"。

过去两周多来，随着各国中央银行纷纷推出大幅度减息和巨额的流动性支持计划（尤其是美联储 3 月 23 日推出了无限量宽的承诺），金融市场的流动性危机基本上告一段落。股票市场应声反弹，美国标准普尔 500 指数自 3 月 23 日的最低点最多反弹达 20%；被流动性危机错杀的国债、黄金等避险资产也重拾升势。各类资产价格的表现完全符合我们 3 月 19 日的判断。

第二轮冲击有可能在几周内到来

我们认为，由于"拥挤交易"大规模转向导致的踩踏和流动性危机已基本结束，但这只是此次全球危机的第一波。形象地讲，各国中央银行的流动性注入只是紧急输血，维持生命体征，属于外科手术。而新冠肺炎疫情和资产价格的剧烈波动对各国经济、企业和金融机构造成了重创，其内伤更令人担忧。如果内伤不能治愈，再多的输血都是打水漂。因此，我们认为，全球风险资产价格的反弹不可持续，金融市场的调整远未结束。

我们预计，第二轮冲击有可能在数周内来临。从本周开始，欧美上市公司将陆续公布第一季度的财务报告，届时将看到，过去一个多月全球金融市场的剧烈波动对哪些金融机构（尤其是投资银行）造成了严重内伤，以及是否有具有"系统重要性"地位的大型金融机构出现了巨额亏损。如果有的话，有可能引发新一轮对金融机构清偿能力和生存能力的担忧和恐慌，重演 2008—2009 年从"次贷危机"演变为"金融海啸"的"漫长"

历程（见图1）。

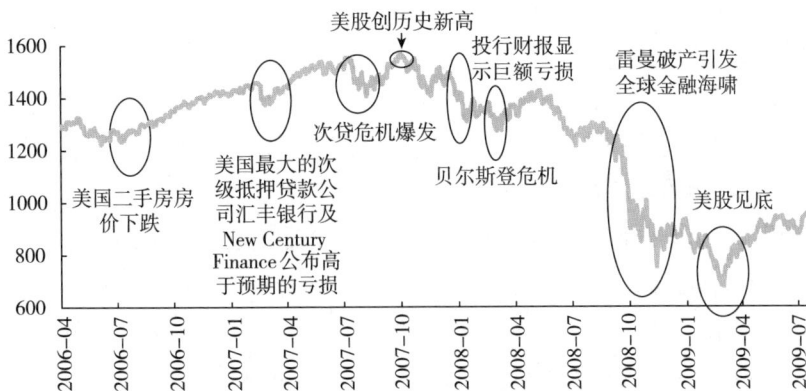

图1　从"次贷危机"到"金融海啸"的路径与风险链条

（资料来源：CEIC，海通国际）

　　鉴于过去一个多月各类资产价格的波动幅度历史罕见，有理由相信有相当多的金融机构遭到重创。受伤的小型金融机构（尤其是资产管理机构）应该比比皆是，但对于金融体系的安全不一定形成直接威胁。大型金融机构由于体量大、业务繁多、产品复杂，即便在某些产品线出现巨额亏损或爆仓，也可以暂时拆东墙补西墙，继续维持其整体的业务经营，其亏损或风险不易被外界察觉。但在对外公布季度财报时，这些问题都会暴露无遗（当然也不排除一些机构采取粉饰报表的行为）。考虑到很多大型金融机构产品种类繁多、风险敞口较大，难免在如此剧烈的资产价格波动中遭受冲击。即便那些风险管理较好、风险头寸得到了对冲的金融机构，万一其交易对手中有较大机构出现偿付困难，其对冲效果将大打折扣。鉴于有些大型金融机构所持有的金融衍生品的名义总额多达几十万亿美元，一旦有较大体量的交易对手违约，这些大型金融机构所暴露的风险头寸和"多米诺骨牌效应"有可能是惊人的。尽管欧美投行的杠杆率已从十多年前的30～50倍下降到10倍左右，也仍然不低，如果亏损较大仍可能导致资本的巨大损失，令投资者担忧其破产风险。因此，经历了2008年雷曼兄弟破产和金融海啸的国际投资者会密切关注今后数周欧美日各大金融机构的第一季度财报，随时准备"用脚投票"，不排除对全球金融市场形成第二轮冲击的可能性。

除了金融机构外，非金融企业的财务困难或流动性困难也可能成为第二轮冲击的导火索。考虑到新冠肺炎疫情迫使多国采取停产停工、社交疏离的政策，那些受冲击较大（如餐饮、娱乐、航空等服务业公司）、财务基础较弱、债务负担较重、重资产的公司最容易出现财务危机或流动性危机。由于此次疫情冲击面较广，各国政府即便救助，也很难面面俱到，大面积的破产倒闭在所难免，这对作为贷款人或融资人的金融机构的资产质量和财务安全也会形成巨大威胁。再加上油价暴跌已让很多油气公司（尤其是生产成本较高的页岩气、页岩油公司）遭受重创，这个行业的破产倒闭潮已经启动。4月1日，美国页岩油气行业的一家上市公司惠廷石油公司（Whiting Petroleum）宣布进入破产保护，也许只是冰山一角。

即便绝大多数上市公司不至于破产倒闭，在接下来数周的季报公布中，相信会有很多上市公司大幅度下调对2020年盈利前景的预期，甚至以疫情所导致的不确定性为由拒绝提供前瞻性指引。很多上市公司都可能公布裁员、降薪、注销资产、停止支付股息、停止回购股票、停止计划中或进行中的兼并收购、停止甚至取消在建的资本开支计划等，以保存现金和财务实力，度过困难期。这些对股票投资者而言都不是好消息。面对这一系列负面信息，投资者可能不得不进一步下调对2020年乃至2021年的盈利展望。果真如此，经过过去一个多月股价暴跌后令人略感便宜的股票估值（美国标准普尔500指数4月2日的市盈率仍然为16.7倍），可能又变得很贵了。盈利和估值预期的双重下调（也就是所谓的"戴维斯双击"）很可能成为全球股市下一轮下跌（有可能是较长期的阴跌）的主因。

引发对全球金融市场第二轮冲击的另一个导火索可能是疫情自身。根据美国政府的预测，美国疫情的发展至少要在两周后才能见顶。白宫冠状病毒应对工作组3月31日预测，即使在现有干预措施下，美国新冠肺炎死亡人数最终可能在10万人到24万人之间。目前美国一些城市的医疗资源已出现严重短缺。如果确诊人数继续大幅度上升，不排除某些地区出现人道主义危机，进而导致极度恐慌或极度悲观情绪。欧洲很多国家也面临类似的情形。而到目前为止一直被公众和媒体忽视的发展中国家和地区，很可能在接下来数周迅速进入公众视野。由于多种原因，这些国家和地区的确诊数据一直较低，但真实情况可能远非如此。在疫情尚未失控的情况下，低报的确诊及死亡数据无伤大雅。但一旦疫情失控，在这些经济体出

现的很可能是社会动荡和混乱，甚至是严重的难民危机，进而形成对发达
国家的直接或间接威胁。根据疫情过去三个月在世界各国的发展轨迹推
断，这种情况很可能在接下来数周内发生，从而引发新一轮全球金融市场
的恐慌和不安。

第三轮冲击有可能在 3~6 个月内来临

本轮危机的第三波冲击很可能来自政治领域。在防控疫情的过程中，
很多国家都会暴露出各自在不同领域的短板。由于经济损失和社会冲击巨
大，各国公众很容易形成恐惧和绝望的情绪，并对本国政府在应对疫情中
的错误、失职及潜在的不公平表达不满甚至愤怒。这些情绪很容易形成社
会不安定因素，甚至在某些国家造成国内政治危机。在 1997—1998 年的亚
洲金融危机中，东南亚的一些国家就发生过类似的社会动乱与政治危机。
这些危机有可能对金融市场形成新一轮冲击。

更令人担忧的是，有些国家的政府为了转嫁责任，很可能把矛头指向
国外，把责任推卸到外国政府，从而把国内政治危机转化为国际关系危
机。实际上，近期欧美等一些国家的政客已在有意无意地指责他国政府，
试图通过引导国内舆论，转移公众注意力。有些国家的政客甚至威胁要求
他国赔偿，甚至冻结他国的金融资产。虽然这些威胁最终并不一定能够得
到实施，但如此喧嚣的政治舆论很可能引发国际关系紧张，甚至不排除产
生一些实质性冲突的可能性（虽然概率较小）。考虑到一些国家今年是大
选年，某些候选人在面临国内政治危机时有可能孤注一掷，通过采取对外
极端强硬的姿态来赢得国内选民的选票。从选举日程表来看，这种舆论在
今后 3~6 个月达到顶峰的可能性很大。果真如此，投资者不但将面对经济
衰退、企业盈利下滑、金融机构损失惨重的基本面利空，还要做好国际关
系剑拔弩张的心理准备。

金融市场遭遇的第三轮冲击也很可能与疫情本身有关。从目前形势
看，除了中国、中国香港、新加坡、日本、韩国等经济体外，大多数国家
都没有及时采取防控措施，导致疫情大规模扩散，在今后数周甚至数月对
当地经济与社会造成巨大冲击。然而，塞翁失马，在经过这一极其痛苦的
阶段之后，个别国家有可能形成所谓的"群体免疫"，也许一定程度上可

以实现"一劳永逸"的效果（虽然代价昂贵）。但对于绝大多数国家而言，估计3~6个月后仍然远未达到"群体免疫"的状态。由于将新冠病毒彻底清除的可能性极小，除非在短期内研制出疫苗或有效的治疗方法或药物，否则在经济社会活动恢复正常后，疫情重新抬头的风险仍然不能低估（尤其是有可能从海外输入）。为了防止疫情重新抬头，绝大部分经济体有可能不得不在相当长时期继续实行一定程度的社交疏离或边境控制，而这无疑会对全球经济复苏产生很大的负面影响。换句话说，相对于实现了"群体免疫"的个别国家而言，绝大多数国家很可能是用"长痛"代替了"短痛"（当然其目的是希望"买时间"，以等待疫苗或有效治疗手段的出现）。因此，3~6个月之后，有可能投资者会发现，在既没有"群体免疫"又没有疫苗和有效治疗手段之前，防控疫情和复产复工之间的矛盾将是长期的，是一场"持久战"，对全球经济在今年下半年强劲复苏的希望和预期有可能并不现实。届时投资者的失望有可能会反映在金融市场上。

第四轮冲击有可能在1~10年内来临

根据上述分析，我们可以把此次全球危机的第一轮冲击形象地比喻成"车祸"后形成的"外伤"（如骨折、错位、脱臼、大出血等），把第二轮冲击比喻为"车祸"对经济、企业、金融机构和社会所造成的"内伤"，把第三轮冲击比喻为抢救与治疗中形成的"后遗症"。

各国政府和中央银行至今所采取的救助措施主要是针对第一轮冲击形成的失血过多和剧痛，通过紧急的流动性注入（输血）和财政纾困措施（固定关节）来维持企业、家庭和金融机构的生存，属于"外科手术"的范畴。接下来，要治疗"内伤"与应对"后遗症"，各国中央银行和政府还需要在庞大的紧急救助和纾困措施之上继续推出新的"刺激"措施，才能让经济和社会重回正轨。而这将远远超出各国政府的财政能力，令投资者担忧各国财政的可持续性。为打消这种担忧，欧美日等国的中央银行都在采取几乎无限的量化宽松政策，全面为政府财政兜底。虽然这会降低甚至彻底消除主权债务危机的风险，却会导致全球货币发行量大幅度增加。在这种情形下，新一轮危机可能又在酝酿之中（很可能是货币危机或高通胀）。鉴于这一问题的复杂性、随机性和突变性，对于此类危机的发生时点、形式、地区、路径等问题，我们将另文探讨。

结论

综上所述，我们认为，由新冠肺炎疫情引发的全球危机仍处于早期发展阶段，金融市场的调整远未结束。下一轮的冲击波很可能近在眼前，必须高度警惕。建议政府决策部门、企业家及投资者继续密切关注金融市场的潜在风险点，抓住金融市场一波三折中的喘息窗口，尽可能加强各方面的防御措施。要做好打"持久战"的准备，把"最坏情况"（worst－case scenario）考虑得更坏一些，按照"百年一遇"的事件和影响进行压力测试，做好应对更大规模、更持久的市场冲击的准备和预案。

美联储"无限量宽"的边界[①]

今年年初，一场百年一遇的新冠肺炎疫情把全球经济推入危机之中。面对疫情冲击，各国政府都出台了巨额的财政纾困政策，各国中央银行也出台了空前宽松的货币政策（如美联储的"无限量宽"政策），极力控制疫情的扩散，确保民众健康和基本生活需要得到保障，避免经济与金融市场陷入无序与混乱之中。这些措施属于灾难救助措施，而非经济刺激政策，只要存在真实需要，无论规模多大，都无可厚非，不必拘泥于常规情况下对财政赤字率或货币纪律的约束。无论如何，各国政府和中央银行都要齐心协力度过当前的困难时期，先求生存，等疫情结束后再设法解决这些"非常规政策"（unconventional policies）可能带来的"后遗症"。

然而，作为研究者和市场参与者，我们也不得不思考一下各国财政的可持续性、中央银行"无限量宽"政策的边界及其对未来国际货币体系的潜在影响。

公共债务的可持续性

在新冠肺炎疫情暴发之前，全球各主要经济体的政府债务负担都已远远超过 2008 年全球金融海啸前的水平（见图 1）。例如，美国国债与 GDP 的比例从 2007 年的 65% 上升到 2018 年的 104%；欧猪五国（PIIGS）的国债与 GDP 的比例则分别上升了 30 ~ 80 多个百分点；只有德国出现了国债与 GDP 的比例下降的现象。

[①] 本文 2020 年 5 月 13 日发表于《界面新闻》。

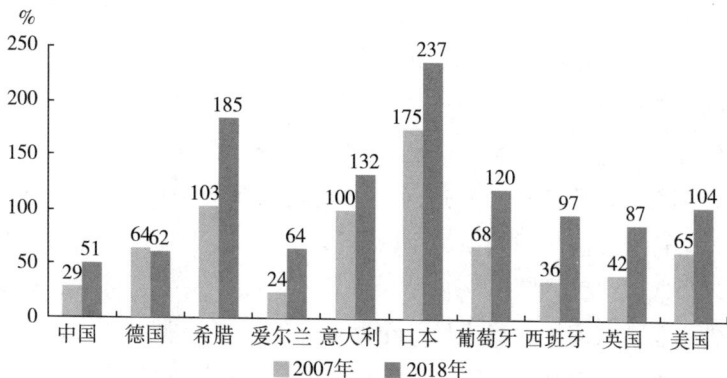

图1 各国政府债务总额占 GDP 的比例

（资料来源：国际货币基金组织（IMF），海通国际）

显然，无论是英美日还是欧猪五国，在经历了全球金融海啸和欧洲主权债务危机之后的 7～10 年里，虽然经济早已步入复苏期，但财政政策并没有从"非常规政策"中退出来。至少从数据上看，我们并没有看到传统凯恩斯主义经济学理论中所阐述的在经济复苏后通过实现财政盈余为经济衰退期间的财政赤字"埋单"的现象。实际上，几乎所有的经济学家都明白，虽然理论上讲，逆周期的财政政策是实现公共债务长期可持续性的必要举措，但在现实实践中，对政治家而言，却永远找不到削减财政赤字（更不要说实现财政盈余）的合适时机。人类社会过去几百年的历史表明，政府债务会越积越多，直到出现高通胀或债务违约。

据国际货币基金组织（IMF）统计，新冠肺炎疫情暴发之后，全球 193 个经济体都推出了各种各样的财政纾困与货币宽松措施。以美国为例，联邦政府已推出数轮财政纾困计划，总额已达 2.8 万亿美元。由于疫情尚未结束，美国白宫和国会尚在研究出台更多的财政纾困与经济刺激计划，全年下来大概率不止 3 万亿美元。考虑到去年美国的财政赤字已超过 1 万亿美元，估计今年的财政赤字将达到 GDP 的 20% 左右。笔者判断，明年、后年美国经济增长将依然疲弱，每年财政赤字估计都在 GDP 的 10% 左右。这意味着，到 2022 年，美国政府债务占 GDP 的比例就将达到 150%。鉴于欧洲也是此次疫情的重灾区，欧洲各国的财政负担在今后 2～3 年里也会大幅度上升，公共债务的可持续性问题令人担忧。

根据当前全球发展的格局及各国竞争力的变化来判断，在未来 5～10

年，欧美日等发达经济体通过实现经济高增长来恢复财政盈余的可能性微乎其微，通过大幅度削减福利开支等方法来实现财政基本平衡或大幅度减少赤字的可能性也不大（政治上不允许）。因此，除非出现高通胀，否则其公共债务负担会愈益沉重。这是否会引发主权债务危机呢？

笔者认为，在欧美日等发达经济体出现主权债务危机的可能性不大。这是因为，这些经济体的国债都是以本币发行，鉴于其中央银行现在都采取或接近采取了"无限量宽"的货币政策，只要中央银行兜底，相关政府的所有借贷需求都可以被货币化。在这种情况下，除非中央银行出于某些原因不出手救助，否则这些国家不大可能出现主权债务危机。

然而，对发展中国家来说，情况则有所不同。一些发展中国家的政府背负着金额巨大的外币债务，一旦出现偿付困难，本国中央银行即便愿意无限兜底，也没有充足的外汇储备来帮助本国政府渡过这一难关。这些国家的主权债务出现违约的可能性不可低估。实际上，在本轮全球危机的初始阶段，黎巴嫩和阿根廷政府都先后出现了主权债务违约的现象，这就是例证。

"无限量宽"的边界

各大中央银行的"无限量宽"政策虽然大大降低了发达经济体发生主权债务危机的可能性，却把压力转移到中央银行和货币体系上。

在上一轮危机（全球金融海啸）之前，美联储的资产负债表规模只有不到1万亿美元（见图2）。面对金融海啸给全球经济与金融体系带来的巨大冲击，美联储采取了非常规的货币政策，也就是量化宽松政策，在不到五年时间里（2009—2014年），通过三轮"量化宽松"，将资产负债表扩张到4.5万亿美元左右。从理论上讲，当经济与金融体系恢复常态后，美联储应该收回（或至少部分地收回）非常规时期释放的流动性，也就是实施所谓的"量化紧缩"政策。但"量化紧缩"仅仅开展了不到两年（2018—2019年），美联储的资产负债表规模也只下降了7000亿美元，到2019年9月就停止了。到新冠肺炎疫情发生之前，其资产负债表规模又回到了4.2万亿美元的水平。显然，即便对于具有高度独立性的美联储来说，也是"放水"容易回收难啊！

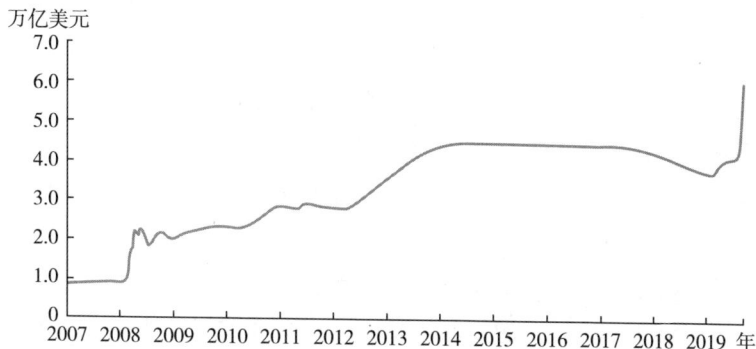

图2 美联储资产负债表：总资产

(资料来源：美联储，海通国际)

　　在新冠肺炎疫情和石油价格暴跌导致全球金融市场剧烈波动之后，为稳定金融市场并支持美国政府的财政纾困措施，美联储在过去两个月里又把资产负债表规模扩大了2万亿美元，达到6.1万亿美元。考虑到美国政府的财政纾困与刺激计划尚在执行和规划之中，今后2~3年还会有巨大的融资需求，其中相当大部分可能不得不由美联储 "埋单"；同时，美国经济和金融市场今后数年都可能面临巨大挑战，美联储将不得不通过更加宽松的货币政策来防止经济陷入萧条、防止金融市场陷入危机之中。因此，美联储仍将在今后2~3年里继续扩张其资产负债表，估计在2023年前后就会扩大到10万亿美元了。

　　鉴于美元在国际货币体系中的特殊地位（占绝对垄断地位的国际清算货币和储备货币），美联储似乎可以无限扩表，以应对任何危机。但笔者认为，也不能高估了美联储（及其他主要中央银行）的能力。货币宽松也有极限。毋庸置疑，一旦高通胀（消费物价通胀）回归，就会立即给中央银行的 "无限量宽" 画上句号。即便不出现高通胀，如果中央银行长期不遵守货币纪律，市场仍有可能通过 "用脚投票" 给中央银行的 "无限量宽" 划一个界限。

　　例如，上一轮金融海啸之时诞生的比特币，很可能就是市场对中央银行缺乏货币纪律而释放的第一个警告。这样一个毫无内在价值、凭空而生的数字货币，在诞生后不但获得了市场的高度认同，而且催生了一系列基于区块链技术的数字货币或数字资产。尽管今天这些数字货币的体量仍然很小，在今后相当长一段时期都不足以对美元的"霸主地位"形成实质性威胁，但它们已成为很多中长期投资者（包括机构投资者）的重要保值工具。这是市场准备"用脚投票"的一个早期迹象。

另外，海外投资者对美元和美元资产的态度也在发生潜移默化的变化。根据美国财政部的数据，2015年以来，外国政府和国际组织已连续5年净卖出美国长期国债（见图3）；由于欧洲、日本的长期国债都是零利率或负利率，而美国长期国债仍有1.5%以上的正收益，私人部门还在净买入美国长期国债。但是，如果把政府部门和私人部门加总起来，实际上过去5年海外投资者整体还是净卖出美国长期国债，累计净卖出规模在5000亿美元左右。

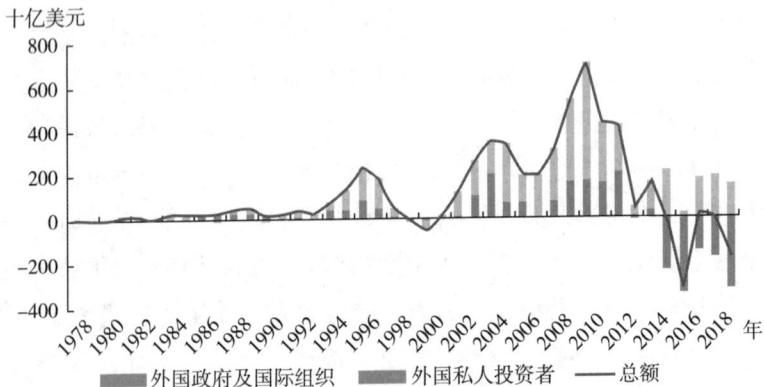

图3　美联储资产负债表：总资产
（资料来源：美国财政部，海通国际）

这些现象皆发生在此轮危机之前，其背后的逻辑和意义值得深思。新冠肺炎疫情发生后，美联储又开始新一轮的大幅度扩表。虽然短期内，市场非常欢迎美联储的"无限量宽"，因为它避免了一场金融危机从天而降；但尘埃落定之后，投资者将如何应对美联储无底线的"放水"呢？在本轮危机中，黄金和比特币价格虽然也出现了大幅度波动，但整体表现比较坚挺，是否是投资者因担忧高通胀重返或当前"纯信用货币"的国际货币体系出现"突变"而采取的对冲操作呢？

国际货币体系酝酿变局①

为应对新冠肺炎疫情带来的冲击，全球大部分国家的政府和中央银行都摒弃了常规情况下财政和货币纪律的约束，采取了大规模、非常规的纾困与救助措施，以帮助本国居民和企业度过这段艰难时期。美联储更是推出了"无限量宽"政策，以减少金融市场的波动，防止危机蔓延。作为灾难与危机救助措施，这些非常规的举措无可厚非，非常必要！但由于许多经济体政府本已债台高筑，国债可持续性本已堪忧，不得不依赖中央银行大规模扩张资产负债表来支持，直接或间接地形成财政赤字货币化的事实。例如，美联储的资产负债表在 2020 年 3～5 月的 3 个月时间里就从 4.2 万亿美元扩大到 7.1 万亿美元，增幅达 2.9 万亿美元，超过世界第五大经济体英国 2019 年全年的国内生产总值（2.8 万亿美元）。从美国目前的疫情、经济与金融形势来看，此轮美联储资产负债表的扩张远远没有结束，很可能在明年年底之前就超过 9 万亿美元，为 2008 年全球金融海啸前的 10 倍。显然，美国政府和中央银行正在利用美元在国际货币体系中的特殊地位来帮助其渡过当前的困境。而国际投资者和更广泛的市场经济主体，不得不严肃思考美联储这一举措的深远影响和历史意义。毋庸置疑，一个关键问题是：这些非常规政策对当前的国际货币体系意味着什么？

国际货币体系的现有格局

当前的国际货币体系是一个完全依赖于中央银行信用的信用货币体系。它以美元为主，欧元为辅，英镑、日元和人民币等货币为配角。2019年，美元在全球储备货币中占比逾 60%，其次是欧元（20%）、日元（6%）、英镑（4%）和人民币（2%）。作为国际清算货币，美元所占比

---

① 本文 2020 年 6 月 19 日发表于《第一财经》。

重超过 40%，欧元则超过 30%，英镑（6%）、日元（4%）、人民币（2%）等其他所有货币加总仅占 1/4 的比重。

这一体系的雏形源自 1945 年建立的以美元为核心的布雷顿森林体系，到 1971 年美元与黄金脱钩后进入纯粹基于各国中央银行信用的信用货币体系，之后又经历了多次危机与变革，包括从固定汇率制过渡到浮动汇率制、日元的崛起、欧元的诞生、英镑的衰落、人民币国际化等。直至今日，美元在这个体系中的支柱地位依然坚如磐石。这表明，尽管过去五十年来对美元地位的担忧不绝于耳，但以美元为主导的国际货币体系显然是一个难以撼动的稳定均衡。

回顾世界货币的演变历史，可以清晰地看到，主权货币在国际货币体系中的地位，与一国的经济实力休戚相关。以美元为例，1894 年，美国就已成为世界第一大经济体；到第一次世界大战时，美国的经济体量已经超过英法德三国总和；而到第二次世界大战结束时，美国的黄金储备已超过其他所有国家之和。鉴于美国如此强大的经济实力，1945 年建立布雷顿森林体系时，选择以美元为核心是不言而喻的。

然而，由于"特里芬难题"以及美国经济在 20 世纪 60 年代所面临的困境，美联储也难以摆脱"超发"的魔咒，令美元从战后初期的"美元荒"迅速转变成"美元灾"，最终迫使尼克松总统在 1971 年夏天将美元与黄金脱钩，终结了布雷顿森林体系。从此以后，全世界进入了一个完全基于中央银行信用的信用货币体系。美元供应更如脱缰的野马，一发不可收拾。1971 年至 2019 年底，美国的广义货币（M_3）供应量增长了 26 倍，而同期美国的实际 GDP 只增长了 3 倍（见图 1）。显然，高速的货币成长，远远超出了实体经济成长的需要，更多转化为价格上涨（包括消费物价和资产价格）。这就是过去 50 年来对美元地位的担忧此起彼伏，也是此轮美联储"无限量宽"政策重燃这一担忧的原因。

与此同时，美国经济在全球经济中的地位在过去 50 年来也发生了重大变化。虽然今天它仍然是世界第一大经济体，但其占全球经济的比重已经从 1960 年的 40% 下降到目前的 24%，而且经济基本面相当脆弱，经济和社会都面临严重的结构失衡。巨额的"双赤字"（财政赤字和经常账户赤字）几十年来一直困扰着美国；社保基金入不敷出，其庞大的隐性债务也不容忽视；愈益严重的贫富差距加剧了民粹主义，而种族歧视、毒品泛滥及阶层固化等长期存在的社会问题加剧了社会的脆弱性。长期来看，如果没有美元在国际货币体系中的核心地位，美国很可能早已陷入深度的债务危机、货币危机甚至社会危机了。

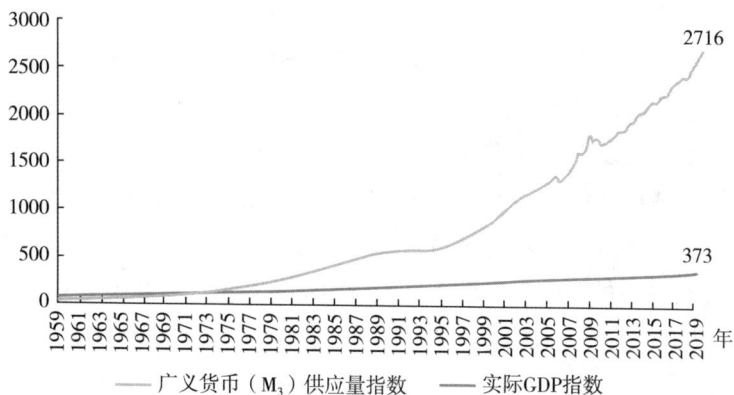

注：1971 年第二季度 = 100。

图1　美国广义货币（M_3）供应量与实际 GDP 指数

（资料来源：CEIC，海通国际）

　　当然，从当前的形势看，似乎难以想象美元在国际货币体系中的地位会遭遇重大挑战，暂时也找不到令人信服的替代品，因此美联储似乎可以尽情享受美元的"铸币税"，无限扩表，应对任何危机。然而美联储的"无限量宽"也有极限。一旦高通胀回归，就会立即给"无限量宽"政策画上句号，并有可能引发系统性风险。即便不出现高通胀，市场也有可能通过"用脚投票"给"无限量宽"划一个界限，甚至迫使量宽政策从此退出历史舞台。事实上，国际投资者对美元和美元资产的态度已经潜移默化。例如，2015 年以来，外国政府和国际组织已连续 5 年净卖出美国长期国债；尽管外国私营部门的投资者还在净买入，但二者加总，外国投资者过去 5 年已累计净卖出 5000 多亿美元的美国长期国债。而今年 3 月开始的"无限量宽"很可能会加剧海外投资者对美元和美元资产的担忧，进一步削弱美元的信用，使美元在国际货币体系中的支柱地位出现进一步松动。

谁是美元的替代品

　　经过 50 多年的发展演变，全球经济已与 20 世纪 70 年代初大不相同。

与之相应，国际货币体系有可能出现了新的均衡点，甚至有多个新的均衡点，其中有些均衡点很可能比当前的均衡点更有效率。如果在新均衡点中，美元在国际货币体系中的地位明显下降，那么谁有可能填补美元的地位呢？

第一种潜在均衡是，黄金、比特币或其他具有总量限制的商品或资产取代包括美元在内的现有的主权信用货币。这种可能性在今天看来微乎其微，因为黄金和比特币的供应量是有限的，很难承担全球流通货币的职能，很容易造成全球通货紧缩，这在对"金本位"的研究中已被论证得很透彻。因此，黄金和比特币未来更有可能作为一种保值资产（而不是货币）而存在，不可能成为未来货币体系的主角。也许区块链和数字货币技术的进步会给人类带来更多可能性和选择，引发国际货币体系的重大变革，只是今天尚不得而知。

第二种潜在均衡是，类似于 Libra（天秤币）的超主权货币（或稳定币）替代美元成为全球支柱货币。从理论上讲，由 Facebook 主导打造的数字货币 Libra 1.0 版（与一篮子货币挂钩）在应用过程中有可能也有潜力"青出于蓝而胜于蓝"，逐步演化成为取代美元的国际支柱货币，但由于其与主权货币的竞争关系、数据安全和监管困难等一系列问题，遭到各国政府（尤其是美国政府）的强烈反对和压制，未能推行。之后推出的 Libra 2.0 版已经退化成依附于单一主权货币的支付工具，已无可能取代或颠覆法定货币。其实，国际货币基金组织（IMF）早在 50 年前就发明了类似的超主权货币——特别提款权（SDR）。但由于对美元地位的潜在威胁，其发行一直遇到各种阻碍，自发明到现在的 50 年间，发行总额度不足 3000 亿美元，与美联储过去三个月扩表 2.9 万亿美元相比简直是天壤之别！可见，类似于 SDR 这样的超主权货币虽然很可能优于美元，但在实践应用与推广中面临重重困难。

第三种潜在均衡是，现有国际货币体系中的不同货币，在体系中的相对重要性出现较大变化，美元一家独大的局面消失，形成多支柱、多元化、更平衡的新格局。例如，随着中国经济在全球经济中的比重从 1960 年的 5% 上升到目前的 16%，以中国在全球排名第二的经济体量、排名第一的贸易总量，人民币在国际货币体系中有潜力扮演更重要的角色。但是，实现这个演变并不容易。当前的国际货币体系已形成多年，市场形成了习惯和共识，在此之上也建立了很多重要的金融基础设施，很难另起炉灶。因此，若要从当前的均衡过渡到新均衡，只有出现很大的外部冲击时才有可能改变。

当前新冠肺炎疫情所形成的全球危机，是一个很大的外部冲击，很可能要历时多年，最终导致全球经济格局、各国财政负担及中央银行资产负债表出现巨大变化。在这个过程中，如果中国经济能够继续保持稳健成长，国际收支基本平衡，对外开放愈益深化，中国企业与金融机构的国际竞争力不断增强，届时，完全存在一种可能，即市场将主动推动人民币进一步国际化，令人民币在国际货币体系中扮演更重要的角色。

人民币国际化的未来

从当前的形势看，中国可以说是全世界基本面最健康的经济体之一，明显优于欧美日及大部分其他经济体。中国连续 25 年保持经常账户顺差，对外收支总体平衡；财政状况也比较稳健，政府债务负担（包括地方政府）在过去 10 年虽然有大幅度上升，但整体公共负债率仍然低于 80% 的国际警戒线，而且政府有巨大的国有资产做后盾（总额相当于 GDP 的 100%）；由于中国储蓄率在全球位居前列，相对而言，民众在面临当前的经济困难时更容易渡过难关；国家外汇储备更是稳居全球第一，规模逾 3 万亿美元，有足够的实力应对各种可能出现的外部冲击，维持人民币汇率的基本稳定。此外，得益于"降杠杆、防风险"的前瞻性调控举措，中国的财政与货币政策在过去几年都保持了比较大的克制和纪律性，因此在应对此轮全球危机时政策空间更大。这些优势都有助于中国经济在今后数年平稳发展，为人民币国际化的进一步拓展和提升奠定坚实的经济基础。

在看到人民币国际化潜力的同时，我们也要充分认识到这一进程中存在的风险、挑战和障碍。具体来说，宏观经济大幅度波动、国内金融体系遭受冲击、货币超发与资产价格泡沫、"中等收入陷阱"、"中美脱钩"与"逆全球化"、地缘政治风险等，都有可能削弱全球投资者对人民币的信心。因此，我们要平衡好短期"稳增长"与中长期经济可持续发展的关系，以免杠杆率快速反弹导致系统性风险再次积聚。如果我们能够比较平稳地渡过这场全球性危机，实现经济与社会平稳发展，危机之后，人民币国际化大概率会获得市场的更大认可。

当然，人民币在国际货币体系中重要性的提升只是从中长期来讲的一个可能性，不是必然的。人民币国际化应由市场决定，水到渠成。美元能否维持当前的地位，取决于美国在新冠肺炎疫情过后恢复经济的能力，以及中长期能否保持美国在世界经济中的全面领先地位和竞争优势。同样，人民币地位长期稳固的提升，取决于中国能否坚持改革开放、转型升级的发展方向，能否保持经济平稳增长，能否增强企业的全球竞争力，能否维护并改善国内外投资者对中国的投资环境、法制环境及软实力的信心。同时，我们也需要加快一些技术性的基础设施建设，为人民币国际化向纵深发展铺平道路。例如，实现人民币在资本账户项下的完全可兑换、加速扩展人民币国际清算体系（CIPS，即中国跨境银行间支付系统）等，都是人民币进一步国际化的必要条件。

最后，需要提醒的是，在一个非线性系统中，从一个均衡过渡到另一个均衡的过程往往不是平滑的，而是剧烈的"跃迁"或"突变"；用公众易懂的词语来解释，就是有可能发生"危机"或"灾难"。在人类历史上，无数次货币体系、货币制度的变迁都是痛苦而突然的，对经济、社会甚至政治的稳定有可能造成威胁。虽然"跃迁"的时点、路径、形式、结果都难以预测，我们对此必须深谋远虑，本着"合作共赢"的思路和理念，未雨绸缪，积极应对。

不要与美联储作对?[①]

3 月下旬以来，美股在暴跌之后出现了 V 形反弹，道琼斯指数与标准普尔 500 指数几乎收复全部失地，而纳斯达克指数则创出历史新高。这反映了投资者对美国经济重启与复苏的期望，更反映了美联储"无限量宽"政策给投资者的激励。俗话说，"不要与美联储作对（Don't fight against the Fed）"！许多投资者正是被这句话所鼓舞，在美联储推出"无限量宽"政策之后，迅速忘却了数月前美股屡次熔断所造成的心理创伤，再度投入到如火如荼的"防踏空之旅"中。

的确，金融市场的投资者与美联储作对是不明智的选择。尤其是在十多年前"量化宽松"政策出台之后，美联储可直接入市购买因流动性缺失而价格承压的金融资产，无论有多少遭到抛售，美联储都可以通过（无限）扩张其资产负债表来接货，因此投资者与美联储作对必输无疑。而这一次，美联储更是直接明了，明确此轮"量化宽松"是无限的（unlimited），并立即用实际行动向市场证实了这一点：在短短 3 个多月里，美联储将其资产负债表从 4.2 万亿美元扩大到 7.2 万亿美元，增幅达 3 万亿美元，超过世界第五大经济体英国 2019 年全年的国内生产总值（2.8 万亿美元）。

美联储的行动坚定了投资者对资产价格上涨的信心，甚至令很多人担心会"踏空"。在"无限量宽"政策下，无论美联储最初购买的是国债、股票还是信用债，最终这些流动性都会造成更广泛的资产价格（或消费物价）上涨。与其等到价格上涨时再去追，精明、前瞻的投资者当然会选择现在动手。由于这一预期强大，鲜有投资者敢"与美联储作对"。

虽然投资者与美联储作对胜算不大，但美联储此次推出"无限量宽"政策时却面临一个更庞大、更可怕的对手——实体经济。2008 年全球金融

[①]　本文 2020 年 6 月 22 日发表于香港《信报》。

海啸时，美联储推出"量化宽松"政策来迎战一场因金融机构破产倒闭而带来的流动性危机和金融条件紧缩，成功地避免了将实体经济拖入旷日持久的"资产负债表衰退"。而今天，美联储所面临的则是新冠肺炎疫情冲击所导致的金融市场暴跌、流动性危机以及实体经济因防疫隔离而出现的骤然停滞。目前来看，美联储的"无限量宽"政策已成功化解了金融市场暴跌与流动性危机（或至少赢了"第一个回合"），但就改善实体经济的表现而言，其胜算似乎不大。

众所周知，这场新冠肺炎疫情带来的经济冲击是全球性的。今年第一季度，全球前十大经济体中已有九个陷入衰退，其中美国经济下滑 4.8%（环比折年率）。过去三个月里，美国初次申请失业救济人数累计已超过 4000 万人。虽然美联储已将资产负债表扩大了 3 万亿美元，美国政府也推出了约 3 万亿美元的财政纾困措施，但根据亚特兰大联储的最新预测，第二季度美国的实际 GDP 还将下滑 45.5%（环比折年率）。

虽然投资者们都在憧憬美国经济重启和之后的复苏，但必须清醒地认识到，在成功地研发出疫苗或有效的治疗手段之前，美国（乃至全球）经济的复苏会相当坎坷。一方面，一旦经济重启，疫情大概率会卷土重来，很有可能迫使美国经济再次陷入停顿；另一方面，在经历了大规模的失业和收入冲击之后，即使疫情得到控制，企业与家庭破产、银行坏账上升、金融体系遭受创伤都是难免的。再加上近期美国国内治安混乱，社会动荡，总统大选在即，中美关系扑朔迷离，很难想象企业家或跨国公司会在当前形势下扩大投资、增加雇员。因此，期待美国经济在今年年底甚至明年年中恢复到疫情前的状态是很不现实的。

放眼全球，新冠肺炎疫情的扩散并未减缓，而是在加速。截至 6 月 19 日，全球累计确诊人数已超过 840 万人，累计死亡人数超过 45 万人。虽然疫情在欧洲发达国家已暂时得到控制，但在巴西、俄罗斯、印度等发展中国家却有失控的迹象。美国是个"大国经济"，其经济受任何其他单一经济体的影响都较小，但鉴于新冠肺炎疫情冲击了几乎全球每一个国家，其综合的经济影响仍不容忽视。尤其是一批新兴市场经济体如因经济衰退而出现汇率贬值、偿债困难、金融危机的话，作为债权人或投资者的美国金融机构和跨国公司也必然被殃及，这对本已脆弱的美国经济与金融体系来说将是雪上加霜。

　　在这种情况下，金融市场的投资者若选择不与美联储作对，就意味着他们要与实体经济作对。如果美联储在与实体经济的战役中败下阵来，投资者的胜算又有多大呢？如果美联储在与实体经济的这场战役中不择手段、变本加厉，很可能加剧世人对美元价值和地位的担忧。果真如此，美联储的"无限量宽"政策很可能得不偿失。金融市场的投资者向来是机会主义者，届时他们真的不会与美联储作对吗？

股市与实体经济严重脱节①

下半年仍要警惕三大风险因素

GDP 能够在第二季度就实现年同比正增长 3.2%，实属不易。中国 GDP 第一季度下滑严重，但是作为最早受到疫情冲击的国家，我们的疫情防控率先取得阶段性胜利，所以很早就实现复产复工。毫无疑问，在全球范围内，中国是经济最早反弹的国家。

在第二季度，世界其他经济体可能都是非常严重的负增长。新加坡第二季度 GDP 同比下降 12.6%，环比创纪录地下滑 41.2%。我估计美国第二季度 GDP 环比也是 40% 左右的跌幅。对比来看，中国第二季度实现 11.5% 的环比增长，真的是非常难得。

中国第二季度 GDP 增长的主要拉动力是投资，尤其是基建和房地产投资。我们非常希望下半年能够延续上半年的态势，但是我觉得有几点要保持警惕。

第一，外需。下半年中国面临的国际环境仍然是很不好的，不能掉以轻心。从全球来看，疫情一直在扩散。现在确诊人数已经超过 1300 万人了，死亡人数已经超过 58 万人。而且疫情并没有停止的迹象，除非各国像中国一样采取比较果断的、快速的措施。但是，实际上有些国家根本没有能力做，而有些国家是不愿意做。总之，我觉得疫情仍是下半年最大的变数。疫情的大范围蔓延对中国外需的影响，甚至对进口的供应链的影响，都是很大的。第二季度中国可能还有一些紧急的订单需求，所以出口还不错，但是要小心第三、第四季度的出口困难。

第二，国内需求。从第二季度的数据看，工业生产已经正增长。但是

---

① 本文 2020 年 7 月 18 日发表于"网易研究局"。

消费需求仍是负增长，尚未恢复到疫前的水平。

投资、出口、消费"三驾马车"综合起来，可能是一个比较平衡的状态。第一季度需求水平太差，第二季度需求在一定程度上甚至可能有报复式的复苏。一旦报复式的复苏结束，可能还会有所回落。所以，我们要警惕第二季度的一部分成长是不是来自"存货"。坦诚地讲，我们也没有足够高质量的数据来做验证。

从前几个月单月的数据来看，存在的一种可能性是需求弱于供应。这是我们下半年要关注的，因为如果第二季度的成长里计入了存货，过多的存货是必须要被消化的。如果需求不能反弹到原有的水平，消化存货最终需要减产，这对下半年的经济增长可能也是一个不利因素。

第三，自然灾害。7月全国多地面临洪涝灾害，实际上，从6月的数据里，我们已经多多少少能看出洪涝灾害对经济的一些影响。所以，目前面临的洪涝灾害到底会持续多久、产生多大的影响，也值得去关注。

从好的方面讲，很多地方可能需要重建，反而在投资领域增加了一定程度的需求，也可能拉动部分消费，比如汽车、电器等要重新购买。虽然短时间里可能会增加这样的需求，但这是以人民的财富损失为代价的，它最终可能还是会影响消费力。

洪涝灾害又会使很多人的工作、企业的经营受到冲击。这些问题，无论对企业还是家庭的资产负债表都会形成不良影响，进而对投资和消费活动会产生不利影响。

虽然第二季度的数据超出了预期，我们也很高兴看到这样一个结果，希望能够继续维持好的态势。但是，我觉得以上三个比较重要的风险因素是值得关注的。上半年整体还是负增长，但已经接近零。下半年大概率是正增长，全年GDP增长应该比零高一点，如果能有1%~2%的增长就很不错。

房地产行业在长期内仍是一个支柱产业

2018年、2019年，房地产投资连续两年在固定资产投资里起了非常重要的稳定作用。实际上，过去两年中国的固定资产投资是以比较快的速度下滑的。幸好房地产投资还有9%~10%的增幅。相对于5%左右的固定资产投资的增幅，房地产投资高于这个平均水平 4~5 个百分点。过去两年里，房地产在稳投资和稳增长方面的作用已经相当明显。今年房地产投资的恢复性增长，对于固定资产投资能够在第二季度实现正增长意义重大。

我们要客观地去评价房地产行业。我一直认为，房地产行业是中国的一个支柱产业。房地产行业在过去近三十年对中国的经济增长作出了巨大的贡献，对改善老百姓的生活水平、福利水平也作出了巨大贡献，而且它创造了很多收入，包括建筑和服务性收入，比如家政、物业管理等。

所以，不要把房地产行业"妖魔化"。它在任何一个国家都是非常重要的行业。实际上，我们每一个人在过去二三十年里，都从房地产行业的健康发展中得到了好处。谁都不敢说我们的收入、生活水平的改善里没有房地产行业的贡献。

当然，大家现在聚焦在房价涨得太快了。实际上，我们应考虑房地产价格上涨背后的供需关系。供应就会拉动投资、拉动经济增长、带动就业。房地产开发商之所以愿意买地、建房子，还是因为存在需求，而且是很现实的需求。

如果没有房地产供应的改善，房子的价格会更高。虽然 GDP 跟收入不完全一样，但是二者是比较接近的概念。第二季度经济增长回正，就意味着老百姓的收入至少在第二季度又回正了。随着老百姓收入的提升，对房地产改善性的需求也在提升。所以，我认为房地产行业在今年下半年甚至在相当长的一段时间里，仍是国民经济中的一个支柱产业。

货币政策不宜大动，财政政策需再发力

目前市场上没有流动性紧张的现象。虽然 10 年期国债收益率有一些反弹，但我认为这背后与流动性无关，更多的还是投资者的主动性选择。所以，我觉得货币政策不宜大动，目前政策力度基本适合。财政方面可能还需要做得更及时一点，还要进一步大胆发力。

我们现在还处在应对灾情的状态，疫情叠加洪涝灾害，首先要尽快解决老百姓的基本生活问题，要不遗余力地去花钱，即使超过原来所做的预算，也是必要的。因为我们首先要解决的是救灾救难，避免发生人道主义危机。

放眼全球，中国政府是比较有实力的政府。尤其是我们有 100 万亿元的国有资产的净资产。所以，中国的财政在全球是非常好的，有实力去发力。

该是财政花钱的地方，就要由财政来花，不要让企业或者金融机构去承担，不要让央行来背书。否则，增发流动性，最后会产生资产质量问题。

所以，我倾向于让财政再发力，该花钱就花钱。2020 年实在是特殊的一年，包括疫情、洪涝灾害等很多变数，财政一定要灵活。

股票市场有自身的规律和动能

股票市场有自身的规律和动能，尤其是市场里面又有很多不同流派的投资者。而且大家期待复苏、期待转型、期待高科技的发展，也有人担心全球"放水"严重，导致钱不值钱，不能把现金放在手里，等等，这些都使得股市短期的变化很难预测。

未来一两年内还存在很多不确定性以及确定性，比如企业破产倒闭、坏账出现、金融机构的资产质量恶化都是确定会发生的，只是因为有滞后性，现在还没显示出来。所以，面对如此严峻的宏观经济环境，我个人倾向于认为，全球股市都是跟实体经济严重脱节的。但是短期内，股票市场和其他的各种金融市场都有自己的动能与规律。所谓的价格与价值的偏离也是经常发生的，极度的偏离也是常见的。

个人认为，短期走势无法判断，但是价格最终会回归价值，或者说金融市场、虚拟经济最终还是要回归基本面。等到能够比较清晰地看到全球经济真正摆脱疫情的威胁，在这个基础上再做判断可能才会更有信心。

所以目前，我觉得更多的还是基于投资者各种各样的想象、猜测、预测。这种情况可能是不可持续的。否则，会造成更大的波动。我们已经在3 月看到了全球股市的巨大波动。所以，还是要提醒大家注意风险。

附　录

危机十年后的世界经济走势①
——访香港中国金融协会副主席孙明春

记者：感谢您接受《中国金融》杂志的专访。距离 2008 年国际金融危机已有十年，十年前，雷曼兄弟倒闭时您正供职于雷曼，您本人也经历了那次金融海啸的全过程。十年后，大家都在关心历史会不会重演。对于当前的经济形势，您最担心的是什么？

孙明春：我曾经参与了中国政府在 1997 年亚洲金融危机中的救助活动，2008 年国际金融危机爆发，我也经历了危机的全过程。十年过去了，历史上每十年一次的危机会不会重现？我很担心，但我认为今年和明年上半年虽然在新兴市场的局部会发生大大小小的危机，但对全球经济和金融市场而言，都不是什么大问题，明年下半年以后全球金融体系的风险和压力则会增加。

全球经济复苏从 2010 年开始至今已经 8 年了，各国中央银行政策也都相应地出现了转向。中国的货币政策自 2016 年 11 月开始转向，10 年期国债收益率上升很快。从 2015 年 12 月美联储第一次加息之后，全球宏观经济进入了一个新阶段。人们最关心的一个问题就是美联储加息加到什么时候会出现危机。历史上看，加息肯定会出现一些问题。2008 年国际金融危机之后，全世界各中央银行进行了史无前例的"大放水"，利率在 2016 年中期降至 0.25~0.5，全世界有 10 多万亿美元的国债出现了负利率，这么大的"放水"量在回收的过程中肯定会对经济造成非常大的伤害。

美国经济繁荣之后

记者：那么，美联储加息一下子终结那么多年的宽松惯性，会不会再

---

① 本文 2018 年 9 月 15 日发表于《中国金融》第 18 期，作者孙芙蓉。

一次引发国际金融危机？

孙明春：就理论逻辑而言，美联储加息主要通过以下路径对全球经济产生影响。

一是经济放缓或衰退。加息是逆周期的行为，我们希望它慢慢实现软着陆。加息抬高了借贷成本，降低了人们投资消费的意愿，总需求下降，经济基本面就会背离好的方面。

二是出现资产价格下跌或泡沫破裂。资产价格包括利率上升到一定程度，房贷利息成本上涨，很多人买不起房或者付不起月供，就容易出问题了。基准利率上升，投资者的投资回报预期被提升，就会降低股票、存量债券资产及各类资产的吸引力，引发抛售。

三是新兴市场危机。美元利率上升，资金回流美国，导致新兴市场的货币贬值。这个问题是不是会扩大或愈演愈烈，关键在于会不会引起系统性危机。随之而来的是要警惕新兴市场资产价格泡沫破裂，因为美国资金回流的过程往往伴随着房地产、股票等市场的资金抽离，有一些地区或国家可能撑不住。

四是拥挤交易。这是交易者最关心的问题。比如，美元利率上升之后伴随着的是流动性收紧，随后，很多交易预期就会发生变化。前些年"大放水"时人们都去找更高收益的资产，类型严重趋同。一旦有所转向，大家又会同时选择逃离。国际金融危机以来，股市向上，而标普 500 波动率指数的长期趋势一直向下，所以大家发现了一个几乎稳赚的策略，只要上涨就做空这个指数。投行做了 ETF 基金，连续七年稳赚几倍。但在今年的一个礼拜五，美国公布了就业报告，其中就业者的薪水增长了一点，股市闻风而跌，标普 500 波动率指数急速上涨。这次参与者都感觉市场从此要变了，纷纷把自己做空的仓位给补回来，结果踩响了拥挤交易的"地雷"，那一个晚上 ETF 基金跌了 75%。尽管那只基金的规模不太大，但教训深刻，这种连锁效应最容易加大系统性风险。

记者：美国的失业率一直维持在较低水平，此时减税是否会聚集起经济过热的风险？

孙明春：的确，美国的失业率在 2018 年 7 月降到 3.9%，这是从 1948 年以来相当少见的，并且加息后通胀率并没有上升。因此可以说目前美国经济偏热而不是过热。而特朗普恰恰是在经济好、最不需要刺激的时候减税，加剧了经济过热的风险。第二季度推出的减税政策，在第四季度会产生影响。减税可增加消费、投资及就业，大家收入提高了，这种增长的景象有可能延长到明年下半年甚至是后年。

等这两个轮回完结时，美国经济可就够热了。如果此过程中美联储再加息，那后面就可能是一个断崖式滑落，美国经济很有可能在2020—2021年出现衰退。这也使得美联储比较为难，加息太快可能引起金融市场反转，不加则担心经济过热，所以这时候加息增加了2020年前后美国经济的不稳定性。

记者：经过十年的价格上扬，目前美国房地产市场是否过热？加息会不会再度使美国房地产像2007年、2008年那样成为金融危机的导火索呢？

孙明春：美国联邦住宅委员会办公室公布的独栋房屋价格指数显示，美国房地产价格从2007年跌到2011年，而后涨上来，目前只是涨了23%，房价上涨是在正常范围内，我认为没那么大的风险。数据至少告诉我们，目前的美国房地产市场并不像危机爆发前两三年那样出现那么多过剩的供应，现在美国房地产开工率回到了历史偏低水平。

我认为全世界的监管部门都不会在同一个地方跌倒第二次，对于金融危机会不会再从房地产资产价格这一条通道上引发，我觉得在美国再现的概率不大。上次美国次贷危机并不是房地产的错，房地产只不过是一个爆发点而已，本身次贷就只是3000亿美元的水平，根源在于其背后的金融产业链。从房地产到房地产按揭贷款，再从MBS、CDO到CDS，是整个金融衍生品的链条不断延伸、多倍加杠杆导致了危机的产生。

记者：2008年后美国股市市值"蒸发"达创纪录的7.3万亿美元。英国、法国、德国三大股市也跌去四成左右，日本股市重挫42%，创历史跌幅之最。而目前资产配置中，不少投资者依然增持美股，这是否会遭遇巨大风险？

孙明春：的确，美股自2009年以来涨了3倍多，标普500家公司的市盈率为21倍。加上减税支持，我觉得这种市盈率泡沫不典型。数据表明，美国股市是牛长熊短。牛市平均长达8~9年，涨幅是4.7倍。回头看1990年以来影响全球金融市场的事件，从日本泡沫到伊拉克入侵科威特、亚洲金融危机等20多个全球宏观事件，但很少有事件对美国股市产生实质性影响。虽然波动存在，但都未曾把美国股市拉入熊市。

从经济衰退和股市的关系来看，经济衰退并不总带来熊市。但每一个熊市都跟经济衰退有关系，都在经济衰退前后。按历史大概率来讲，如果美国经济不陷入衰退，美国股市出现熊市的概率是非常低的。美国股市向来是经济的"晴雨表"、领先指标。如果我们把从 1950 年之后美国经济的每一次衰退记录下来就会发现，经济衰退前 6 个月，平均来看，美国股市要下跌 7%~8%，7~12 个月便转为正回报，所以它有领先性。换句话说，美国股市衰退是经济的领先指标，但它领先 1~6 个月比较准，7~12 个月平均就有了 8% 的回报。过去 38 年，都是很好的回报。

还要注意国债投资风险。从 1981 年开始，美国 10 年期国债收益率最高是 15.8%，一直跌到 2016 年年中最低的 1.5%。同一时点上，欧洲、日本的债市都跌到了负值。但我觉得这仍不是最低点，下一轮会比它还低。这背后是非常强的结构性因素的影响，由于经济基本面的原因，通胀下来了，个人消费支出核心物价指数 PCE 一直保持长期下降趋势，现在只有1.8%，所以收益率下降的背后是物价下降。

非均衡的全球经济与金融市场

记者：货币紧缩过快会不会引发连锁反应？欧债危机、新兴市场危机有没有可能成为下一次危机的起因呢？

孙明春：2016 年英国脱欧之后，人们担心欧盟的稳定性。总体看欧洲国家的经济形势都在好转，比如说希腊经济就比原来好很多。在全球经济尚佳的情况下不需要过分担心。美国经济减税，短期内会带动全球经济增长。如果到 2020 年，美国经济下滑，其他国家都会受较大影响，对此不能忽视。

欧洲主要是看意大利。今年意大利大选，但对欧元没有产生太大负面影响。其增加福利支出、减税、增加工资包括退休金的政策与欧盟的政策相反，可能会使本国财政赤字扩大。如果真的按计划实施财政政策，其财政赤字要增加到 GDP 的 6%~7%，远超欧盟的要求。从国债收益率来看，希腊、意大利、葡萄牙、西班牙整体来讲收益率都非常低。意大利 10 年期国债收益率只有 2.83% 左右，低于美国的 10 年期国债收益率。意大利的财政赤字占 GDP 的比例只有 2% 左右，并且连续三四年都是贸易顺差，经济在整体上呈现好转迹象。意大利的国债有 30%~40% 被本国商业银行购买，如果国债减值，商业银行资产就会缩水，接下来就会带来资本金不足、市值下降的问题。

新兴市场则比较脆弱。2008 年以来，新兴市场国家货币对美元的汇率分成两个阶段，一个阶段是 2015 年 12 月美联储第一次加息之前，另一个阶段是加息之后。中国在这两个阶段都是升值，其他新兴市场国家的货币大部分贬值。真正大幅度贬值的国家有菲律宾、墨西哥、土耳其、阿根廷等。2015 年美国第一次加息之后，新兴市场货币贬值不多，阿根廷贬值稍多，但俄罗斯、巴西、南非这些国家货币的贬值幅度到目前为止还比较有限。

记者：这些年来，大宗商品市场跌宕起伏，请您谈谈大宗商品市场的风险。

孙明春：上一轮新兴市场国家货币贬值的主要原因其实在于商品市场。实际上，2016 年初全球经济最危险的时候，俄罗斯、巴西石油价格暴跌，铁矿石价格暴跌，秘鲁、智利等国家难以为继。2015 年底商品市场的情况很差，一些国家外汇市场汇率暴跌。信用市场状况也不佳，因为大宗商品的生产商连带着金融机构都非常危险。全世界的商品市场都出了问题，油价跌到 27 美元每桶。2016 年 1 月，一家澳大利亚矿商因为北美资产缩水，在其 120 亿美元资产盘子中一次性撤掉 38 亿美元。一家全世界最大的商品公司一次性全球裁员 10 万人，简直就要爆发一场系统性危机。

商品市场从 2003 年到 2007 年再到 2008 年，需求涨得太快，供应没跟上。到了 2011 年以后则主要是供应的问题，需求一直平稳略涨。因为商品投资大周期长，需要时间才能供应上去。经历了这几轮尤其 1997 年、1998 年的金融危机后，新兴市场基本面好了很多，关键就是商品市场会不会再遭遇打击。商品市场基本上回到比较中性的水平，我认为还是比较健康的。

实际情况往往是，美国出问题时美元不一定贬值，但是如果美国出现衰退当然会对商品价格产生负面影响。如果美国经济出现大的下滑，短期内对商品价格会有比较大的负面影响，这时候会冲击新兴市场。一旦美元上涨或者美国加息加到一定程度，最容易受影响的还是新兴市场。当然这里面也要看中国，相信中国经济基本趋于平稳发展，哪怕经济增长从 6.8% 降到 6%，基本面也不会改变，这会给新兴市场一个支撑。

记者：从您刚才所谈到的，有一种现象令人感到疑惑，为何发达经济体经过了近十年的量化宽松，却并未引起通胀呢？

孙明春：背后原因在于：一是资本不断寻找更低的成本去生产。在美国生产太贵，就搬到日本去，在日本生产太贵就搬到中国去，在中国太贵就搬到非洲去。二是大力推行技术进步、自动化、机器人替代人工。

伴随这个过程会发现，收入低的时候，用于消费的比例比较高。随着收入增长，用于投资的比例越来越大。货币宽松的过程就是全民都在往资产投资的道路上走，其结果是有资产者和没资产者的差距越来越大，最终形成的不是收入差距拉大，而是贫富差距拉大。这容易引发民粹主义的问题，导致国与国之间的问题压力很大。所以我认为，如果下一次危机真的无可避免，很可能出现比现在更严重的"放水"。

中国经济的几个关键领域

记者：在这危机四伏的国际环境中，您认为中国经济的潜在风险点在哪些领域？

孙明春：中国宏观经济的基本面不用太担心，CPI 也只有 2% 左右，PPI 在 3% ~4% 也可以承受，风险监管部门应该密切关注不发生系统性金融风险的底线。

第一，要关注债券信用市场。2016 年党的十八届六中全会之后，降杠杆防风险就被放在重要地位，但是从 2016 年 11 月到 2017 年 5 月，差不多半年的时间里，3 个月期的 SHIBOR 上涨了 200 个基点，相当于美联储加息 8 次。党的十八届六中全会之后我们的政策发生了很大变化，到现在政策已经稳定在一个区域，实际上已经开始有所微调，有所放松了。

第二，密切关注房地产调控效果，但是从大方向看没问题。中国的城镇化没有结束，经济仍处于增长趋势，我觉得近几年无须太担心房地产市场。

第三，人民币汇率贬值的风险无须担心。我觉得人民币汇率贬值与否取决于中国的竞争力，如果中国企业有竞争力，人民币汇率就不会贬值。日本就是一个很好的例子，GDP 增长那么差，却保持了 30 年日元不贬值，尽管波动很大，但是大体方向是上升。所以只要我国经济完成向高质量增长的转型，哪怕 GDP 增长有所放缓也不用担心。中国经济的转型升级正在进行，我看好中国未来的长期发展。

雷曼破产很可惜，下轮
危机或在 2020 年①

十年前的今天，2008 年 9 月 15 日，创立于 1850 年的雷曼兄弟公司（Lehman Brothers）宣布申请破产保护。当日，市场信心一泻千里，自 2007 年逐渐深化的次贷危机就此演变为金融海啸，进而发展成 20 世纪 30 年代大萧条以来最严重的国际金融危机。

消息传出的前一天晚上，时任雷曼兄弟亚洲高级经济学家的孙明春在香港和他的同事们聚餐时，还以为第二天会宣布美国银行（Bank of America）收购雷曼兄弟的消息，没想到早上起来却得知，美国银行最终收购的是美林证券（Merrill Lynch），两者后合并为美银美林，而雷曼已经申请破产保护。

"虽然总公司不在了，但大家还是各在其位，有些与客户相关的岗位，如销售、前台，还在为客户提供各种各样的消息。"孙明春对《界面新闻》回忆到，"客户们都很着急，有的有资产在雷曼兄弟，有的是交易还在这里。"

"那段时间，尽管楼下围满了记者，但实际上，整体仍然有序，可以说井井有条。"他说。

一周后，2008 年 9 月 22 日，总部位于日本东京的野村证券宣布收购雷曼兄弟在欧洲、中东、亚洲区包括日本、澳大利亚和中国香港的业务。在这之前，孙明春和他的同事们也在积极寻找出路。

"当时有人来找，（被找的同事）会告诉对方，'要我可以，但要把我们团队都要过去'。"回忆当年，孙明春颇有感慨地说，"这个过程其实是挺感人的，在一定程度上也反映了雷曼这个团队非常好。"孙明春至今仍和他当年雷曼香港的同事们保持着联系，今晚他们又将聚在一起，为了纪

---

① 本于 2018 年 9 月 15 日发表于《界面新闻》，作者刘林。

念十年前的那一天。

雷曼亚洲被野村证券收购后，孙明春先是担任中国区首席经济学家，第二年被任命兼任中国股票研究主管。2010 年 11 月，孙明春离开野村证券加入大和资本，担任中国研究主管兼大中华区首席经济学家。2013 年，他从卖方进入买方，参与创立上海博道投资管理有限公司。2014 年，孙明春在香港创立博海资本有限公司，现任博海资本董事长、投资总监兼首席经济学家。

国际金融危机十周年之际，受美联储不断加息、缩表的影响，部分新兴市场国家再现货币危机，市场对金融危机的担心也随之再起。近日，关于十年前的那场危机、"十年一轮回"的魔咒、金融监管等话题，《界面新闻》对孙明春进行了专访。

雷曼兄弟倒闭"可惜"了

界面：美国次贷危机是怎么演变为金融海啸进而发展为国际金融危机的？

孙明春：这背后的主要原因其实是金融衍生品链条。原先次级抵押贷款的市场规模并不大，整个次级贷款也就三四千亿美元，即便全部出问题，也不会有太大影响，对美国经济和金融系统形成的冲击应该是有限的。后来住房抵押贷款被证券化（mortgage - backed security，MBS），这其实也没什么问题，可是在证券化的基础上，又做了 CDO（担保债务凭证，collateralized debt obligation），也就是所谓的分层。

举个例子，把 100 元的 MBS 分成八类、九类或十类，其中有最安全级也有最不安全级，最安全级的那些可以以 3A 级投资卖出去，原来不能买的投资机构如退休金、商业银行、保险公司等也可以买了。而高风险的产品，有些被对冲基金买走了，有些因为卖不掉，投行被动持有，有些因为收益率高，投行主动持有。这样一来，风险就转移了。不停地打包加杠杆，还做了 CDO 的 CDO，也就是 CDO 的二次方、三次方，原本三四千亿美元的底层资产，最后放大到几万亿美元。

在次级贷款不断加杠杆的同时，AIG（美国国际集团）还为此做担保，有机构担心次贷违约，就在 AIG 购买一份保险，作为对冲。但是次贷危机爆发后，AIG 根本赔不起。

界面：雷曼是这次危机的一个关键点？

孙明春：是的。其实，如果贝尔斯登公司（Bear Stearns Cos.）没有被救的话，可能金融海啸从那时就开始了。但是，贝尔斯登被摩根大通收购，暂时避免了一场系统性危机。（注：2008 年 3 月，美联储决定通过摩根大通公司（JP Morgan Chase & Co.）向贝尔斯登提供应急资金，以缓解该公司的流动性短缺危机）

在这之后，市场猜测谁是下一个倒下的，雷曼就在这个时候出现了流动性问题。流动性其实就是一个信心问题，当大家注意到下一个有可能是谁的时候，所有人都会先把钱从那里抽走，免得遭受损失。

但是，雷曼毕竟是一个规模很大的投行，上上下下有很多交易对手，覆盖了固定收益、股票等，还有很多对冲基金，它宣布破产后，整个金融秩序就全乱套了。此后，美国国会虽然也批了一些救助基金，但量很小。市场起初并不买账，一直到 2009 年 3 月，市场才慢慢起来。

界面：美国政府为什么不救雷曼呢？

孙明春：从政治上讲，当时美国政府、财政部和中央银行想去救助确实很难，因为来自国会的压力很大。贝尔斯登被救后，有很多批评的声音，指责美国政府用纳税人的钱去救助华尔街，认为华尔街的"坏孩子"应该得到教训。同时，在经济学理论上，要是不惩罚一个坏孩子，道德风险也会很大。

但等到雷曼宣布破产，由于链条断裂，更多的金融机构风雨飘摇，尤其是 AIG，这时候，大家意识到雷曼倒闭这事儿影响非常大。

从成本来看，让雷曼倒闭有点得不偿失。2008 年以来，全世界各中央银行大规模放水，付出更大的代价救其他企业、金融机构，同时也付出了更大的成本和流动性来恢复市场信心、解决资产负债表衰退的问题，这些代价远远大于当年若是救雷曼所需要付出的代价。

在当时的情况下，不能说所有的投行，但绝大部分投行都存在流动性问题和资不抵债问题。现在对此也很难做一个评价。我觉得，只能说可惜。如果雷曼能活下来，我相信到今天，它仍然会是全球排名前列的投行之一。

下一轮危机也许在 2020 年

界面：1998 年亚洲金融危机、2008 年国际金融危机，2018 年以来新兴市场国家又陆续发生货币危机。"危机十年一轮回"的说法越来越流行，真的有这样的魔咒吗？

孙明春：肯定是没有的，现在算是碰巧吧。回头去看全球金融市场，过去几十年，每年都会发生很多事，到底哪个是真正意义上的危机？委内瑞拉出了这么大的问题，不是一天两天了，这算不算？2016 年初，大宗商品如原油、铁矿石的价格跌成了什么样子，那么多商品公司都要破产了，这算不算？

而且，今年是不是要发生问题还不敢说，也许这一轮要到 2019 年，也许是 2020 年。另外，2008 年的危机，其实在 2007 年的时候就开始了。以 2007 年为起点，那这一轮应该在 2017 年就开始了。

界面：您刚刚提到，下一轮危机也许会在 2019 年、2020 年发生，为什么？

孙明春：我觉得今年可能属于预演，甚至明年也可能是预演。因为当前美国经济强劲，很多新兴市场受益于美国这个全球需求大国，这对它们的外需有很大的帮助，无论是经常账户还是货币，都因此受益。另外，欧洲经济受美国的影响也比较大，如果美国经济不出问题，欧洲经济也不会太坏。反之，一旦美国的需求突然下来，新兴市场和欧洲都可能会受到负面影响，原本存在的问题又会浮出水面。

因此，最关键的还是美国经济，而美国经济本身很强，在此基础上又减税，相当于加了把虚火，一旦减税效应过去，可能会有一个比较大的下滑。目前，美国资产价格也就是股票价格并不便宜，尽管我不认为它是泡沫，但仍属于偏贵，一旦信心有变化，可能会受到比较大的影响。

美国经济和金融市场虽然会有调整，但不会有危机。它的各个方面，至少现在看来，都很健康，包括各主要行业、家庭、企业、金融部门在内，都没有看到太大的风险点。但是，它可能会把新兴市场甚至欧洲拉下来，当美国经济减弱，股市下跌，其他国家可能会随之下降。我觉得这个更大的概率在 2020 年。

不管怎样，危机总是会来的，20 世纪 80 年代以来，无论是金融危机还是经济衰退，全世界都是在用货币政策和财政政策，每一轮放出的水都比上一轮大，利率一轮比一轮低，到 2016 年底，欧洲和日本的 10 年期国债收益率已经为负，全世界有 10 万亿美元的国债收益率为负。虽然在市场稳定、经济好转后，发达国家的货币政策会收缩，但收得并不够，而且每次回收货币总会出现问题，要么是自己的资产价格出问题，要么就是其他国家受损，尤其是新兴市场国家，常常被殃及池鱼，甚至被搞死。我们虽然可以避免在同一个地方跌倒，但总是避免不了摔倒。每次出问题，还是放水，这样一轮又一轮。

界面： 这样持续下去，感觉是在酝酿一场更大的危机。

孙明春： 是的，可能性很大。货币放多了，肯定容易引起通胀，过去大家想起通胀总是以为是消费物价，是 CPI 的上涨，回头看，其实主要是资产价格的上涨。一个人的消费总是有限的，当有越来越多的钱时，会将越来越大的比例放在资产市场上。

过去这些年放出去的货币，其实绝大部分并未进入消费领域，而是进入了资产市场。一方面是资产价格快速上涨，另一方面是劳动者收入增长有限，前者比后者高得多得多。这会造成什么后果？有资产和没资产的群体之间财富差距越拉越大，这会引发越来越多的社会问题，产生社会矛盾。

监管要有稳定性和一致性

界面： 有没有什么办法避免金融危机再次上演？

孙明春： 很难，这是无法避免的。关于这一点我深有体会。

首先是人性，有时候贪婪、有时候恐惧，好的时候容易过度乐观，坏的时候又容易过度悲观。这些在股票市场上天天可见。这是心理上的一个特征。

同时，还有制度上的原因，即委托和代理的激励机制问题。举个例子，在美国传记剧情片《大空头》里，迈克尔·布瑞最早看到了问题，很早就去做空，买了 CDS（信用违约互换，credit default swap），在泡沫破裂前，他承受了非常大的压力，因为投资者不断地问他："为什么你要买这个东西？为什么别人都在赚钱的时候，你却在亏钱？"为了避免投资者撤资，他甚至一度禁止了赎回。

但很少有人能做到他这一点。沪指6000点的时候，你不去买，万一继续涨了呢？或者说，在2600点的时候，你去抄底，万一接着往下跌呢？别人赚钱的时候你不赚钱，别人没有亏钱的时候你亏钱了，投资者和上司都会非常不高兴。所以，对于在现实中操作的人而言，需要考虑很多因素。

这个时候，大家都宁愿做右侧交易（右侧交易，也就是追涨杀跌），而不去做左侧交易（左侧交易，也叫逆向交易），无非就是想减少这种可能性。但这却很容易造成，涨的时候大家都去买，跌的时候大家都去卖。

监管方面也面临这个问题。就像之前谈到的雷曼，如果监管者能提前一步救助，可能就会避免金融海啸的发生。但监管者需要考虑道德风险、政治阻力，不能在问题一出现的时候就去救助。

界面：难道不能设计一套机制，从根本上杜绝危机发生的可能？

孙明春：没有办法。

首先，没有完美的监管政策。任何一个监管体系都是不完美的，它所监管的金融体系也在不断变化，所以监管体制需要不断调整，有时候调整得慢，有时候调整得快，当然更多的时候是慢。一旦监管机制的调整追不上金融体系的变化，就可能会出问题。

同时，还有一个听起来非常粗浅的道理。每个国家虽然都有很多监管者，但永远少于市场参与者，所以自上而下的监管总是非常困难，总有顾及不到的地方。而且，收入高的市场参与者有很强的激励机制去创新，他们总是走在最前沿，而监管部门的收入相对没有那么高，也就没有那么大的激励。监管者不仅寡不敌众，对方还十分凶猛。

界面：过严的监管尽管能降低风险却会抑制金融创新，金融创新过多又会加大风险，甚至引爆金融乃至经济危机，怎么才能避免过紧或过松，平衡好风险和效率？

孙明春：估计没有太好的办法。风险和收益总是正相关的，为了控制风险，就得牺牲一部分效率，为了得到一定的效率，可能就要承担一定的风险。

前面提到的美国次贷的那些衍生品，实际上增强了很多资产的流动性，但显然也增加了杠杆率，风险随之上升，一旦信心变化，交易方向逆转，杠杆大的出的问题大，损失也大。

但金融创新还是应该鼓励的，因为科技、经济、社会都在发展，它们对金融的需求也在持续变化，金融创新需要不断进步，才能提升金融资源的配置效率。在这个过程中，确实需要平衡一下效率和风险的关系，但把握起来很难，有时真的需要承担一些风险，否则，可能会没有发展。

界面：1993—1999 年，您曾在国家外汇管理局任职，作为曾经的监管者，您对监管当局有什么希冀？

孙明春：我觉得有一些事情是监管可以做到的，主要是两点，一是要有一定的稳定性，二是要有一致性。

尽管监管要随着金融体系的变化有所调整，但还是得保持基本稳定，这样市场参与者才能形成比较合理的预期、稳定的预期，"老实人"才能不吃太大的亏。当监管政策有所调整时，调整的逻辑要一致，这样即使有新情况，哪怕监管未出现，市场参与者也知道应该怎么做。我觉得这两点要坚持，尤其不能搞运动式监管，那是非常坏的监管。

另外，我觉得监管者和被监管者之间要有一定的平等性，在一定程度上讲要"平起平坐"。当然，不是完全的"平起平坐"，这也不可能，但是对监管者而言，还是要有一个反馈机制，甚至是投诉机制，由这个机制来监督监管者。如果监管明明出错了，被监管者却不能申诉，显然并不合适，如果被监管者能说出监管者的问题，而不是一味地讲政治正确，很多风险其实是可以避免的，有些错误也不会再犯。

如果监管者和被监管者的地位悬殊，对监管者不敢说话，明知有问题也不敢讲，那时大家想的就不是群体，而是自己，有问题自己先跑，不会考虑到整个行业。因为地位悬殊，谁站出来讲，就可能得罪监管部门，将来可能就会有麻烦。总之，这是一个需要通过法治去解决的问题，任重道远。

"四万亿经济刺激计划"本身没什么问题

界面：1998 年亚洲金融危机、2008 年国际金融危机，在这两场危机中，中国受到的冲击并不是太大，这是为什么？

孙明春：之所以这两次危机中国都没有出现太大问题，一个重要的原因是我们不那么开放。1998 年，中国还没有加入世界贸易组织（WTO），资本项目完全管制。2008 年，虽然中国已经加入 WTO 并融入了全球大循环，但资本账户还没有完全开放，所以危机对中国的传染仍较为有限。

还有一点，很多人可能没有在意，其实不论是 1998 年还是 2008 年，在危机前一两年甚至更长，我们已经开始宏观调控，注意控制风险，避免过热，因此当危机来临的时候，我们已经不是过热状态，比较容易采取对策，也有空间去应对。

这一次，我们从 2016 年底就开始去杠杆、防风险，有关资产价格泡沫已经开始提前挤压，若是有海外危机传到中国，可能会影响一些信心，但是从政策层面来看，我们已经提前把该做的功课做了，与 1998 年、2008 年很像。

过去二三十年，整个形势也发生了很大的变化，总体来讲，中国的经济实力越来越强，我们抵御危机的能力也越来越强。

界面：为了增强抗体，我们还应该做些什么？

孙明春：相对于周期性刺激政策，投资者更期待的是更大胆的市场化改革，如放松管制，真正意义上的减税，尤其是降低企业流转税、所得税，真正让市场发挥配置资源的决定性作用。

投资者现在不仅看短期，也看中长期。从中长期来看，中国经济成长的潜力非常大，有很多正面的因素，关键是要把机制理顺，让企业家、劳动者能全身心投入市场经济的竞争中，不希望有太多的管制。

中国的国内市场相当大，对于一个拥有 14 亿人口的国家，内需发展出来其实也够了。近些年，我们多次强调要发展内需，特别是消费，但是只靠消费并没有可持续性，我觉得还是需要在结构转型的过程中做一些资本性开支，这些资本性开支不应投入产能过剩的行业中，而应往中高端去，也包括转型升级的基础设施。

界面：说到周期性刺激政策，这些年"四万亿经济刺激计划"颇受争议，您怎么看？

孙明春：我觉得"四万亿经济刺激计划"本身没什么问题。2008 年中央政府为应对国际金融危机，提出未来两年要进行 4 万亿元的投资，中央政府出 1.18 万亿元，其余 2.82 万亿元由地方政府和金融机构配套支出。我觉得无论是提振信心还是增加有效需求，这个政策在当时都是恰当的。但问题是，后来失控了，各个地方层层加码，4 万亿元变成了 20 万亿元、30 万亿元。

如果要反思，我觉得应该反思"为什么我们一放就乱、一管就死"，现在还是这样，我们的体制存在什么问题？

另外，我有一点看法和大家不同。虽然这些投资里有一些无效投资、有浪费的、有回报不高的，也有可做可不做的，但是回头去看，更多的投资是对经济增长和国家发展很有意义的。

比如，"铁公基"的建设，特别是高铁。我当时在投行做首席，去路演的时候，见到的十个人中有七八个都在批评高铁——建设成本高，建好后票价贵没人坐得起，运营会亏很多钱，根本不该做。但是现在来看，高铁给中国经济带来的好处不只是出行方便，还有上下游的改变，包括旅游、供应链、生活方式、工作方式都发生了很大的变化，"四纵四横"已经不能满足大家的需求，现在已向"八纵八横"升级。又如高速公路，我们的物流发展得这么快，高速公路起了很大作用。还有电信网络，没有3G、4G，也就没有现在这么多高收入的互联网巨头们。

这些基础设施投资，一个显著的特点是有很强的正外部性，其本身不见得有回报或者说没有很高的回报，但没有它就不可能有它的下游。对于一些民营企业、国有企业，它们的很多利润实际上正是来源于这些基础设施。比如4G，我们现在生活中最常用的，但因此产生的利益，三大电信拿去的只是小头。

在"四万亿经济刺激计划"里还有一个小的政策——汽车补贴，虽然补贴的钱不是很多，但从数据来看，中国汽车业就是从那时开始腾飞的，到今天我们已经变成了一个年产销3000万辆汽车的汽车大国，远高于美国约2000万辆的水平。

总的来看，"四万亿经济刺激计划"对增强中国国家竞争力以及经济的转型升级还是起了很大的作用，它的正面效益还是很大的。

界面： 目前 A 股市场的低迷还会持续多久？人民币对美元汇率会跌破7吗？

孙明春： 现在大家的信心确实很差，股市低迷究竟还会持续多久，很难判断。但我感觉应该不会太久，无论是空间上还是时间上，都不会太久。这个判断风险很大，中国股市基本上"专治不服"。但现在的估值越来越合理，很多股票已经相当便宜了，在信心稳定后，应该就差不多了。

至于人民币汇率，我觉得"破7"概率不大。人民币汇率不存在大幅度贬值的基础，现在更多的是波动，而不是趋势性贬值。我认为，汇率最终还是要看经常账户，这是基本面，近几年中国经济经过转型升级，竞争力更强了，而且以后还会增强。再者，我们还有外汇管制，资本账户并没有完全放开。不管是好是坏，不管你喜不喜欢，外汇管制确实可以应对非理性的资本流动。

灰犀牛 vs 黑天鹅：金融风暴与投资机会^①

刘宁荣教授：

各位观众、各位听众、各位校友、各位朋友，晚上好。

如果要选择一个本年度最常被使用的词汇，我想可能是"黑天鹅"。这只"黑天鹅"就是新冠肺炎疫情。新冠肺炎疫情在 2020 年出人意料地冲击全球各地，由疫情引发的第一波危机正在引发金融市场的全球动荡。自 2018 年起，"狼来了！"的叫声就不绝于耳，但只闻楼梯响。事实上，全球金融市场已呈现空心化趋势，越来越受到政策左右，加上以快速增长为核心目标的全球失衡发展，犹如一只灰犀牛一直在旁虎视眈眈。十年一个周期的金融市场大动荡就像达摩克利斯之剑，一再延迟后终于在新冠肺炎疫情全球蔓延之日掉落，血流成河。华尔街股市犹如过山车，引发了 2008 年以来难得一见的股灾，各国政府如何应对？处在衰退边缘的经济体是否会在失控疫情下雪上加霜？未来的投资机会和战略机遇又在哪里呢？今天非常高兴请到金融学家孙明春博士做分享，我们将探讨目前席卷全球的金融风暴将会走向何方，未来的投资机会通往何处等问题。

首先，非常欢迎您来到 ICB 视野的直播室。过去两个星期值得未来的金融史浓墨重彩地记录一笔，因为美股十天之内四次熔断，可以说创造了历史。您觉得这个场景跟 2008 年相比，有什么不同的特点？

孙明春博士：

首先很高兴有机会与各位分享，感谢刘院长的邀请，目前的情况跟 2008 年是两个不同的方向。简单来讲，2008 年是金融体系出了问题，金融是经济的血脉，而心脏就是欧美的银行系统。银行系统尤其是投行出了大问题，反噬金融系统无法造血，行话叫作信贷条件收紧、金融条件收紧，对实体经济造成了很大的冲击。这次的情况正好相反，是疫情导致了生产

---

① 本文是 2020 年 3 月 26 日做客香港大学中国商学院 ICB 视野第 2 期与刘宁荣院长的对话。

活动停顿，金融市场担心经济会发生衰退，甚至很多人认为有大萧条的风险，因此提前产生了反应，是经济问题导致金融系统出现了问题。打个比方，2008 年是心血管系统出了问题，这次却是全身出了问题。

至于谁更致命，试想，如果心血管出了问题，若失血则可以及时输血，银行"放水"就行了，我们有一句话叫"能用钱解决的事都不是事"。2008 年金融海啸后，全世界的中央银行通过量化宽松政策救市，使得金融问题得到缓解。而这一次，全世界的科学家与医学家都在跟疫情赛跑，研制疫苗与特效药，抓紧生产呼吸机等医疗设备，但直到目前，我们对于新冠肺炎疫情依然了解有限。现在全世界有超过 150 个国家和地区出现了新冠肺炎疫情，各国经济发展水平、医疗条件、科技水平与国民卫生意识不尽相同，所以各国疫情防控力度与效果不一。例如中国内地的疫情已经基本得到了控制，但如果周边国家控制不力，通过境外输入也有可能产生反复。尤其许多发展中国家医疗条件较差，有疫情大规模扩散的风险。虽然中国武汉、美国纽约以及意大利一些地区也面临这种危机，但我们有能力去应对紧急的公共卫生状况。令人担忧的是发展中国家未必具备这种实力，就有可能采取让病毒自生自灭的消极措施，如果发展下去，造成的损害难以估量。

时至今日，无论是医学界对疫情发展的预测，还是经济学家对经济走向的预测，都有太多不确定性。大家可以看到，过去一个月经济观点的变化有多大。最近公众进入了极度恐慌的状态，很多知名经济学家报出的经济预测令人震惊，包括对失业率、第一、第二季度 GDP 预测等。实际上，这些数据并不值得信任，因为身处疫情之中，谁也不知道未来的发展进程。往好了说，也许突然就会出现精准有效的治疗方案，阻止了经济状况恶化。而如果疫情终结遥遥无期，结果可能比预想的更严重。

现在的金融危机不是货币政策或者财政政策能解决的，只要疫情得不到控制，再多的"水"注入进去，也只是"打水漂"，周而复始。就像伤口持续失血，输血也只是维持生命体征而已，只有止住了流血，才能开始考虑身体康复。所以目前的整体状况比 2008 年更艰难。当年的金融危机起源于 2006 年夏天的美国房价下跌，从而引发了一连串经济问题，相关金融衍生品给投行造成了巨大打击，投行失血反噬实体经济，所以"放水"能够解决上一次经济危机。

而这一次有多困难呢？算一笔账就很容易理解了。世界第一大经济体美国刚刚通过了 2 万亿美元财政刺激计划。2019 年，美国 GDP 为 21 万亿美元，这个计划花掉了去年 GDP 的 9%。美国财政赤字去年超过了 1 万亿美元，现在达到了 3 万亿美元，额外增加的 2 万亿美元其实并非用于刺激经济，确切来讲与我国香港特区政府前段时间做的工作一样，叫作财政纾困，本质上是政府为公民隔离期间的损失埋单。要是两周之后经济状况没有好转，或者四周、六周之后依然疲软，还得出台新的财政纾困政策。

我们需要思考一个问题：就算 2 万亿美元够用了，但今年生产活动停滞，GDP 必然不理想，税收下降，支出上升，原来的 1 万亿美元赤字还可能增长。整个算下来，2020 年美国的财政赤字最少也得 4 万亿美元，差不多达到 GDP 的 20%。如此庞大的资金投入市场，只能达到维持社会稳定的基本目的。而 2018 年美国政府债务已经达到了 GDP 的 106%，去年的确切数据还没有拿到，估算为 107% 左右，再加上 20%，就接近 130% 了。这还没计算刺激经济复苏的投入，只是维生就需要如此之高的资金投入。由这个问题衍生开来，2011 年发生国债危机的欧洲五国（PIIGS）中的意大利、西班牙等都需要大力刺激财政，而它们本来就背负着高昂的债务负担，经济状况雪上加霜。所以疫情影响的不是两三个国家，世界各国都急需振兴经济，却囊中羞涩。

刘宁荣教授：

感谢孙博士的分享。所以本次金融危机跟 2008 年最大的不同点在于：第一，源头是一个巨大的未知数，不知道何时结束；第二，受到波及和影响的规模与范围很广。刚才您提到的 2 万亿美元财政刺激计划，美国参议院已经批准了，众议院还没有批准。昨天民主党总统候选人桑德斯的发言导致了美国股市下跌，一个半小时之后，美国股市即将开盘，因为刺激措施还未获得通过的缘故，期货看跌。从全世界范围看，投入财政纾困的资金已经超过了 2.6 万亿美元，数字非常庞大。2008 年很多资金投入股市，推动了量化宽松时代的到来。而现在已经进入了无限量化宽松时代，虽然短期的救市可以让出现问题的金融市场保持平稳，从长期来讲，是否反而会加速其空心化进程呢？

孙明春博士：

其实 12 年前金融海啸的时候，有很多声音反对政府救市。大家担心所谓的"道德风险",认为政府无限量宽去拯救的资产和机构是咎由自取。它们在很多年里制造了经济泡沫,因为缺乏监管导致泡沫破灭,引发经济危机,政府救市行为会降低投资者的风险意识,大家普遍认为中央银行会"放水"为投资者兜底,于是将资金毫无节制地投入金融市场。但我认为这次与上次的状况并不相同。上一轮量化宽松政策救市时,货币纪律约束还比较严格。2011年面对欧洲主权债务危机,欧洲中央银行依然作出了加息的决定,直到欧洲中央银行行长特里谢退休之后,新行长德拉吉上任才改了政策。在那之后,利率越来越低,投资者不断追求高收益,吹出了巨大的资产价格泡沫,所以出现了今天的状况。您刚才提到过去几个礼拜出现了4次熔断,状况空前。因为之前大家都是同向交易,都在赌货币政策"放水",期望可以继续获利。

但是话说回来,我认为金融市场有一个学习的过程,聪明的投资者会思考风险所在。回想2008年,国际金融危机促进了比特币的诞生。因为金融危机中,中央银行发行货币没有节制。政府虽然承诺度过危机后会回收资金,但实际上往往并没有真的回收。当货币政策突破了道德约束,货币纪律被摧毁之后就很难回归初心。所以民间生成了比特币与之对抗,虽然它存在很多争议,但其最大的吸引力就是有限的货币数量。比特币当然没法解决全球货币体系的问题,但可以看到,市场在寻求一个稳定货币。

回到当下的状况,逻辑线已经非常清晰。因为疫情原因,经济急需救助与刺激,需要国家财政政策救市,所以各国都在出台财政刺激计划。庞大的资金从何而来?最后还是中央银行在支撑。各国大量发行货币,相当于全世界再次彻底摧毁货币纪律,虽然一些国家口头上表示会回收资金,但没有期待的可能性。结果就是市场会自行寻找下一个出口,大家纷纷寻求资产保值的新方式,很可能最后市场会对全球货币体系产生冲击,具体发展方向需要密切关注。

刘宁荣教授:

所以这意味着金融市场的动荡在短期内很难结束。

孙明春博士:

我认为动荡是一波一波的。第一轮的动荡基本已经过去了,这一轮动荡是指资产价格大幅度波动导致的爆仓和流动性紧张。各个资产类别都存在很多杠杆,但突然之间暴露在风险之下,最先遭受损失的人群需要资金补仓或平仓，这一轮动荡通过美联储的无限量宽政策有效降低了风险，黄金与美债上涨，动荡逐渐平复。但后面还有两轮风险。第一轮风险在金融体系内部，与2008年相似，由房价下跌引出链条反应，导致金融体系内的巨额损失。过去三到四周资产价格出现了巨大波动，给很多机构造成了实质上的重大损伤，我们无法估计具体数字与人群，这波流动性恐慌过去之后，下一次的恐慌会出现在4月中旬，美股第一季度盈利季报开始公布，一些大型投行与金融机构将要公布业绩，那时候，谁遭受损失将一目了然，当然，报表上是否能反映真实经济状况，是我们需要关注的。

2008年的链条反应从2006年底的房价下跌开始；2007年2月，汇丰银行与美国第二大次贷放贷机构新世纪金融公司（New Century Financial）出现了巨额亏损与坏账；到2007年夏天，次贷危机正式降临，一些做CDO等信用产品的对冲基金爆仓，卖不掉债券就停止投资者赎回基金。第四季度时，一些大投行也宣布账上有亏损，一开始公布是一两千亿美元，每过3个月再公布一轮更大的数字，最后所有人都震惊了。这次也一样，过去三到四周发生的事是许多人始料未及的，恐慌性逃亡难免发生踩踏。按理来说，投行与金融机构能够避免损失，它们作为资本中介，有必要做好风险对冲，但我认为它们的仓位也不完全是平的。第一，肯定有方向错误的仓位受到损失。第二，哪怕完全对冲成功，如果对冲的两方交易对手里，有一方出现问题倒闭了，无法履行合约，对冲还是失败的。所以三周之后再看季报，就能看到谁在裸泳，损失有多严重。这是第二波恐慌。再往后的动荡来源于实体经济影响，实体经济先出现紧急的资金问题，再出现缓慢的衰退问题，最后传导影响金融体系。

刘宁荣教授：

2008年经济衰退非常严重，美国连续五个季度出现萎缩，全年度萎缩达到8.4%。今年美国计划用2万亿美元救市，接近GDP的10%。2008年中国也曾投入4万亿元救市，达到了GDP的12.5%这个惊人的数字。前不久中金公司在研报中将2020年中国实际GDP增速预测从此前的6.1%下调至2.6%，从某种意义上讲，这是中国1976年以后出现的第一次经济萎缩。中国自那次1.6%的经济萎缩之后，40多年里一直以平均9.4%的经济增速引领全球。如果今天萎缩再现，您怎么看待中国未来经济走向？再看美国，桥水基金创始人雷·达里奥（Ray Dalio）认为新冠肺炎疫情给美国造成了至少4万亿美元的损失，美联储前主席伯南克（Bernanke）则认为美国不仅面临经济危机，还可能进入经济衰退；还有人说20世纪30年代的经济大萧条将再次来临，我们到底将进入一个什么样的经济时代，想听听您的观点。

孙明春博士：

重复一下我的观点，我认为现在做预测为时过早。疫情还没结束，虽然内地防疫状况较好，新增案例逐渐减少，但依然很难对经济作出准确预测。因为中国作为世界制造中心，外需因素会对经济发展产生很大压力，全球多个国家受到疫情影响，出口萎缩，外需恶化将形成对经济与就业的严重冲击，这部分损失暂时无法估量。外需里有一部分叫作加工贸易，外需与进口对冲之后，表观数字看起来影响不大，实际上，制造业负增长将导致失业人口比率上升。所以我最担心的是海外经济状况，全球衰退无可避免，争论的焦点只在于衰退程度，甚至不能排除出现大萧条的可能性。现在有150多个国家和地区受到新冠肺炎疫情影响，尤其是发展中国家，一旦进入失控状况，将会造成全球性的负反馈效应，宏观经济形势非常严峻。

哪怕欧美控制住了疫情，它们也无法对抗全球经济下行的剧烈冲击。货币政策可以解决现在面临的一些经济问题，但欧美国家的许多企业与金融机构呈全球化发展，在新兴市场与很多商品领域有大量头寸。发展中国家的经济市场一旦出现问题，企业与政府财政状况的恶化将严重影响本国外债与货币汇率，最终对欧美的金融机构产生巨大冲击，这个冲击可能比当年的美国房地产市场崩盘影响更大。

还有一个问题是需求暴跌导致供应链断裂。今天的新闻提到许多农产品出口国停止了粮食出口，原材料匮乏必然对全球生产链产生干扰和破坏。所以这次疫情对全球经济的影响漫长而深远，我们需要有高度的危机意识，正确估量即将面临的困难程度。新冠肺炎疫情的传播及相应疫苗研发的不确定性非常高，疫情即使在短期内得到控制，冬季也可能卷土重来，它的特点是爆发期对呼吸机等医疗资源的需求非常高，我们可能需要做好跟疫情长期作战的准备。所以现在难以对未来的经济状况作出准确判断，只能说，大方向的衰退已经不可避免。

刘宁荣教授：

我相信很多观众都特别关心，疫情冲击下未来的投资机会跟机遇在哪儿。

孙明春博士：

短期来讲，由于巨大的不确定性，第一轮冲击接近尾声，但是还有第二轮、第三轮动荡。最好的投资方法是"拿"现金和避险资产。当然，前段时间连避险资产都被抛售，所以"拿"现金至少是比较安全的做法。很多人也说"放那么多水"，"拿"现金不是亏了吗？目前"放水"有多大作用还不知道。如果担心钱会因此不值钱，那可能唯一能"拿"的就是黄金了。这一轮如果全球的中央银行这么"放水"，我认为不只是普通老百姓和金融机构，连很多发展中国家的中央银行都要考虑外汇储备的去向。

过去这些年，很多国家，包括中国、俄罗斯等发展中国家的中央银行都在买入黄金。不管是财政政策发钱还是货币政策印钱，整个货币体系都在选择一个替代品。也许五年、十年之后，这一轮疫情影响积蓄的能量可能会对整个国际货币体系造成冲击。那个时候将体现出黄金的意义。虽然黄金不可能再成为货币，但没有可靠货币的时候，黄金是财富储藏类资产，是没有选择中的选择。

中长期来看，一个可替代的选择是人民币。我对作为货币的人民币相对更有信心，从全球经常账户来看，只有少数国家能够维持连续二十几年的顺差，包括中国和日本，德国都不满足要求，德国只有十几年顺差。这是基本面，是一个国家国际平衡的最基本考量。

从财政的角度看，虽然现在中国的地方财政比较吃力，但总体来看在世界范围内状况较好，我国香港地区与新加坡的状况相对更好一些，都是能有顺差、有盈余。中国经济的优势在于强大的国有资产，许多项目都形成了优质的国有资产，包括前段时间上市的京沪高铁。从政府实力来看，中国政府拥有相当强的实力与执行力，加上中国的储蓄率高于世界平均水平，在遇到灾难的时候，全世界比中国国民更有存底的经济体估计不多。美国大部分人都是"月光族"，两周的 Paycheck 拿不到就活不下去了，中国相对好一点，虽然有一些困难户需要财政支持，但整体来讲，国家储蓄率与外汇储备都很高。

长远来说，如果下一轮金融市场动荡会冲击国际货币体系的话，就需要找一个货币替代品，黄金肯定是不够的，市场需要稳定的货币作为替代品。在相当长时间里，如今后十年，甚至不用中国经济达到高增长或中等增长，只要维持稳定增长，人民币就能拥有可观的发展前景。

刘宁荣教授：

目前欧美疫情大爆发，成为全球疫情中心，内地的疫情反而得到比较好的控制，从这个角度来讲，是不是风险资金避险和部分产业转移可以考虑内地？有听众提了这么一个问题，"之前的普遍看法认为，美国要减少对中国的依赖，将全球供应链向其他国家转移，现在是不是反而要转移到内地？"

孙明春博士：

我认为不一定，毕竟疫情是暂时性现象。中国跟美国控制疫情的速度可能也就差几个月。美国虽然行动晚，但行动起来之后的势能不可低估。可能有些条件较差的发展中国家在防疫上会花费更多时间，但那些国家本来也不是中国的竞争对手。我相信与中国拥有相当竞争实力的经济体都有能力应对疫情。跨国公司发展与企业家做投资都更重视长远利益，现在中国的防疫成果只不过提前了两三个月，因此，短期内不应该做太过乐观的判断。

还有一个风险是疫情的境外输入，中国不能大意。更重要的是，此轮冲击之后，很多国家意识到所谓"制造业安全"问题，在急需某些资源的时候，发现资源不在自己手上，而是在中国的生产基地内。近期在很多国家都发生了扣留口罩的事件，这种情况也会让人思考所谓的"制造业安全"。其实以我们中国人的思维很好理解，我们经历过饥荒，所以过去40年一直强调粮食安全。就算粮食供应过剩，也要保证粮食生产与储备。可能经历了这一轮疫情，有些国家会考虑至少做些备份。

刘宁荣教授：

关于这点，我很同意。这次疫情过后，美国大概感受很深。目前美国缺口罩，甚至向韩国请求支援，却不好意思找中国提供帮助。从防患于未然的角度讲，美国也会考虑风险问题。在全球范围来看，中国制造业种类非常齐全，能够达到自给自足。因此，我不认为当前的疫情状况会阻止全球供应链向其他国家转移，尤其目前中国劳动力市场很贵，加上中美之间的矛盾等，肯定有很多商家会选择其他国家，包括越南，这点也不是非常乐观。

下面听众提到另一个问题，"疫情期间中国已经印发 6000 亿元新钞，这是否会成为财政刺激方案的一部分，您认为目前中国会通过哪些手段刺激经济回稳？"这个问题我们都很关心，过去两个多月，中国经济受到重创，尤其是服务业基本损失达到了 43%，您怎么看这个问题？

孙明春博士：

我认为目前中国的应对非常正确。面对新冠肺炎疫情，政策优先权的顺序是防控疫情为先。疫情一旦失控，全国人民的生命都将面临风险，所以要不惜一切成本先把疫情控制住，国民的生命健康是最重要的。中国政府采取了极为有力的防疫措施，全中国基本上 lock down，不只是武汉，宁可牺牲经济也要保全大局。第二是民生，在防控疫情的同时，需要保证中低收入的国民家庭生活有保障，中小企业不能突然垮掉，因为还涉及社会就业。

第一是防控疫情，第二是民生，或者说是纾困。第三步再考虑刺激经济。这一轮下来，中国政府应对及时有力，基本上都是在减税、降税、补贴，出台了很多政策。货币政策相对微调，做了很多动作，没有像欧美那么大的"放水"，这种处理也是对的。因为防控疫情过程中，实际上面对的不只是需求端减少，供应端也会减少，因为停产停工导致物流链断裂，很多物资供应匮乏，如果"放水"太多，可能导致供需失衡，有产生通货膨胀的风险。全国居民消费价格（CPI）过去两个月都是同比上涨 5% 以上，达到 8 年来最高。食品类中以猪肉供需缺口最为巨大。如果其他物资也出现短缺，钱印多了，老百姓内需上去了，也比较麻烦。

中央银行的货币支持政策要稍微往后再看。如果让大家太早开工，经济运转，生产动能提升上去，万一需求没有了呢？疫情期间，如果外需出现问题，海外订单萎缩，企业大规模招工开始运转后发现货物卖不出去，那么企业资金怎么办？存货怎么办？如果解决不了问题，金融机构也会产生风险。中国政府在刺激经济方面目前有所保留，我认为这是对的。资金缺口可以由政府补贴，中国拥有足够的财政实力提供经济支持，包括国有资产以及百姓储蓄都足以承担风险。我认为再坚持一段，同步抓紧复工，但不要着急去刺激经济。

刘宁荣教授：

目前欧美是中国商品出口的大市场，而美国疫情在某种意义上来讲才刚刚开始，毫无疑问这将会对中国经济复苏的愿景产生巨大冲击。本来以为新冠肺炎疫情会在4月底或5月底结束，可以开工生产出口货物。但现在苹果公司都已经停止公布新产品上市时间，外贸萎缩必然会影响到中国企业生存与发展。如果经济影响这么大，我非常担心因为经济放缓，中国是否也要被迫跟美国一样，要"放更多的水"。中国虽然不会有2万亿美元，规模当然也不会次于上次的4万亿元。听说这次拿出几万亿元投入新基建产业，这是否会给中国新一轮经济发展找到新的引擎？我希望这也会给中国经济的深化改革提供一个契机。

有几位观众问到与美元相关的问题，"目前美元储蓄已经是零利率，长期来看，到底美元是涨还是跌？趋势到底怎么样？"

孙明春博士：

这是一个很好的问题也是很难的问题。首先不管是美元还是其他货币，其汇率都是要看一个货币对另外一个货币。只看美元还不行，要看其他国家跟美国比怎么样。目前美国遇到这么大冲击，美元汇率堪忧。可是欧洲的问题更大，意大利、西班牙、德国、法国的经济情况都不乐观。英镑的货币地位也并不稳定，前段时间我们担心英国提出的"群体免疫法"不太靠谱，英国接下来的情况可能会很糟糕，英镑因此不被看好。所以还是要回到基本面。1994年以来，中国经常账户一直是顺差，世界上还有一个经济体顺差的时间比中国更长，就是日本。过去40年中的37年，日本经常账户一直是顺差。但日本的财政实力没有中国强，政府负债占GDP的200%以上，全世界负担首屈一指。日本的经济体量也比中国小，因此中长期来看，人民币更具有升值空间。但发展不是静态的，也取决于未来中国经济发展如何，包括这一轮中国宏观政策方面的态度。如果中国学美国"大放水"，自身也将面临不小的风险。

近几年经常提到"降杠杆，防风险"，即使没有疫情影响，中国经济也将面临风险，疫情冲击下肯定更加艰难。所以面对疫情，无论做财政刺激还是货币刺激，都得把握好分寸，否则难免把风险"捧"出来。如果把握得好，无论从疫情控制还是经济基本面来讲，全球很少有比中国状态更好的经济体。

中国只要把握节奏，实现平稳发展，人民币在中长期将成为更重要的货币，中国经济基本上可以做到在十年之内赶上美国，但前提是每一步都要稳扎稳打。财政货币刺激不能太猛烈，也不能低估疫情造成的困难，因为这很有可能是一场持久战。如果太早把弹药用掉，后面可能会面临困境。目前大家都对中国经济发展有信心，但是如果弹药用得太狠，可能明后年国际投资者就会发现中国也不行，没后劲，从而失去信心。所以每走一步都要考虑清楚，特别是可持续性，需要从路径上优化。

刘宁荣教授：

2008 年国际金融危机是否刺激了中国房地产的大幅度发展？这次疫情之后，哪个行业会因此受益呢？

孙明春博士：

首先，我认为房地产行业不是 2008 年国际金融危机刺激出来的。房地产行业本身就应该好，因为中国人均收入水平逐年上涨，改善自身生活条件的需求很自然。我以前经常在课上问同学，回想过去 15 年中的任意一年，站在当年看，哪一年觉得房子便宜？没有一年便宜。中国"房地产泡沫"一词可能在 2005 年、2006 年就有。如果每年都觉得房价很高，今天再回头看，2008 年的房子是贵还是便宜？怎么看怎么便宜，只是后悔当时没买。错在哪里？无非是低估了收入成长速度。除了少数人，比如北京大学的林毅夫教授，相信中国有 30~40 年的高增长，大部分人都不相信。如果相信每年有 10% 的增长，7 年收入翻一番，那早就应该买房子了。因此，只是大部分人低估了收入成长速度。直到今天，我仍然认为中国房地产市场前景还没有结束。随着大家收入增长，还需要更大的房子。

刘宁荣教授：

今天孙博士告诉大家房子还是要买的，还可以赚钱。

孙明春博士：

短期收入可能会受到各种各样的波动影响，因此短期不好判断，对经济的信心与收入冲击都会影响购房需求，这些问题值得关注。但是中长期来看，只要中国经济增长能维持在 3%、4%、5% 的水平，房地产市场的改善性需求就会一直持续。

刘宁荣教授：

如果说房地产市场成长与上次的金融危机没有关联，那这次疫情的影响呢？

孙明春博士：

其实大家已经看得很清楚了。疫情催生了线上学习与移动办公的巨大需求，因此可以想象，互联网与数字化推动更多领域从线下到线上是大趋势。刚才提到新基建。它的好处在于，不只是短期刺激经济，还会从中长期提升国家竞争力，为国民未来新生活方式的拓展提前铺路。回想 2008 年底 2009 年初我做路演的时候，90% 的投资者都很反感高铁建设，认为其建设成本与运营成本太高，国民消费不起，建成后空座率堪忧，可能导致亏损。但现在来看，除了疫情期间暂时不坐火车以外，平时高铁票一票难求。

基础设施的建成对提升中国企业的国际竞争力起到了很大作用，中国的企业可以通过付出少量的成本享受很好的基础设施，因为政府提前付出了很多成本，建成了完善的物流体系。而海外的企业没有如此便利的条件，竞争力自然不如中国。比如 4G、5G 是国内三大运营商"埋单"，中下游的很多企业因此获益。

刘宁荣教授：

医疗行业跟疫情密切相关，中国过去几年医疗发展得很快，但是离满足国民需求还有很远的路要走，不少观众也在问，"医疗行业是不是有很好的投资机会?"

孙明春博士：

过去两个月，我们专门做了关于中国医疗卫生行业的深入研究，报告已经写出来了，还没有发表。这些年中国有大量资金投入医疗卫生领域，投资增速远远超过整个固定资产投资的增速，甚至远超房地产行业的投资增速。投资主要集中在医院等方面，而且规模也已经超过了国家电网的投资规模。结构性的供需差异导致我们总觉得医疗资源不够。老百姓喜欢去三级医院，一级、二级医院的利用率很低，这涉及医疗卫生体制改革的问题，不是硬件的问题。

从更广泛的医疗卫生行业来讲，医疗设备、制药等属于新经济行业，在疫情发生之前，行业的市值等各方面本来也不差。制药行业由于医疗体制改革，在定价等方面受到一些打击。但整体来讲，老百姓的生活水平提高了，对医疗服务的需求越来越大，未来医疗体制改革中很重要的一点，就是要让医疗服务价格逐渐地更市场化。所以投资空间是存在的，但也要防止在短时间内大量资金无序涌入，几年后又出现产能过剩。

刘宁荣教授：

我们有不少校友身在中小企业，他们非常关心中国当前融资环境的变化，您认为这方面会不会发生大的变化？尤其是中小创业企业的融资方面会有什么变化？

孙明春博士：

短期来讲，哪怕在疫情到来之前，中小企业的融资环境也并不理想。经济状况本身也不太好，像做私募股权投资，前两年估值都太高，存在一定泡沫，所以这两年不太容易融资。疫情之后则需要区分看待，相当多的中小企业依然面临不太理想的融资环境，投资者需要考虑回报，全球经济下行的整体状况下，绝大部分企业融资相对困难；而有一些行业可能会脱颖而出，融资相对容易。但整体来讲，受经济大环境影响，融资不是一件很轻松的事情。

刘宁荣教授：

这场疫情已经蔓延到全球了，疫情的中心可能很快就到美国。纽约作为全球最大的金融市场，是否会成为下一个武汉？一旦纽约失守，对全球的金融市场以及经济的打击无疑非常大。就像刚才孙博士提到的那样，我们对这场疫情不能太过轻视。但信心比黄金还重要，我们必须保持信心。我们也必须从历史的角度来看这次疫情可能给全球经济带来的后果，20 世纪 30 年代的经济大萧条引发了第二次世界大战。现在有人说，这场疫情在某种程度上已经是第三次世界大战了。所以希望我们能够用智慧避免这场危机走向更可怕的深渊。谢谢大家的观看。

新冠肺炎疫情百年一遇，下半年
还会有哪些风险^①

2020 年 6 月 30 日，海通国际首席经济学家孙明春博士与凤凰网香港号陈笺对话，探讨后疫情时代我们将会面临的机遇和挑战，以及如何部署相应的投资策略。以下为对话全文，原文首刊于《凤凰网香港号》。

内容概要

1. 新冠肺炎疫情从公共卫生影响到经济体系、金融体系，非常可能影响到社会稳定、政治稳定，甚至国际关系的稳定。它所造成的冲击和多维度影响百年难遇。在疫情得到有效控制之前，无法对经济的复苏做更高期望。

2. 全球目前非常脆弱、紧绷，任何领域、维度发生的不可测事件，甚至普通自然灾害，都有可能对下半年全球经济和金融体系造成想象不到的冲击。

3. 短期内美联储的政策非常有效地解决了流动性问题，也帮助美国政府做了巨额的 3 万亿美元的财政收入，但是市场也是理智的，必定要思考美联储政策所带来的后遗症。

4. 什么样的货币或者资产才能够维持美元的印刷速度？这是所有人、所有国家都要思考的。这些担忧有可能形成一股合力，对美元的地位造成不利的影响。

5. 人民币是会在今后一段时间里面地位相对上升的货币。人民币清算网络将在疫后迎来发展机遇，目前这一方面由美元为核心的 SWIFT 控制，被形容为美国的"制裁利器"。

---

① 本文 2020 年 6 月 30 日发表于《凤凰网香港号》。

6. 如果我们继续坚持改革开放的方向，考虑到中国的经济基本面应该在全球来讲是最好的经济体之一，相信很多外资机构不会离开中国，而是会进一步抓住机会，加紧在中国布局。

7. 如果能清晰地看到疫情快结束了、经济快复苏了，这个时候风险资产确实是值得投资的。但在当前情况下，对于风险资产还是应该保持一定的警惕。

新冠肺炎疫情百年一遇，短期内经济很难回到疫前水平

陈笺：孙博士您好。

孙明春：陈笺您好。

陈笺：孙博士，您觉得这场由新冠肺炎疫情所引发的危机有三个特征：第一，它是一个立体的危机，第二，它是百年一遇的，第三，也是我自己最担心的，它是一个长期的危机，您为什么会有这样的判断呢？

孙明春：首先，我们说这次危机是一个立体的危机，主要指的是危机的来源，它实际上是一个公共卫生危机，但是它的冲击却是多维度的。它从公共卫生影响到经济体系、金融体系，也非常可能影响到社会稳定、政治稳定，甚至国际关系的稳定。在任何一个维度上，如果发生比较重大的一些事件都有可能导致危机前和危机后有非常大的变化。

所以这跟我们以往经历过的经济危机、金融危机是很不相同的。因为以往的这些危机，哪怕2008年的金融海啸也只不过是停留在金融领域或者经济领域，就是简单的两个领域，这两个维度可以说是一个面，而这一次危机有可能是多维的、立体的。

而且从公共卫生危机来讲，实际上它已超出了政府、中央银行的纯粹经济金融领域的专家所能够控制的范围。如果再扩大到社会领域、政治领域和国际关系领域的话，政策应对能力就会更有限。所以我们说它是百年一遇的。因为它源自百年一遇的疫情，它所造成的这些冲击和多维度的影响，也是百年来很少见到的。

在这样的情况下，我们也就很容易理解接下来疫情的影响可能是多年的、长期的。到目前为止，还没有有效的疫苗和有效的治疗手段。同时，最近大家也都在担心第二轮疫情的到来。实际上第二轮疫情的判断本身就

不是一个很准确的判断，因为我们每天都在监测全球的疫情情况，全球的疫情从来就没有停止过，越来越严重了，尤其是在发展中国家。虽然在欧美国家似乎看到了短暂的平稳，但是在巴西、俄罗斯、印度以及很多的发展中经济体，实际上疫情是越来越失控的。

这次疫情影响了全球 200 多个国家和地区，其影响也是百年来难得一遇的。所以在疫情得到有效控制之前，我们没办法对经济的复苏做更高的期望。因为疫情需要我们做隔离的措施，社交的隔离、社交的疏离，对经济的影响是很大的。即便是疫情在相对短的时间内能够得到控制，但是由于疫情的波及面太广，全球 200 多个国家和地区都受到了冲击，同时其影响非常大，导致很多就业机会失去了，很多人的收入出现了永久性的丧失。所以哪怕疫情结束了，经济也很难在短期内回到疫情之前的水平。我个人的判断是，至少要到 2022 年才有可能回到疫情前的水平，也就是说回到 2019 年的水平。实际情况要看疫情的发展，也可能会更坏。

全球处在非常脆弱紧绷的状态，下半年将面临多重风险

陈笺：确实，我们看到在这场疫情当中，很多人真的就像您所说的失业了，也有很多人是拿最低工资，全球的失业率高企。所以我一直在说，其实对所有人来说，2020 年度的一个关键词就是"活着"。在今年下半年还会有怎样的风险出现？这些风险会对全球和中国带来怎么样的挑战呢？应该怎么样来避险呢？

孙明春：最大的风险还是疫情。像发达经济体出现的第二轮冲击，很可能会比我们想象的更厉害。有可能我们会重新看到几个月前一些类似于人道主义危机式的情况，因为确诊人数越来越多，很多地方的公共卫生资源可能完全无法满足。像美国的有些地方，现在 ICU 的入住率就已经到百分之八九十了，万一超负荷的话，其所带来的人道主义影响是非常坏的。公共卫生危机有可能进一步导致人道主义危机的出现，这是第一个风险。

第二个风险是很直接的经济风险。因为从第一季度的数据来看，全球前十大经济体中已经有 9 个进入衰退了。而第二季度，衰退的情况可能会更加严重，尤其是发达经济体。像美国第二季度的经济增长率、环比折年率，很有可能出现 40% 以上的下跌。这对全世界来讲可能冲击会非常大。

我们看到，疫情对经济的影响可能会不断地加强，而不是大家想象的那样一两个月之后就开始进入复苏了。所以我想第二大风险就是经济领域的风险。

第三个风险是金融系统的风险。在2月、3月冲击来了以后，实际上金融系统经受了很大的打击，很多企业面临破产倒闭的风险，市场价格出现了大幅度的波动，也对金融机构产生了一些资产质量方面的影响。到了下半年，随着企业破产倒闭越来越严重，越来越广泛，一些坏账从一开始的 delinquency（逾期）到后面的 charge off（坏账）大概有6个月的时间。所以这些都可能在下半年，尤其是9月、10月前后暴露出来，这会对整个金融体系的健康有非常大的负面影响。所以对金融系统来讲要做好准备，冲击造成的伤害有可能真正显现在第三季度末第四季度初，我觉得这也是大家需要关注的风险。

第四个风险是可能在社会和政治领域出现的一些风险。我们知道包括美国最近都发生了一些不安定的现象，尽管是从一些很小的事件引发出来的，但是折射的是全球或者说经济结构社会结构深层次的问题。这些深层次问题在这样一个巨大的冲击下，就变得更为脆弱。所以今年下半年如果疫情进一步加剧，经济金融的压力会越来越大，再加上美国总统大选，所有因素加起来有可能在政治领域、社会领域引发一些想象不到的事件，具体是什么我们也没法做预测。

那么在国内的政治存在一定压力的情况下，也有可能引致新的国际关系的风险。很多西方国家的政策是出于本国政治的目的，比如冲突斗争的目的、党派斗争的目的，有可能为了转嫁责任，把国内的压力转成国际关系中的一个冲突，这个风险也不能忽视。所以种种风险加起来，我觉得都是值得投资者在下半年关注的。

还有一个风险我觉得也是值得关注的，可能大部分人关注得比较少，因为这个风险发生的概率是比较低的。是什么风险呢？就是通货膨胀的风险。经济如果进入衰退的话，大概率我们接下来看到的就是通货紧缩的形势。所以大概率是通货紧缩的风险，而不是通货膨胀的风险。但是今年我觉得要比较特殊一点，因为疫情冲击的不只是需求方，还有供应方。供应方在一定程度上来说现在复苏得比较快，远远快于需求方的复苏，所以按理来说不会存在通胀的压力，不会出现供需失衡导致通胀。

但是有一点值得大家关注，发展中国家的疫情如果进一步失控的话，对于全球的原材料资源，包括农产品的供应会有什么样的影响。俄罗斯、巴西、印度等，这些国家都是全球重要的矿产品、能源还有农产品的出口国，还有大量的更小的发展中国家都属于这类的经济结构。如果说疫情扩散得更为严重，导致这些国家的产业供应链出现问题的话，也不排除在今年年底或者明年出现原材料，如农产品等领域的供应短缺，这对于通胀有可能会造成影响。

还有一些因素我们无法去预测但是也值得警惕，或者说其他的不可控因素，包括蝗虫灾害，到底蝗虫会在全球产生多大的影响，我们目前还不敢去判断，但是似乎有这么一种可能性。另外，我们每年都要经历各种各样的台风、地震等自然灾害。在普通的年份倒也没关系，一个台风我们都能够经受得了。但是在暴发疫情后，全球都绷得紧紧的。在这种情况下，一个普通的自然灾害对经济的打击可能就会非常大。但很遗憾的是，大自然不可能因为人类社会中出现了新冠肺炎疫情就不再给我们提供更多的麻烦了，我觉得不能低估这种情况。总体来讲，全球目前处在非常脆弱、紧绷的状态，任何一个领域、任何一个维度发生的不可测事件，都有可能对下半年全球经济和金融体系造成想象不到的冲击。

胳膊拧不过大腿，美联储挡不住经济下滑趋势

陈笺：所以在全球一体化的今天，无论是天灾人祸还是某一个供应链上的短缺问题，可能都会影响到全局。我们看到其实在过去的一段时间，我们中国的疫情控制得是不错的，但是在北京又出现了，这次不是人流方面的传播，而是物流上的传播。刚才您也提到了，这种潜在的风险我们可能无法完全去预判，但是我们可以从大局上做一些准备。

再看看美股，3月暴跌以后就出现了 V 形反弹，这是不是大家谨记了"不要和美联储作对"的一个景象呢？

孙明春：是这样，我觉得投资者实际上也是被逼的。我觉得最初的 V 形反弹是有它的道理的，但是发展到今天我觉得肯定是走过头了。为什么说一开始是有道理的呢？因为我们在 3 月初所经历的是一场由包括新冠肺炎疫情和油价暴跌引发的对整个金融市场的突发性冲击，这次冲击逆转了

过去多年形成的各种拥挤交易，使得金融市场中很多资产类别出现了踩踏事件。实际上它形成的是一个流动性危机。在流动性危机下，很容易出现市场价格的超调。

实际上在 3 月底的时候，我们自己做的海通国际的恐慌指数已经很清楚地显示出来了。当时的情况，按照股票市场的说法就是超卖非常严重，或者说是在存在极端恐惧心理的情况下，资产市场的价格出现了超调，反弹的需求是很强大的。在那个时候，不管是美联储"无限量宽"政策推出来以后解决了流动性危机，还是说很多做空的获利平仓买回来，都使得价格出现了一定的反弹。

但是不管什么原因，一旦开始反弹，市场里面会有很多自然的机制导致这个反弹持续下去，比如一些量化的交易、算法交易就会因为这个趋势的反转而加入进来。后面还会有一批像 ETF 这种被利用、被动的资金，包括一些大的资产管理者做的资产再平衡。买入暴跌的资产，卖出一些相对跌的比较少的资产的重新配置，这些都有利于价格的回升。

到了一定程度以后，就有主动投资者进来，也有一些是被动的，因为怕踏空的投资者觉得要是执行"无限量宽"的话市场价格会暴涨，所以很多人就拿"不要与美联储作对"这句话来作为心理安慰，或者作为购入的理论支持。但是我觉得使用这句话时还是要小心的，为什么？因为正常情况下语言所说的不一定是对的。正常情况下不要与美联储作对，但是现在的问题是什么呢？投资者不跟美联储作对，那美联储推出了这么多的政策又要跟谁作对呢？实际上美联储推出的这些政策无非是想逆转经济下滑、经济衰退的趋势。我个人认为在接下来的一两年里，美联储也很难说是有胜算的。因为百年一遇的疫情带来的杀伤力是很大的，我认为美联储的政策工具不足以逆转经济走势。

所以很可能在今后半年或者一年大家就会发现，或者大家能更早地发现，美联储的政策虽然解决了流动性危机却无法解决经济危机的问题，用一句通俗的话来讲这叫胳膊拧不过大腿，它再努力也挡不住经济下滑的趋势。在这种情况下，我估计在某一个时点上投资者会意识到，如果不跟美联储作对就是跟经济作对，那么到了那个时候，我相信这个市场也许会走到美联储的对立面。

所以我觉得走到今天，尤其是美股经过过去几个月对经济预期的调整，实际上美国标准普尔 500 指数的盈利预期已经下调了 25%。但是我看价格又回到原来的点位上，实际上我们今天的股票比疫情前要贵很多，至少贵 25%。考虑到今后一年半两年的经济形势、企业盈利形式的话，我个人认为美股是严重高估的，所以我认为做调整是在所难免的。

陈笺：全球疫情还是相当反复的，那么您觉得美股有没有可能二次触底呢？

孙明春：我认为会更有可能发生的是今后相当长一段时间内，也许半年一年到两年，会有一个阴跌探底的过程。

美元一家独大的基础或被动摇，人民币的地位应会上升

陈笺：美联储的"无限量宽"政策会不会引发一些新的隐忧？

孙明春：这个政策的后遗症是很大的，为什么？因为美联储在过去这三个多月里做的事情是史无前例的。在短短三个多月里，它把资产负债表扩大了 3 万亿美元。3 万亿美元是什么概念呢？相当于 2009 年金融海啸往后一直到 2013 年的 4 年多所增加的，现在这三个多月就增加了这么多，从这是第一个角度。从第二个角度去看，如果将 3 万亿美元去跟其他国家的 GDP 做对比的话，世界第五大经济体英国 2019 年的 GDP 总额是 2.8 万亿美元，也就是说英国全国人民辛辛苦苦干了一年只创造了 2.8 万亿美元的 GDP，而美联储大笔一挥，就印出来了 3 万亿美元的购买力。所以这样的结果，值得金融市场的投资者好好品味它的含义。

当然短期内美联储的政策非常有效地解决了流动性危机的问题，也帮助美国政府做了巨额的 3 万亿美元的财政收入，所以短期来讲市场是很欢迎的。但是市场也是理智的，短期来看可能没那么理智，但长期来看它是理智的，它会思考美联储的政策所带来的后遗症。

那么最大的后遗症，通俗地讲，就是到底这个钱还值不值钱。你辛辛苦苦地努力赚钱，还不如人家印一下、资产负债表扩张一下。所以我个人的担忧是，自 1971 年美元与黄金脱钩以后，过去这近 50 年我们所生存、所使用、所习惯的基于中央银行信用的国际货币体系，可能会被美联储的做法动摇。美联储如此大幅度或者说如此没有货币纪律地进行量化宽松，很有可能会增加市场对美元地位的担忧。当然这是一个很缓慢的过程，我

并不期待它会在半年、一年内就产生什么样的影响。但是从长远来讲，也许3年、5年，也许10年，就有可能会动摇美元在当前国际货币体系中一家独大的基础。

换句话说，全球市场的投资者，包括企业家、其他国家的中央银行，都要考虑替代品的问题、"用脚投票"的问题。也就是说，如果美元这么无限制地印下去的话，将来应该拿一个什么样的货币或者资产才能够保持。我相信这是所有人，包括其他国家的中央银行都要思考的。比如说中国的外汇储备里面据说就有1万多亿美元的美国国债。我相信不光我们还有很多发展中国家的中央银行，它的外汇储备里面都有，都需要思考它的美元资产到底未来会不会有比较大的贬值风险。这些担忧有可能在未来形成一股合力，在金融市场上对美元的地位造成不利的影响。

陈笺：那么哪一种货币有可能作为候补的角色或者是取代的角色呢？

孙明春：我觉得有多种可能性，因为这是一个变化的过程，要看各个国家在今后一段时间里，在应对疫情的过程中哪些国家的经济基本面能够更好，能够在疫情当中不会出现系统性危机；哪些国家的中央银行、政府相对比较克制，不像欧美中央银行那样无底线地放水。所以我个人认为，从目前来看，人民币可能是一个会在今后一段时间里面地位相对上升的货币。我们并不期望人民币在今后几年里面就达到美元的那种地位，这是不太可能的。如今人民币在全球外汇储备、国际货币清算、国际贸易清算等领域的份额都在2%左右，而美元的份额都是在40%～60%。人民币可能上升不到美元的水平，但是在2%的基础上做一些比较大的上升可能性还是比较大的。

国际货币体系的变化往往是有惰性的，它不会说变就变，往往要汲取一定能量，然后再有一些突变，突变了之后到哪个均衡点也是很难预测的。但从整体的方向上来讲，我相信未来美元在全球货币体系中的地位应该会下降，但下降多少不好说。人民币的地位应该会上升，但上升多少其实也很难做一个量化的预测。

陈笺：人民币不能完全流通，这一点是不是也会阻碍它的国际化进程呢？

孙明春：流通性确实是一个非常重要的因素，我们都知道人民币还没有实现完全可兑换。在资本账户下已经基本实现可兑换，但是还有几个项目没有实现可兑换，这样的话人民币在全球流通，从制度上、法规上来讲还有一些约束。同时从基础设施来讲，全球目前的支付清算体系的基础设施还是以美元为核心、为支柱的。比如说我们常讲的 SWIFT，其实它是一个电报的信息传递机制，可以服务所有的货币，但主要还是受到美国的控制。

中国这些年也在做人民币跨境支付系统（Cross-border Interbank Payment System，CIPS）。CIPS 是以人民币进行国际清算的一套支付网络，但是到目前为止，相对来说网络的范围还是比较有限的。虽然过去这些年它发展得非常快，但整体规模比较有限，整个量也比较有限。这实际上是一个系统性问题，就是鸡生蛋蛋生鸡的问题。没有足够大的支付体系，没有好的支付网络，很多定价贸易结算就不用人民币，但是不用人民币结算的话网络也扩展不起来，所以有时候需要一些特殊的外力来催生。有可能疫情过程中或者疫情过后，由于供应链的原因或者各种各样想不到的原因会加速这一过程。

但总体来讲，随着中国整体经济实力的不断上升，相信大家对人民币的信心会越来越大，全球愿意使用人民币、愿意接受人民币进行贸易清算甚至进行投资性交易清算的机构和个人会越来越多。从基础设施的角度来讲，去做一个服务全球的人民币支付网络的可能性越来越大。

疫情冲击的影响可能是中长期的，要把弹药留足

陈笺：中国在货币政策上还是相当克制的，那么在全球经济衰退的情况下，中国有没有可能在未来降息、降准呢？大概什么时候出现？

孙明春：我觉得可能性还是很大的，实际上在过去这半年里，中国人民银行已经通过多种多样的形式，采取了一些宽松性的货币政策，包括降准、降息。现在跟以往的区别是什么？就是我们过去这半年的很多政策都是微调式的，比如说降准、降息，每次都降一点，降的不是很多。例如降息，它主要是通过 LPR 或者通过一些市场化的利率来调整，而不是我们经常说的存款利率，这个还没有调。但是从企业融资的角度来讲，LPR 的意义就更大了。同时也有一些非价格式的，包括一些专门定向的信贷措施，实际上已经在过去半年里推出来了。这一次人民银行在疫情冲击面前相对比较有定力。因为我们预测到这一轮冲击的影响可能是中长期的，所以要

做好打持久战的准备，把困难估计足，把弹药留足。

当前最主要的政治目标不是刺激经济，不是说要使 GDP 增长率回到多高，而是要守住底线。在防控疫情的前提下，保证老百姓的基本生活需要，保证中小企业的生存。我想这才是底线性的目标，是要保护的。全球的情况非常复杂，所以确确实实有必要细水长流，把弹药留足了，当未来更大的冲击来临时，我们才可以有更多的应对措施。

依靠改革开放释放制度红利，外资机构会加速进入中国

陈笺：我看到国家发展改革委有最新的消息，说是要放宽外资在证券公司、基金公司还有寿险等公司的持股比例。中国对外资开放金融市场，在哪些领域会有实质性的利好呢？

孙明春：我觉得最近出的一些金融开放政策是非常好的。中国经济不管经历什么样的暴风骤雨，改革开放的大方向是不能改的。当前这么大的外部冲击的情况下，我们并不是像以往或者像当前海外的一些西方经济经济体去采取放水刺激的方法，而是更多地依靠改革开放释放制度红利。我觉得这是非常对的做法。

在当前的情况下，对外开放尤其是金融领域的对外开放意义就更大了。因为从中长期来看人民币在全球货币体系中的地位会越来越高，人民币资产在全球投资者的资产配置里所占比例也会越来越高。在这种情况下，从海外投资者、海外金融机构的角度来讲，它们确实有很强的愿望进入中国市场，尤其是进入中国的金融市场。这个时候我们对外资金融企业采取了一系列开放举措，从时点上来讲是非常好的，也会受到外资的热烈欢迎。我相信会有很多的外资机构，无论是证券还是保险、基金等各个领域，都会加速进入中国的过程。

这个利好是多方面的。一方面引入外资以后，在资金方面、经验管理方面、效率方面都会有所提升。另一方面，也是很重要的一点是，最近市场上有很多担忧，如担忧中美脱钩，担忧逆全球化导致中国跟世界越来越隔离。但实际上，中国通过这些政策要显示的是，一方面我们没有这种愿望，我们是希望全球化的，希望加速中国跟全球经济的融合。另一方面，我们也确实看到这些政策推出之后，很多外资机构都非常踊跃、积极地进

入中国的市场。

换句话说，如果我们的政策继续坚持改革开放的方向，考虑到中国的经济基本面在全球来讲应该都是最好的，相信很多外资机构不会离开中国，而是会进一步抓住机会，加紧在中国布局。

当前对风险资产应保持警惕，以安全资产为主

陈笺：金融业对外资开放会对 A 股市场产生怎样的影响？您怎么看下半年 A 股的走势？

孙明春：我觉得这些政策本身的目的并不是要把股票市场推高，更多的还是一个中长期的战略性布局，是为了中国经济改革开放和转型升级而采取的一些必要的政策举措。

那么从股票市场的角度怎么看呢？总体来讲，我认为，人民币资产会是今后一段时间内更受到全球投资者青睐的一个资产类别。但是我们需要注意的是，股票市场不管是中国的还是全球的，它都是有风险的。在经济、金融周期刚刚开始下行，或者说在初期的时候是不利于风险资产的，全球都不利于风险资产。如果我们清晰地看到或者隐约地看到疫情快结束了，经济快复苏了，这个时候风险资产确实是值得去投资的。在当前这种情况下，我个人认为我们对于风险资产还是应该保持一定的警惕。

全球投资者相对来讲是比较理智的，虽然会非常积极地持有更多的人民币资产，但是我相信可能更多的会投资在债券上，尤其是国债利率债，因为它是比较安全的。而且人民币汇率相对比较稳，有可能中长期还要升值。所以海外投资者更有可能青睐于人民币资产。对于风险资产，我个人认为还需要等全球经济和中国经济进一步下行，风险得到更充分释放以后才是更好的介入机会。

陈笺：在 3 月的时候，您曾经提出在这样的灾难下还是"现金为王"。除了现金以外，还有什么好的资产能够避险呢？

孙明春：我觉得在今天这个时点来讲，可能还是以安全资产为主，因为我觉得全球风险的释放，经济和金融风险的释放，包括一些社会政治领域风险的释放，可能还在释放期的初期。所以目前还是应以安全资产为主。当然有很多人觉得拿现金不安全，就像我们刚才讲的"无限量宽"，

这个钱印得太容易了，所以觉得钱不值钱了，拿现金的心里不踏实。这种情况下，我个人认为短时间内拿现金还是很应该做的一件事情。

但是如果大家还不放心的话，安全市场里面还是要看一些能够防止信用货币未来出现大幅度贬值的资产，比如说黄金，大家可以关注一下。虽然黄金不太可能再成为未来的货币，但是作为一个避险资产，尤其是在全球各大中央银行拼命放水的背景下，我个人认为它可以起到很好的保值作用。虽然它没有利息，但是在当前全球零利率、负利率的情况下，我觉得利息是不太值得考虑的问题。

陈笺：正如您所说，这场疫情所带来的危机是百年一遇的。所以在后疫情时代，我们怎么样把握投资契机也是一个非常难的课题。刚才您就说有风险的资产要回避，我们要选择稳妥的。那么在怎么样的迹象下我们可以开始部署新一轮的投资策略呢？

孙明春：我觉得最大的一个信号可能就在新冠肺炎疫情的治疗领域，无论是治疗的方法还是有比较有效的疫苗。疫苗出来以后，即便经济复苏还没有一定的实质，至少大家心里有数了。但是在此之前，各种坏的可能性都有可能加剧。所以我觉得这是第一个或者说最重要的一个指标。

陈笺：非常感谢孙博士给我们详尽地解读了这次疫情所带来的多维度的危机。所以我们在投资市场中一定要规避风险，有风险的资产暂时不要去碰。就像我们经常会说股票"买涨不买跌"，在疫情相对稳定的时候才可以重新部署。令我印象比较深刻的一点就是您提到在通缩的情况下也不排除通货膨胀危机的出现，大家也要警惕了。谢谢您，孙博士。

孙明春：非常感谢。